아르케
북스

265

박정석 朴正石, Park Jeong Seok

경남 통영 한산도에서 태어났다. 경북대학교에서 수학하고, 인도 하이데라바드 대학교에서 박사학위를 받았다. 국립민속박물관에서 근무하였으며, 현재는 목포대학교 고고문화인류학과 교수로 재직하고 있다.
주요 저서로는 『전쟁과 기억』(공저), 『전쟁과 사람들』(공저), 『식민 이주어촌의 흔적과 기억』 등이 있다.

민속원 아르케북스 265 minsokwon archebooks

한국전쟁과 포로수용소

소개민 · 이방인 · 포로들의 기억과 기록

| 박정석 |

민속원

머리말

한국전쟁이 최고조에 이를 즈음, 전장戰場에서 멀리 떨어진 한반도 남해안의 섬 지역에 포로수용소가 설치되었다. 포로수용소가 설치되면서 그곳에 살고 있었던 주민들은 소개疏開라는 이름으로 강제로 쫓겨났다. 거제도나 한산도는 전선과 멀리 떨어진 지역이어서 공습이나 화재의 위험이 상존하는 전장이 아니었지만, 전쟁포로를 수용하기 위해 포로수용소가 설치되면서 강제로 이주당했다. 소개령이 발령되면서 마을을 떠나야 했던 주민들은 포로 교환이 성사된 이후에야 고향 마을로 되돌아올 수 있었다. 소개민이 되어 떠돌았던 세월은 쉽사리 잊히질 않았다. 오랜 세월 마음에 담아두었지만, 특별한 경우가 아니면 좀체 꺼내지 않았다. 그 시절에는 모두가 그런 세월을 살아왔다고 여겼다.

포로수용소가 설치되면서 포로들뿐만 아니라 낯선 이방인들도 함께 들어왔다. 피부색도 다르고, 말도 통하지 않았던 미군들이 들어왔다. 난생처음 보는 섬 덩치만큼 큰 군함에서 기이한 기계들이 쏟아져 나왔다. 얼굴이 까만 흑인 병사들은 공포의 대상이었다. 부녀자들은 숨는다고 바빴지만, 철없는 아이들에게는 신기한 구경거리였다. 미군을 따라 양공주들도 몰려들었다. 생계가 막막했던 피난 시절 부녀자들은 몸을 팔아 가족의 목숨을 부지하였다. 양공주들이 곳곳에 진을 치고 미군들을 상대하면서 돈과 물건이 흘러나왔다. 포로들뿐만 아니라 피난민까지 몰려들면서 지역주민보다 이방인이 득세하였다. 포로수용소에서 흘러나오는 물품을 거래하는 시장이 형성되었다. 시장을 움직이는 큰손은 피난민들이었다. 농사와 어로가 전부였던 섬 지역에 새로운 방식의 상거래가 자리를 잡았다.

포로수용소가 설치되면서 기존의 생활방식과 질서는 송두리째 무너지고 말았다. 배고팠던 아이들은 미군 쓰레기장을 뒤져 먹을거리를 찾아다녔다. 학교보다는 포로수용소 주변을 놀이터로 삼았다. 아이들에게 낯선 사람들과 낯선 물건들은 새로운 구경거리였다. 포로수용소 주변 마을에는 양공주들이 미군을 상대로 성매매업을 하였다. 성을 사고파는 행위는 기존 관습과 체계에서는 생각지도 못했던 일이었지만, 시간이 흐를수록 주민들은 양공주들을 암묵적으로 인정하였으며 일부는 양공주와 협업을 하기도 하였다. 기존 체계에서는 '비일상'적 혹은 '예외'적이었던 행위들이 전시의 시공간에서는 일상처럼 자리를 잡았다. 하지만 포로수용소가 폐쇄되면서 이방인들은 떠나가고, 기존의 사회질서는 시나브로 복원되었다.

전쟁 시기 소개민 경험과 당시 조우했던 이방인들의 모습을 구술해 주었던 분들은 대부분 일제강점기 후반에 태어나서 해방을 맞이하였으며, 전쟁이 발발했을 때는 10대 소년기였다. 10대의 청소년기를 난민처럼 떠돌며 소개민으로 지냈던 그 시절의 기억은 나이가 들어도 쉬이 사라지지 않고 문신처럼 새겨져 있었다. 이들이 전해주었던 이야기가 마지막일지도 모른다. 실제로 일차 구술이 끝난 다음 1~2년 뒤 다시 방문했을 때는 이미 고인이 되신 분들도 있었다. 소개민 경험자는 이제 얼마 남지 않았다. 소년기에 겪었던 참혹했던 경험은 자식들에게 대물림되지 않았다. 기억 속에 남아 있는 먼 과거의 옛일이었을 뿐이다. 소개민 경험을 이야기해달라는 요청에 그간 묻어 두었던 가슴 아픈 이야기들이 쏟아져 나왔다. 기억은 누군가 들어 줄 사람이 있을 때 비로소 이야기된다. 이야기되지 않은 기억은 기억의 담지자가 생을 마감하면서 사라진다. 우리 주위의 많은 기억이 이야기로 남지 못한 채 사라지고 있다. 노인들이 생을 마감하면서 도서관과 같은 기억의 보고가 사라지고 있다. 소개를 경험했던 그들의 이야기를 한 권의 책으로 담았다. 많이 늦었지만, 그래도 이만큼이라도 모았다는 데 의의를 두고자 한다. 마지막으로 구술자들에게는 고맙다는 인사를 드리고, 고인이 되신 분들께는 삼가 명복을 빈다.

2010년 초 일제강점기 일본인들이 거주했던 식민이주어촌 조사를 위해 들렀던 통영문화원에서 당시 사무국장이었던 김성완 신부가 용초도 포로수용소 조사를 제안했었다. 바쁘다는 핑계로 마음에 담고만 있었다. 소개의 경험과 기억을 간직하고 있는 주민들이 많지 않아 구술자를 찾는 일이 쉽지 않았다. 시간이 지날수록 직접 체험자가 사망하면서 세대 간 기억이 단절되고 있다. 2019년 겨울부터 본격적으로 한산도 일대 및 거제도 일대의 포로수용소 흔적을 조사하고, 소개민 경험자의 구술을 수집하였다. 2020년 8월 현장조사 도중 거제시 일원에 '코로나'가 발생하면서 2년 동안 현장조사를 중단하였다. 2022년 여름 코로나가 잠잠해진 틈을 이용하여 다시 현장조사를 재개하였다. 현장조사와 더불어 다양한 경로를 통하여 자료를 수집하였다. 현장조사에는 목포대학교 대학원생 민경택(박사과정), 박상민(석사과정), 임정민(석사과정)이 연구 보조원으로 참여하였다. 드론 사진 촬영은 공종찬(목포대 졸업생)이 도와주었다.

거제도와 한산도에서 현장조사를 하면서 많은 분들의 도움을 받았다. 용초도 포로수용소와 봉암도 포로수용소가 있었던 통영시에서는 통영시청과 통영문화원, 그리고 한산면 사무소에서 관련 자료를 제공받았다. 주민들이 소개되었던 추원, 예곡, 용초 마을을 비롯하여, 포로수용소 인근 마을이었던 호두, 봉암, 곡룡포 마을, 그리고 소개민들이 대거 수용되었던 창동, 입정포, 야소, 하포, 비진 마을 주민들이 많은 정보를 제공해 주었다. 거제도 포로수용소와 저구리 포로수용소가 설치되었던 거제도에서는 거제시청과 거제문화원, 포로수용소유적공원, 그리고 남부면 사무소에서 포로수용소 관련 자료를 수집하였다. 거제도 포로수용소가 있었던 옛 고현 지역에서, 그리고 피난민과 소개민이 대거 정착했던 연초면 일대에서 현장조사를 하였다. 옛 고현 지역은 장평동, 고현동, 상문동, 수양동으로 행정구역이 바뀌었다. 저구리 포로수용소가 들어섰던 저구, 명사, 다포 주민들, 그리고 이곳의 주민들이 대거 소개되었던 근포, 다대 마을 사람들이 자신들의 체험을 들려주었다.

한동안 미루어 두었던 숙제를 끝내는 마음으로 집필을 마쳤다. 이 책을 구상하고 집필하는 동안 여러 사람의 도움을 받았지만, 여기에 일일이 다 언급할 수는 없다. 그래도 김성완 신부, 원동주 (전)거제문화원장, 이승철 거제향토사연구소장, 전갑생 박사, 최재형 한산농협장, 친구 손경환, 통영인 뉴스의 김상현 기자는 빠트릴 수 없을 것 같다. 목포대학교 도서관에서는 집필에 필요한 여러 문헌자료를 이용할 수 있도록 많은 도움을 주었다. 그들의 도움이 있었기에 한 권의 저서가 나올 수 있었다. 도움을 주신 모든 분과 기관에 감사드린다.

저서의 내용 중 일부는 논문 형태로 발표되었다. 발표된 논문을 열거하면 다음과 같다. 「한국전쟁기 소개민들의 음식 경험과 배고픔에 대한 기억」, 『석당논총』 86집(2023), 「한국전쟁기 소개민들의 장소 경험」, 『로컬리티 인문학』』 30(2023), 「한국전쟁기 섬사람들이 조우했던 미군의 모습」, 『도시문화』 66(2023), 「한국전쟁기 포로수용소 주변의 이방인 양공주」, 『한국민족문화』 88(2024), 「한국전쟁기 거제도의 이북 피난민」, 『지방사와 지방문화』 28(2025)이다. 발표된 논문들은 저서로 편집하면서 수정하고 보완하였다. 2025년은 한국전쟁 발발 75주년이 되는 해이다. 이 땅에서 다시는 전쟁이 일어나지 않기를 염원하면서 이 책을 마감하였다.

2025. 06. 25.
박정석

차례

제3장 용초도 포로수용소와 소개민

95

제4장 봉암도 포로수용소와 소개민

136

제2부

이방인들 169

제5장 거제도의 이북 피난민

170

제6장 포로수용소 주변의 양공주

202

제7장 섬사람들이 조우했던 미군들

230

제3부

포로들 255

제8장 거제도 포로수용소 이전以前: 포로 관리와 포로들의 신체 256

제9장 거제도 포로수용소 시기: 포로 교화와 이념투쟁 287

제10장 거제도 포로수용소 이후以後: 포로의 정치적 도구화 321

〈일러두기〉

1. 본문에서 구술자들의 출생 연도는 구술 당시의 나이를 역산하여 기재하였다. 따라서 구술자들의 실제 출생 연도와 차이가 있을 수 있다.
2. 본문에서 초등학교는 '국민학교'로 표기하였다. 구술자들은 한국전쟁 당시의 '국민학교'와 현재의 '초등학교'를 혼용하여 사용하였다. '국민학교'는 1996년 3월 1일부터 초등학교로 명칭이 변경되었다.

총론

총론

1.

20세기 한국 사회는 전쟁의 경험과 밀접하게 결부되어 있다. 1948년 남한과 북한에 별도로 정부가 수립되었다. 정부 분리 수립은 1950년 한국전쟁의 시작점이 되었다. 한국전쟁은 사회 구성원들의 일상적 삶을 포함하여 기존 질서를 허물고 재편하는 계기가 되었다. 즉 한국전쟁은 한국 사회를 설명하는 공적 담론이자 구조이면서 동시에 개인들의 체화된 경험이기도 하다. 하지만 빈곤과 고통은 고스란히 개인과 가족의 몫으로 남겨졌다.

전쟁의 참상과 일화는 누가 기록하고 기억하는가에 따라 완전히 다른 모습으로 재현되기도 한다. 전장에서 전투로 기억되는 경험과 후방에서 피난, 폭격, 기아, 가족의 사망과 실종으로 기억되는 전쟁의 모습은 서로 다를 수밖에 없다. 남성과 여성은 물론 여성들 간에도 경험과 기억에서 차이가 있다. 개인들의 전쟁 경험은 기억과 구술을 통해 재현된다. 전쟁의 경험을 구술하고 기록하는 행위는 기억을 역사화하는 작업이다. 공적인 영역에서의 경험은 역사로 기록되지만, 사적인 경험은 기억으로만 존재하다가 시간이 지나면서 시나브로 망각된다. 즉, 공적 영역은 역사로 간주되었기에 기록되었지만, 사적인 삶이나 일상의 경험은 그렇지 못해 기록에서 배제되었다. 기억과 경험은 구술하는 주체에 따라 달리 재현된다. 사람들에 따라 경험의 범위와 장소가 다를 뿐 아니라 설사 같은 사건을 경험하였더라도 그 경험을 이야기하고 기억하는 범위와 방식이 달라진다. 사적 경험과 기억 속의 '전쟁'은 전쟁 종식과 함께 정지되는 것이 아니라, 개인의 경험과 기억 속에서 각인되거나 체화되어 남아 있다.

전쟁은 공식적 기록과 기억에서도 불평등을 야기하고 있다. 최근 들어 개인의 전쟁 경험과 기억이 다양한 방식으로 기록되고 있다. 이런 시대적 흐름 속에서도 여전히 관심의 사각지대에 놓여 있는 사람들이 있다. 포로수용소가 설치되면서 소개되었던 소개민, 포로수용소 주변에서 체류했던 이방인들, 그리고 포로수용소에 수용되었던 포로들이 바로 그런 사람들이다. 한국전쟁기 포로수용소는 인간 존엄성 말살, 그리고 억압과 폭력이 일상화되어 있었던 공간이었다. 포로수용소는 포로들뿐만 아니라 포로들을 경비하던 군인들과 포로수용소 주변 지역주민들에게도 잊을 수 없는 상흔을 남겼다. 포로수용소가 설치되면서 제 땅에서 강제로 쫓겨났던 소개민들의 고통과 경험은 제대로 기록조차 하지 않았다. 소개민들은 전장이 아닌 후방에 있었다는 이유로 전사에서도 배제되었으며, 공적인 담론으로 부각되지도 못했다. 소개민들과 더불어 포로수용소 언저리를 맴돌며 삶을 영위했던 이방인들 역시 공식적 담론 속에서 사라졌다.

한국전쟁 시기 거제도와 한산도 지역에는 기관의 성격과 수용 대상이 서로 달랐던 세 부류의 '수용소'가 설치되었다. 전쟁 포로들을 격리 수용했던 포로수용소, 포로수용소가 설치되면서 그 땅에서 쫓겨났던 주민들을 위해 만들었던 소개민 수용소, 그리고 전쟁의 와중에 이북에서 내려왔던 피난민들을 수용했던 피난민 수용소가 있었다. 포로수용소와 달리 소개민 수용소와 피난민 수용소는 수용자를 '강제'로 수용하지 않았다는 점에서, 감시자는 물론 외부와 내부를 가르는 철조망과 같은 장벽이 없었다는 점에서, 그리고 내부인은 물론 외부인의 출입이 자유로웠다는 점에서 차이가 있다. 즉 소개민 수용소와 피난민 수용소는 '격리'를 위한 총체적 기관이 아니라 '보호'를 위한 주거시설이었다. 비록 '수용소'로서의 성격과 대상이 다르고 관리와 통제 방식이 서로 달랐지만, '감시'를 용이하게 할 목적으로 특정한 공간에 배치되었다는 공통점이 있다. 이처럼 포로수용소는 수용소 바깥마저도 수용소화된 사회로 바꾸어놓았다.

포로수용소가 설치되면서 쫓겨났던 사람들, 그리고 포로수용소 때문에 들어왔던 사람들 모두가 전쟁의 피해자이지만 제대로 기록되지 못했기에 역사의 뒤편으로 사라졌다. 포로수용소 주변에는 여러 부류의 이방인이 몰려들었다. 그중에서 피난민과 양공주는 포로수용소를 매개로 삶을 영위했던 대표적인 이방인 집단이라고 할 수 있지만, 이들과 관련된 이야기는 공식적 역사에서 제대로 알려지지 않았다. 이들과는 달리 포로수용소의 관리자이자 운영자였던 미군은 완전히 다른 범주의 이방인이었다. 낯선 이방인 미군은 여러 방면으로 지역사회에 영향을 미쳤다. 하지만 이들 미군과 조우했던 지역주민들의 기억은 기록으로 남아 있지 않다. 포로수용소에 갇힌 포로들 역시 이방인 범주에 속했지만, 지역주민들과 직접적으로 조우할 수 없었던 존재였기에 지역주민들의 기억과 경험이 아주 빈약하다. 본서는 크게 세 부분으로 구성되어 있다. 제1부는 소개민, 제2부는 이방인, 그리고 제3부는 포로들을 다루고 있다. 본문에서 분석하고 있는 구술자료는 기존의 문헌자료와 현장조사를 통해 수집한 자료이다.

2.

제1부에서는 거제도와 한산도 지역에 포로수용소가 설치되면서 토지와 가옥을 징발당하고 고향 마을에서 강제로 쫓겨났던 소개민들의 사회적 고통과 장소 상실의 경험을 분석하고 있다. 한국전쟁은 전방뿐만 아니라 후방에서도 다양한 방식으로 주민들의 삶을 뒤흔들어 놓았다. 전쟁은 국가의 물리적 토대 파괴, 막대한 인적 손실, 기존 질서 파괴 혹은 균열 등과 같은 경제적 및 사회적 변동을 초래시켰다. 전쟁의 참상은 전장에서만 발생한 것이 아니었다. 전장에서 멀리 떨어진 섬 지역에 설치되었던 포로수용소는 포로들 사이에 '이념전쟁'이라는 새로운 형태의 전선이 형성되었던 공간이었다.

전쟁이 발발하면서 지역사회는 마을 단위까지 국가의 직접적인 통제를 받게 되었다. 미군의 주도 아래 포로들을 수용할 시설을 섬 지역에 설치하면서 해당 지역의 주민들은 강제로 소개되었다. 사전적으로 소개는 '공습이나 화재 따위에 대비하여 한곳에 집중되어있는 주민이나 시설물을 분산함'이라고 정의된다. 즉, 소개는 시설물과 사람을 한쪽에서 다른 쪽으로 이동시켜 재배치하거나 분산하는 군사적 또는 행정적 행위라고 할 수 있다. 따라서 소개민은 일정한 곳에서 강제로 소개되어, 비자발적으로 다른 곳으로 옮겨가 임시로 거주하는 사람을 뜻한다고 할 수 있다. 주민들에게 '소개'는 곧바로 삶의 터전과 공동체 상실로 이어졌다. 이런 점에서 소개는 '박탈'을 의미한다.[1] 포로수용소가 설치되었던 곳의 마을 주민들은 강제로 소개되면서 삶의 터전과 생계 수단을 잃어버렸을 뿐 아니라 군사적 폭력 혹은 법적 폭력의 대상이 되었다. 쫓겨난 주민들에게는 '소개민'이라는 상처를 주는 호명과 함께 국가로부터 경제적 폭력이 가해졌다. 소개민들은 식량배급 중단이라는 폭력적 수단에 굴복하여 소개민 수용소에 수용되었다. 즉 소개민들의 신체는 수용소라는 제도적 기구에 예속되었다. 이처럼 소개라는 형태의 제도적 폭력은 주민들의 자족적 삶을 박탈하고 일상을 불안정성의 영역으로 내몰았다.

강제로 소개되면서 주민들은 고향 마을과 토지를 징발당하고, 가정은 물론 사회적 유대관계까지 파괴되고, 일상생활마저 위태로워지게 되었다. 한마디로 사회경제적 근간을 모두 박탈당했던 것이다. 이처럼 전쟁 시국에서 국가의 지배력은 압도적이었으며, 주민들은 전쟁 통치에 대항할 수 없는 무기력한 존재였다(김예림 2012: 12). 마을 전체가 포로수용소 설치 공간으로 징발되면서 마을 사람들은 이웃 마을과 소개민 수용소를 전전하게 되었다. 기존의 일상은 한꺼번에 무너지고 국가와 사회 사이에서 난민 아닌 난민이 되었다. 국가는 적법한 절차 없이 '전시 상황'이라는 명분을 내세워 개인의 소유권을 몰수하거나 박탈을 당연시하였다. 소개민의 고통은 지역사회에서 일부 분담하였지만, 주거와 거주의 장소를 빼앗긴 소개민으로서의 피폐했던 삶은 해결되기 어려웠다. 하지만 소개민들의 전쟁 경험과 기억은 직접적인 전투와 학살로 초래된 전쟁 피해가 아니라는 이유로 공식적 기록으로 편입되지 않았다.

---

1 박탈은 "사람들이 자신의 터전과 시민권, 생계 수단을 잃어버리거나 군사적 폭력 혹은 법적 폭력의 대상이 되는 바로 그때 생겨나는 어떤 현상"이라고 정의된다(버틀러 & 아타나시오우 2016: 21-22).

전쟁의 와중에 포로수용소가 설치되었던 후방의 섬 지역주민들이 마주했던 전쟁 경험은 특별하다. 섬 주민에게 '소개'는 곧바로 삶의 터전과 공동체 상실로 이어졌다. 마을과 집으로부터 '분리'는 기억의 장소와 흔적으로부터의 분리를 의미한다. 삶의 공간과 장소가 미군에 의해 철폐되고 와해되었음에도 누구도 저항할 수 없었다. 장소가 상실되었음에도 감히 대항할 수 없었기에 그때의 기억은 상흔처럼 남아 있다. 포로수용소 설치로 '소개' 당한 마을 주민들의 기억은 생전 처음으로 봤던 집채보다 큰 함정에서 쏟아져 나왔던 불도저로 대변된다. 아가리가 큰 배에서 나온 불도저가 마구잡이로 가옥을 허물고 전답의 둑과 경계를 무너뜨리면서 한순간에 평지로 만들어 버렸다. 이제껏 사람들이 살았던 흔적을 지우면서 이질적인 공간으로 바꾸어 버렸다. 곳곳에 철조망이 설치되고 포로들을 위한 건물들이 들어섰다.

소개민들은 마을이 파괴되고 집들이 사라지면서, 친숙하지만 낯선 공간으로 이동하였다. 처음 이주한 곳은 대개 친인척이 살고 있었던 마을이었다. 그곳은 영구적인 삶의 터전이 아니라 잠시 머무는 공간이었다. 이런 점에서 그곳은 친숙하면서도 낯선 공간이었다.[2] 이후 소개민들은 새로운 규범과 질서가 발현되는 소개민 수용소로 이동하였다. 그곳은 친숙하지 않은 낯선 공간이었다. 소개민 수용소 주변에는 기존의 마을과는 다른 새로운 형태의 '장소'가 형성되었다. 장소와 공간의 의미와 가치는 항상 변화한다. 변화의 동인은 내부에서 비롯되기도 하지만, 대개는 외부와의 관계 속에서 설정된다고 할 수 있다.[3] 새로운 장소에서는 기존의 교환 방식과는 확연히 구별되는 새로운 거래 행위가 등장하였다. 미군과 양공주를 중심으로 형성된 새로운 거래 행위는 기존의 생산과 소비 체계에서 완전히 벗어난 것이었다. 양공주의 몸과 미군의 성적 욕망은 달러와 물품을 매개로 연결되었다.

포로수용소 폐쇄와 함께 이방인들이 떠나면서 이방인들과의 관계 속에서 형성되었던

---

2 어떤 공간이 장소로 전환되는 과정에는 장소애 혹은 장소감이 개입되어야 한다(앤더슨 2013: 77).

3 하나의 장소는 다른 장소와 사건과 사건으로 연결되어 있다. 사건으로서의 장소는 경계 지움 혹은 영원성이 아닌 개방성과 변화로 특징 지워진다(크레스웰 2012: 65).

장소는 흔적도 없이 사라졌다. 집은 장소를 구성하고 경계선을 유지하기 위한 최소한의 장치이다. 장소는 물리적 환경을 토대로 하고 있다. 장소 재구성은 외부인이 만들었던 건물과 흔적을 허물고 새로 집을 짓는 작업부터 시작되었다. 포로수용소가 설치되면서 허물어졌거나 해체되었던 불안정한 공간을 과거의 안정적인 장소로 되돌리려는 작업은 순탄치 않았다. 장소 재구성 과정에서 주민들의 장소 경험과 장소 감각은 고정되어있는 것이 아니라는 사실이 드러났다. 장소로서의 마을은 불연속적이었으며 균일적이지도 않았다. 물리적 경계는 불안정했으며 여러 차례 재조정되어야 했다. 유의미했던 기존의 장소를 '복원'하려 했지만, 복원된 장소는 과거의 장소가 아니라 새로운 장소였다.

소개민으로 살았던 사람들에게 마을은 단순한 물리적 공간이 아니라 상징과 의미를 공유하고 있는 다층적 경험의 장소이자 경관이었다. 이런 점에서 마을과 주민은 서로 어울려 있는 장소라고 할 수 있다.[4] 장소는 다양한 주체들에 의해 수정 혹은 재수정되거나 추가되기도 한다. 장소는 기억을 매개체로 삼아 작동되기도 한다. 기억과 장소는 불가분의 관계에 있다. 특정한 장소를 기념한다는 것은 과거의 삶과 현재의 삶이 단절되었음을 의미한다. 장소는 '흔적의 지속적인 구성물'이다(앤더슨 2013: 17). 하지만 흔적은 결코 중립적이지 않다. 흔적은 집단의 문화적 선호와 관념을 상징한다. 흔적이 담지하고 있다고 생각되는 의미에 관해서도 다양한 견해와 평가가 혼재한다. 즉 흔적에 대한 해석은 집단마다 다르며, 시간의 흐름에 따라 변화하기도 한다.

소개민들은 강제로 소개되었던 낯선 곳에서 낯선 경험을 하게 되었다. 소개지 마을과 수용소는 영구적인 터전이 아니었으며, 잠시 머무는 공간이었다. 장소 상실과 장소 이동, 그리고 장소 복원 과정에서 겪었던 주민들의 경험과 기억은 다층적이면서도 서로 중첩되어 있다. 이와 같은 전쟁 경험과 기억은 직접적인 전투와 학살로 초래된 전쟁 피해로 기록되지 않았다. 포로들 '때문에' 생활 터전을 잃고 강제로 이산되었던 주민들의 고통과 피해는 전쟁 중에는 물론 전후에도 제대로 보도되지 않았다.

---

4 특정한 위치에 살고 있는 사람이 곧 장소이고, 장소는 그곳에 살고 있는 사람이라 할 수 있다(랠프 2005: 88).

지금까지 포로수용소가 설치되면서 제 땅에서 강제로 쫓겨났던 사람들의 이야기는 학문적 관심사 바깥에 있었다(김민환 2021: 231). 포로수용소 소개민에 대한 대중적 관심은 2000년대에 들어서면서 나타나기 시작하였다.[5] 2018년 12월 5일부터 2019년 1월 17일까지 대한민국역사박물관에서 〈전쟁 포로, 평화를 말하다〉라는 주제로 전시한 내용물 중에 소개민과 관련된 자료가 등장하였다. 이 전시를 통해 포로수용소 건설로 집과 논밭을 징발당한 채 강제로 소개되었던 사람들의 이야기가 소개되었다. 전시된 사진들 가운데 포로수용소를 건설하면서 마을을 불태우는 모습과 소개민 수용소를 설치하는 장면을 담은 사진이 있었다. 또한 국가를 대상으로 봉암도 포로수용소 건설로 징발되었던 토지와 농토에 대한 보상을 요구했던 문서도 함께 전시되었다(대한민국역사박물관 2018: 55~58). 하지만 전체 전시에서 소개민은 전쟁포로의 부차적인 주제였다.

3.

제2부에서는 거제도와 한산도 지역주민들이 조우했던 이방인들의 모습을 기술하고 있다. 이방인은 주어진 공간에 갇혀 있거나 얽매어있지 않는 존재이다. 고정된 장소를 갖지 않기에 기존의 제도 및 관습에 얽매이지 않고 상대적으로 자유로운 삶을 영위할 수 있다. 이방인은 주류 사회와 공생하면서도 외부의 조건과 환경에 따라 역동적으로 적응하고 변신하는 존재이다.

이방인 문제는 궁극적으로 지역민의 환대 혹은 관용의 문제와 연관되어 있다(김광기 2012: 151; 문성훈 2011: 408).[6] 환대와 관용은 관념적 측면에서는 서로 다르게 정의된다(김

---

5 포로수용소 소개민 연구는 한국전쟁 연구 동향에서도 찾을 수 없을 만큼 학문적으로 소외된 분야이다(김태우 2015). 소개민과 관련된 문헌자료는 김준선(2024), 오연호(1990), 이승철(2018), 전갑생 · 김민환(2018) 등이 있다.

6 본문에서 '환대'는 조건적 환대 및 실천가능한 환대를 의미하며, 부정적 행위의 자발적 중지로서의 '관용'과 동의어로 사용하고자 한다. 데리다는 관용이 '초대의 환대'이며 '조건적 환대'로 '실천가능한 환대'임에 비해, 환대는 '방문의 환대'이며 '무조건적 환대'로 '실천불가능'한 영역으로 정의하였다. 데리다가 말하는 절

광기 2011; 서용순 2009; 최병학 · 오정대 2018; 홍태영 2018 등 참조). 하지만 실천의 영역에서 두 개념은 크게 구별되지 않거나 중첩된다. 좁은 의미에서 환대는 상호성에 근거하여 원주민의 공동체를 위협하지 않는 범위 내에서 허용된다. 한편, 관용은 힘 있는 자의 권리 행사 혹은 부정적 행위의 자발적 중지로 정의된다(김용환 1997: 21-22). 관용은 타인에 대한 열린 자세를 견지하며 차이를 인정하는 태도이다(왈쩌 2004: 27-28). 이방인에 대한 환대와 관용은 모두 주체에 의해 베풀어지는 것이다. 즉 이방인에 대한 환대와 관용은 주체의 자비와 인내에 의존한다고 할 수 있다(김애령 2008: 177).

이방인은 주체가 지닌 권리가 부재한 존재이다. 반면 주체인 주인은 주권을 지닌 존재로서 특정한 공간에 대한 권리를 담지하고 있다(김광기 2012: 151). 낯선 곳에서 이방인은 일시적 체류의 권리 즉 조건적인 환대를 경험하지만, 주인의 고유한 영역을 침범하지 않아야 한다. 관념적으로 이방인은 주어진 공간에 갇혀 있거나 얽매여 있지 않는 존재이다. 고정된 장소를 갖지 않기에 기존의 제도 및 관습에 얽매이지 않고 상대적으로 자유로운 삶을 영위할 수 있다. 따라서 이방인은 주류 사회와 공생하면서도 외부의 조건과 환경에 따라 역동적으로 적응하고 변신하는 존재이다.

한마디로 이방인은 토착민의 거주 공간에 도래한 타자이다. 토착민의 입장에서 환대는 나의 거주지에 찾아온 타자 즉 이방인을 어떻게 받아들일 것인가 하는 문제로 귀결된다(최병두 2012: 17; 문성훈 2011). 토착민은 이방인에게 '집'을 내어줌으로써 환대한다. 집은 이방인과 토착민을 구분하는 주요한 경계이자 공동체적 공간이다. 이방인은 토착민의 공간에서도 완전히 정착하지 못한 채 국외자의 태도를 유지한다. 이질성을 간직하고 있는 이방인은 '가까이 있으면서도 동시에 멀리 떨어져 있는' 존재이다(짐멜 2005: 87).

한국전쟁기 포로수용소가 설치되었던 섬 지역에 들어왔던 이방인은 크게 두 부류였다. 하나는 자신의 유래와 이름을 원주민의 언어로 대답할 수 있었던 사람들이었다. 다른 하나는 격리된 공간에 갇혀 있어 원주민과 조우할 수 없었거나 원주민의 언어로 소통

대적 환대 혹은 무조건적 환대는 사실상 현실 세계에서 실천 불가능한 이상적인 담론이라 할 수 있다(데리다 2004: 70-71).

할 수 없었던 이방인이었다.[7] 전자의 범주에는 피난민과 양공주가 있다. 이들은 원주민과 조우하면서 원주민의 말로 자신들의 존재를 언어화할 수 있는 이방인이었다. 그러나 피난민은 환대의 대상이었지만, 양공주는 그렇지 못했다는 차이점이 있다.[8] 환대를 받았다는 것은 그 사회의 구성원으로 인정됨과 동시에 권리를 갖게 되었다는 의미이다(김현경 2008: 207). 후자의 범주에는 포로수용소에 수용되었던 포로들과 이들을 관리하고 경비했던 '미군'이 포함된다.[9] 포로는 자신의 존재를 원주민의 말로 의사소통을 할 수 있었지만, 원주민과의 만남이 차단되어 있었다. 반면 미군은 원주민과 조우는 했지만, 원주민의 언어로 자신의 존재를 드러내지 못하는 사람들이었다. 포로와 마군은 환대의 바깥에 있었다.

한국전쟁 당시 거제도는 피난지였으며 포로수용소 건설지였다. 피난민들은 대개 이북에서 내려온 사람들이었다. 이들은 거제도에 유입된 이후 재빠르게 거제도의 상권을 장악하였다. 포로수용소가 설치되면서 미군을 상대로 몸을 파는 소위 양공주들이 몰려왔다. 지역주민들에게 피난민과 양공주는 양가적이었다. 피난민과 양공주에게 민족적으로 그리고 인종적으로 동질성을 느끼면서 이들을 '내부인'으로 수용하였다. 이런 점에서 이들은 '가까운' 사람들이었다. 피난민과 양공주는 사회적으로는 그 범주가 구분되었지만, 실제로는 서로 뒤섞여 있었을 뿐 아니라 종종 겹치기도 하였다. 거제도에 들어왔던 피난민은 친숙한 '상인'과 같은 존재였다면, 양공주는 이곳저곳을 떠도는 '방랑자'에 가까운 이방인이었다고 할 수 있다. 이들은 지역사회 내부에 존재하였지만 외부인이었다. 피난민과 양공주는 '타자'로서 내부 세계를 위협할 수 있는 존재였다.

지역주민들과 피난민 혹은 양공주는 이질성을 바탕으로 인간관계가 설정되었으며,

---

7 환대를 기대하는 이방인은 서로에 대한 탐색이 가능하도록 토박이의 언어로 물음에 답할 수 있어야 한다. 토착민의 언어로 물음에 답하지 못하는 이방인은 '야만적 타자'로 취급된다(김애령 2008: 176).

8 "환대란 타자에게 자리를 주는 행위, 혹은 사회 안에 있는 그의 자리를 인정하는 행위이다. 자리를 준다/인정한다는 것은 그 자리에 딸린 권리들을 준다/인정한다는 뜻이다."(김현경 2015: 207).

9 거제도 포로수용소에는 미군을 비롯하여 유엔군 소속의 여러 나라 군인과 함께 민간인이 근무하고 있었다. 여기에서 미군은 이방인이었던 '유엔군' 전체를 아우르는 기표로 사용하고 있다. 실제로 거제도 포로수용소에 근무했던 유엔군 대다수가 미군이었다.

주민들의 일상에서 배제되었거나 소외되었던 '낯선' 존재였다. 그들은 개별적 존재가 아니라 '피난민' 혹은 '양공주'라는 사회적 범주로 구분되었다. 피난민과 양공주는 전쟁이라는 불가항력적 재난을 피해 지역 사회로 유입되었던 이방인이었지만, 이들에 대한 사회적 대우는 사뭇 달랐다. 피난민에게는 새로운 환경에 적응할 수 있도록 정부 차원의 제도적 지원이 있었다. 즉 피난민과 원주민은 피난민 수용 정책이라는 제도적 과정으로 조우하였다, 반면 양공주는 사회적 과정과 제도적 지원에서 배제된 채 개인적 태도에 따라 수용되거나 소외되었다. 피난민과 양공주의 환대 받음과 받지 못함은 이들의 사회적 정체성과 무관하지 않았다. 당시 피난민에게 부여되었던 정체성은 북한의 공산주의를 버리고 남한의 자유민주주의 택한 '반공 전사'였다면, 양공주는 지역사회의 미풍양속을 해치는 '유엔군 마담' 혹은 '양갈보'였다(김준현 2016).

섬사람들이 기억하는 미군의 이미지는 다층적이면서 다중적이다. 미군의 모습은 출현 시기에 따라 그리고 상황에 따라 서로 다른 이미지로 기억되고 있다. 섬사람들이 마주했던 미군은 '방랑자'나 '상인'과 같은 단순한 이방인이 아니라(짐멜 2005), '신'이나 '괴물'처럼 초월적 세계에 속하는 이방인이었다고 할 수 있다(커니 2004). 미군은 신체적으로도 신비스러운 존재였을 뿐 아니라 무서운 존재이기도 하였다. 한편으로 미군은 원주민의 공공질서를 무너뜨리고 규범을 무시하는 존재였다. 그들은 부자연스럽고 음란하며, 경계를 위반하는 이질적 존재로 치부되었다. 다른 한편으로 미군은 한국군 혹은 한국 정부보다 우위에 있는 가공할 힘을 가지고 있는 점령군이자 권력자이기도 하였다. 그들은 때로는 친절하고 때로는 잔인하였다. 하지만 섬사람들이 기억하는 미군은 의사소통이 불가하여 거부하거나 배제하지 못하고, 어쩔 수 없이 수용하고 적응해야 하는 '야만적 타자'였다.

미군에 대한 섬 주민들의 첫 이미지는 섬처럼 커다란 배를 타고 온 사람들이었다. 주민들의 기억 속에는 LST(Landing Ship Tank, 상륙함)[10]에서 불도저가 나와 땅을 헤집고 다

---

10 LST는 제2차 세계대전 중에 미국 해군과 영국 해군이 의해 개발되었다. 밑바닥이 평평한 평저선으로 연안 항해 성능이 우수하다. 탑재한 전차나 차량, 병력 등이 함수의 램프를 통해 직접 드나들 수 있다. 한국전쟁

니는 모습이 선명한 이미지로 각인되어 있다. 포로수용소가 건설된 다음에 만났던 미군은 한편으로는 성에 굶주린 군인으로, 다른 한편으로는 막대한 구호품과 선물을 주는 부자나라 사람들이었다. 또한 이질적인 피부색과 신체 그리고 이상한 언어는 이전까지는 경험하지 못했던 미지의 세계였으며 낯선 것들이었다. 포로수용소가 설치되면서 미군을 상대로 몸을 파는 양공주가 들어왔다. 성적 욕구를 배출하기 위해 양공주를 찾아다니는 미군들이 늘어나면서 이전에는 볼 수 없었던 '낯선' 거래 관계가 형성되었다. 미군의 다른 이미지는 풍부한 물자로 전쟁을 지원하고 구호품을 나눠주는 미국 사람들이었다. 초콜릿과 껌은 미군이 나눠주었던 선물의 대명사였다.

4.

제3부는 포로 경험자들의 자서전을 바탕으로, 그들이 포로수용소에서 겪었던 사건과 일화를 통해 포로들의 일상을 살펴보았다. 전쟁포로들은 단일한 집단이 아니었다. 60이 넘은 노인부터 14세 미만의 어린이도 포함되어 있었다. 전투에 차출된 군인뿐만 아니라 강제로 인민군에게 끌려갔던 의용군과 민간인 그리고 피난민까지 뒤섞여 있었다. 미군은 전선에서 생포한 한국인은 아군이든 적군이든 무조건 포로로 취급하여 수용소로 이송하였다. 군번도 없는 민간인 포로들과 아군인지 적군인지 정체가 불분명한 사람들이 포로수용소에서 '피난생활'을 하고 있었다(오세희 2000: 216).

포로는 생포되는 순간부터 자신의 '이름'과 '옷'이 박탈되었다. 생포 이후 포로들은 숫자로 관리되는 비인격체로 전환되었다. 철조망 안에 갇혔던 포로들은 '손님'이 아니었기에 환대의 대상이 되지 못했을 뿐 아니라 사람으로 갖추어야 할 덕목이 부재했기에 격리의 대상으로 간주되었다. 수용소 당국은 물론 포로들끼리도 이념에 따라 그들과 우리를

당시 투입되었던 상륙함은 '용화급'으로 분류되며, 함정의 길이는 100m, 폭이 15m 정도이며 최대 12노트이다(출처: 디펜스투데이).

구분하면서 서로를 증오하였다. 이와 같은 무환대와 격리, 증오의 근저에는 혐오가 자리하고 있었다.[11] 한마디로 포로는 혐오의 대상이었다.[12] 인간의 동물성에서 비롯되는 근원적 혐오는 타자에게 투영되면서 '투사적 혐오'로 전이된다.[13] 투사적 혐오 즉 사회적 혐오는 타자 혹은 특정한 인간 집단을 향해 발현된다. 인간 집단을 향한 혐오의 감정은 대개 소수자 또는 나와 신념이 다른 사람들을 대상으로 한다. 한 사회에서 개인은 특정한 집단에 속해 있다는 사실만으로 혐오의 대상이 되기도 한다. 관념적으로 혐오는 윤리·도덕의 문제이지만, 실천의 영역에서 혐오는 사회문화적 혹은 정치 경제적 상황과 맞닿아 있는 복합적인 감정 표현이라 할 수 있다.

사회적 혐오는 특정한 대상을 저열하고 비천한 범주로 차별하거나 서열화하는 효과를 낳는다(누스바움 2015: 159). 그래서 종종 혐오 감정은 지배의 수단으로 활용되기도 한다(신은화 2017: 199). 이런 경우 혐오는 집단 내부에 지배자와 피지배자라는 위계를 유지하거나 강화하는 기제로 작동된다. 혐오는 상대방에 대한 분노 혹은 증오의 감정과 함께 차별과 멸시를 통해 상대방을 비하하거나 비인격적 존재로 폄하하는 태도로 나타난다.[14] 따라서 혐오는 개인적 감정이라기보다는 사회적으로 형성된 편견이자 집단적 감정이라고 할 수 있다(박인철 2021: 64). 즉 혐오는 차이를 인식하고 유지하며, '우리'와 '그들'을 가르는 기제로 작동된다.

---

11 관념적으로 혐오는 두려움이나 증오와 구별될 수 있지만(맥긴 2022: 13), 사실상 혐오는 두려움 및 증오와 같이 '회피' 감정과 맞닿아 있다(콜나이 2022). 즉, 혐오의 근저에는 두려움과 역겨움, 그리고 증오가 자리하고 있다(박인찬 2022: 8-9; 최현철 2017: 181).

12 혐오는 생물학적 기원을 갖는 원초적인 감정이긴 하지만, 사회화 과정을 통해 학습되는 문화적 감정이기도 하다(고현범 2016: 132). 이런 연유로 혐오는 생물학적 혹은 원초적 혐오와 사회문화적으로 형성된 사회적 혐오로 나누어진다(박인찬 2022: 8-9).

13 누스바움은 혐오를 인간의 동물성과 신체성에서 비롯된 '근원적 혐오'와 그것을 타자에게 투영하여 타자를 혐오의 원천이자 대상으로 배척하고 파괴하는 '투사적 혐오'로 구분하였다(누스바움 2020: 148-149). 근원적 혐오는 '오염물'로 간주되는 일군의 대상에서 시작되지만, 전염의 법칙과 유사성의 법칙에 따라 다른 대상으로 확장된다(누스바움 2015: 176). 근원적 혐오의 대상으로는 부패, 배설물, 분비물, 더러움, 특정 동물, 음식, 타인의 신체, 무성한 생식력, 질병과 신체 기형 등이 있다(하홍규 2023: 245-246).

14 일상에서 혐오(disgust)는 증오(hate)와 뒤섞여 사용된다. 하지만 혐오는 행동양식에서 증오와 구별된다. 혐오는 대개 자신이 싫어하는 대상이나 환경을 기피하고 멀리하려는 행위이지만, 증오는 해당 대상에 노골적으로 적의를 드러내며 공격적인 의사를 표명한다는 차이가 있다(박승억 2021: 61).

사회적으로 혐오는 구별화와 연관되어 있는 강력한 감정적 성향이다(하홍규 2022: 222). 개인은 사회화를 통해 특정한 대상자를 오염원으로 낙인찍고 그들을 향해 혐오감을 분출한다(황옥자 2023). 따라서 포로들 혹은 동양인에 대한 혐오의 감정은 문화적 산물이라 할 수 있다. 혐오의 감정은 사회적 오염원으로 지목된 포로들을 철저히 격리하거나 배제하려는 행위로 표출되었다.[15] 포로수용소 내부에서도 '반공'을 앞세운 세력은 '송환희망' 포로들을 이념적 오염원으로 낙인찍고 배제함으로써 자신들의 지배와 권력을 정당화하였다. 소위 친공포로들은 '해방동맹'이라는 지하조직을 결성하고는 송환거부 포로들을 색출하여 폭력과 살상을 가함으로써 자신들의 물리적 힘을 과시하였다. 이처럼 집단적으로 타자를 혐오하고 배제하는 전략은 그들을 우리와 동화될 수 없는 불온한 대상으로 치부하여 관계를 단절하고 바깥으로 추방하는 것이다(이혜정 2024: 77). 포로수용소 내부에서 혐오의 감정은 집단 폭력 혹은 학살과 같은 극단적인 행태로 표출되었다.

한국전쟁과 관련된 많은 연구가 있지만, 전쟁포로는 상대적으로 크게 주목받지 못했다. 정치적으로 '친공' 포로는 망각의 대상이었으며, '반공' 포로 역시 기념의 대상이 되지는 못했다. 한국전쟁기 포로와 관련된 자료의 생산 주체는 대부분이 포로 관리를 담당했던 미군과 국군이었다. 반면 포로들이 자신들의 경험을 직접 서사한 자료는 많지 않다. 1980년대 이전에 출간되었던 포로들의 수기는 이한(1952), 최철우(1953), 이진섭(1966), 김병노(1974) 등이 있다.[16] 이들 수기는 대부분 익명 또는 제삼자의 이름으로 포로수용소에서의 경험을 기술하고 있다. 이들의 서사는 '반공주의'라는 이데올로기와 시대적 상황에서 크게 벗어나지 못했다.[17] 전후 반공포로들의 증언과 기록은 자유와 반공을 표방했던 국가 차원의 요구에 부응한 결과물이었다. 이들의 수기는 신생 대한민국의 국가 정체성을 확립하는 데 중요한 기틀이 되었지만, 포로들의 일상을 객관적 시각에서 서

---

15 "혐오는 오염에 대한 사고가 중심을 이루기 때문에 기본적으로 그 사람이 사라져 버리길 원한다."(누스바움 2015: 199).

16 전후 북한에서 발간된 포로 수기로는 전재경(1957)이 있다.

17 1953년 6월 18일 이승만의 반공포로 석방을 통해 전쟁포로들은 '반공애국청년'으로 호명이 바뀌었다. 반공포로 석방을 다룬 수기 혹은 출판물로는 황세준(1954), 석보(1954), 송효순(1973) 등이 있다.

술하지 못했다는 한계를 노출하였다(임세화 2016). 1980년대 이후 정치적 환경이 바뀌기 시작하면서 포로들의 서사 역시 이전 시대와 결을 달리하게 되었다. 1980년대 이후 포로들의 경험담은 단순한 수기에서 자서전 형태로 발간되기 시작하였다. 이전까지의 수기가 3인칭 화자의 이야기에서 벗어나지 못했던 반면, 1980년대 이후 발간된 자서전들은 서술의 주체인 '나'의 경험담을 기술하고 있다. 이런 경향은 상대적으로 이념적 자기 검열에서 자유로운 외국 시민권자 혹은 국외 체류자들이 주도하였다.

자서전은 '현재'의 시점에서 과거의 경험을 드러낸 글이다. 따라서 개인 차원의 기억과 서사가 모든 사람의 목소리를 반영하지 못한다는 한계가 있지만, 일종의 '집합 기억'으로 당시의 모습을 생생하게 기술하고 있다는 점에서 역사적 자료로서의 가치가 크다고 할 수 있다. 자서전에 담긴 이야기는 국가 혹은 이념적 차원에서 포섭 또는 배제했던 '무리'로서의 포로가 아니라, 자신의 목소리로 말하는 개인 차원의 포로 서사이다. 이들의 서사는 특정한 시기, 특정한 공간에 구금되었던 특정한 사람들의 이야기이다. 포로 경험자들의 자서전은 기억을 통해 자신들의 삶에서 거대한 전환점이 되었던 포로 경험을 재구성한 결과물이다. 기억의 재구성은 공적 역사와는 다른 차원에서 기술된 개인들의 역사이자 자기 정체성을 구축하는 장이라고 할 수 있다.

제1부

소개민들

제1부 01

거제도 포로수용소와 소개민

1. 지역 소개

거제도 포로수용소는 고현 지역에 설치되었다. 포로수용소가 설치될 무렵 거제도는 통영군 관할이었다. 1914년 총독부령으로 지방행정구역이 통폐합되면서 거제군과 용남군을 통합하여 통영군이 되었다. 1944년 통영군 일운면에 고현출장소가 설치되면서, 고현, 용산, 상동, 문동, 장평 지역을 관할하게 되었다. 1950년 11월 고현 지역이 포로수용소로 징발되면서 사실상 고현출장소가 없어졌다. 1953년 1월 거제군이 통영군에서 분리되어 복군되었다. 1953년 8월 고현출장소를 일운면에 흡수하면서 폐지했다가, 1956년 고현출장소를 복귀시켰다. 1963년 신현면이 설치되면서 장승포읍의 수월리, 해명 마을과 양정리의 양정, 제산 마을을 편입하여 법정 7개리에 행정리 12개를 관할하게 되었다. 1979년 신현면에서 신현읍으로 승격되었다. 2008년 7월 신현읍을 폐지하고, 장평동, 고현동, 상문동, 수양동을 설치하였다.[1]

거제도 포로수용소는 고현만과 가까워 육지로부터 물자의 이송이 편리하였으며, 외

---

1 『신현읍지』 내용 참고.

거제 고현지역(현재)

곽은 계룡산, 옥녀봉, 국사봉 등 산으로 에워싸여 있어 경계가 용이하였다. 포로수용소의 서쪽은 지금의 장평동이었다. 장평동 서쪽에는 사등면, 남쪽에는 계룡산이 있고 북쪽에는 고현만이 자리한다. 현재 고현만은 삼성중공업 거제조선소가 건설되면서 해로는 대부분 막혀 있다. 고현동은 포로수용소의 중심부였다. 과거 거제현의 치소治所가 있었던 곳으로, 현재 이곳은 거제시 행정과 교통의 중심지이다. 고현동 남쪽은 선자산, 남동쪽은 옥녀봉, 동쪽은 국사봉과 독봉산으로 감싸여 있는 분지이다. 고현동은 제산, 동문, 서문, 남문, 성내, 성동, 성림 등 여러 개의 자연마을을 아우르고 있다. 상문동은 포로수용소 부지의 남쪽에 해당되는 지역으로, 현재 문동과 상동, 그리고 삼거리 마을을 관할하고 있다. 수양동은 포로수용소의 동쪽에 해당되는 지역이다. 수양동의 동쪽은 국사봉을 경계로 옥포동과 아주동으로 이어지며, 서쪽은 독봉산을 사이에 두고 고현동 및 상문동과 맞닿아 있다.

포로수용소가 확장되면서 연초면 연사리와 송정리의 일부 토지와 건물도 징발되었다. 연초면 연사리 임전마을 북쪽 연사교에는 유엔군 검문소가 있었다. 미군 헌병이 지키는 검문소가 설치되면서 연사교는 '엠피(MP) 다리'로 불렸다.[2] 연초면 송정리의 일부 토지는 포로 공동묘지로 사용되었다(거제타임라인 2020.10.06.). 포로수용소로 징발된 지역은 대부분 농토였으며, 임야도 일부 포함되었다. 1950년 말부터 이북 피난민들이 포로수용소 인근 고현, 연초, 사곡 등지에 자리를 잡으면서 연초면 관암과 사등면 두동에 양키시장이 형성되었다. 하지만 1952년 5월 7일 돗드(Francis T. Dodd) 포로수용소장 납치 사건이 발생하면서 5월 9일 고현, 수월, 양정 지역의 주민 1,116세대가 강제 소개되었다. 소개된 주민들은 일운면 지세포, 장승포 마전, 연초면, 사등면, 거제면 등지로 쫓겨 나갔다. 미군은 추가로 검문소를 설치하고, 포로수용소 구역 내 민간인 출입을 금지하였다.

거제도 포로수용소는 1954년 1월 포로 교환 이후 폐쇄되었으며, 그 시설물은 해체되어 논산 훈련소로 옮겼다. 포로수용소가 있었던 공간이 도시지역으로 변모되면서 포로수용소의 흔적은 대부분 사라졌다. 현재 남아 있는 포로수용소의 일부 흔적은 '포로수용소 잔존유적지'라는 이름으로 보호되고 있다. 거제도 포로수용소 잔존유적은 1983년 12월 경상남도 문화재자료 제99호로 지정되었다. 포로수용소 건물의 흔적이 남아있던 곳을 기반으로 1999년 유적관을 처음 개관하였으며, 2002년 11월 유적공원을 준공하면 2차로 개관하였다. 2005년 5월 흥남철수작전 기념 조형물을 설치하면서, '거제도 포로수용소 유적공원'으로 명칭이 바뀌었다. 즉, 이곳에서는 한국전쟁기 거제도에 유입되었던 포로와 이북 피난민을 함께 기념하고 있다.[3]

---

2 'MP'는 헌병을 의미하는 'Military Police'의 약어이다.

3 유적공원에는 거제랜드, 모노레일 등 '포로수용소 유적'과는 어울리지 않은 시설도 함께 운영되고 있다.

2. 거제도 포로수용소

거제도 포로수용소는 공식적으로 1951년 1월 20일 설립되어 1954년 1월 5일까지 운영되었다. 거제도 포로수용소의 공식 명칭은 '유엔 거제도 제1전쟁포로수용소(UN Prisoner of War Camp Number One, Koje-do)'였다. 시설 규모는 애초 8개 구역 43개 수용동이었으나 포로 분산 이후에는 7개 구역 41개 수용동으로 조정되었다. 이곳에 수용되었던 북한인민군 42,675명이 송환되었으며 비송환자가 8명이었다(전갑생 2016: 14).

1950년 11월 27일 거제도 포로수용소를 건설하기 위해 미군이 들어왔다. 미군은 도착하자마자 측량을 시작하였다. 측량을 끝낸 미군들은 아무런 거리낌 없이 보리밭을 뭉

거제도 포로수용소

개고 길을 만들었다. 미군의 불도저가 생명의 근간이었던 보리밭을 뭉개어 버렸지만, 누구도 반발하지 못했다. 다 자란 보리밭을 뭉개는 미군의 모습은 '괴물'과 같은 낯선 존재였다. 미군은 무소불위無所不爲의 힘을 지닌 이방인이었다. 미군들은 장평에 대형 수송선이 접안할 수 있도록 항구를 만들고 경비행장을 건설하였다. 기름 탱크와 군수품을 저장하는 공간을 만들었다. 미군이 싣고 온 군수품에는 온갖 물품이 들어 있었다. 물품 하역작업에 마을 사람들이 인부로 동원되었다.

한 구술자에 따르면, 미군으로부터 하루 품삯으로 쌀 두 되를 받았다고 한다. 당시 노임은 쌀 반 되도 받기 어려운 실정이었다. 미군이 싣고 왔던 물품은 고급 옷감을 비롯하여 설탕, 커피, 비누, 밀가루 등 대부분이 처음 보는 낯선 물건들이었다. 전투 식량은 포장된 상자에 담겨 있었는데, 거기에는 볶은 콩, 고등어, 쇠고기, 과자, 담배, 일회용 커피, 우유, 치즈, 잼, 성냥, 포크, 나이프, 통조림, 비누, 화장품 등이 있었다. 간혹 파인애플과 같은 과일도 있었으며, 미군의 주식이었던 빵은 귀중하게 보관했었다고 한다.

> "미군 흑인들 건설 공병대가 처음 들어왔습니다. 그때 저 해안가에 LST 그게 들어와가지고, 그 부두가 없어서 그거는 밀고 막 다녀. 그래가지고 문을 열고, 막 불도저 같은 것이 나왔어요. 그때 결혼해가지고, 저희 처가가 지금 (삼성)조선소 있는 그쪽에 같은 부락이었는데, 처갓집에 갔다 오다가 거기에 무지하게 큰 배가 하나 들어오더라고. 겨울이었요. 처음보는 배가 부두도 없는데, 쑥 바닷가 여기 동산(육지)까지 들어와가지고 텅 서더만 앞에 문을 열어. 처음 봤어요."(정규영, 남, 1934년생, 거제 장평 출신).

장평 마을에 처음 들어왔던 미군 부대는 통신대였다. 통신대가 도착하고 얼마 후 공병대가 들어왔다. 미군 공병대는 흑인들로 구성되어 있었다고 하였다. 미군 공병대와 함께 한국군 공병대가 들어왔다. 공병대 장교들은 민가에 방을 얻어놓고 기거하였다. 한국군 공병대 소대장이 구술자의 신혼 방을 빌려 살았으며, 미군 흑인 부대에서 통역관으로 근무하던 장교가 아래채에서 기거하였다. 위 구술자는 통역 장교의 도움으로 미군 식당에서 6~7개월 근무하였다. 미군 부대에 근무할 당시 학교는 휴교 상태였다. 식당에서 접시 씻는 일을 하였다고 한다. 그는 이곳에서 근무하면서 당시 수준에서는 상당히 높은 보수를 현금으로 받았다.[4]

미군은 서문 마을 선창 위에 텐트를 치고 막사를 만들었다. 군인들은 이곳에 기거하면서 불도저를 이용하여 서문 마을 동쪽 전답을 밀고 막사를 만들기 시작하였다. 마을 사람들은 무슨 일이 일어나고 있는지 궁금했지만, 감히 가까이 가서 물어볼 엄두를 내지 못하였다. 그해 12월 말경 장평 외치 마을에 한국군과 미군의 감시 아래 일단의 포로들이 처음으로 나타났다. 1951년에 들어서면서 대규모 포로들이 고현리 동문 마을과 수월, 해명 마을 앞으로 걸어 들어왔다. 거제도가 전쟁포로를 수용하는 공간으로 바뀌었음을 보여주는 광경이었다.

> "남은밖 모퉁이 눈태 신촌하고 사이에 길에서 놀고 있었는데 짚차가 왔다. 처음 보는 차였다. 한국 장교와 미군 장교가 타고 있었다. 짚차에서 내려서 뭐라고 하는데 조금 있으면 죽도섬 같이 큰 배가 온다고 하면서 배가 오기를 기다리고 있었나. 하정 모퉁이에서 큰 섬 같은 것이 뜨 와서 자갈밭에 접안하였다. 배 앞이 벌어지고 도자가 내려왔다. 처음에 저구에 왔다가 사전 답사를 하고 이곳으로 왔다고 한다. 물건을 풀었다. 군인들이 먼저 오고 다음에 장비를을 가지고 남은밖 선창에서 와치 쪽으로 100미터 지점에 선창을 만들고 이어서 포로들이 들어왔다. 미군들이 강간을 한다는 등 말이 있어서 여자들은 집에 숨어 있었다. 남은밖에서 도로를 확장하는데, 제일 먼저 우리 집이 뜯겼다. 음력 정월 초3일 날 철거를 하였는데, 징발증에 보면 정일권이 이름으로 되어 있었다. 텐트를 치고 겨울을 지냈다."(배종엽, 남, 1930년생, 거제 남은밖 출신).[5]

거제도 포로수용소는 무주 공간에 설치된 것이 아니었다. 포로수용소가 설치된 지역

---

4 구술자 정규영은 전후 통영고등학교를 졸업하고 1955년 동아대학교 건축공학과에 입학했지만, 졸업하지 못하고 군대에 갔다. 군에서 제대한 다음 국가고시를 거쳐 국민학교 교사로 임용되어 교사 생활을 하다가 1999년 퇴직하였다.

5 구술자 배종엽은 휴전 무렵 거제도에서 289 수송대에 근무하고 있었다(이승철 2018: 191).

곳곳에는 민간인이 거주하고 있었다. 막사 건설과 함께 뒷산에 물탱크들이 설치되고 취사 시설이 완공되자 벌판 여기저기에 산재한 초가집들을 비우라고 독촉하였다. 주민들이 엄동설한에 어디로 나가야 하냐며 항의했지만, 소용이 없었다. 주민들이 떠난 다음 경지를 허물고 천막 수용소를 설치하였다. 천막 수용소 인근에는 미군 부대와 한국군 부대가 자리를 잡았다(송관호 2015: 138).

위 구술자에 따르면, 미군 공병대가 떠나고 포로를 관리하는 '60' 부대가 들어왔다고 한다. 60부대가 들어와 포로수용소를 짓기 시작하였다. 60부대의 총책임자는 준장이었다. 부대 규모는 여단 정도였다고 짐작하였다. 60부대와 함께 헌병대가 도착하였다. 그는 미군 부대에 근무했던 경력이 있어 헌병대 식당에서 일하게 되었다. 헌병대 식당에서는 약 1년 정도 근무하였다. 처음 들어왔던 부대는 595 헌병대였으며, 두 번째로 289 헌병대, 세 번째로 555 헌병대가 들어왔다고 기억하였다. 60부대가 도착한 다음 포로들이 들어왔다. 포로들은 자기들이 기거할 수용소를 짓기도 하고, 도로를 보수하는 작업에 동원되기도 하였다. 현재 삼성 조선소가 있는 자리에 비행장을 만들었다. 활주로 길이가 약 700m 정도였으며, 경비행기가 이착륙할 수 있는 규모였다. 구술자는 미군들이 철수한 다음 여름철이면 비행장 터에서 멍석을 깔아 놓고 놀기도 하였다고 기억하였다. 비행장이 있었던 공간에 삼성 조선소가 건립되면서 흔적조차 남아 있지 않다. 비행장을 건설하면서 고현 석성의 담을 헐어 바닥을 메우는 자재로 사용하였다. 현재 거제 시청이 있는 공간에 정유재란 당시 쌓았던 약 2㎞ 길이의 석성이 있었다고 한다.

"50년 11월 초부터 논밭은 무조건 징발해서 불도저로 밀어대고 군용 텐트로 임시 막사를 만듭디다. 51년 초봄에 폭풍이 불어 텐트 막사가 모두 날아가는 소동이 벌어진 후 반영구식 막사를 지었어요. 피란민 중에서 수용소 물자로 한밑천 잡아가지고 부산시장으로 진출한 사람도 많았습니다. 그리고 포로가족도 피난민 속에 끼어 있었어요. 포로가 보급품을 담요에 사서 철조망 밖으로 내던지면 가족이 받아다가 팔고 했어요. 그러나 한마디로 질서가 엉망이었고 공산주의자들이 무슨 짓인들 못하겠어요. 도드사건으로 비로소 정신을 차린 미군들이, 수용소와 민간인들과의 접촉을 끊기 위해 소개령을 내렸어요. 이런 처사를 십분 이해하지만, 막상 당하는 주민이나 피란민은 고생이 심했지요. 그리고 수용소 설치 부지 안에 있던 원주민들은 처음부터 피해가 컸고요."(유상언. 남, 1916년생, 거제 고현 출신).[6]

거제도 포로수용소를 건설할 포로 선발대는 1월 하순 부산항에 LSD(Landing Ship Dock, 상륙선거함)를 타고 거제도로 이동하여 고현 부두에 도착하였다. 그곳은 LSD와 같은 상륙함 접안을 위해 임시로 만든 부두였다. 고현 부두에서 수월리로 갔다. 당시 수월리에는 포로들을 수용할 천막이 따로 없었으며, 인근에는 초가집만 두 채가 있었다고 한다. 이곳에서 포로들은 건축 기사의 지시에 따라 측량 작업을 돕거나 부두에 적재된 건축용 자재들을 운반하였다(송관호 2015: 133-137). 1951년 2월 4일 포로 3,015명이 거제도로 처음 이송되었다. 2월 말까지 53,839명의 포로가 부산에서 거제도로 옮겨갔다. 거제로 이송된 포로들은 포로수용소 건설에 동원되었다. 1952년 3월 1일 주요 본부와 부대가 거제도로 이동하였다. 3월 말까지 부산에서 거제도로 이송된 포로는 총 98,799명이었다. 매일 2천여 명의 포로들이 거제도로 이송되었던 셈이다. 갑작스러운 포로수용소 건설과 대규모 포로 이동은 많은 문제점을 잉태하고 있었다. 포로수용소는 수용 인원이 10만 명을 넘어서면서 한계 상황에 이르렀으며 수용소 건물을 확장할 수밖에 없었다. 1952년 5월 말 기준으로 유엔군 포로 154,734명 중 115,884명이 거제도 포로수용소에 수용되었다(성강현 2021: 105).

거제도 포로수용소는 60단위, 70단위, 80단위 및 90단위로 일컬었던 4개 구역(Enclosure)과 28개의 수용동(Compound)으로 구성되었다. 독봉산 서쪽 고현리 일대에는 제6구역(60~69)과 장교 출신 포로 수용동(602~607)이 있었다. 독봉산 동쪽에는 제7구역(71~78), 제8구역(81~86), 제9구역(91~96)이 있었다. 제8구역 오른쪽에 여자 포로수용소가 위치하고, 제7구역 중간에 33경비대가 주둔하였다. 제7구역과 제8구역 사이에 포로수용소 본부가 설치되었다. 각 수용동은 4,500명을 예상 인원으로 삼아 건설되었지만, 포로의 수가 늘

---

6 중앙일보사(1973a: 252). 1972년 인터뷰 당시 구술자 유상언은 56세로 거제군 신현면 고현리에서 농업에 종사하고 있었다.

어나면서 수용동마다 인원이 초과 상태였다. 가장 많은 인원이 수용되었던 제72수용소는 8,500명, 제86수용소는 8,150명으로 애초 예상 인원의 2배에 달하기도 하였다. 제7구역 수용동 및 제8구역 수용동은 서로 가까웠고, 원주민 마을과 인접하고 있었다. 몇몇 수용동은 좁은 철조망으로만 분리되었고, 기존의 마을이 수용동의 철조망과 맞닿아 있기도 하였다. 서로 다른 수용동의 포로들이 자유롭게 이야기할 수 있었을 뿐 아니라 한 수용동의 포로집단이 다른 수용동의 포로들에게 통제력을 행사하기도 하였다. 포로들과 포로들 사이는 물론 포로들과 외부 세계 사이에 정보와 뉴스가 쉽게 나돌았고, 포로수용소에서 반출된 물건으로 암시장이 성행하였다(마이어 & 브래드베리 2016: 150).

거제도 포로수용소는 부산에 주둔하고 있던 미2군수사령부의 지휘를 받았다. 포로수용소는 겉으로 보기에는 평온하였다. 미군 부사관 1명과 포로 몇 명이 매일 수용소를 검색하였다. 수용소에 구획된 포로들은 통제하기 어려울 정도로 수가 많았으며 세밀한 조사가 거의 불가능한 상태였다. 미2군수사령부에서는 포로들에게 음식, 피복 등의 물품을 충분하게 공급하고 있었다. 수용소마다 알력이 있었지만, 수용소 간부들은 누구도 제대로 관리하려거나 걱정거리로 삼지 않았다. 상부의 간섭과 압력이 없는 상태에서 포로수용소의 통제는 점점 태만해졌다. 포로수용소의 지휘부는 빈번하게 교체되었다. 지휘관들은 포로를 다뤄 본 경험이 거의 없었으며, 상급 부대의 지원도 변변찮았다. 유엔 회원국들과 국제적십자사, 그리고 중립국 점검반은 정기적으로 포로수용소 사령부를 방문하면서 포로의 권리와 처우에 대해 예민하게 반응하였다. 이들의 계속되는 감시와 불평을 무마하기 위해 미8군과 극동 사령부는 포로를 상대로 결코 무력을 사용하지 말 것을 지시하였다. 포로의 숫자가 폭발적으로 증가하고 있음에도 새로 수용소를 지으라는 허락도, 수용소를 짓는 데 필요한 철조망과 건축자재 구입 예산도 전혀 없었다. 당시 고위층에서 포로수용소 문제를 크게 걱정하지 않았던 이유 중 하나는 정전 협상이 진행되고 있었기 때문이었다. 정전 협상이 완료되면 곧바로 전쟁이 끝날 수 있으며, 전쟁 종료와 함께 포로들이 본국으로 송환되면 포로 문제는 자동적으로 해결된다고 인식하고 있었다(페렌바크 2019: 678-679).

포로수용소와 함께 피난민 수용소까지 설치되면서 거제도는 '수용소 군도'(김택수

1992)로 불렸다. 수용소를 따라 유입된 인구가 지역주민보다 많았다. 포로수용소가 설치되면서 포로는 물론 이들 포로를 감시할 유엔군, 한국군, 군무원 등을 비롯하여 각종 구호 시설에 근무하는 사람들도 함께 들어왔다. 포로수용소 설치 이전부터 피난민들이 들어오면서 인구는 포화상태에 이르렀다. 포로수용소와 미군 부대에서 흘러나오는 갖가지 물품들이 거래되면서 새로운 시장이 형성되었다. 양키 시장과 포로수용소 주변 곳곳에는 미군들을 상대로 몸을 파는 양공주들로 넘쳐났다.

3. 주민 강제 소개

포로들은 개별적으로 배경이나 신분이 서로 달랐지만, 지역민의 눈에 비친 포로들은 철조망 안쪽에 갇혀 있었던 한 무리의 군상이었다. 철조망 안에 갇혀 있었던 포로들은 이름이 없었다. 옷에는 '전쟁 포로(prisoner of war)'를 가리키는 기호 'PW'가 새겨져 있었다. 하지만 포로들을 처음 조우했던 지역민들은 이런 기호를 이해하지 못했다. 포로는 법적 지위와 권리가 상실 혹은 중지된 자들로, 마치 사회 바깥에 있는 존재처럼 치부되었다. 법적 인격을 잃은 포로들은 비인격체나 마찬가지였다. 그들은 온전한 이름을 가질 수 없었으며, 사회적 권리와 의무의 주체가 아니었다. 포로는 어떤 공동체의 성원도 아니었다. 이름과 성원권이 없었던 포로들은 지역민들로부터 '이방인'으로 인정받지 못했다. 이방인으로 인정받지 못했기에 그들에게 자리를 내어줄 수 없었다.

거제도 포로수용소 설치 초기에는 지역주민들이 철조망 너머로 포로들의 얼굴을 마주할 수 있었다. 철조망 주변에는 피난민들이 포로들과 물품을 주고받으며 정보를 교환하기도 하였다.[7] 포로들이 입던 옷과 통조림을 엿이나 떡과 같은 요깃거리를 바꾸었다. 포로수용소가 설치되었던 초기에 철조망은 피난민과 포로들의 만나는 장소이자 물물 교환 시장이었다. 철조망을 사이에 두고 이북 피난민들은 포로로 잡힌 가족의 정보를

---

7 옥석(남, 1933년생, 거제 제산 출신)의 구술 내용(이승철 2018: 164).

묻고, 이북 출신 포로들은 남한으로 내려왔을 친인척의 소재를 파악하였다. 하지만 돗드 포로수용소 소장 납치 사건 이후 인근 마을이 소개되면서 철조망 주변은 접근이 통제되었다. 주민 소개 이후 철조망은 포로와 포로를 가르는 장애물로 기능하였다.[8] 포로들과의 접선이 통제되면서 철조망은 만남의 장소에서 소통을 차단하는 장벽이 되었다.

돗드 소장 납치 사건 이후 신임 소장으로 부임한 보트너(Hayden L. Boatner)는 거제도 포로수용소의 인구 과밀 현상을 해소하고자 포로와 민간인 억류자를 재분류하여 분산 수용하려는 작전을 계획하였다.[9] 보트너는 기존 포로수용소 관리 정책 변경을 요청하였다. 새로운 정책은 1952년 5월 22일 미국무성과 유엔군 사령부를 통해 보트너에게 전달되었다. 변경된 정책 내용은 경비와 감시 병력 증강, 포로에 대한 압도적인 무력 사용, 기존의 거대 포로 수용동을 500명 규모의 작은 수용동으로 분산, 수용소 내부의 모든 사안에 대한 직접 개입, 민간인이 완전히 소개된 섬에 수용소 건설 필요성 제기, 정보 수집과 첩보 작전의 강화, 거제도 포로수용소 주변의 모든 민간인을 강제 이주시키는 것 등이 포함되었다(전갑생 2016: 15).

> "제8군에서 16일 발표한 바에 의하면 최근 2회나 폭동이 발생한 거제도수용소의 공산군 포로 수를 감소시킬 계획이 세워졌다 한다. 그리고 제8군에서는 동 포로들의 이동은 비밀리에 행하여지는 것이 아니라 이동시에는 공산군과 스위스 제네바에 있는 국제적십자위원회에 전달된다고 발표하였다. 포로 규율의 개선과 포로들 사이의 비법적인 공산주의 선동분자의 제어는 제8군이 동 이동을 시행하기 위한 2개 이유인 것이었다. 그런데 제8군에서는 이동될 포로의 수에 관하여 발표하지 않았었다. 한편 제8군 발표에 의하면 일부 포로들은 시설이 허용되는 대로 즉시 다른 적은 수용소에 재구분될 것이라 한다. 거제도수용소에는 약 13만 명의

---

8 윤형두(남, 1934년생, 거제 고현 출신)의 구술 내용(이승철 2018: 77).

9 포로수용소를 소규모 단위로 분산하려는 시도는 1951년 3월 발생했던 포로수용소의 발포 사건을 조사했던 국제적십자 측에서 미군 당국에 건의했던 내용 중 하나였다. 국제적십자 측에서는 "수용소에 대한 통제를 용이하게 하기 위하여, 거대한 거제도 수용소 영역을 소규모 단위 수용소로 분산시킬 것"을 주문하였다(White 1986: 181).

전쟁포로와 약 3만 명의 민간인 포로가 수용되고 있었다."(『서울신문』 1952.4.18.).

전쟁포로사령부는 제2병참기지사령부에 명령하여 민간인 강제 이주 계획을 수립하도록 하였다. '소개 작전(Operation Removal)'으로 명명된 포로수용소 주변 민간인 강제 이주는 1952년 5월 23일부터 28일까지 진행되었다. 소개 대상 주민은 거제도 포로수용소 주변의 모든 마을이었다. 미군은 마을 주민들이 포로에 대해 동정심이 있다고 판단하였다. 포로수용소 사령부에서는 이러한 위협을 제거하기로 결정하였다. 한국군 장교들과 유엔한국민사지원단(United Nations Civil Assistance Command in Korea, 이하 UNCACK)[10] 지역대표들의 도움을 받아 5월 23일부터 28일까지 미육군의 트럭을 이용하여 집과 재산을 수용소 바깥으로 이전하였다(거제문화원향토사연구소 2016b: 293). UNCACK은 1950년 10월 30일 자로 창설되어 1953년 5월까지 지속되었다. UNCACK은 도道단위로 지역팀을 운영하였다. 1951년 1월 18일 기준으로 총 10개 팀이 활동하고 있었다. 10개 팀 중 하나가 거제도 팀이었다. 다른 팀과 날리 거제도 팀은 지역을 단위로 하고 있다. 거제도 포로수용소와 이곳의 피난민 규모가 고려되었다고 할 수 있다(김학재 2010b: 298).

1952년 5월 23일부터 약 2주간에 걸쳐 거제도 포로수용소 주변 민간인 소개 '작전'이 실시되었다. 포로사령부는 포로수용소 주변의 수월, 양정, 해명, 제산, 고현, 장평, 상동, 용산 마을 민간인 1,116세대 1만 5천여 명의 주민을 24시간 이내에 소개시키고, 1,600동의 가옥을 전소시키라고 지시하였다. 방송과 함께 군관 합동 독려반督勵班이 마을마다 찾아다니며 강압적으로 이주를 '설득'하였다. 이주민에게는 1인당 하루 3홉씩 구호식량을 지급한다고 하면서 회유책을 제시하기도 하였다. 소개 날짜가 다가오자 무장한 군인들이 화염방사기로 시험 소각하면서 주민들을 위압하였다.

---

10 UNCACK은 'UN'이라는 이름을 달고 있지만 미8군에 소속되어 있었으며, 원조가 주 업무였지만 민간기구가 아닌 군부대였다. 단순히 원조물자만 취급한 것이 아니라 군정을 포함하여 민간인과 피난민에 대한 통제와 관리 업무까지 관장하였다(김학재 2010a: 23). UNCACK은 '유엔한국민사지원단', '유엔한국민사원조위원회', '주한유엔민간원조사령부', '국제연합민사지원단', '유엔민간원조사령부', '유엔민간협력기관' 등으로 번역되고 있다.

포로수용소 관리 당국에서 주민들은 5월 23일 오전 0시부터 48시간 이내, 즉 23일과 24일 이틀 동안 집을 비우라고 명령하였다. 겨우 이틀 말미를 주고 모두 떠나라는 소개령이었다. 민간인 '소개 작전'은 신속하게 진행되었다. 포로수용소 당국에서 48시간의 시간적 여유를 부여했지만, 소개 작전은 5월 23일 단 하루 만에 종료되었다. 미군들은 주민들이 떠나자 마자 곧바로 가옥에 불을 질러 되돌아올 수 없게 만들었다. 포로수용소 당국은 24일 날이 밝자 빈집 소각 작전에 돌입하였다. 공병대가 투입되어 부수고 무너뜨린 다음 기름을 끼얹고는 불을 지르거나 화염방사기를 사용하여 소각하였다(손영목 2006b: 232, 242).

소각되는 거제도 포로수용소 주변 민가

거제 경찰서장에게 내려진 주민 소개령은 읍면 직원들을 통해 주민들에게 전달되었다. 주민들은 소개령의 적법성 여부를 따질 겨를도 없이 지시에 따라야 했다. 소개라는 형태의 제도적 혹은 군사적 폭력은 주민들의 자족적 삶을 박탈하고 일상을 불안정성의 영역으로 내몰았다. 전시에 집의 상실과 파괴는 곧 삶의 터전 박탈과 공동체 붕괴를 의미하였다(김예림 2021). 주민들은 갑자기 떨어진 소개 작전에 간단한 침구류와 식기류 등을 챙겨서는 미군에서 제공한 트럭을 타고 마을을 떠났다.

"거제도 포로수용소 근처에 거주하는 한국 민간인은 23일 저녁 짐을 싸가지고 퇴거할 것을 명령받았다. 이것은 수용소 소장 보트너 준장이 과번 돗드 준장을 납치하여 78시간이나 억류하였던 제76감동의 포로들을 포함한 포로들에 대하여 통제를 회복하려는 그의 노력 중 가장 최근의 조치이다. 군 당국 언명에 의하면 주민들을 철거시킴으로서 각 수용을 격리하여 포로와 민간인 및 각 감동간의 모든 교통과 통신을 단절할 수 있게 되었다고 한다. 그런데 이번 철거하게 된 민간인 수효는 발표되지 않았으나 그들은 거제도 내의 다른 장소로 이사하게 될 것이다."(『마산일보』 1952.05.25.).

소개민들은 거주지역에 따라 크게 세 방향으로 분산되었다. 고현, 문동, 상문 등지의 주민들은 삼거리로, 일부는 연초면 연사리와 지세포로 향했다. 장평 주민들은 사능면 사곡리 및 성내리로, 일부는 연초면 연사리 또는 오비리로 이동하였다. 수월, 양정, 제산 등지의 주민들은 연초면 연사리 및 장승포 마전동 등으로 이주하였다(<지도 1> 참조). 소개민 수용소는 처음에는 흰색 천막 형태였다가 나중에는 판자로 만든 시설로 바뀌었다. 소개민을 수용하기 위한 천막 설치 및 판자촌 건설은 거제도포로수용소사령부 내 한국근무단(Korean Service Corps Battalion, KSC)과 UNCACK 거제도팀이 담당하였다. 1954년 소개민들이 고향으로 복귀할 때까지 소개민 수용소가 유지되었다(거제문화원향토사연구소 2015: 135).

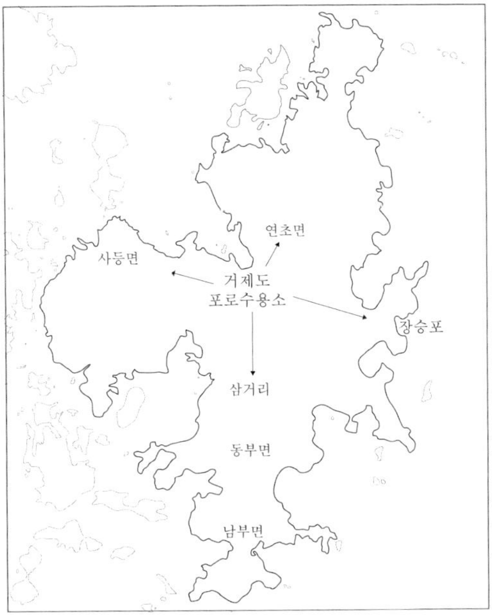

〈지도 1〉 거제도 포로수용소 소개민 이동 경로

〈표 1〉 거제도 포로수용소 소개민 경험자

구술자 (출생/성별)	소개 당시 가족 구성원/명	원 거주지	이주 경로	소개민 수용소	비고
김의부 (1944/남)	조부모, 부모, 누나, 본인, 여동생 2명, 남동생 1명/ 9	장평	장평 → 성동 조부모, 부모, 동생들		통영 숙부 거주
			장평 → 통영 누나, 본인		
정규영 (1934/남)	부모, 본인, 부인, 남동생/ 5	장평	장평 → 사곡 삼거리	사곡	미군부대 근무
김정희 (1934/남)	부모, 형님 내외, 조카 2명, 누나, 본인, 남동생/ 9	수월	수월 → 연초 → 옥포 부모, 본인, 누나, 남동생	연초	옥포 누님 거주
			수월 → 연초 → 한내리 형 내외, 조카 2명		한내리 형님 처가

구술자 (출생/성별)	소개 당시 가족 구성원/명	원 거주지	이주 경로	소개민 수용소	비고
옥복귀 (1937/여)	부모, 오빠 부부, 언니 3명, 미혼 오빠 2명, 본인, 머슴/ 10+1	문동	문동 → 삼거리 → 연초		기혼 오빠 병원 근무
구○○ (1936/여)	모, 언니, 본인 부, 아들 4명/ 8	문동	문동 → 삼거리		재혼 가족
김상천 (1942/남)	부모, 형 2명, 누나 2명, 본인/ 7	수양	수양 → 연초 다공리		다공리 이모 거주
김종립 (1938/남)	부모, 본인, 여동생/ 4	양정	양정 → 연초	연초	

〈표 1〉에 제시된 구술자들의 소개 당시 가족 구성은 대개 부부와 자녀로 이루어진 핵가족(4가족)과 3대가 함께 거주하는 확대가족(3가족) 형태였다. 이들 중에는 딸 2명을 둔 과부와 아들이 4명인 홀아비가 재혼한 가족도 있었다. 가족 구성원은 4명에서 10명 사이였으며, 평균 7.4명이었다. 한 가족은 소개를 나가면서 집에서 일하던 머슴까지 함께 나갔다고 하였다. 두 가족은 분산 이주하였다. 한 가족은 구성원이 많아 함께 머물 수 있는 거주 공간이 없었기 때문이었고, 다른 가족은 학생 자녀들만 숙부가 거주하는 통영으로 이주하였다.

"당시 거주하던 곳은 고현 483번지인데, 65수용소가 있었다. 그래서 늘 포로들을 볼 수 있었고, 언제나 포로가 가까이 생활했다고 하겠다. 정확한 날짜는 알 수 없지만, 소개 당하던 당일에는 경찰서 경찰, 동네 이장이 나와서 이주해야 한다고 방송을 했다. 어느 부대인지 모르지만 차(트럭)가 와서 지세포로 갔다. 일부 주민들은 연초면 연사, 거제읍내로 가기도 했다. 그 당시 옥광호라는 분이 동네 이장을 맡고 있었다. 나는 아침 일찍 트럭을 타고 고현에서 연초를 거쳐서 장승포를 지나 지세포에 내린 것으로 기억하고 있다. 지금의 지세포초등학교 앞에 수용소가 이미 건축되어 있었다. 미국 소나무 널빤지로 길이가 4~8m자리로 기억하고 있다."(옥성련, 남, 1929년생, 거제 고현 출신).[11]

11 거제문화원향토사연구소(2015: 135).

소개령을 발령했던 포로수용소의 소장 보트너는 법적으로 민간인을 몰아낼 수 있는 권한이 없었다. 하지만 보트너의 말 한마디로 모든 일이 일사천리로 진행되었다. 보트너는 트럭을 준비하되 폭력을 쓰지 말고 민간인들이 자발적으로 트럭에 타도록 하였다. 즉 겉으로는 '강제'가 아닌 자발적 이주였다. 하루하고 반나절 만에 모든 민간인이 트럭을 타고 떠났다. 민간인이 소개되자 포로수용소 주변에서 행상, 양공주, 공산당 간첩 등이 몰려들면서 소란이 일어나는 일이 없어졌다(페렌바크 2019: 726).

돗드 준장 납치 사건 포로수용소 소장으로 부임한 보트너 준장은 포로수용소가 민간인 거주지역과 격리되어 있지 않다는 것이 문제라고 파악하였다. 당시 거제도 포로수용소는 포로 및 민간인 억류자를 포함하여 최대 170,000명을 수용하고 있었다. 민간인 소개와 함께 포로 분산 작전을 계획하였다. 수용소 분산 이전까지 포로들과 외부인의 접촉이 제대로 통제되지 않은 상태였다. 포로수용소 주변에는 피난민들이 대거 몰려들었다. 일부 피난민들이 포로들과 접선하면서 정보를 전달했다고 의심받았다. 보트너 소장은 포로들을 외부 세계와 차단하기 위하여 강제로 포로들을 분산시키고 소규모 단위로 재배치하였다. 포로들과 민간인이 만날 수 있는 지리적 공간을 없앰으로써, 포로들이 외부 세력의 지시를 받을 수 있는 통로를 차단하였다. 하지만 그곳을 삶의 터전으로 삼아 대대로 살고 있었던 주민들에게는 날벼락이었다. 하루 만에 마을을 비우라는 지시가 떨어졌지만, 주민들을 위한 준비는 미비하였다. 소개민들이 거주할 임시거처조차 제대로 마련되어 있지 않았다. 일부 소개민들은 수용지에서 거적때기로 움막을 지워놓고 그곳에서 기거하였다. 한참 뒤에 판자로 만든 수용소 시설이 설치되었다.

> "외가가 하청면 성동이라는 데예요. 외가에는 할아버지, 할머니, 아버지, 어머니, 남동생과 여동생이 가고, 저는 누나와 함께 통영으로 갔어요. 통영에는 작은 집(삼촌댁)이 있어가지고… 정량리 덤바우 있는 데… 누나는 그때 중학교 다녔고, 저는 유영초등학교 다녔어요."(김의부, 남, 1944년생, 거제 장평 출신).

위 구술자 김의부의 가족은 소개를 나가기 전 장평에서 정미소를 운영하고 있었으며 논이 30마지, 밭이 1,000평 정도 있었다. 할머니가 집에서 대나무로 바구니와 같은 죽세공 용품을 제작하였다. 대나무는 둔덕, 하청, 장목, 연초 등지에서 구입하였다. 당시 대나무는 산림으로 취급되어 함부로 벌목하지 못하였다고 한다. 대나무 벌목은 불법이었기에 주로 늦은 저녁 무렵에 대나무를 운반하였다. 긴 대나무를 좁은 길을 따라 운반하는 일이 무척 고되었다고 하였다. 할머니는 집에서 만든 죽세공품들은 도장포까지 운반하여 그곳에서 선박을 이용하여 매물도, 욕지도, 한산도, 사량도 등지의 섬 지역으로 팔러 다녔다고 한다. 하청으로 소개된 뒤에도 정미소를 운영하였다. 아버지는 미군 부대에서 흘러나온 중고품 기계를 구입하여, 하청에서 땅을 빌려 정미소를 세웠다고 한다. 당시 정미소에서는 도정과 제분을 하였다. 가족이 소개를 나가서도 정미소를 운영하였기에 밥은 굶지 않았다고 한다. 당시 정미소에서는 쌀을 찧으면 대가로 쌀을 받고, 보리를 찧으면 보리를 받았다고 한다. 할머니는 하청에서도 죽세공을 하였으며, 할머니를 이어 어머니도 죽세공을 하였다. 구술자는 소개 이전 고현에 있는 계룡국민학교에 다니다가 소개령이 떨어지면서 통영에 있는 유영국민학교로 전학하였다. 통영에서 다시 가족들이 살고 있었던 하청국민학교로 전학했다가 소개가 해제되면서 계룡국민학교로 복교하여 제23회로 졸업하였다.

> "소개 당할 때, 시간적 여유를 준 것이 아니여. 하루 아침에… 그때 면출장소가 고현에 있었는데, 그 출장소 소장이 나와 가지고 뭐 마이크도 없고, 동네마다 다니면서 이장들한테 알려가지고 '지금 소개를 나가야 한다.', '오늘 아주 나가야 한다.'라고 했는데… 그래가 장소는, 어디로 나가란 거는 별로 정해진 것도 없고… 그렇게 어떤 사람들은 자기 친척 고향으로 가고, 이제 집단으로 가라고 한 데는 사곡 삼거리 그쪽이었어요."(정규영, 남, 1934년생, 거제 장평 출신).

미군들이 마을 사람들에게 하루 안에 소개하라고 지시하면서, 주민들이 나가야 할 장소는 특정하지 않았다. 주민들은 재량껏 친인척이 거주하는 곳으로 찾아가거나 미군들이 소개민 집단수용소라고 지정한 곳으로 떠났다. 위 구술자 정규영은 당시 통영중학교

3학년이었다. 18살이었던 그는 21살이었던 아내와 이른 나이에 혼인하였다. 재산은 논이 12마지기였으며, 초가집이었지만 위채(4칸)와 아래채(3칸)가 있었을 정도로 마을에서는 중농 이상이었다. 구술자의 아버지는 소개지였던 사곡에서 움막 같은 집을 지었다. 미군 부대에서 흘러나온 자재들을 이용하였다. 방 한 칸에 부엌 하나였다. 방 한 칸에서 부모와 구술자 부부, 그리고 어린 남동생이 함께 기거하였다. 방 한가운데에 농짝을 놓고 공간을 분리하였다고 한다.

"소개 당일은 1952년 음력 5월 1일(양력 5월 24일) 증조부 제삿날이어서 나갔던 날을 기억하고 있다. 그때 군인들이 소개 나가라고 방송을 하였다. 차량으로 돌아다니면서 방송하는 소리가 들렸다. 방송 내용은 '빨리 짐을 꾸려 나가라'라고 했다. 그리고 있으니 자기들의 차(미군 트럭)로 나가라고 손짓을 했다. 그날은 좀 더웠다. 차는 대형 트럭으로 철판을 이뤄진 수송차량인 것으로 기억하고 있다. 여기 사람들은 5월 1일 지금의 수월초등학교에서 트럭을 타고 연초초등학교로 갔다. 그곳에 가니까 흰 천막이 있었는데 4가구가 하나씩 천막을 배정해 받았다."(옥석, 남, 1933년생, 거제 제신 출신).[12]

위 구술자는 음력 5월 1일(토요일) 이불과 가재도구, 그리고 돼지를 싣고 연초국민학교로 갔다. 다음 날 옥포국민학교에 마련된 임시 수용소로 이동하여 그곳에서 상당 기간 머물렀다. 주민들의 구술에 따르면, 거제도 포로수용소 주변 민간인 소개 작전은 공식적으로 1952년 5월 23일부터 실시되었다고 한다. 주민들이 소개되자 곧바로 가옥 철거 및 소각, 논밭 정리 작업이 이루어졌다. 포로수용소 인

소개민 수용소 설치

12 거제문화원향토사연구소(2015: 141).

근 마을 사람들에게 대한 소개령은 순식간에 처리되었지만, 소개민들을 수용할 수 있는 시설은 미처 마련되지 못한 상태였다.[13] 한국의 행정 당국에서도 소개령을 발동하여 주민들에게 강제 이주를 독려했지만, 정작 소개민들을 위한 시설과 자재, 그리고 재원은 유엔의 재량에 달려 있었다. 갑자기 소개된 사람들은 소개민 수용소로 지정된 천막에서 거주하기보다는 친인척들의 집으로 뿔뿔이 흩어졌다.

> "그 사람들이 미군 차, 큰 차로 연초에 풀어줬지. 연초에서 짐을 찾아 다른 데로 찾아 갔지. 우리는 옥포에 누님 집이 있었는데, 누님 집으로 갔지. 걸어서. 형님하고 형수는 한내라고 처갓댁으로 가고."(김정희, 남, 1934년생, 거제 수월 출신).

수월리에서 농사를 짓고 살았던 위 구술자 김정희의 가족은 옥포와 한내로 소개되어 나갔다. 소개 나가기 전에는 아버지, 어머니, 형, 형수, 조카 2명, 누나, 본인, 남동생이 한 집에 거주하였다. 농업이 주업이었으며, 논을 10마지 정도 소유하고 있었다. 당시 구술자는 장평에서 포로수용소 인부로 일하면서 임금으로 안남미 쌀을 받았다고 하였다. 소개를 나가면서 형님은 형수와 조카 2명을 데리고 연초면 한내리의 처가로 들어갔다. 나머지 가족들은 옥포에 있는 구술자의 누님 댁으로 갔다. 농사를 짓던 아버지는 옥포에서 일거리를 찾아 멸치잡이 어선의 선원으로 나갔다. 누님 댁에 머물다 연초에 소개민 수용소가 설치되면서 그곳으로 옮겼다고 한다.

> "우리는 삼거리카는 데 가가꼬. 인자 친척 집에 방 서너 개 있는 아래채를 독(전부)으로 얻어가 일 년 있다가, 우리 형제간이 많아가 아버지가 공부 못한다꼬 해가꼬 학교 있는데로 간다고 연초 학교 옆으로 갔어요... 머슴까지 소개를 같이 갔지. 뭐 식구가 한 아홉이나 열이나 됐을끼여."(옥복귀 , 여, 1937년생, 거제 문동 출신).

---

13 『경향신문』 1952.06.14.

위 구술자 옥복귀의 가족은 비교적 부유한 계층에 속했다. 논이 17~18마지기 있었으며, 머슴을 데리고 농사를 지었다고 한다. 아버지는 면서기를 역임하였고, 오빠는 부산대학교 의과대학을 다니다가 전쟁이 발발하면서 학업을 중단하고 집으로 돌아와서는 포로수용소 병원에서 근무하고 있었다. 아버지, 어머니, 오빠, 새언니, 남형제 3명과 여형제 3명, 그리고 머슴까지 소개를 나갔다. 15살에 소개를 나갔다가 17살에 돌아왔다고 하였다. 김해 진영에 있었던 큰집에 30여 마지기 논이 있었다고 한다. 농사철이면 아버지와 언니들이 농사를 도우러 갔다. 소개지에서 구술자의 가족들은 큰댁에서 보내준 쌀로 먹고 살았다고 한다.

지역주민의 강제 소개는 학생들에게도 많은 영향을 끼쳤다. 소개민 아이들은 학교가 없어지면서 한동안 학교에 다니지 못했다. 소개민과 피난민이 몰려들면서 기존의 학교 건물과 시설로는 넘쳐나는 학생을 감당하기 어려운 지경에 이르렀다. 학교에 가지 못했던 아이들은 포로수용소 주변을 돌아다니며 먹거리를 찾아 부랑아처럼 맴돌았다. 주민 소개 후 한참 뒤에 미군이 천막으로 임시 교사를 만들어 주었다고 한다. 천막 한 개에 한 학년이 배당되어, 그곳에서 수업하다가 학생이 늘어나면 다른 천막 교사로 옮겼다.

> "그때 우리가 국민학교 5학년인가 4학년인가 됐어. 어른들 한테 들어서 알제. (소개 당시) 우리가 가족 다 갔지. 전부 싹 다 나갔어요. 다 나가 가지고. 그때 미군들이 수용소를, 사람이 살 수 있는 집을 전부 지어줬어... 큰 막사처럼 지어 가꼬 한 집에 한 칸씩 줬어."(김종립, 남, 1938년생, 거제 양정 출신).

거제도 포로수용소 인근 지역주민의 강제 소개는 포로와 간첩의 접선을 막기 위한 행위로 정당화되었다. 하지만 자신들이 살던 집에서 쫓겨났던 소개민들은 생필품조차 제대로 챙기지도 못한 채 떠돌이 신세가 되었다. 소개된 주민의 3분의 1은 급조된 천막 수용소로 이동하고, 나머지는 거제도 내의 친인척집을 찾아갔다.[14] 소개를 나갈 당시에는

14 제익근(남, 1925년생, 거제 둔덕 출신의 구술 내용(중앙일보사 1973a: 252). 1972년 인터뷰 당시 제익근(諸

머지않아 소개 상황이 종료될 수 있을 것이라 여겼다. 그래서 간단한 가재도구와 식량을 챙겨서 나갔다. 중요한 도구이지만 가져가기에는 부피가 크고 무거운 물건들은 헛간이나 두엄더미 아래 감추어 두었다고 하였다. 이처럼 전장이 아닌 후방에서도 또 다른 전쟁이 벌어지고 있었다.

4. 소개민 생활

주민들은 소개 이후 처음에는 천막으로 만든 임시 막사에 수용되었다. 소개민 중에서도 형편이 나은 사람들은 새로 주택을 마련하였으며 일부는 인근 마을 친척들의 집에 들어가 살기도 하였다. 마땅히 갈 곳이 없었던 소개민들은 그대로 막사에 거주하였다. 천막 막사 바닥에는 거적을 깔았지만, 장마철이 되자 습기가 차 질퍽거릴 정도였다. 천막 사이로 비가 새어들거나 바람에 찢어지기도 하였다. 잠자리와 식생활이 바뀌면서 환자들이 속출하였다. 천막 막사에서의 생활은 4개월 정도 지속되었다. 10월 무렵에 비로소 판자로 급조한 주택이 설치되었다. 천막으로 급조했던 막사는 점차 판자로 만든 임시 건물로 바뀌면서 판자촌이 형성되었다(거제문화원향토사연구소 2015: 16). 소개민 수용소 건물은 외부에는 송판을 붙이고 내부에 칸을 만들어 방과 부엌을 구분하였다. 추운 겨울을 나기 위해 방에다 구들을 만들었다. 밥을 짓고 구들을 데우기 위해서는 화목이 필요하였다. 하지만 연료가 공급되지 않아 막사 주변 산에서 나무를 베어 취사용으로 사용하였다. 특히 소개민과 피난민이 함께 거주했던 곳에서는 사람들이 땔감으로 나무를 잘라내면서 온 산이 민둥산으로 변했다. 한 구술자는 소개민 수용소에서의 생활은 땔감을 구하러 다닌 기억밖에 없다고 회상하였다.

소개민 경험자들은 미군이 배급하는 수수, 옥수수, 밀가루, 밀 등으로 연명하였다고

益根)은 47세였으며 거제군 공보실장으로 근무하고 있었다. 1952년 소개령이 내렸을 때 그는 통영 군청에서 서기로 재직하고 있었다.

기억하였다.[15] 이들은 이구동성으로 초창기 소개민들의 생활은 피난민보다 못했다고 토로하였다. 식량 배급은 면사무소 혹은 소개민 수용소를 통해 전달되었다. 이장이 식량 배급을 전담하는 곳도 있었다. 소개민들에게는 미군에서 식량을 지원하였다. 식량 배급을 받기 위해서는 주민들이 직접 면사무소(혹은 출장소)까지 가서 식량을 가지고 와야 했다. 남성들은 대부분 일거리를 찾아 소개민 수용소를 떠나있었기에 식량을 배급받는 일은 주로 여성들과 아이들 몫이었다. 구술자들이 자주 언급하는 배급 식량은 '빨간 밀'이었다.

> "연초에서 한 집씩 배당 받아가지고, 거기서 둘러 살았지. 배급을 주는데, 빨간 밀 요거를 받았는데... 그게 뭐 양이 차나. 그리개 가이고 먹을 게 없으니, 우리 어머니가 그러더라고, 그거를 솥에다 푹 삶아가지고, 숟가락을 얹어 주면, 우리 동생하고 죽처럼 떠 먹었어. 그래 먹었던 기억이 있거든. 우리 아버지는 머슴 살러 간다고 딴데로 가버리고..."(김정희, 남, 1934년생, 거제 수월리 출신).

마을에서 쫓겨난 주민들은 먹고사는 일이 급선무였다. 처음에는 소개 나갈 때 가지고 나간 양식과 미군에서 지급한 식량으로 버텼다. 하지만 시일이 지나면서 가지고 나간 식량이 떨어지고 보급품만으로 허기를 면할 수 없는 지경에 이르렀다. 일부 주민들은 바닷가로 나가 조개를 캐고, 일부는 산에서 도토리를 줍거나 나물을 캐서 먹기도 하였다. 심지어 논에서 자운영까지 따서 먹었다고 기억하였다. 소개민들은 외지로 나가 품삯을 받고 일하거나 산에서 땔나무를 해다 팔아 번 돈으로 식량을 사기도 하였다. 거제 삼거리에는 전문적으로 통나무를 벌목하는 벌목꾼과 베어낸 통나무를 운반하는 목도꾼들이 많았다. 이곳에는 숯을 굽는 사람도 있었다. 벌목꾼과 목도꾼을 상대로 술을 파

---

15 한국전쟁기에 배고픔은 후방의 민간인만 겪었던 경험이 아니었다. 전방의 군인들도 식량을 제대로 보급받지 못해 칡뿌리를 캐서 먹고, 산 나무 열매와 풀을 뜯어 배를 채웠다. 한국전쟁 당시 군대 생활을 경험했던 한 구술자는 '배고픈 게 제일 큰 서러움'이었다고 토로하였다. 그는 사람이 이틀을 굶으면, 못 먹을 것이 없다고 하였다(신동흔 외 2017a: 207).

는 장사꾼도 있었다. 소개를 나가기 전에는 고향 마을에서 농사를 지으며 살았던 사람들이 가족의 생계를 위해 일용노동자 혹은 어선의 선원으로 일하기도 하였다. 일부는 남의 집 머슴살이로 나가기도 하였다.

소개민 수용소와 가까운 곳에 돗데기 시장이 있었다. 돗데기 시장에서는 미군들의 군복, 담요 등 갖가지 물건들이 거래되었다. 시장 근처에는 극장도 있었다. 극장에서 제일 먼저 대한뉴스가 상영되었다. 대한뉴스는 한국군과 인민군이 전투하는 장면이 나왔다. 대한뉴스가 끝나고 본 영화가 상영되었다. 한 구술자는 극장에서 대한뉴스를 통해 이승만 대통령의 모습을, 그리고 영화는 '아리랑'을 보았다고 기억하였다. 소개민 수용소 부근에는 미군들이 다니는 교회가 있었다. 교회에서 아이들에게 껌이나 초콜릿 등을 나누어 주었다고 한다.[16] 껌이나 초콜릿 등은 이전에는 맛보지 못했던 기호품이었다. 미군 교회에서 전달된 구호 물품은 동네 이장 혹은 반장을 통해 배분되었으며, 구호품 상자 안에는 주로 신발과 의복 등이 많았다고 기억하였다. 한 여성 구술자는 당시 구호 물품으로 받았던 '사지' 바지를 교복으로 입고 다녔다고 하였다. 까만색 '사지' 바지는 앉아도 구겨지지 않고, 무릎도 나오지 않았을 뿐 아니라 질감도 아주 좋았다고 기억하였다.

소개령이 발령되기 전까지 주민들은 MP 다리를 자유롭게 통행할 수 있었다. 신분증이나 통행증이 있으면 출입을 통제하지 않았다. 하지만 주민들이 소개된 다음부터 MP 다리는 출입할 수 없게 되었다. 사등면 삼거리와 문동 삼거리에도 새로 검문소가 설치되었다.

> "소개 나가기 전에는 'MP' 다리를 자유롭게 다녔다. 그러나 소개 직후 헌병이 통제했다. 한국 노무자들이 방역하러 다녔고, DDT [17]가루를 뿌려준 기억이 난다. 또한 다공 교회 옆에 벽돌

---

16 옥치열(남, 1944년생, 거제 문동 출신)의 구술 내용(거제문화원향토사연구소 2015: 146).

17 'DDT'는 살충제의 일종으로 Dichloro Diphenyl Trichloroethane의 약어이다. DDT는 제2차 세계대전 당시 군대와 민간에서 곤충으로 매개되는 질병 구제에 사용되었으며, 한국전쟁 때에도 DDT를 이용하여 빈대와 이를 제거하였다. DDT의 위험이 알려지면서 미국에서는 1972년 DDT 사용을 전면 중단하였지만, 일부 국가에서는 여전히 곤충 퇴치에 사용되고 있다.

공장이 있었는데, 소개민들이 거기서 다녔다."(김종립, 남, 1938년생, 거제 양정 출신).

소개민 수용소에 거주하면서도 헌병들의 감시를 피해 몰래 마을에 들어가 숨겨두었던 양식을 가져왔다고 하였다. 감시하는 헌병을 피해 산을 넘어가다가 붙잡힌 사례도 있었다. 헌병은 그런 소개민을 하룻밤 동안 감시 초소에 가두었다가 소개민 수용소와는 멀리 떨어진 외진 곳에다 풀어 놓고 가기도 하였다. 소개민들은 구호 물품을 싣고 가는 트럭에 올라타서 물품을 빼돌리기도 하였다. 후미진 고갯길을 저속으로 지나가는 트럭에 한두 사람이 날쌔게 올라타고는 길바닥으로 물건을 던지면 뒷사람들이 집어 가는 방식이었다.

소개민으로 살았던 시기 '결핍 상황'은 음식을 최우선적인 가치로 끌어올렸다. 기억 속의 낯선 음식은 배고픔과 연계되어 있었다. 우유와 밀가루와 같은 구호식량을 제공해 주었던 미국은 엄청난 재력을 지닌 나라라는 이미지가 형성되었다. 초콜릿, 통조림, 커피, 우유, 설탕 등의 기호 식품은 미군의 이미지와 겹치게 되었다. 식량 배급을 통해 미군은 시혜자이면서 동시에 지배자로서의 힘을 과시하였다. 배급 식품은 원주민들의 음식 소비에 많은 변화를 불러왔다. 음식 소비 관습의 변화는 권력과 지배 방식의 변화를 의미한다(민츠 1998: 62). 배고팠던 시절, 배급으로 받았던 가루우유(분유)를 끓여서 '물'처럼 마시기보다는 '밥'처럼 조리하여 배를 불리는 음식으로 조리하였다.

"밥이 어느 정도 인자 이따가 좀 뜸 들이는 밥에 불러 한번 더 (불을) 조금 때면은 그럴 때 밥 웃(위)에다 그 저 우유가리(가루)를 그냥 흐쳐(흩어), 밥 웃에다. 그래 딱 흐쳐놓고 그 재짐 불 거거를 딱 이래 때면은 짐(김)이 살 나면서 우유 그기 똑 빵처럼, 과자처럼, 물도 하나도 안 붓고 그냥 가루만 흐쳐놨는데, 그래가이고 해가이고 나중에 밥 풀 때 떠꿍(뚜껑) 열고 살 걷으면은 쫀뜩쫀뜩하이 해가지고 덩어리가 되가지고, 참 맛이 있어. 그래. 그걸 조금씩 입에서다 여가 살살 녹으면은 그 침하고 함께 붙어가지고 엄청 맛있더라고." (정광자, 여, 1941년생, 거제 장목 출신).[18]

우유라는 구호식품을 처음 접했던 사람들은 가루우유를 끓여서 마시지 않고 밥 위에 뿌려서 빵처럼 만들어 먹었다. 새로운 음식을 접했지만, 기존의 조리법을 응용하여 익숙한 음식과 비슷하게 조리하였다. 낯선 음식과 조우했던 사람들은 경험으로 터득하고 있었던 조리법을 응용하였다. 자신들이 처해 있던 상황에 가장 적절한 해결책을 찾아내었다. 여기에서 '적절한 조리법'은 이전부터 있었던 여러 방식 중에서 반복과 응용의 결과라고 할 수 있다. 끓인 우유는 젖이 귀했던 어린아이에게 젖 대신으로 먹였다. '마시는 우유'는 학교 급식을 통해 전파되었다. 학교에 솥을 걸어놓고 우유를 끓여 학생들에게 급식처럼 나눠 주었다. 즉 새로운 음식이었던 우유는 신생아와 어린 학생들이 먹는 음식이었다. 이후 개별 가구에 우유가 배급되면서 조리법이 다양해졌다.

음식 습관은 좀체 변하지 않는다. 고정된 음식 습관은 피치 못할 상황에 마주하거나 음식 습관을 바꾸지 않으면 생존 자체가 불가능한 경우가 아니면 거의 변화하지 않는다(류정아 1996: 167). 음식 습관이 바뀌었다는 것은 정치 경제적으로 위기 상황에 노출되었거나 사회 문화적으로 대전환이 일어났다는 것을 의미한다. 한국전쟁기 미군의 전투 식량과 구호식품은 한국인의 음식 습관을 대거 바꾸어 놓았다. 지역주민들이 미군을 통해서 처음 맛본 음식 중 하나는 커피였다.[19] 커피를 마셔본 적이 없었던 주민들은 흑인 병사가 끓여 준 커피를 큰 사발에 부어 우유와 설탕을 잔뜩 넣고는 주는 대로 마셨다.[20] 커피는 미국 사람과 한국 사람을 구별하는 기표였다. 주민들은 '껌둥이'라고 비하했던 흑인 병사를 통해 커피를 맛보게 되었다. 커피의 맛을 음미하며 마실 줄 아는 '껌둥이' 미군과 그렇지 못했던 한국인 '하우스 보이' 사이에는 힘의 차이뿐만 아니라 문화적 서열 역시 명백하게 나타났다.[21] 음식의 공유 여부에 따라 동질감과 친밀함이 정의되고 경계들이 위반되거

---

18 신동흔 외(2017d: 40).

19 미국에서 군인이 커피를 상용하게 된 계기는 남북전쟁이었다. 남북전쟁 당시 연방 군인들의 일일 배급품에 커피가 포함되어 있었다. 제1차 세계대전과 제2차 세계대전을 거치면서 커피는 미군의 필수품으로 자리를 잡았다(펜더그라스트 2013: 342-343).

20 옥석(남, 1933년생, 거제 제산 출신)의 구술 내용(이승철 2018: 168).

21 음식은 위계관계, 배제와 포용, 경계와 경계들 사이에서 일어나는 거래 관계를 드러나게 한다(Douglas 2008).

나 유지된다. 일반적으로 함께 식사하는 것은 동질감을 표현하지만, 음료수를 함께 마신다는 행위는 그렇지 못하다(신두라 2020: 8). 즉 흑인 병사와 커피를 나누어 마셨다고 해서 미군과 한국인 노무자 사이에 동질감이 형성되었다는 의미는 아니었다. 커피 이외에 미군과 한국인이 음식을 나누어 먹었던 경험은 거의 없었다. 미군은 음식을 나누어 먹는 동등한 존재가 아니라 식량을 보내주는 시혜자였다.

> "미군 쓰레기장은 남녀산 밑에 있었는데 친구들이랑 깡통 등을 주워서 엿으로 바꾸어 먹었다. 음식물 쓰레기, 즉 매일 아침에 지급되는 C-레이션, 칠면조 고기, 햄 등을 주워서 먹었다. 하지만 우리는 통조림을 주면 딸 수가 없어서 먹기 어려웠던 기억도 난다." (옥치열, 남, 1944년생, 거제 문동 출신).[22]

포로수용소가 있는 곳마다 먹고 남은 음식물을 내다 버리는 쓰레기장이 있었다. 음식물 찌꺼기를 실은 차량이 나타나면 아이들은 차량에 올라타서 먹을만한 것들을 재빨리 주워 먹었다. 한 구술자는 음식 쓰레기 더미를 뒤져서 먹다 버린 소시지, 햄, 닭고기, 소고기, 칠면조 고기 등을 찾아 집으로 가져와서는 '부대찌개'[23] 처럼 끓여서 온 가족이 함께 먹었다고 하였다. 그때 칠면조 고기를 처음 먹어보았다고 했다. 쓰레기 더미에는 비누 같은 물품도 섞여 있었다. 그때까지 양잿물로 빨래를 했던 사람들은 호미로 쓰레기 더미를 뒤집어 찾은 토막 비누로 옷을 빨기도 하였다. 한 구술자는 음식물 더미 속에 돼지고기는 거의 없고 소고기가 많았다고 하면서, '미군들이 잘 살기는 잘 살았던 모양'이라고 회상하였다. 간혹 미군들이 초콜릿이나 통조림을 주기도 하였다. 하지만 통조림은 따는 도구가 없어 먹기가 어려웠다고 기억한다. 아이들은 미군 쓰레기장에서 주운 깡통이나 쓸만한 물건들을 엿으로 바꿔 먹었다. 돼지 사료로 얻어 온 음식물 쓰레기를 '밥'으

---

22 거제문화원향토사연구소(2015: 147).

23 미군이 먹고 버린 음식물 쓰레기를 모아서 조리하여 먹었던 음식 중 하나가 훗날 '부대찌개'라는 이름으로 재탄생하였다(도현신 2021: 104).

로 만들어 먹기도 하였다.[24]

> "머리가 조금 있는 사람들은 미군 부대를 통해 가지고 돼지를 키우는 데... 돼지를 먹인다고 미군 부대에서 저 (음식) 쓰레기를 얻어와. 미국 사람들이 감자 요거를 깎아가지고, 즈거는 알맹이만 먹거든. (감자) 껍질 깎은 것을 돼지 먹이라고 가져오면, 짬밥통에서 건져서 씻어서 그걸로 밥을 해먹어. 그래서 안 굶고 안 죽었어." (김정희, 남, 1933년생, 거제 수월 출신).

미군이 먹다 버린 음식물 즉 쓰레기는 '음식'으로 분류되지 않은 것들이었다.[25] 기존 분류 체계에서 음식으로 분류되지 않은 것들은 먹을 수 없는 것이었다. 미군은 음식물 쓰레기를 '오물'로 처리하였다. 미군의 '오물'은 한국인에게는 먹거리의 원천이 되었다. 즉 '오물'은 보는 이의 관점에 따라 달라진다.[26] 더러운 오물이 먹을 수 있는 음식으로 전환될 수 있었던 것은 비정상적인 상황 때문이었다. 비정상적 상황은 기존의 체계나 규범에서 벗어나거나 일치하지 않는 상황을 일컫는다. 전시라는 비정상적 상황은 이례적 혹은 이질적인 것을 받아들일 수 있는 여건을 만들어 새로운 형태의 음식을 수용하게끔 하였다. 전시 상황에서는 먹고 사는 일이 최우선 가치가 되었다. 이런 상황에서는 기존의 도덕적 규범이 애매해지거나 느슨해지면서 음식 부정不淨과 관련된 관념 또한 달라진다고 할 수 있다. 소개민 생활이 종료되면서 음식물 쓰레기를 주워 먹던 식습관은 곧바로 사라졌다. 무엇보다 포로수용소가 폐쇄되면서 더 이상 미군 음식 쓰레기가 나오지 않았던 탓이 컸다.

소개민 중에서도 계층성은 엄존하였으며, 음식은 이런 구별을 뚜렷이 드러내는 기호였다. 음식은 전쟁 피해에 노출되어 굶주린 자와 상대적으로 배고픔에서 자유로운 자를

---

24 한국전쟁기 부산에서는 미군 부대에서 나온 잔반을 섞어 끓여서 만든 음식을 '꿀꿀이죽'이라고 불렀다. 부산 지역에서 꿀꿀이죽은 사고파는 음식이었다(부산광역시 2021: 149).

25 모든 분류 체계는 그 체계에서 벗어나는 이례적인 것을 내포하고 있다(더글라스 1997: 74).

26 더글라스는 "절대적인 오물이란 것은 없다"고 단언하였다. 즉, 더럽다는 것은 제자리에 있지 않다는 것이라고 하였다(더글라스 1997: 23).

구별하는 척도로 작용하였다. 즉, 전시 상황에서 음식은 사회적 분리와 위계적 관계를 드러내는 표상이었다고 할 수 있다. 추수한 보리를 가지고 소개를 나갔던 사람들은 하루에 두 끼를 밥을 지어 먹었다. 소개를 나간 곳에 농지가 있었거나 고성과 진동 등지에 논을 소유하고 있었던 사람들은 소개민 수용소에 들어가지 않았다. 소개를 나갔어도 집이 있고 식량이 넉넉했던 사람들은 상대적으로 '배고픔'에서 벗어나 있었다. 하지만 소개민 대부분은 거처할 집이 없었으며, 소개 이후 식량 부족에 시달렸다. 경제적 여유가 없고 도와 줄 친인척도 없었던 소개민들은 벽돌을 굽는 공장에 다니기도 하였다. 연초면 다공리의 다공교회 자리에 벽돌공장이 있었다. 이곳에서 만든 벽돌은 하청 등지로 팔려나갔다. 하청 부두에는 벽돌을 사러 온 장사꾼들이 많았다고 한다. 벽돌공장에서는 품삯으로 밀가루 혹은 밀을 지급하였다.

소개민들은 자녀 교육에서도 애로점이 많았다. 임시학교는 겨우 바람과 비를 피할수 있는 수준이었다. 비가 오면 바닥에 물이 차올랐다. 곳곳에 지렁이가 기어다니고, 심지어는 뱀들도 돌아다녔다. 신발이 없어 일요일마다 짚신을 엮었다고 하였다. 짚신 한 켤레로 이틀밖에 신지 못했었다고 한다. 여학생들은 포로들이 입었던 윗옷을 가공하여 만든 치마를 입고 다녔다. 가정형편이 어려웠던 사람들은 아이들을 제때 학교에 보내지도 못했다. 입학할 시기를 놓친 아이들은 몇 년 뒤에서야 학교에 다닐 수 있었다. 학교에 다녔더라고 월사금을 내지 못해 쫓겨나기도 하였다. 여자아이들은 학교에 갈 나이에 식모살이로 보내기도 하였다. 이처럼 주민 강제 소개의 영향은 다음 세대로 이어졌다.

5. 집과 마을 복구

휴전회담이 개시되면서 곧 끝날 것만 같았던 전쟁은 휴전회담이 지지부진하게 전개되면서 한동안 계속되었다. 거제도 포로수용소는 3년 넘게 지속되었다. 포로수용소가 폐쇄되면서 소개민들은 고향으로 귀향은 했지만, 식량과 주거 대책이 마련되지 않아 상당한 기간 고통과 어려움을 겪었다. 피난민과 달리 소개민들은 대부분 고향으로 돌아왔다.[27] 하지만 소개민들이 복귀하는 과정은 순탄치 않았다. 무엇보다 주택이 가장 큰 문제였다. 그 배경에는 정부의 무능과 무책임이 있었다. 미군과의 교섭 지연 또한 주요 원인이었다.[28]

거제도 포로수용소 담장 흔적(수월)

거제도 포로수용소 인근 주민들을 수용했던 소개민 수용소는 1954년 소개민들이 귀향할 때까지 유지되었다. 소개되었던 주민들의 복귀는 1955년 5월에 이르러 대부분 완료되었다.[29] 소개된 지 1년 2개월 만에 돌아왔지만, 마을은 옛 모습을 찾아볼 수 없을 정도로 모든 곳이 폐허로 변해 있었다. 농토는 돌 자갈밭으로 변해 있었고, 두고 갔던 집은 모두 헐리고 불태워져 터전만이 남아 있었다. 애초 소개령이 발령되었을 때는 빈집들을 그대로 존치할 계획을 세웠지만, 빈집을 거점으로 돌아다니는 '양공주'들이 늘어나면서 모두 허물어버렸다고 한다.

> "포로가 떠나고 나서 6개월쯤 지나서 옛 살던 곳으로 돌아왔다. 집은 모두 불판 잿더미가 되어 있었다. 수용소 막사는 공병대가 철거를 하고, 자기 집에 들어와서 불탄 잿더미를 쓸어내고, 움막같이 은신처를 만들어 살면서, 포로수용소 막사를 뜯어오고, 산에 가서 나무를 베어와서 집을 지었다."(옥석, 남, 1933년생, 거제 제산 출신).[30]

주거 문제 다음으로 시급한 사안은 농토 복구였다. 미군들은 포로를 분산 수용하면서

---

27 피난민들은 피난지에서 생활공간을 확보하면서 새로운 정체성을 형성하였다(차철욱 · 공윤경 2010). 반면 소개민들의 정체성은 소개지에서도 고향 마을과 연계되어있었으며, 그들에게 소개지역 혹은 소개민 수용소는 임시거처에 불과하였다.

28 『동아일보』 1954.08.17.

29 소개된 원주민은 1,685세대, 10,965명이었지만, 1955년 4월 말 현재까지 복귀한 원주민은 1,402세대 894명이었다(『조선일보』 1955.05.11.).

30 이승철(2018: 172).

농지에다 자갈을 깔고 여러 동의 소단위 수용소를 설치하였다. 그 결과 농지는 모두 자갈밭으로 변해 있었다. 농지를 복구한다기보다는 개간한다는 표현이 어울릴 정도로 힘든 작업이었다. 상당한 시간과 엄청난 노력을 기울여 힘들게 복구했지만, 복구된 농토는 지력이 회복되지 않아 이전에 비해 소출이 형편없었다. 논에도 자갈이 많아 물이 고이질 않았다. 자갈을 골라내는 일이 고역이었다. 논에 모내기를 하려면, 물이 빠지기 전에 빠른 속도로 써레질을 마쳐야 했다. 그래서 장평 사람들은 한 논에 여러 명이 소를 몰고 들어가 재빨리 써레질하는 고수가 되었다고 하였다.

> "들어와서가 문제였어요. 들어왔는데 이게 뭐 땅이고 엉망진창이 돼 있으니까. 이거를 개발하는데 내가 생각하기에는 한 10년 걸렸을 겁니다. 10년. 그때는 불철주야로 땅을 팠습니다. 식구대로 총동원해가지고...(미군이) 도로 같은 것을 건설하면서 자갈을 깔아버렸어요. 그걸 논을 할라 하니 뚜들겨 깨야 하잖아요. 그때 뭐 장비가 있습니까... 아무것도 없는데. 곡괭이나오함마로 기꼬 뚜디러 봐야 하루에 일 미터 깨면 많이 깬거여. 고현에는 돌탑이 많았어요. 그때 주워낸 돌들을 쌓아 놓은 것들이요. 그것이. 논을 '세빈다' 캤어요. 겨울도 없고 여름도 없고... 세비는 작업을 그 뭐 남녀노소 없이 총동원해서 했어요."(김의부, 남, 1944년생, 거제 장평 출신).

소개를 나갔던 사람들이 마을로 돌아왔지만, 농경지는 황무지로 변해 있었고, 집터는 흔적조차 찾기 어려웠다. 어림으로 옛 집터를 찾아 기거할 집을 지었다. 미군들이 사용했던 막사를 뜯어 기둥과 서까래로 사용하고 함석으로 지붕을 올렸다. 황무지로 변한 집터와 농경지에는 쑥대가 엄청 많았다고 한다. 집집마다 쑥대로 섶을 엮어 흙벽을 만드는 뼈대로 사용하였다. 어른과 아이를 가리지 않고 온 식구들이 논을 복구하였다. 당시 주변에는 일꾼이 없었을 뿐 아니라 품삯을 줄 돈도 없어 제집 농토는 제집 식구가 복구하는 것 이외는 다른 도리가 없었다. 농지를 복구하는 작업은 몇 년 동안 지속되었다. 변변한 장비 없이 곡괭이, 망치, 호미 등을 이용하여 단단한 콘크리트 장벽을 부수고 자갈돌을 파내는 과정은 지난하였다. 식구들이 매달려 이른 아침부터 저녁 늦게까지 온종일

일해도 언제 끝날지 알 수 없었던 시절이었다고 한다. 봄에는 일부 개간한 땅에 채소를 심었다가 여름부터 다시 개간하는 작업을 반복하였다. 다 큰 처녀들이 그 흔한 '동동구리무'도 한 번 못 바르고 죽도록 일만 하다가 시집을 갔다고 하였다. 한 구술자는 시집을 가고 삼 년 뒤에야 비로소 손에 박혔던 굳은살이 빠졌다고 했다. 당시에는 지금 TV에 나오는 아프리카 사람들보다 못살았다고 푸념하였다.

거제도 포로수용소가 건설되었던 자리는 원래 농토였던 땅이었다. 논이었던 땅에 경비 막사와 포로수용소를 지으면서 고현성을 허물어 거기에서 나온 돌을 사용하였다. 돌과 자갈을 다져 만들었던 포로수용소 부지를 전답으로 되돌리는 작업은 매우 험난하였다. 주택은 포로수용소의 건물을 임시거처로 사용하거나 막사를 철거하면서 나온 자재로 집을 지었다. 포로수용소를 설치하면서 기존 전답의 경계를 허물고 평평하게 만들어 놓은 탓에, 누구의 땅이 어디까지인지 짐작조차 할 수 없는 지경이었다. 일부는 측량으로 경계를 찾기도 하였다. 논은 전체적으로 경지정리를 한 다음 도로와 공공용지를 제외한 땅을 본래의 소유자에게 배당하였다.

소개민들이 고향으로 돌아오기 시작한 시점은 1954년 8월 이후였다.[31] 소개민 중에서 가장 먼저 들어왔던 사람은 신봉권과 유상언이었다. 두 사람은 1954년 8월 1일 〈거제도 국련 포로수용소 고현지구 소개난민 복귀대책위원회〉를 구성하였다. 두 사람은 위원장(신봉권) 및 상무위원(유상언) 자격으로 주민들이 귀환하기 직전에 미리 들어왔던 것이다(부산일보 1985: 683). 포로들이 떠난 수용소에는 시설 철거 임무를 맡은 한국군 공병대가 남아 있었다. 신봉권씨와 유상언씨는 공병대의 대대장을 찾아가 협조를 요청하였다. 대대장의 양해로 아직 철거되지 않았던 수용소 건물 1동을 빌려 이곳에다 책걸상을 모아 놓고 업무를 시작하였다. 각 리里 별로 이장 1명과 유지 1명을 위원으로 선임하여 20명으로 구성된 위원회를 구성하였다. 대책위가 가장 먼저 해결해야 할 사안은 주택 문제

---

31 포로 교환은 정전협정을 전후로 3회에 걸쳐 이루어졌다. 공산군 측 포로는 83,000여 명이 돌아갔고, 유엔군 측 포로는 13,469명(한국군 8,343명)이 귀환하였다. 상당수의 국군포로가 송환되지 못한 채 북한에 억류된 것으로 추정된다(국방부 2010: 100).

였다. 관계 당국과 교섭을 하여 포로들과 군인들이 사용했던 석조건물 884동(칸)을 양여받았다. 이주한 세대의 절반에도 미치지 못하였지만, 군용 막사로 사용했던 건물이라 규모가 커서 그런대로 주택 문제는 해소할 수 있었다. 이전에 소유했던 가옥의 크기를 고려하여 건물을 배분하고, 규모가 큰 건물은 칸막이를 설치하여 여러 세대를 입주시켰다.

군징발관계 서류철

주민들이 입주하고 농토를 복구하는 가운데 대책위는 징발 보상 문제에 힘을 쏟았다. 대책위는 관계 부처를 찾아다니면서 보상을 요구하였지만, 별다른 소득은 없었다. 관계 기관에서는 징발당한 사실은 인정하지만, 징발 영장을 발부한 사실이 없어 보상의 근거가 없다는 답변만 되풀이할 뿐이었다. 징발 보상 문제가 다시 거론된 것은 그로부터 9년 후인 1962년이었다. 주민들의 불만이 고조되자 5.16 군사 쿠데타로 집권한 군사 정부는 '징발영장' 부재를 빌미로 보상 요구를 마냥 묵살할 수는 없었다. 징발 자체가 전쟁 중 불법으로 이루어진 행위였기에 징발 보상 규정 역시 편법으로 급조되었다. 징발 행위가 이루어지고 10년이 지난 다음에야 요식 행위로 사후 징발령을 발부하여 보상의 법적 근거를 마련하였다.[32] 1966년부터 1968년까지 징발 보상법을 바탕으로 보상이 이루어졌다. 하지만 주민들의 기대와 달리 보상의 범위와 규모는 미미하였다. 총 가옥 보상 6천만 원 및 토지(260정보) 사용료 300여만 원이 책정되었다.[33] 정부 당국에서는 우선 사용료를 지급하고 나중에 별도로 보상 규모를 산

---

32 한국전쟁이 발발하자 정부는 군 작전상 필요한 시설과 토지 등을 징발할 목적으로 1950년 7월 26일 <대통령령 긴급명령 제6호, 징발에 관한 특별조치령>을 공포하였다. 1963년 5월 1일 <징발법>을 제정하여 위 특별조치령으로 징발된 것을 사후 제정된 징발법에 의거하여 징발된 것으로 간주하고 특별조치령은 폐지하였다(이익선 2007: 17). 징발법의 부칙 제3항에 근거하여 전시에 징발되었던 재산에 대한 보상을 받을 수 있게 되었다.

33 보상 규모와 액수는 구술자에 따라 차이가 있다. 박태순에 따르면, 1966년 토지사용료 300만 원, 가옥 보상비 5천만 원을 받았다고 한다(박태순 1989: 197).

정하자고 했지만, 시일이 지나면서 그 말은 흐지부지되고 말았다. 농림부에서 1억 2천만 원을 보조하여 거제시 문동 저수와 양동 저수지를 확장하고 수로를 정비하였으며 징발되었던 농경지를 정리하여 되돌려주는 것으로 보상 문제는 종료되고 말았다. 이후 주민들은 완전 보상을 요구하며 행정소송을 진행하였으나 오히려 소송을 제기한 변호사가 자격을 박탈당하였다(부산일보 1985: 683-684).

"수용소 설치 당시 고현 일대의 주민은 1,400가구에, 징발된 토지가 250만평, 가옥이 3천여 호였습니다. 휴전 조인 후 수용소가 폐쇄될 때 신봉권(辛奉權)씨와 내가 제일 먼저 돌아와 원주민 복구대책위원회를 만들었어요. 신위원장은 서울 보사부로 수없이 올라가, 우선 수용소 막사 883동을 인수하여 주택으로 쓰게 했어요. 그리고는 온 주민이 발벗고 나서 토지 개간을 했어요. 이때 식량이 없어 초근목피로 연명하면서 농토를 일궜어요. 이 일이 4년이나 걸렸는데, 마치 미국의 서부개척의 한 축도 같은 광경이었습니다. 53년에 처음으로 징발보상신청을 수 없이 했지만 허탕이었고 다시 제반서류를 갖추어 민정이양 후, 국방부와 각 요로에 제출했어요. 이때 서류 뭉치가 한 짐이나 돼서 인부를 사서 운반했어요. 이러다가 겨우 66년에야 토지사용료 3백만원을 처음 받고, 67년에는 가옥보상금으로 5천만원을 받았어요. 토지원형보구비(개간비)는 아직 해결이 안돼, 작년(1971년) 12월에 행정소송을 제기했습니다. 토지원형복구비 5억원을 배상해 달라고 6,7대 국회에 계속 청원했지만 잘 안돼 할 수 없이 법을 통한 해결을 호소하게 된 거지요."(유상언, 남, 1916년생, 거제 고현 출신).[34]

구술자 유상언은 포로수용소 폐쇄 이후 수용소의 막사 여러 동을 소개민들의 임시거처로 인수받았다고 하였다. 그중에서 공산 포로들이 수용되었던 건물에는 간부회의실까지 별도로 꾸며져 있었다고 하였다. 포로수용소로 징발되었던 토지를 개간하다가 땅밑에서 깡통을 만든 칼과 창은 물론 방독면까지 발견하였다. 심지어 수용소에서 수용소로 이어지는 땅굴까지 있었다고 하였다. 이처럼 곳곳에 묻힌 무기류와 땅굴 때문에 개간

34 중앙일보사(1973a: 252).

작업이 더욱 힘들었다고 회고하였다.

포로수용소가 있었던 당시 공사 중이었던 문동 저수지와 양정 저수지를 보수를 위해 보수비 1억 2천만 원을 한국수리조합 연합회에서 주관하여 저수지를 복원하고 경지정리 작업을 하였다. 누구의 소유인지도 모르게 경계를 허물어 놓았던 토지를 경지를 정리하여 일부는 도로와 공공용지로 만들었다. 경지 정지 작업을 하면서 경지 4%를 할애받아 2차선 도로 직선화와 거제 군청, 군청관사, 재무과장 관사, 선거관리 사무소, 농촌지도소, 거제 교육청, 고현 시장, 계룡초등학교, 상문초등학교, 수월초등학교, 고현파출소 등의 부지로 만들었다(이승철 2018: 236-237).

제1부 02

저구리 포로수용소와 소개민

1. 지역 소개

저구리 포로수용소가 설치되었던 마을은 지금의 거제시 남부면 저구, 명사, 다포 마을이다. 전쟁 당시 저구, 명사, 다포 마을은 동부면에 편제되어 있었다. 저구리 포로수용소가 들어서면서 이곳 주민들은 강제로 소개되었다(전갑생 2016: 14). 소개 직전 저구에는 약 60세대, 다포 60세대, 명사 50세대가 살고 있었다.[1] 저구와 다포, 그리고 명사는 '다대 고개'라 부르는 산등성이를 따라 세 마을이 격리되어 있다. 다대 고개의 북쪽 사면 아래에는 저구, 남서쪽 아래에는 명사, 동쪽 사면 아래에는 다포 마을이 있다. 저구와 명사는 해안선으로 이어져 있고, 다포는 다대 마을과 해안을 마주하고 있다.

저구리猪仇里는 영조 45년(1769) 방리 개편으로 저구미방으로 편제되었다가 고종 26년(1889) 저구와 근포로 나뉘어졌다. 1915년 6월 1일 저구리가 하나의 법정리로 되었다가 1942년 5월 1일 부락구제가 실시되면서 저구, 명사, 근포, 대포의 4개의 구區 체제로 바뀌었다. 일제 강점기 저구에는 경찰주재소가 있었다고 한다. 1958년 4월 1일 동부면의

---

1 양정실(남, 1915년생, 거제 저구 출신)의 구술 내용(이승철 2018: 151).

탑포, 저구, 다포, 다대, 갈곶 등 5개 리 10개 마을을 관할하는 저구지소를 설치하였다. 이듬해 2월 22일 저구지소는 저구출장소로 바뀌었다. 1983년 2월 15일 저구출장소가 남부면으로 승격되면서, 이곳은 동부면에서 남부면으로 행정구역이 바뀌었다. 지형적으로 남부면은 삼면이 바다 쪽으로 돌출한 형세로 동쪽과 남쪽, 서쪽은 바다로 에워 쌓여 있고, 북쪽으로는 동부면과 접하고 있다. 남부면은 거제도의 최남단에 위치하고, 외해는 대한해협과 맞닿아 있다.

저구 마을은 가라산(585.5m)과 망산(375m)으로 이어지는 산줄기 아래에 자리하고 있다. 저구는 '도토구지' 또는 '도토지'라 불렀다. 마을 서쪽 바닷가에 돼지 모양의 산이 있어 '도토지' 또는 '도토구지'라는 이름이 유래되었다고 한다. 저구 마을 앞쪽은 자갈로 이루어진 해변이 있고, 저구에서 명사 마을로 이어지는 해변에는 모래사장이 넓게 펴져 있다. 명사 마을은 '명사동' 혹은 '밑개'라고 하였다. 명사 마을 남쪽에 있는 망산이 바람을 막아주어 파도가 잔잔하고 마을 앞은 수심이 얕고 넓은 갯벌이 형성되어 있다. '명사십리'라고 부르는 백사장은 해수욕장으로 이용되고 있다. 명사 마을에서 남서쪽 해안을 따라가면 근포 마을과 대포 마을이 있다. 근포 마을은 '작은 개' 또는 '미날기미'라고 부른다. 대포 마을은 근포 남쪽에 위치하며, '큰 개'라고 부르기도 한다.

다포리多浦里와 다대리多大里는 고다대포방古多大浦坊에 속하였다. 고종 26년에 다포리와 다대리로 분리되었으며, 1915년 6월 1일 각각 법정리가 되었다. 1969년 여차 마을이 분리되면서 다포 마을과 여차 마을이 하나의 행정리를 이루고 있다. 다포와 다대는 작은 만을 마주 보고 마을이 형성되어 있다. 다포는 해안선의 안쪽 땅끝이 뾰족하게 튀어나와 호수와 같은 '안-개(안쪽 바닷가)'가 형성되어 풍랑을 막아준다. 다대 마을 뒤쪽 가라산 중턱에는 왜적을 방어하기 위해 축성했던 다대산성이 있다. 가라산 자락 아래에는 약간의 평지가 형성되어 있으며, 이곳에서는 주로 쌀과 보리, 고구마 등을 경작하고 있다.

남부면에서 처음으로 설립된 근대식 교육기관은 1932년 9월 명사 마을에 설립된 동부공립보통학교였다. 동부공립보통학교는 1945년 4월 1일 명사국민학교로 명칭이 바뀌었다. 명사국민학교는 저구리를 비롯하여 다포리, 다대리의 학생들이 수학하였다. 1946년 12월 명사국민학교에서 거리가 가장 먼 갈곶리에 갈곶분교가 설립되었다. 1952

년 6월 19일 저구리 포로수용소가 설치되면서 명사국민학교가 폐쇄되었다. 명사국민학교에 다녔던 학생들은 이웃 근포 마을과 다대 마을에 임시로 설치한 학교로 분산되었다. 1954년 2월 포로수용소가 철거되면서 명사국민학교로 복귀하였다. 1963년 7월 다대 마을에 다대분교장이 설립되었으며, 1976년 3월 다포리 여차 마을에 여차분교장이 설립되었다. 하지만 1990년대 이후 학령인구가 감소하면서 1996년 3월 여차분교가 폐쇄되고, 1999년 3월 해금강분교(갈곶분교), 그리고 2007년 3월에 다대분교가 폐교되었다(거제문화원향토사연구소 2013: 96-98). 남부중학교는 1962년 12월 명사고등공민학교로 출발하여 1970년 3월 남부중학교로 설립 인가되었지만 2003년 3월 학생 수 감소로 폐교되었다.

2. 저구리 포로수용소

저구리 포로수용소의 공식 명칭은 '유엔 거제도 제1수용소 분소 저구리 제1A포로수용소(UN Prisoner of War Branch No. 1A Camp)'였다. 저구리 포로수용소는 1952년 6월 19일 설치되어 1953년 10월 21일까지 운영되었다. 규모는 3개 구역 22개 수용동이었다. 이곳에는 인민군 출신 포로 11,735명이 수용되어 있었다(전갑생 2016b: 14). 1953년 2월 28일 기준으로 미군 298명, 한국군 894명이 근무하고 있었다(조성훈 2010a: 273). 주민들의 구술에 따르면, 포로수용소가 설치된 1952년부터 남부면 일대에는 유엔군 1개 대대와 한국군 4개 중대가 상주했다고 한다. 한국군 4개 중대 중 1개 중대는 중화기 중대였으며, 대대 본부와 중대 본부는 다포에서 저구로 넘어가는 고갯마루 및 다포 농협 창고 위쪽 작은 당산 숲에 자리하였다. 유엔군 본부는 명사국민학교 건물을 사용하였다고 한다.

저구리 포로수용소는 다른 포로수용소에 비해 상대적으로 덜 알려져 있다. 1985년 부산일보사에서 펴낸 <임시수도천일>의 제8화 '포로수용소' 편에도 저구리 포로수용소의 명칭은 누락되어 있다.

"포로들을 500명 단위로 분산 수용시키는 데는 거제도만으로 부족해 보트너는 통영군 한산면 용초도와 추봉도의 봉암리에도 수용소를 지었다."(부산일보사 1985: 684).

거제도 〈포로수용소유적공원〉 홈페이지 '이용안내 - 거제도 포로수용소'에도 봉암노 포로수용소 및 용초도 포로수용소와 관련된 내용은 일부 소개되고 있지만, 저구리 포로수용소에 관한 내용은 거의 없다. 홈페이지의 '연혁'에도 "1950. 11. 27. UN군에 의하여 거제시 신현읍, 연초면, 남부면 일대 1200만(㎡) 부지에 수용소 설치"라고 표기되어 있다.[2] 즉, 거제시 남부면 일대에 있었던 저구리 포로수용소가 마치 1950년 11월 27일 거제도 포로수용소와 함께 설치되었던 것처럼 안내하고 있다.[3] 거제시와 거제문화원에서 발간한 자료에도 저구리 포로수용소와 관련된 내용은 아주 미미하다. 2002년에 발간된 『거제시지』에도 저구리 포로수용소는 언급되어 있지 않다. 2015년 거제문화원에서 발간한 『한국전쟁 65주년 거제도 피난민 유입과 소개』에 수록된 소개민들의 구술자료에도 저구리 주민들의 이야기는 없다.[4]

저구리 포로수용소는 세 구역으로 구분되어 있었다. 미군들은 저구, 명사, 다포 마을의 주민과 가옥을 밀어내고 그곳에다 각각 수용동을 설치하였다. 포로수용소가 설치되었던 곳은 각 마을에서도 농지가 많았던 공간이었다. 다포 마을에 설치된 수용소는 다포에서 저구로 넘어가는 길목 아래 완만한 경사지에 있었다. 현재 이곳은 모두 논과 밭으로 변해 있어 포로수용소의 흔적은 거의 남아 있지 않다. 농지의 동쪽 도로변 끝자락에 과거 포로수용소 건물로 사용했던 건물 외벽이 허물어진 채 남아 있는 것이 전부이다. 포로수용소가 설치되면서 다포 마을에서 인근 마을로 이어지는 육로가 차단되었다.

---

2 2025. 05. 20. 접속.

3 한편, 포로수용소 유적박물관의 전시실 '갬프 넘버 원'을 소개하는 안내판에는 "포로 분리에 따른 분산 수용을 위해 남부면 저구리, 용초도와 봉암도 등지에 추가로 수용소가 설치되었다"고 적시하고 있다.

4 거제도 주민들의 구술증언을 수록한 이승철의 저서(2018)에 저구리 포로수용소와 관련된 주민들의 구술자료가 두 건 소개되어 있다.

저구리 포로수용소(저구)

저구리 포로수용소(다포)

저구에는 북쪽 함지장골에 포로수용소가 들어섰다. 저구 해변에서 탑포 방향으로 이어지는 산 아래 개활지였다. 포로수용소가 있었던 공간은 주택지로 변모되어 포로수용소의 흔적은 찾을 수 없다. 포로수용소가 설치되기 전 저구 마을 해변에는 자갈이 많았다고 한다. 미군들이 포로수용소를 건설하고 도로를 개설하면서 저구 해변의 자갈을 사용하였다. 당시에는 저구에서 동부면 사무소가 있는 산양까지 이어지는 도로가 없었다. 저구에서 율포로 이어지는 도로는 포로수용소가 설치되면서 미군들이 확장하였다. 도로를 확장했음에도 도로의 폭은 좁았다. 차 한 대가 지나다닐 수 있을 정도였다. 도로가 확장되기 전에는 좁고 험준한 산길이었다. 일제강점기 일본인들이 보국대를 동원하여 길을 만들었다고 한다. 미군들이 차량을 이용하여 저구 마을 앞 해안의 자갈돌을 파내어 거제 고현까지 이어지는 도로를 개설하였다. 대규모로 자갈을 파 간 다음부터 저구는 해일의 피해가 심해졌다고 한다.

명사 마을에 설치되었던 포로수용소는 '선창골'이라 부르는 마을 뒤 골짜기에 설치되었다. 마을과 포로수용소는 도로를 경계로 공간이 구분되었다. 도로 아래쪽에는 미군과 경비병을 위한 숙소와 창고 등이 있었고, 도로 위쪽 분지에는 수용소가 자리하였다. 명사 마을에 포로수용소가 설치되면서 명사마을 건너편의 근포와 대포 마을에서 외부로 이어지는 육로 교통이 통제되었다. 주민들은 율포 혹은 가배까지는 배로 이동하고, 율포나 가배에서 면 소재지인 산양리까지는 걸어서 갔다. 포로수용소 철조망 울타리를 따라 형성된 도로는 허가된 시간에만 이용할 수 있었다. 주민들이 포로수용소 바깥 울타리를 지나갈 때마다 경비병이 앞뒤에서 호위하면서 인솔했다고 한다.

포로수용소에서 마을로 이어지는 길목에는 검문소가 설치되었다. 검문소가 설치된 곳은 다포 산등성이 및 명사 선창골에서 근포로 이어지는 들머리였다. 탑포에서 저구로 넘어오는 고갯마루에 한국군과 미군이 공동으로 경비하는 초소가 있었다. 저구 마을 해안가에는 포로들을 위한 병원이 있었고, 위쪽 사면에는 한국군 부대의 숙소가 있었다. 저구 뒷산 산마루에 통신대가 있었다. 포로수용소를 경비하던 사령부는 명사국민학교에 자리하고, 식당은 후일 명사중학교가 설립되었던 바로 그 자리에 있었다. 마을 주민들의 주거 공간에는 경비병들의 숙소, 병원과 관리동을 설치하였다.

포로수용소를 설치하려 미군들이 들어오면서 안정적인 장소였던 마을은 순식간에 위험한 공간으로 바뀌었다.[5] 포로수용소 시설 공사는 3개월 만에 끝났다. 아주 빠른 속도로 공사가 진행되었다. 철조망을 치고 건물이 완성되자 포로들이 이송되었다. 저구리 포로수용소에 포로들이 들어온 날은 1952년 10월 3일 추석날이었다고 기억하였다. 구술자들은 가장 '악질' 포로들은 용초도와 봉암도 포로수용소로 가고 그다음 악질들이 이곳 저구리 포로수용소로 왔다고 하였다. 미군들은 명사 마을에 임시 숙소를 만들었다고 한다.

지역주민들이 처음 마주쳤던 포로들은 머리를 빡빡 깎은 모습이었다. 저구 해안에 커다란 배가 입을 벌리자, 그곳에서 줄줄이 포로들이 나왔다고 기억하였다. 당시 열 살을 갓 넘겼던 한 여성 구술자는 겁이 나서 가까이 가보지도 못했다. 마을에 포로들이 들어오자마자 집안으로 숨었다고 했다. 가까운 곳에 있었던 생필품조차 챙길 여유가 없었을 정도로 무서웠다고 하였다. 이곳에 온 포로들이 '순 악질 빨갱이'였다는 소문이 나돌았다. 주민들은 '악질 빨갱이' 포로들은 얼른 보기에도 '악종'같이 생겼다고 기억하였다. 하지만 주민들의 기억 속에는 포로 한 명이 어린아이를 목마에 태우고 걸어가는 모습이 남아 있다. 이처럼 주민들의 기억 속에는 '악질' 포로와 '인간'적인 포로의 모습이 교차하고 있었다.

주민들은 자신의 마을을 차지한 포로들의 얼굴은 좀체 볼 수 없었다. 단지 소리와 냄새로 이들의 존재를 인지할 수 있었다. 얼굴을 마주하는 행위는 상호작용을 한다는 표현이다(고프먼 2013: 13). 즉 얼굴을 마주하는 상호작용 의례는 상대방을 사람으로 인정한다는 의미이다. 철조망 안에 존재하고 있었지만, 조우할 수 없었던 포로들은 마치 보이지 않는 괴물과 같은 존재였다. 얼굴이 없었던 포로들은 존중의 대상이 아니었으며 존중하지 않는다고 해서 체면이 손상되지도 않았다. 포로들은 점차 '사람'이 아닌 존재로 폄하되기 시작하였다. 악질 포로에 대한 반감은 고함과 같은 노랫소리와 최루탄 가스를 경험

5 학문적으로 장소(place)는 공간(space)과 구분되는 개념으로 사용된다. 장소와 공간의 구분은 장소감의 존재 여부로 판단된다. 낯선 공간일지라도 사람들이 특정한 의미를 부여하거나 그곳과 친연성을 갖게 되면 그곳은 장소가 된다(투안 2005: 19).

했던 기억과 함께 남아 있다. 악질 포로들은 온전한 이름이 아닌 '이놈들', '그놈들', '빨갱이 새끼들'과 같은 호칭으로 불리는 증오의 대상이자 비인격체였다.

지역주민들이 포로와 조우할 수 있는 기회는 포로들이 분뇨통을 비우러 나올 때였다. 아이들은 분뇨통을 메고 줄지어 나오는 포로들보다는 이들을 감시하는 미군 경비병들에게 관심을 두었다. 간혹 미군들이 초콜릿이나 껌 등을 나누어주었기 때문이었다. 아이들에게 포로들은 분뇨통을 메고 나오는 하나의 풍경이었을 뿐이었다. 주민들의 기억 속 포로는 분뇨와 한데 어우러져 있었다. 인간이 배설하는 원초적 혐오물로서의 똥오줌과 마찬가지로 온전한 사람으로 대우받지 못했던 포로는 사회적 혐오의 대상이었다. 소리와 냄새로만 인지했던 포로들이 분뇨통과 함께 나타나면서 그들의 이미지는 얼굴을 알 수 없었던 '괴물'에서 벗어났다. 분뇨통을 메고 가는 포로들의 얼굴은 보았지만, 여전히 말을 걸 수도 없고 다가가지도 못하는 상호작용 밖의 존재였다.

포로들은 하루 세 번씩 조회가 있었다. 포로들의 조회 시간은 만을 사이에 두고 있는 다대에서 생생히 알 수 있었다. 노랫소리와 만세 소리가 들리면 조회 시간이라고 짐작하였다. 포로들의 노래 중에는 '장백산 줄기줄기…'라는 가사가 있었다고 기억하였다.[6] 포로수용소에 근무하는 군인들을 통해 수용소 안에서 포로들끼리 싸우거나 죽이기도 한다는 소문이 나돌았다. 포로수용소 시설 사방 곳곳에 경비 초소가 있었다. 포로수용소 주변에는 밤에도 조명을 밝혀 대낮처럼 훤했다고 한다. 하지만 포로들이 송환되어 나갈 즈음에는 경계가 약간 느슨해졌다고 한다. 저구에 주둔하던 한국군 부대 연병장에서 체육대회와 민속놀이 대회가 개최되기도 하였다.

저구리 포로수용소가 설치되면서 마을과 마을로 이어지는 교통로가 차단되었다. 육지의 교통로는 물론 선박의 출입항도 전면 금지되었다. 포로수용소 설치 이전에는 저구에서 통영으로 연결되는 항로를 따라 여객선이 운항하였다. 저구에서 출항 시간은 아침 7시, 그리고 오후 2시였다. 첫 출항지이자 기착지는 탑포 쌍근이었다. 쌍근에서 출발하여

---

6 '장백산 줄기줄기 피어린 자욱~'으로 시작되는 노래는 <김일성장군의 노래>로 포로수용소 분산 이후 금지곡으로 지정되었던 노래이다. 인민군 포로들이 가장 자주 불렀던 노래였다(이경분 2023: 579).

저구, 죽도, 한산도 등지를 거쳐 통영까지 운항하였으며, 총 운항 시간은 4시간이 소요되었다. 이후 항로가 변경되어 저구에서 율포, 가배, 한산도를 거쳐 통영으로 오갔다. 저구 주민들이 동부면 사무소로 가려면 여객선이나 어선을 타고 율포나 가배로 가서 그곳부터 걸어갔다. 다대에서도 통영으로 오가는 부정기 선박이 있었다. 일반적인 여객선이 아니라 어선이었다. 어선이 통영까지 오가며 사람과 화물을 운반하였다. 포로수용소 설치 이전 주민들은 행정의 중심지였던 동부면 사무소를 오갈 때는 다대 - 저구 - 탑포로 이어지는 도로를 따라 왕래하였다. 포로수용소 설치 이후 다대에서 저구로 넘어가는 도로가 차단되면서 동부면 사무소까지 오고 갈 수 있는 길은 30리가 넘는 험준한 산길뿐이었다.

3. 소개민 생활

인간이 특정한 장소 안에 거주하고 있다는 것은 거기에 소속되어 있다는 의미이며 그곳과 동일시되기도 한다. 장소는 인간과의 유대감 속에서 정체성이 형성되며 이미지가 구체화된다. 장소의 정체성은 장소감으로 나타난다. 장소감은 개인에게 중요한 정체성의 토대를 제공하고, 이를 통해 공동체의 집단 정체성이 형성된다(랠프 2005: 86). 장소를 드러내는 주요 속성 중 하나는 지리적 경관이다. 지리적 경관은 장소를 구성하는 토대이자 맥락이라고 할 수 있다. 따라서 한 장소의 지리적 경관이 파괴되면 그 장소에 대한 애착과 유대감이 상실된다. 여기에서 장소는 개인이나 집단의 경험과 기억이 투영되어 정서적으로 친연성을 느끼는 특정한 공간을 의미한다.

장소로서의 마을은 일정한 지리적 영역을 기반으로 형성되어 있다. 사람들이 거주하는 마을은 고유성과 특수성을 담지하고 있다. 개인과 집단의 경험과 기억이 내재되어 있는 마을은 사람들에게 그곳에 대한 애착의 감정을 갖게 한다. 또한 마을은 마을 사람들의 정체성과 역사성의 바탕이 되며, 정서적으로 안정감을 부여하기도 한다. 이런 점에서 마을은 구체적인 장소이며, 이곳과 관련된 사람들의 의미와 가치를 담고 있다고 할 수 있다. 장소로서의 마을이 파괴되면서 마을 공동체가 해체되었으며, 주민들은 장소 상실을 경험하게 되었다. 집과 마을의 파괴는 이들과 연계되어 있었던 오랜 경험과 의미의 단절로 이어졌다.[7]

1950년 12월부터 거제도 전역에 피난민이 내려오기 시작하였다. 남부면(당시 동부면)에서도 명사국민학교가 피난민 수용소로 전환되었다. 학교가 피난민 수용소로 사용되면서 수업도 중단되었다. 12월부터 수업이 중단되면서 2월 말에 졸업해야 할 학생들이 7월에 졸업식을 했다고 한다. 수업 일수가 모자라 한 학기를 더 다닌 셈이었다. 1951년도에 졸업했던 명사국민학교 동기생 중에 겨우 3명이 중학교에 진학했다고 한다. 중학교가 있었던 통영에 친인척이 있었던 학생이었다. 중학교에 진학할 수 없었던 졸업생들을 위해 고등공민학교를 개설하였지만, 학교 설립 허가를 받지 못했다. 일 년 뒤인 1952년에 비로소 고등공민학교로 인가되었다.[8] 고등공민학교에서 1951년도 명사국민학교 졸업생과 1952년도 졸업생이 한꺼번에 수학하였다. 명사국민학교 교실 한 칸을 고등공민학교 교실로 사용하였다. 고등공민학교가 개교되고 얼마 후 미군들이 들어오면서 포로수용소를 설치하기 시작하였다.

> "학교 갔다 오는데, 그때 처음으로 영어를 배우고 할 때입니다… 영어를 '내셔널 잉글리시' 영어책으로 배웠는데… 미군들이 측량하러 왔는데, 미군들 이름표, 명찰 달고 있는 걸 보고, 내가 흑인 한 사람을 보고 '피핀' 이랬거든. 자기 이름을 보고 '피핀'이라고 하니까 내가 영어를 좀 아는가 싶어서 뭐라고 물어보는데 내가 뭐 압니까…"(공성문, 남, 1938년생, 거제 다대 출신).

미군들이 포로수용소를 설치하기 이전부터 측량하러 저구, 명사, 다포 마을 등지로 돌아다녔다. 미군들은 먼저 저구와 명사를 측량하고 나중에 다포로 넘어왔다고 한다. 미군이 돌아다니며 측량하고 얼마 지나지 않아 소개령이 발령되었다. 위 구술자는 그해

---

7 사람들은 집과 고향을 세계의 중심으로 간주한다(투안 2011: 59). 따라서 취락聚落이 파괴되었다는 것은 '우주의 파괴'를 의미한다고 할 수 있다(투안 2005: 240).

8 1962년 12월 설립 인가를 받았던 명사고등공민학교의 전신이다.

7월 무렵 늦은 오후 학교를 마치고 돌아오는 길에 헐레벌떡 뛰어오는 보조 경찰과 마주쳤다고 한다. 당시 지서는 저구에 있었으며, 정규 경찰 이외에 임시직으로 경찰 보조를 두고 있었다. 고갯마루에서 마주친 동년배의 보조 경찰에게 어디 가느냐고 묻자, 다포로 간다고 대답하였다. 그러면서 '오늘 저녁 7시까지 동네를 전부 비우라'는 지시가 떨어져 급히 연락하러 가는 길이라고 하였다. 구술자는 그때가 오후 5시경이었는데 어떻게 2시간 안에 마을 전부를 비우라고 하는지 도무지 이해할 수 없는 일이었다고 회상하였다. 다포 마을 사람들을 밤을 새워가며 떠날 준비를 하면서 허둥지둥하였다. 다음 날 학교에 갔다가 명사 마을 해변에 정박한 LST와 여기저기에서 마구 굴러다니고 있는 불도저를 보았다고 하였다. 불도저는 명사 마을에서 집과 농지를 마구 허물고 있었다. 하루 전날 불과 몇 시간을 앞두고 마을 사람에게 모두 떠나라고 통보하고는 바로 다음 날 아침부터 불도저로 마을 전체를 밀어붙이고 있었다. 하지만 나이가 어렸던 학생들은 처음 본 불도저와 미군들을 구경하느라 정신이 없었다. 작업공간에 학생들이 몰려들자, 흑인 병사 한 명이 '가라 개새끼'하고 고함을 쳤다고 한다. 그날부터 수업이 중단되었다. 명사 국민학교와 함께 고등공민학교도 폐쇄되었다.

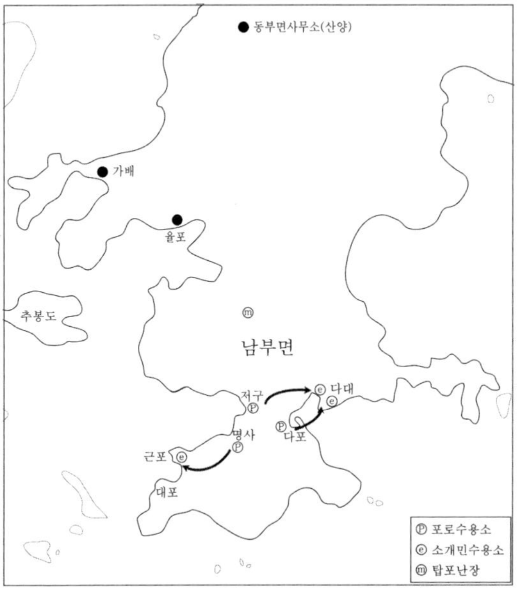

〈지도 2〉 저구리 포로수용소와 소개민 수용소

이처럼 저구, 명사, 다포 마을에 포로수용소가 설치되면서 이곳 주민들은 영문도 모른 채 하루아침에 자신들의 마을에서 쫓겨났다. 이사를 할 수 있는 시간적 여유도 없었을 뿐 아니라 이사에 필요한 재정적 지원이나 물리적 도움도 없었다. 막무가내로 나가라는 '지시'만 있었다. 소개령이 발령되었던 3개의 마을 중에서 저구와 다포 주민들은 다대 마을로, 명사 주민들은 근포로 배정되었다(<지도 2> 참조). 마을마다 소개 지역이 배정되었지만, 주민들이 이주할 수 있는 공간은 제한되어 있었다.

소개령이 발령되자 저구 사람들은 다대로 이주하였다. 일부는 저구 북쪽 탑포로 가거나 남쪽 대포 혹은 근포로 이거하였다. 일부는 선박을 이용하여 부산으로 떠났다. 다대 마을 입구 산자락에 소개민을 위해 임시 천막 수용소가 설치되었다. 재정적으로 여유가 있었던 사람은 천막에서 기거하다가 따로 집을 지어 살았고, 여유가 없었던 사람들은 다대 북쪽 산자락에 판자로 지은 막사 같은 수용소로 이동하였다. 당시 저구는 피난민이 들어와 살았을 정도로 전장과는 동떨어진 마을이었지만, 포로수용소가 설치되면서 마을 사람들마저 '피난민' 신세가 되었다.

다포 주민들도 다대 마을로 나갔다. 다포와 다대는 지리적으로 가깝고 해안으로 연결되어 있어 한동네나 마찬가지였다. 다포 주민들을 위한 소개민 수용소는 다대 남쪽 해변에 설치되었지만, 이곳은 바람을 막아줄 언덕이나 숲이 없는 해안가로 추위와 바람에 그대로 노출되었다. 대부분은 소개민 수용소에 들어가지 않고 새로 집을 짓거나 친인척 집에 거주 공간을 마련하였다. 다포 주민을 위한 소개민 수용소 건물 한 동은 임시학교로 사용되었다.

한편, 명사 마을 사람들은 서쪽 근포 마을로 이주하였다. 근포 마을로 내려가는 입구 좁은 공간에 설치되었던 소개민 수용소는 명사 마을 주민을 수용하기에는 턱없이 부족하였다. 일부는 근포 너머 대포 마을로 이거하였다. 소개민 수용소가 설치되었던 근포 마을과 다대 마을은 포로수용소에 가로막혀 왕래가 제한되었다.

〈표 2〉 저구리 포로수용소 소개민 경험자

구술자 (출생/성별)	소개 당시 가족 구성원/명	원 거주지	이주경로	소개민 수용소	비고
김○남 (1930/여)	시조부, 시부모, 시누이 1명, 본인, 남편, 자녀 2명/ 8	저구	저구 → 다대 시조부, 본인, 자녀 2명		소개 직후 남편 군입대
			저구 → 다대 시부모, 시누이		

구술자 (출생/성별)	소개 당시 가족 구성원/명	원 거주지	이주경로	소개민 수용소	비고
양○자 (1940/여)	조모, 부모, 오빠 2명, 언니, 본인, 여동생 3명/ 11	저구	저구 → 다대		소개 직후 부친 보국대 차출/오빠 2명 부산으로 떠남
김둘선 (1938/여)	조부모, 부모, 언니, 본인, 남동생 4명, 여동생 1명/ 11	저구	저구 → 다대	다대	
김정준 (1942/남)	조부모, 부모, 누나 2명, 본인, 남동생 2명, 여동생 1명/ 10	저구	저구 → 다대		
양우암 (1932/남)	조모, 부모, 둘째 형 내외, 본인, 여동생 2명/ 8	저구	저구 → 대포		6.25 직후 셋째 형 군입대/소개 이후 둘째 형과 본인 군입대
강매운 (1940/남)	부모, 본인, 여동생 2명/ 5	명사	명사 → 근포	근포	
이효자 (1944/여)	조부, 부모, 본인/ 5	명사	명사 → 가배 → 근포	근포	
양정남 (1943/남)	조모, 부모, 본인, 남동생/ 5	명사	명사 → 대포		
박금표 (1936/남)	부모, 큰형 내외, 조카, 누나, 형, 본인/ 8	다포	다포 → 다대	다대	
주명식 (1932/남)	부모, 큰형 내외, 형 2명, 본인, 여동생 2명/ 9	다포	다포 → 다대		

〈표 2〉에 제시된 소개민들의 가족 형태는 대부분 3대 이상이 함께 거주하는 확대가족이었다. 가족 형태는 3대 가족이 8집, 4대와 2대 가족이 각각 한 집이었다. 가족 구성원은 5명부터 11명까지였으며, 평균 8명이었다. 소개를 나가면서 한 가족은 분리되었다. 가족 구성원 내부의 갈등이 소개를 계기로 표면화되면서 가족 분리로 이어졌다.

소개 당시 새댁이었던 김○남은 시할아버지와 남편, 그리고 자녀 두 명과 함께 저구에서 다대로 소개를 나갔다. 가족 중에서 시아버지와 시어머니, 그리고 시누이 한 명은 따로 소개를 나갔다. 소개를 나가기 전까지 저구에서 가족 모두가 한집에서 살았지만, 소개를 나가면서 시어머니가 시할아버지와 같이 살지 않겠다고 고집하여 손자며느리였던 자신이 시할아버지를 모시게 되었다고 한다. 소개령이 가족 구성원 간의 갈등을 표면화하면서 가족 분리의 계기가 된 셈이었다. 구술자는 다대로 소개 나가서는 배급으로 받은 식량 이외는 달리 생계를 해결할 수 있는 방도가 없었다고 하였다. 저구에 살 때부터 남편은 정치망 어장에서 일하다가 농사를 조금 짓기도 하였지만 살림살이에는 크게 관심을 두지 않았던 사람이었다. 소개를 나가자마자 곧바로 남편은 군대에 갔다. 다대에서 집을 얻어 큰 방에는 친정아버지와 어머니, 남동생들이 살고, 아랫방에는 구술자가 시할아버지를 모시고 아이 둘을 데리고 살았다. 구술자의 친정 남동생은 다대 신촌에서 '양갈보 장사'를 했다. 남동생의 양갈보 장사는 큰 수입이 아니어서 친정 식구 네 명이 먹고 살기도 빠듯한 형편이었다고 하였다. 친정아버지는 저구에서 농사를 조금 짓고 멸치잡이 들망 배의 선원으로 일하기도 했지만, 생활력이 거의 없었다. 어머니 역시 주변머리가 없어 소개 나와서는 어떤 일도 하지 않았다. 미혼이었던 남동생이 양갈보 장사로 가족을 먹여 살렸다고 하였다.

대가족이었던 구술자 양○자의 가족은 소개 이후 가족이 해체되었다. 아버지는 보국대에 차출되어 행방이 묘연했고, 오빠 2명은 밥벌이를 찾아 부산으로 떠났다. 오빠들은 부산에서 고등어잡이 선원으로 일했다고 한다. 남아 있는 가족의 끼니를 마련하기 위해 어머니가 다대 신촌에 가건물을 만들어 양갈보 장사를 했다. 한편, 구술자 김둘선의 가족은 남의 밭에 임시로 가건물을 마련하여 살았다고 한다. 소개 이후 경제력을 상실했던 부모를 대신하여 구술자와 언니가 남의 집에 물을 길어주거나 밭을 매어주고 얻은 수입으로 살았다고 한다. 소개 전 김둘선의 아버지는 저구에서 무동력 권현망 어장에서 서기를 하였다.

"다대, 큰 다대로… 다대 산에다 천막을 쳐 놓고. 우선 거기서(살았어). 거기를 수용소라 캤거든. 그때 돈을 가지고 나간 사람들은 개인 집을, 흙담을 쌓아가지고, 개인 집을 지은 사람도 있고. 텐트 안에서 생활하다가 간이 막사로 들어갔지. 우리가 종가 집인데, 할아버지, 할머니 다 있고, 어머니, 아버지, 우리 육 남매가 다(함께) 있었지. 내가 장남이여. 우리는 수용소로 안가고, 개인 집을 지었어. 다대 백사장 앞에다. 다대 부락 사람들에게 이야기를 해가지고… 그 집이 그냥 있어. 방 한 칸에 부엌 하나. 한 방에서 같이 살았지 뭐. 우리 할아버지가 놀래가지고 병이 나가꼬 다대에서 죽었어. 다대 부락 사람들이 상여를 메 가지고 그래 나갔어. 지금 우리 할아버지는 다대에 묻혀 있어."(김정준, 남, 1942년생, 거제 저구 출신).

식구 수가 많았던 구술자 김정준의 가족은 다대 마을 입구에 방 한 칸 부엌 한 칸짜리 집을 마련했다고 한다. 열 명이나 되는 식구들이 한 방에 기거하였다. 소개령에 놀란 할아버지는 병을 얻어 소개 이후 곧바로 사망했다고 하였다. 소개 이전 구술자의 아버지는 저구에서 멸치어장(정치망)을 공동 경영하였다. 노를 젓는 큰 어선이 2척 있었다고 하였다. 포로수용소 설치 이후 저구에서 멸치어장을 할 수 없게 되었다. 주요 생계 수단이 끊기면서 배급 식량에만 의존하였다.

저구 사람들은 대개 다대로 이주했지만, 일부는 대포로 이주하기도 하였다. 포로수용소가 설치되었던 저구와 명사 앞바다는 얼씬도 하지 못하였지만, 근포와 대포 부근 해역에서는 미역과 우뭇가사리 등 해조류 채취가 가능하였다. 대포로 이거했던 소개민들은 다시 다대 소개민 수용소로 거처를 옮겼다. 소개민 수용소에 들어가야 배급을 탈 수 있었기 때문이었다. 전쟁이 발생하면서 전국적으로 식량 결핍이 일상이 되었으며, 많은 사람이 기아 혹은 준 기아 상태에 있었다.[9] 저구에서 대포로 이주했던 구술자 양우암 가족은 대포에 어업권(해초채취권)을 소유하고 있었다. 소개와 동시에 둘째 형과 구술자가 군대에 입대하면서 남아 있는 가족들은 고령자와 여성, 그리고 어린아이들뿐이었다. 셋째 형은 6.25 직후 군대에 징집되었으며, 첫째 형은 기혼으로 전쟁 이전부터 군인으로 근무하고 있었다고 한다.

명사 마을 사람들은 이웃 마을 근포로 소개되어 한동안 그곳에서 살았다. 소개 당시 명사 마을 사람 중 일부는 부산으로, 일부는 해금강 근처로 이거하였다. 근포에 살았던 명사 출신 소개민은 10여 호였다. 이들 중 두세 가호는 별도로 집을 지어 살았지만, 나머지는 셋방에서 살았다. 소개되고 얼마 후 근포 마을 뒤편 밭에 판자로 만든 소개민 수용

---

9 전쟁 중 굶주림에 직면한 인구가 전체 인구의 20~25%에 달하였다. 전쟁으로 인한 수리 시설 파괴와 거듭된 흉작으로 식량 부족 사태가 만연하였다(한복진 2001: 46).

소가 설치되었다. 근포에 정착했던 사람들은 물론 이웃 마을로 소개를 나갔던 사람들도 배급 식량을 받기 위해 소개민 수용소로 들어갔다고 한다. 근포 소개민 수용소에 수용되었던 소개민들은 배급 식량을 수령하기 위해 근포에서 가배 혹은 율포까지 선박을 이용하여 바닷길로 이동하고, 거기서부터 동부면 사무소까지는 걸어갔다. 면사무소에서 식량을 배급받아 이고 지고 와서 다시 가배 혹은 율포에서 배를 타고 되돌아왔다.

> "그때 5학년, 12살 때 소개되어 나갔어요. 근포에 갔어요. 거기에 간 사람도 있고, 저 해금강 저리로 간 사람도 있고, 뿔뿔이 헤어지고. 부산도 많이 갔지요. 근포에서 인자 거기서 얄궂은 집을 하나 지어 가지고, 움막집 모양으로 지어 가지고 그래 살았어요."(강매운, 남, 1940년생, 거제 명사 출신).

위 구술자는 장남으로 맏이였다. 소개 당시 가족은 부모님과 여동생 2명 등 총 5명이었다. 아버지는 농사를 짓다가 멸치잡이 어장에서 일하기도 하였다. 명사에는 멸치잡이 권현망 어장이 한 틀 있었다. 그물 배가 멸치 떼를 에워싸서는 가두리처럼 해안가로 끌고 오면, 선원들이 '노꾸리(그물을 감는 물레)'로 그물을 당겨서 포획하는 방식이었다. 선주는 명사 사람이었다. 어선을 소유했던 사람들은 농사만 지었던 사람에 비해 상대적으로 살기가 나았다. 어선을 이용하여 미역이나 우뭇가사리 같은 해조류를 채취하였으며, 이웃 동네로 왕래하면서 식량을 조달할 수도 있었다. 구술자 강매운의 가족은 근포 근처에 밭이 있어 그곳에다 보리와 고구마를 심어 식량을 해결했다. 명사에 500평이 넘었던 논이 있었지만, 포로수용소가 설치되면서 징발당했다. 주식은 보리밥이었지만 굶지는 않았다. 할아버지가 부지런했다고 기억하였다. 어선을 소유하고 있었던 사람들은 거리는 멀지만 바닷길로 이어져 있는 인근 마을로 이주하였다.

명사국민학교가 포로수용소 사무실로 사용되면서 학교가 폐쇄되었다. 명사국민학교가 폐쇄되고 다대에 임시로 천막 학교가 설치되었다. 근포에서 학생들이 다대로 가려면, 명사에 설치된 포로수용소 시설 아래 도로를 지나야 했다. 어린 학생들이 포로수용소 앞을 지나가면, 포로들이 자신들이 만든 장난감 같은 소품을 철조망 너머로 던져주기도 하였다. 경비 초소 앞에 학생들이 모이면 미군이 지프차를 이용하여 학생들을 다대까지 실어 주었다고 한다. 이후 근포에 판자로 만든 소개민 수용소가 만들어지면서 수용소 근처에 임시학교가 설치되었다. 근포 임시학교는 교실 한 칸 규모였으며, 다대 임시학교의 분교 수준이었다. 근포 임시학교는 한 학년이 10여 명이었으며, 전 학년이 한 공간 안에서 수업을 받았다. 임시학교에 다니던 시절, 학교에서 칡이나 잔디 같은 토종 식물의 씨앗을 훑어서 가져오면 선물로 초콜릿을 나눠주었다고 한다. 야생화의 씨앗을 수집하여 어딘가로 보낸다고 하였다. 5~6학년 상급생들은 임시학교에서 졸업하였으며, 하급생들은 명사로 들어와서 졸업하였다.

> "우리가 초등학교 댕기다가 소개를 당해서… 그때 3학년인가. 명사초등학교 거기서 소개 당해 여기(대포)로 내려와가지고… 다대에 나무 판자로 가꼬 분교를 지었어. 우리는 요쪽에서 살고 이런께, 인자 미군 요쪽 위병소서 미군들이 우리를 지프차로 해서 데려주고, 학교 마치면 데리고 오고 이래 했습니다. 저쪽 위병소 이쪽 위병소 연락을 해가지고… 한참 (다대 학교에) 댕기다가 근포에다 분교를 지었습니다."(양정남, 남, 1943년생, 거제 명사 출신).

구술자 양정남의 가족은 대포에 전답이 있어 소개령이 내려졌을 때 대포로 이주했다고 하였다. 당시 대포에 밭이 400평, 논이 7마지기가 있었다고 한다. 소개 당시 가족은 할머니, 아버지, 어머니, 그리고 남동생 한 명이었다. 이곳에 셋방을 얻어놓고 농사를 지으면서 살았다. 현재 거주하고 있는 집이 과거 논이었다고 한다. 이들 가족은 소개민 수용소가 설치된 다음에도 소개민 수용소로 들어가지 않고 대포에서 그냥 살았다. 이곳에 살면서 동부면까지 오가며 식량을 배급받아 왔다. 당시 배급받았던 식량 중에는 우유가 기억에 남는다고 하였다. 포로수용소가 폐쇄된 이후에도 명사로 돌아가지 않고 현재까지 대포에 살고 있다. 대포에서 근포 임시학교로 다녔던 동기생은 모두 5명이었으며, 4명은 대포 출신이었고 혼자만 명사 출신 소개민이었다고 한다.

포로수용소에서 나온 음식물 찌꺼기와 인분은 근포 북쪽 해변에 버렸다. 포로수용소에서 배출하는 음식물 찌꺼기를 통째로 받아 가는 사람이 따로 있었다고 한다. 음식물 찌꺼기를 실은 차량이 나타나면 아이들은 차량에 올라타서 먹을 만한 것들을 재빨리 주워 먹었다. 한 구술자는 달리는 차에서 뛰어내리다 발을 잘못 디뎌 몸이 차 밑에 깔렸지만, 다행히 차바퀴가 구덩이 위로 지나가면서 다치지는 않았다고 하였다. 이후 그는 친구들로부터 명줄이 닻줄이라고 놀림을 받았다고 한다.

당시 어린 소녀였던 한 구술자는 카메라를 들고 다니는 미군들이 자신들을 세워놓고 사진을 찍은 다음 껌이나 초콜릿을 주었다고 기억하였다. 포로수용소가 설치되었던 초기에는 경비가 삼엄하여 포로수용소 근처에는 얼씬조차 하지 못했다. 이후에는 경비가 어느 정도 느슨해졌다고 한다. 할아버지와 친지들이 경비 초소에 신분증을 맡기고 포로수용소 구역으로 들어가 벌초를 하기도 하였다. 할아버지를 따라갔던 구술자는 바닷가에서 조개를 팠다고 한다. 포로수용소가 설치된 이후 조개를 채취하지 않아 갯벌에는 조개가 엄청 많았다고 기억하였다.

포로들이 두 사람씩 인분을 담은 똥통을 메고 줄을 맞추어 걸어 나와 근포 바닷가에 인분을 버렸다. 똥통은 드림통을 반으로 잘라 만든 기구였다. 한 구술자는 이곳 해변에서 잡은 해삼은 인분을 먹고 자라 그런지 팔뚝보다 굵었다고 기억하였다. 인분을 운반하는 포로들 앞뒤에 'MP'라고 새겨진 철모를 쓴 군인과 미군이 경비병으로 나왔다. 포로들은 나무 팻말에 못을 촘촘하게 박아 글자로 만든 팻말을 들고나오기도 하였다. '조선인민군만세'라는 글귀도 있었다. 종종 미군들이 포로를 동원하여 백사장에서 후릿그물을 이용하여 물고기를 잡기도 하였다고 기억하였다.

소개령 발령 이후 다포 사람들도 다대로 이주하였다. 다포 주민들은 미군이 들어올 때까지 아무런 사전 통고도 없었다고 하였다. 미군들이 불도저를 앞세우고 저구에서 다대 고개를 넘어오자, 이장(구장)이 마을 사람들에게 소개해야 한다고 알렸다.

> "(아침에) 식사를 하고 있는데, 군인들이 그때 불도저라카는 차를 처음 봤는데, 밀고 길을 닦고 갑자기 집에서 밥을 먹고 있는데, 갑자기 밀어붙이더라고. 딱 만댕이(고갯마루) 거기서 산에서 저리 오는 길을 새로 인자 내는데... 저구에서 주재소라고 캤는데, 지서 거기서 연락도 안해주고. 마을 이장께서 '전부 다 소개로 나갈 준비를 해라' 그래 가지고 저 건너 마을 다대로

전부 다 집결했습니다. 집 다 비워놓고…”(박금표, 남, 1936년생, 거제 다포 출신).

엉겁결에 다대로 소개 나간 다포 사람들은 친척이 있는 사람은 친척 집으로, 연고가 없는 사람들은 미군들이 마련해 준 천막에 기거하였다. 구술자 박금표의 가족은 소개 이후 부모, 큰형 내외, 조카 1명, 둘째 형까지 모두 8명이 한방에서 잤다고 한다. 다대로 소개 나가자, 그곳에서 우유를 끓여서 나누어 주었다고 하였다. 소개령이 발령된 직후에는 다포 마을로 오가며 필요한 가구를 가져오거나 심지어 가옥을 허물어 자재를 싣고 오기도 하였다. 선박을 소유했던 사람은 다포에 있던 가옥을 뜯어 다대에 집을 새로 지었다. 하지만 곧바로 미군들이 민간인 출입을 통제하기 위해 남아 있던 가옥마다 불을 질러 소각시켰다.

“소개를 나가기 전에 아버지가 이장을 했습니다. 집이 위채 3칸, 아래채 3칸으로 부자였습니다. 멸치어장도 하고, 오시끼(정치망)도 하고… (다포뿐만 아니라) 다대에 논이 3마지기 있

저구리 포로수용소 자리(저구)

었고. 그래서 소개 나가서도 굶지는 않았어요. 소개 나가기 전에 명사국민학교를 졸업하고 통영중학교에 다니고... 다포에서 나가면서 집을 뜯어 다대에다 3칸짜리 집을 지었어요. 땅이 좁아 'ㄱ'자 형태로 지을 수밖에 없었지요."(주명식, 남, 1932년생, 거제 다포 출신).

위 구술자 주명식의 아버지는 소개 당시 다포 마을 이장이었다. 가족은 어선 한 척을 소유하고 있었으며 멸치잡이(정치망)를 비롯하여 여러 어업을 병행하였다. 또한 농지가 많아 다포뿐만 아니라 다대에도 논이 3마지기 있었다. 다포에서 소개를 나가면서 이전에 살았던 가옥을 해체하여 선박으로 자재를 싣고 가서 다대에다 새로 집을 지어 살았다. 윗채와 아래채가 있었고, 각각 3칸이었다. 구술자 본인은 명사에서 국민학교를 마치고 통영에서 중학교를 다녔다고 한다. 통영에는 가족 소유의 집이 한 채 있어, 그곳에서 형제들이 자취를 하면서 학교에 다녔다고 한다.

소개를 나왔던 초기에는 수업할 수 있는 공간과 시설이 마련되지 않았다. 늦은 봄에 소개를 나왔지만, 한 여름철이 되어서야 학교에 다닐 수 있었다고 한다. 명사국민학교에

저구리 포로수용소 자리(다포)

다녔던 학생들은 다대에 마련된 임시학교에 다녔다. 처음에는 천막 학교였다가 나중에 소개민 수용소 건물 두 동을 학교 시설로 이용하였다. 임시 교사가 마련되기 전에는 다대 마을 산자락 아래에 있는 큰 묘지에 학생들을 모아 놓고 수업하기도 하였다. 이후 근포에도 임시학교가 개설되었다. 하지만 교사들이 다대와 근포로 나누어지면서 제대로 수업을 진행할 수가 없었다. 정규학교가 아니었던 고등공민학교는 임시 교사조차 마련되지 않아 수업이 중단되었다. 훗날 명사중학교가 설립되었던 공간에는 미군을 위한 영화관이 있었다. 미군들은 일주일에 한 번 정도 영화관을 지역주민들에게 개방했다. 처음으로 활동사진을 접했던 아이들에게 영화는 신기한 구경거리였다. 영화관을 개방하는 날 저녁 무렵에 포로수용소 정문을 개방하여 주민들이 드나들 수 있게 해주었다. 포로수용소 주변은 한밤에도 대낮처럼 훤했다. 발전기로 전기를 생산 공급하였다.

4. 소개민과 양공주

소개된 주민들에게는 식량이 배급되었다. 배급 식량은 소개민들이 동부면사무소까지 직접 가서 수령을 해야 했다. 식구 수가 많았던 소개민 가족은 여러 명이 험준한 가라산 자락을 따라 동부면 사무소까지 걸어가서는 배급으로 받은 식량을 나누어 머리에 이고 지게에 지고 와야 했다. 구술자들은 동부면사무소까지 가서 식량을 받아 되돌아오는 길은 아주 힘들었다고 토로하였다. 소개민 수용소에 남아 있던 식구는 대개 여성과 아이들, 그리고 노인이었다. 남자들은 외지로 돈벌이를 가거나 인근 지역으로 나가 어업에 종사하였다. 배급 식량을 받아 오는 일은 여성들과 아이들 몫이었다. 여자아이들이 배급식량을 머리에 이고 가면, 지프차를 타고 가던 미군이 간혹 태워주기도 하였다. 하지만 어느 처녀가 미군에게 성추행당해 행방불명되었다는 소문이 나돌면서 여자들은 지프차가 다니는 큰길을 피해 산길로 다녔다고 한다.

소개 이후 가장 큰 문제는 먹고사는 일이었다. 소개민들의 주식은 보리밥, 무밥, 고구마밥, 쑥밥 등이었다. 소개민들은 소개를 나온 이듬해부터 식량 부족에 시달렸다. 소개되어 나간 곳에서는 따로 농사를 짓지 못했다. 농지는 임대조차 하기 힘들었다. 논과 밭이 협소한 섬 지역에서 농토는 쉽게 빌릴 수 있는 자산이 아니었다. 농사를 짓지 못한 사람들은 하루에 세 끼는 꿈도 꾸지 못하고 그저 입에 '풀칠'하는 수준으로 허기를 면하였다.[10] 당시 소개민들이 처했던 상황은 장병이 휴가를 나왔다가 가족들의 비참한 모습에 휴가를 중단하고 곧바로 귀대할 정도였다.

> "군대에서 휴가를 12일 나오면 이틀 밤 자고 귀대를 해버렸어요. 농사가 없는데, 배급타서 먹고 사는데... 나까지 보태 놓은 께..."(양우암, 남, 1932년생, 거제 저구 출신).

구술자 양우암은 주민 소개령이 발령되기 직전 영장이 나왔다고 하였다. 지서에서 영장을 받아 통영으로 가려고 여객선을 승선했다가 가족이 힘을 써서 여객선에서 내리게 하였다. 당시 큰형님이 경찰관으로 근무하고 있었다. 둘째 형은 신혼이었으며, 셋째 형은 군대에 있었다. 막내아들이었던 그는 입대를 미루고 장승포에 있는 경찰학교에 입학하였다. 여기에서 3개월 교육을 마치면 이북 수복지역의 치안을 담당하는 경찰로 파견된다고 하였다. 경찰학교를 마치고 부산으로 이동하였지만, 수복지역이 아닌 함양경찰서로 발령받았다. 함양경찰서에 근무하고 있었지만, 당시 징집대상자는 경찰 신분이라도 군대에 가야 했다. 1952년 11월경에 입대하였다. 제주도 훈련소에서 신병훈련을 마치고 휴가를 나왔지만, 가족들과 이틀 밤을 지내기도 어려웠다. 배급받은 식량으로 연명하고 있는 상황에서 밥을 축낼 수 없어 서둘러 귀대하였다. 구술자는 군대 생활을 10년 넘게 하다가 상사로 제대하였다고 한다.

'아리랑 고개'라 불렀던 포로수용소 근처 산자락에 양공주들이 20~30명이 진을 치고 있었다. '아리랑 고개'라는 별칭은 포로수용소 설치 이후 생긴 이름이라고 한다. 이처럼 장소의 의미와 경계는 다양한 주체들에 의해 수정 혹은 재수정되거나 추가되기도 한다.

---

10 1954년 기준으로 1인당 GNP가 72달러였다. 1955년도에는 이보다 더 낮아 67달러로 하락하였다. 1954년도 농가의 엥겔지수는 73%를 넘었으며, 1955년에는 72%였다(이철호 외 1988: 400).

개별 장소는 기억과 불가분의 관계에 있다. 장소가 기억의 대상이기도 하지만, 기억이 특정한 장소 안에 고착되어 있을 수도 있다. 아리랑 고개는 다대에서 다포로 가는 길과 저구로 가는 삼거리 바로 위쪽 산자락이다. 산자락 남서쪽 개활지에 포로수용소가 있었다. 하지만 현재의 시점에서 기억하는 과거의 장소는 친숙함과는 거리가 멀다.[11] 양공주들은 주거에 필요한 별도의 시설이나 장치도 없이 움막처럼 집을 지어놓고 이곳에서 기거하였다. 야산에서 나무를 베어와 울타리를 치고 종이상자나 판자로 벽을 막을 다음 풀더미로 지붕을 가린 형태였다. 양공주들은 움막 바닥에 담요를 깔고 몸을 팔았다고 한다. 화대로 받은 미군 옷이나 담요, 시레이션 등을 팔아 생활하였다. 지역민 중에도 양공주를 여러 명 데려 놓고 장사하는 소위 포주가 있었다. 양공주는 한 집에 대개 4~5명씩 기거하였다. 술 취한 미군이 간혹 양공주를 데리고 다대 마을까지 들어 오기도 하였지만, 민간인과 충돌하거나 추행했던 일은 없었다고 기억하였다.

포로수용소로 이어지는 도로 주변에 형성된 '아리랑 고개'는 양공주들이 미군과 만나는 장소였다. 지리적으로 특정한 공간에 지나지 않았던 이곳에 양공주들이 정착하면서 점차 도덕적 타락이 이루어지는 장소로 의미가 변모되었다. 소개지 마을의 원주민들은 한편으로는 소개민들에게 연민의 정을 드러내면서도 다른 한편으로는 소개민을 자신들의 안정적인 세계를 위협하는 존재로 간주하였다. 소개민은 마을 사람들보다 사회경제적으로 불안정한 위치에 있었지만, 양공주에 대해서는 상대적으로 도덕적 우위를 견지하였다.

양공주와 소개민들은 미군들로부터 건네받은 물품과 포로수용소에서 흘러나온 물품 등을 거래하였다. 전문 장사꾼들은 간혹 포로들과 물물 거래를 하였다. 몰래 수박을 넣어주고 옷을 받아 오기도 하였다. 미군들이 입었던 옷은 고가로 거래되었다. 저구에서 탑포로 넘어가는 고개는 미군과 장사꾼들이 상봉하는 장소였다. 이곳에 모포 부대가 진을 치고 있었다고 한다. 양공주와 함께 각처에서 장사꾼들이 몰려왔다. 양공주들이 몸도 팔고, 음식도 팔고, 각종 물품이 거래되었다. 이곳에는 건물이 없어 양공주들은 풀이

---

11 기억하는 과거는 생생한 체험이 아니라 낯섦을 수반한다(로웬덜 2006: 13).

우거진 숲이나 다른 사람의 시선이 닿지 않는 으슥한 곳에서 모포 한 장을 깔아 놓고 몸을 팔았다고 한다. 탑포 고개를 찾아오는 군인은 미군뿐만 아니라 한국군도 있었다고 한다. 교환할 물건이 부족한 군인들은 입고 있던 옷을 벗어주고 양공주와 거래하거나 음식을 사 먹기도 하였다. 군인들이 철수하자 마을 야산에는 'PW' 표시된 무덤들이 즐비하였다고 한다(이금숙 2003).

한편, 근포에는 포로수용소에 근무하는 한국인 통역관 두 명이 기거했다고 한다. 통역관 중 한 명은 '김 통역관'으로 불렸다고 기억하였다. 김 통역관은 근포 마을 이장 댁 아래채에 살았다. 어느 날 미군들이 총을 들고 그를 찾아왔다. 마을 사람들은 그가 미군부대에서 보급품을 빼돌린 사건에 연루되었을 것으로 짐작했다. 하지만 영어를 전혀 몰랐던 이장은 미군이 김 통역관의 행방을 캐묻는 말에 '오케이'라는 말만 되풀이했다고 한다. 말하자면 죽인다는 말에도 '오케이', 살린다는 말에도 '오케이'를 했다는 것이다. 이장의 '오케이' 응답은 마을에서 두고두고 우스개가 되었다. 휴전 이후 그 이장은 면의원을 두 번 역임하였다고 한다.

소개민 수용소 주변에 별다른 놀거리가 없었던 남자아이들은 미군들이 거주하는 숙소 주변까지 돌아다녔다. 먹거리가 귀했던 아이들은 미군들이 심어 놓은 '빨간 무시'(당근)를 몰래 뽑아 먹기도 하였다. 당근을 뽑다가 들키면 잽싸게 도망쳤다. 도망가는 아이들을 향해 미군이 '갓 뎀'이라 소리를 쳤다고 기억하였다. '갓 뎀'이 욕이라는 사실은 나중에 알았다고 한다. 소개민 수용소에 거주했던 아이들에게 굶주림은 일상이 되었다. 배고픔에 시달렸던 아이들은 미군이 먹고 남은 음식물을 버리는 쓰레기장을 뒤지기 시작하였다. 쓰레기장에서 찾아낸 음식물 중에는 소시지와 햄 같은 육류가 많았다. 전쟁의 와중에도 먹을 것이 넘쳐났던 미군들은 제대로 먹지도 않은 소시지와 햄을 쓰레기통에 던져버리는 일이 다반사였다. 아이들이 음식물 쓰레기장에서 먹다 남은 혹은 먹지도 않고 버린 소시지와 햄 등을 찾아 집으로 가져오면, 이를 김치나 나물 등과 함께 넣어 조리하였다.

미군이 버린 음식물 쓰레기를 먹을 수 있는 음식으로 조리할 수 있었던 것은 고추장, 간장, 된장, 참기름, 식초 등과 같은 양념과 각종 채소류 덕분이었다. 이전에는 먹지 않았던 새로운 식품을 먹어야만 하는 위기 상황과 마주하자, 사람들은 낯선 식품을 익숙한 맛으로 전환하여 새로운 음식으로 만들었다. 음식물 '쓰레기'를 솥이나 냄비에 넣어 양념과 함께 끓여 조리함으로써 먹을 수 있는 '음식'으로 만들었다. 끓이는 과정을 통해 먹을 수 없는 '오물'이라는 경계가 무너지고 먹을 수 있는 '음식'이라는 새로운 범주가 형성되었다. 음식물 쓰레기장에 버려졌던 미군의 '오물'이 익숙한 맛의 양념과 솥이라는 조리 기구를 통해서 한국인의 '음식'으로 거듭났다고 할 수 있다.

소개민들은 소개민 수용소보다는 '마을'에 거주하려 했지만, 식량 배급을 받기 위해 소개민 수용소로 이거하였다. 배급식량이라는 혜택이 사회적 안정감 혹은 우월감을 억눌렀다고 할 수 있다. 양공주 역시 '아리랑 고개'가 아닌 마을 사람의 집이나 소개민이 정착한 가옥에 자리를 잡으면서 '도덕적 타락'을 경제적 호구책으로 변형하였다. '집'에 자리를 잡음으로써 사회적 안정과 '아리랑 고개'라는 장소에 덧붙여진 부정적 시각에서 벗어나려 했다고 할 수 있다. 장소를 질서 지운다는 것은 사회적 질서와 무관하지 않다는 사실을 드러낸다. 장소는 사회적 과정의 단순한 결과 아니라, 사회적 관계를 창조하고 유지하고 변형시킬 수 있는 도구이기도 하다(크레스웰 2012: 47). 이런 맥락에서 장소의 위계화는 도덕적 우위 혹은 사회적 지위를 드러내는 상징적 장치라고 할 수 있다.

'양갈보'의 사회적 자리는 '아리랑 고개'라는 특정 장소와 연결되었다. 도덕적 타락과 동일시되었던 양공주는 피난민 혹은 소개민과 달리 식량 배급은 물론 거주 시설과 같은 서비스에서 제외되었다. '아리랑 고개'는 도덕적인 '우리'와 비도덕적인 '그들'을 가르는 공간이었다. 과거 '아리랑 고개'로 불렸던 공간은 펜션과 카페 등이 들어서면서 '신촌'으로 변모하고 있다. 마을 경계에 자리했던 이질적 공간이면서 위계적으로 하위 공간으로 치부되었던 '아리랑 고개'가 이제는 '새로운 마을' 즉 신촌으로 탈바꿈하고 있다. '신촌'에는 대부분 외지인이 살고 있다. 이들에게 '아리랑 고개'는 그저 경관이 좋은 비어 있는 공간일 뿐이다.

'아리랑 고개'와 함께 양공주들이 미군들에게 몸을 팔았던 또 다른 공간은 근포 마을 뒤 바닷가에 있는 땅굴이었다. 땅굴은 지금도 근포 마을 북쪽 해안가에 남아 있다. 이곳에는 미완성 땅굴을 비롯하여 모두 다섯 곳에 땅굴이 있다. 근포 마을의 땅굴은 일제강점기 일본군이 포진지를 설치하려고 보급대를 동원하여 굴착을 하다 해방이 되면서 중단했던 곳이라 한다. 양공주들은 마을과 동떨어져 있는 이곳을 근거지로 삼아 모포를 가지고 다니면서 장사를 했다. 당시 거제도 중심부에서 근포까지 오는 길이 차단되어 있었음에도 이곳에는 양공주들이 득실거릴 정도로 많았다. 아이들은 호기심에 땅굴 주변을 기웃거리다 곳곳에서 사용하고 버린 콘돔을 발견했다고 한다. 하지만 포로수용소가 폐쇄되고 양공주들도 떠난 다음 이곳은 양공주에 대한 기억만이 흔적으로 남아 있는 지리적 공간으로 바뀌었다. 시간적 흐름에 따라 장소에 대한 의미 또한 달라졌다.[12]

5. 집과 마을 복구

포로들이 떠나자, 소개를 나갔던 사람들이 고향마을로 돌아왔다. 고향으로 돌아왔지만, 거처할 공간이 없었다. 정부 당국에서 포로들이 살았던 건물을 배당해 주었다. 식구가 많은 가구는 3칸을 주고 작은 가구는 2칸을 주었다. 이곳에서 한동안 거주하다가 경제적으로 여유가 있었던 사람들은 곧바로 집을 지어 나가고, 여유가 없었던 사람들은 5~6년을 이곳에서 살았다고 한다. 포로수용소 시설 아래쪽에 새로운 저구 마을이 형성되었다. 이곳은 원래 마을이 있었던 공간이었다. 그래서 집터가 남아 있었다. 산에서 나무를 베어다 기둥과 서까래를 올리고 포로수용소 시설에서 뜯어온 함석으로 지붕을 덮었다. 문제는 농지였다. 농지였던 곳에 포로수용소가 건설되면서 바닥은 온통 자갈과 콘크리트로 뒤덮여 있었다. 자갈을 덜어내고 콘크리트를 부수어 농사를 지을 수 있는 땅으로 바꾸는 데는 고된 노동과 오랜 시간이 소요되었다.

다포에서도 거처할 공간이 없었던 귀환 주민들에게 포로들을 수용했던 시설을 배정해주었다. 한 집마다 한 동씩 배정되었다. 포로들이 기거했던 수용동 건물을 개조하여 방을 만들고 구들장을 놓아 몇 년 동안 살았다. 경제적으로 여유가 있었던 사람들은 수용동 건물에 기거하지 않고 곧바로 집을 지었다. 하지만 가난했던 주민들은 포로 수용동

---

12 근포 마을 땅굴은 최근 인생 사진 촬영 장소로 입소문을 타면서 거제도 여행의 필수 코스로 알려져 있다.

에 거주하다가 시나브로 집을 지어 이거하였다. 포로수용소 건물을 해체하여 거기서 나온 목재와 함석으로 원래 자신들이 살았던 터전에다 새로 집을 지었다. 토지 복구가 가장 힘든 일이었다. 토지 복구에 정부의 지원이나 보상이 없었다. 고성에서 인부를 데려와서 논을 일구었다. 주민들이 복귀하면서 토지 경계를 두고 분쟁이 발생하였다. 토지 경계 분쟁은 20여 년 동안 지속되었다고 한다.

명사 마을에서도 포로수용소 막사를 철거하면서 배급받은 도단(함석)으로 지붕을 만들었으며, 일부 가옥은 집을 지으면서 포로수용소 건물의 담장을 그대로 사용하기도 하였다. 주민들은 포로수용소로 사용되었던 건물에 칸을 질러 여러 개의 방으로 바꾸어 살았다. 포로수용소 건물 앞쪽은 연병장으로 사용했던 공간이었다. 이곳에서 보리타작이나 각종 작물을 건조하기도 하였다. 포로수용소가 있었던 자리에서 10년 이상 살다가 길 아래쪽에 새로 집을 지어 이거하였다. 기둥과 서까래는 마을 뒷산에서 벌채해 왔으며, 목수가 집을 지었다. 일부는 포로수용소 건물에서 해체한 '골 도단(함석)'으로 지붕을 얻었지만, 대부분은 초가지붕이었다. 현재 골도단은 한 집만 남아 있다. 집을 짓는 동안 금전적인 보상은 없었다고 한다. 단지 포로수용소를 해체하면서 나온 함석과 목재를 배분받았다. 목재는 4인치 혹은 2인치 두께의 '미송'이었다고 하였다. 가옥과 달리 농지 복원은 상대적으로 어려움이 많았다. 농지가 있었던 곳에 포로수용소가 설치되면서 경계가 허물어져 복원이 쉽지 않았다. 집을 새로 짓고, 포로수용소로 사용되었던 농지를 일구는 일이 급선무였다. 변변한 장비도 없이 곡괭이로 콘크리트를 깨부수고 호미로 자갈을 골라내어 바지게에 지고 날랐다. 농지 복구 작업에는 아이들까지 동원되었다.

구술자들은 이구동성으로 소개민 시절보다 복귀 이후의 삶이 더 고되었다고 토로하였다. 배급 식량이 끊긴 상태에서 농사를 지을 땅이 복원되지 않아 먹고살 수 있는 수단이 없었다. 저구 주민들은 뒷산에서 나무를 해다가 팔아서 생계를 이어갔다. 당시 나무 한 단에 20원 정도였다고 한다. 깊은 산에 들어가 나무를 베어 하루에 3단 혹은 4단씩 머리에 이고 날랐다. 해변에 나무를 쌓아 놓으면 통영에서 나무 장사가 와서 사 갔다. 나무 장사를 통해 식량과 가용에 필요한 물품을 조달받았다고 한다. 한 구술자는 나무 장사를 하던 총각과 중매로 결혼도 하였다. 이제는 할머니가 된 마을 주민들은 마을 복

저구리 포로수용소 자리(명사)

저구리 포로수용소의 흔적, 골도단(명사)

귀 이후 농지를 복원하고 산에서 나무해서 생계를 이어가느라 골병이 들었다고 푸념하였다.

소개민의 아이들은 제대로 학교에 다니지도 못했다. 나이가 찬 아이들은 마을로 돌아온 다음에야 입학하였다. 한 구술자는 10살에 입학하였다고 하였다. 당시에는 동기생보다 두세 살 많은 학생이 여럿 있었다고 한다. 일부는 아예 학교에 다니지도 못했다. 마을로 복귀 이후 배급 식량이 끊어지자 당장 먹고사는 일이 급선무였다. 장녀였던 한 구술자는 엄마를 대신하여 동생들을 키우고 산에서 나무를 하느라 학교에 다니지도 못했다. 하지만 자신의 희생으로 동생 여섯 명은 모두 학교에 다닐 수 있었다. 소개가 끝나고 마을로 돌아왔지만, 농사를 짓지 못해 식량이 귀했다. 톳나물 밥은 어느 정도 먹을 정도였지만, 방앗간에서 보리를 도정하고 남은 부산물인 '딩기(보리겨)'로 지은 밥은 먹기 어려웠다고 기억하였다. 하지만 딩기밥도 없어서 굶는 날도 많았다. 딩기밥보다 더한 음식은 '개머리 주청'이라 불렀던 해초를 섞어 지은 밥이었다고 하였다. 강냉이 가루로 풀처럼 쑨 죽은 일상으로 먹었던 음식 중 하나였다. 한 구술자의 어린 여동생은 몸이 부은 채 죽었다고 하였다. 굶어서 영양실조로 죽었음에도 몸이 부어 있었다고 하였다.

구술자들에 따르면, 소개되었던 주민들이 마을로 복귀하고 한참 뒤에 '보상위원회'(소개난민복귀대책위원회)가 결성되었다고 하였다. 마을마다 2명씩 보상위원이 선정되었다. 마을마다 유지 1명과 이장이 보상위원으로 참여하였다. 다포에서는 양학율, 박금표(이장), 저구는 고상완, 양정실(이장), 명사는 양형근, 양창구(이장)가 보상위원이었다. 토지는 면적(평)을 기준으로 보상액이 책정되었다. 토지가 많았던 사람은 많이 받고, 토지가 없었던 사람은 보상이 없었다. 보상 액수는 많지 않았다고 한다. 당시 화폐는 보통보다 컸던 천 원짜리 지폐였다. 보상위원장이 중앙에서 보상금을 수령해서 고현으로 내려오면, 마을 이장들이 고현으로 올라가서 1박 혹은 2박 하면서 돈을 가마니에 넣어 왔다고 하였다.

한편, 이곳에도 전쟁 당시 인민군에게 붙잡혔다가 석방된 국군 포로들이 있었다. 한 구술자에 따르면, 다대 마을 사람 중에 북한군에 포로로 잡혔다가 포로 교환 이후 용초도 포로수용소에 수용되었다가 돌아온 사람이 3명 있었다고 한다. 김○수, 신창록, 김용

다대 마을

백 세 명은 동갑으로 같은 시기에 국방경비대에 징집되었다. 6.25가 터지고 곧바로 김○수는 북한군에게 포로로 잡혔다. 전쟁 초기 북한군에 포로로 잡혔던 김○수는 남한 포로들을 세뇌하는 일종의 '교관'이었으며, 포로들을 교화하는 과정에서 고문까지 했다고 한다. 관처럼 생긴 좁은 기구에 포로들을 세워 둔 채 잠을 재우지 않고 대소변도 선 채로 처리하게 하는 고문 방식이었다. 포로 교환이 시작되면서 다른 포로들과 함께 김○수도 용초도 포로수용소로 왔다. 용초도 포로수용소에 수용되었던 국군포로 중에는 김○수에게 고문받았던 사람이 여러 명 있었다. 그들 중 몇 명이 김○수를 살해하려 여러 차례 시도하였지만, 실패로 끝나고 말았다. 용초도 포로수용소에서 석방된 이후에도 몇몇이 김○수를 죽이겠다며 마을까지 찾아오기도 하였다. 신변의 위협을 느낀 김○수는 도망을 다니다가 강원도 정선 탄광에서 정착하여 살다가 그곳에서 사망했다고 한다. 김○수가 북한군 포로수용소에서 고문을 담당했다는 사실은 역시 북한군에게 포로로 잡혔던 후배들을 통해 알려졌다. 김○수는 포로로 잡혀 온 후배들에게 자신의 역할에 대해 고민을 토로하면서 자신도 이런 방식으로 고문을 받았다고 말했다고 한다. 남한 포로들을 고문하지 않으면 죽인다는 협박에 못 이겨 어찌할 수가 없다고 토로했다는 것이다. 이들이 전하는 김○수의 일화는 북한군에 포로로 잡혔기에 그도 어쩔 수 없어, 그렇게 할 수밖에 없었다는 내용이었다. 김○수와 함께 다대 사람 김○일도 북한군에 포로로 잡혔다가 포로 교환으로 석방되어 용초도 포로수용소에 수용되었다 고향으로 돌아왔다. 살아생전 김○일은 포로 교환 당시 판문점에서 유엔 심사관들이 보는 앞에서 겨울철임에도 북한에서 입고 나온 옷을 전부 벗어 북쪽으로 던져버리고 나왔다는 이야기를 자주 하였다고 한다. 이와 달리 다포에서는 전사통지서와 함께 유골까지 와서 '동부면장葬'을 거행하고 산소까지 만들어 제사를 지냈던 사람이 살아서 돌아온 사례도 있다. 그는 다포 사람 양○용으로 처가가 다대였다고 한다.

제1부 03

용초도 포로수용소와 소개민

1. 지역 소개

용초도 포로수용소는 통영시 한산면 용호도에 있었다.[1] 이곳에는 2천여 명의 공산군 포로가 수용되어 있었다. 포로수용소 경비를 위해 1952년 5월경부터 1954년 말까지 약 3년간 미군 1개 대대와 국군 1개 대대가 용호도에 주둔하였다. 수용소가 설치되면서 용초 마을 주민들은 강제로 쫓겨 나서 인근 비진도 내항과 외항, 하포, 호두, 야소, 죽도, 충무, 거제 등지로 흩어졌다. 수용소가 철거된 다음에 마을로 돌아왔다. 지금도 용초 마을에는 포로수용소의 급수시설을 비롯하여 수용동과 영창 등의 흔적이 남아 있다.

'용초도龍草島'라는 명칭은 《조선왕조실록》에서 나타난다. 성종 17년(1486) 11월 22일 및 현종 6년(1665) 7월 9일 자 기록에서 찾아볼 수 있다. 1665년 용초도에 왜인들이 유황을 몰래 싣고 와 비밀 교역을 하였다는 기록으로 보아, 조선시대 용초도는 왜인과 조선 상인이 만나 밀무역을 했던 중간 기착지였다고 할 수 있다.[2] 당시 용초도에 사람이 살고

---

1 2018년 '용초도'가 '용호도'로 바뀌었지만, 2018년 이전 사례를 기술할 때는 '용초도'로 표기한다.

2 《현종개수실록》 13권, 현종 6년(1665) 7월 9일 계사 2번째 기사에 따르면, 왜인이 배 1척에 유황을 싣고 와

있었는지는 알 수 없지만, 왜인이 용초도까지 와서 조선 상인을 찾았다는 기록으로 미루어 주민이 살고 있었을 것으로 짐작된다. 《증보문헌비고》에 따르면, 용초도에는 한산도와 함께 목장이 있었지만 조선 후기에 폐지되었다(한국사 데이터베이스). 일찍부터 용초도는 대마도에서 남해 미조항으로 이어지는 길목에 있어 왜구들이 드나들었다.[3] 용초도라는 명칭은 일제강점기를 거쳐 해방 이후에도 그대로 사용하였다.[4]

용호도에는 용초 마을과 호두 마을이 형성되어 있다. 용초는 수동산(193m)과 망개산(156m) 사이에 있는 마을이며, 호두는 용호도 본섬과 좁은 목으로 연결된 데머리산(199m) 아래 자리를 잡고 있다. 호두 마을 뒤편의 작은 포구는 '헛구 개'로 불린다. 헛구 개의 남쪽은 큰 바다이며, 북쪽은 지대가 낮고 오목한 평지이다. 태풍과 해일이 닥치면 파도가 헛구 개의 목을 넘어 뭍으로 몰아치기도 한다. 실제로 1959년 사라호 태풍 때 해일이 헛구 개를 넘어 마을을 덮치면서 많은 인명 피해가 발생하였다. 용호도의 서쪽에는 비진도, 동쪽에는 죽도가 있다. 여느 섬과 달리 용호도 남쪽 사면은 비교적 경사가 완만하여 일찍부터 논을 일구어 농사를 지었다. 남쪽 사면에는 큰 논골과 작은 논골로 불리는 농지가 형성되어 있다. 용초 마을은 한산도의 하소리와 마주 보고 있다.

현재 용초 마을의 역사와 관련된 문서는 거의 남아 있지 않다. 포로수용소 건설로 마을 주민들이 강제로 추방당하면서 연원을 알 수 있는 족보와 문헌이 대부분 사라졌기 때문이다. 여기에 더하여 1959년 불어닥친 사라호 태풍으로 마을 회관이 해일에 떠내려가면서 그곳에 보관했던 지동궤와 오래된 문서들도 함께 유실되었다. 주민들의 구술에 따르면, 용초에 최초로 입도한 사람은 400년 전 최씨였다고 한다. 하지만 중도에 다른 곳으로 이거하고 경주 최씨와 김해 김씨(사군파)가 입향하여 토지를 개간하여 마을을 형성해 나갔다고 한다. 이후 해주 오씨, 김해 김씨(삼현파), 김해 김씨(군수공파), 달성 서씨, 김

서는 용초도에 정박하고 피봉사(皮奉事)와 임주부(林主簿)를 찾다가 경상 감사에게 체포되었다. 피봉사와 임주부는 상인 피기문(皮起門)과 임지죽(林之竹)으로 이들은 오래전부터 왜인과 몰래 유황을 밀거래했던 자들이었다.

3 《성종실록》 197권, 성종 17년 11월 22일 계해 세 번째 기사(1446).

4 1916년 6월 1일자 〈조선총독부관보〉에 '용초도'라고 명기되어 있다.

해 허씨 등이 차례로 입도하여 정착하였다. 용초는 큰몰과 작은몰(제싯골)이라는 두 개의 자연 마을로 구분된다. '몰'은 마을의 방언이다. 마을 중앙부에 있는 등성이를 중심으로 동쪽에는 제싯골이 서쪽에는 큰몰이 자리 잡고 있다. 제싯골은 한자로 제석곡帝釋谷으로 표기된다. 이곳에서 산신과 제석신에게 치성을 드리는 동제를 수행하였다(한산면시 1992: 744).

2. 용초도 포로수용소

용초도 포로수용소가 설치되었던 곳은 용초 마을이다. 용초 마을에 미군이 모습을 드러낸 시점은 보리타작이 한창이었던 1952년 5월(음) 무렵이었다고 한다. 보리를 베고, 베어 온 보리를 타작하느라 눈코 뜰 새 없이 바쁜 시기였다. 난데없이 마을 해안에 불쑥 나타난 '섬 덩치만 한' 함정이 쏟아낸 불도저와 트럭을 보고 사람들은 놀라 혼비백산하였다. 불도저와 트럭은 굉음을 일으키며 육지로 기어 올라와서는 사람들이 살고 있던 집을 허물고 밭을 닥치는 대로 마구 밀어버렸다. 어처구니없는 돌발 사태에 주민들은 넋을 잃고 아낙네와 아이들은 울음을 터뜨렸다. 하루아침에 집과 전답을 잃고 주민들은 섬 밖으로 강제로 소개당했다. 주민들이 미처 마을을 빠져나가지 못한 상태에서 미군들은 철야 작업으로 집을 불사르고 산허리에 길을 내면서 겹겹으로 철조망을 치고는 막사를 지었다.

용초도 포로수용소의 공식 명칭은 '유엔 거제도 제1수용소 분소 용초도 제1B 포로수용소(UN Prisoner of War Branch No. 1B Camp)이다. 공식적으로는 1952년 6월 19일에 설치되어 1953년 8월 5일까지는 인민군 포로수용소로, 이후 1954년 3월까지는 국군 포로들이 수용되었다(전갑생 2016b: 14). 용초도 포로수용소는 미군과 국군이 함께 경비 임무를 담당하고 있었다. 포로수용소의 경비 인력은 수적으로는 국군이 미군보다 월등히 많았지만, 실제 포로 관리는 미군이 주도하였다.[5] 군사 장비와 중요 시설물은 미군이 장악하고 있었으며, 국군은 미군의 보조 역할에 그치고 있었다.

용초도 포로수용소(전경)

1952년 6월 7일 미해군 수중 폭파팀이 용초 마을 해변에 나타나 해안 지형을 조사하였지만, 당시 주민들은 무엇 때문에 무슨 일을 하는지 짐작조차 하지 못했다. 6월 9일 미군 건설공병대대 한국 근무단(미8군 지원단)이 용호도에 도착하였다. 6월 16일부터 용초도 포로수용소 건설 공사를 시작하여 9월 22일 수용동 및 기반 시설이 최종 완료되었다(성공회대 냉전평화센터 2022: 55-56). 하지만 포로수용소 시설이 최종적으로 완료되기 2개월 전인 1952년 7월 말부터 포로들이 수용되기 시작하였다. 용초도 포로수용소는 3개 구역 24개 수용동에 총 100여 개의 막사가 설치되었다. 포로수용소는 어마어마한 크기

5 1953년 2월 기준으로 용초도 포로수용소의 경비 인력은 미군(행정요원 포함) 227명, 카투사 51명, 한국군 856명이었다. 이곳에는 인민군 장교 출신 포로 8,012명이 수용되어 있었다(조성훈 2010: 273).

용초도 포로수용소(용초)

였으며, 구역마다 똑같은 모양을 한 막사들이 총총히 배치되었다. 막사는 처음에는 야전 천막이었다가 나중에 시멘트로 개조되었다.

용초에 설치된 포로수용소는 크게 세 구역이었다. 큰몰(큰 마을)과 제싯골(작은 마을), 그리고 재너머 논골이었다. 큰몰과 제싯골은 주민들의 거주지였다. 제싯골 왼쪽 언덕배기에는 수용소의 소장을 비롯한 장교용 막사와 중요 장비를 보관 관리하는 관리동 건물이 들어섰다. 작고 낮은 초가집이 대부분이었던 마을에 거대한 시설물과 막사가 건립되고, 초소마다 가로등이 설치되면서 시가지를 방불케 하였다. 수용소 시설이 들어설 구역 경계를 따라 먼저 철조망을 치고, 농토와 거주지를 막론하고 모두 밀어 버리고는 그곳에 수용소 건물을 설치하였다. 100여 채의 가옥이 순식간에 사라졌다. 섬에서 평탄한 공간을 찾아 만든 포로수용소는 구역마다 7~8개의 수용동이 설치되었으며, 한 개 수용동에는 100여 명의 포로가 수용되었다. 수용동 막사 하나마다 50~60명 정도의 인원이 배치되었다. 1952년 6월 기준으로 용초도 포로수용소에는 친공포로로 분류된 북한군 포로 총 7,925명이 수용되었다(송효순 1973: 137).

1953년 8월 용초도 포로수용소의 '친공포로'들을 북으로 송환하였지만, 곧바로 귀환 국군포로들을 이곳에 수용하였다.[6] 1953년 8월부터 1954년 3월까지 귀환 국군포로 7,848명을 수용하여 이들을 심문하고 재교육하였다.[7] 북한군 포로를 수용했었던 용초도 포로수용소는 '귀환국군포로 집결소'로 이용되면서 '수용소'로서의 기능이 연장되었다. 유엔군의 포로수용소 시설을 그대로 사용했던 귀환국군포로 집결소는 미군이 아닌 한국군 헌병사령부의 육군특무대가 관리했다. 7,800여 명의 귀환 군인들은 이곳에서 3개월에서 8개월까지 격리되었다. 귀환 군인들은 사상검증, 정훈교육을 비롯하여 재훈련을 받았다(전갑생 2017).

귀환국군포로들은 이전의 인민군 포로수용소에 갇혀 포로 아닌 포로 신세가 되었다. 귀환국군포로들은 인천에서 미군 화물 수송선 즉 LST를 타고 용초도로 이송되었다. 화물칸에 실려 어디로 가는지도 모르고 밤낮을 달려 도착한 곳이 용초도 포로수용소였다. 용초도 포로수용소에 도착한 군인들은 아연실색하였다. 자신들이 머물러야 할 곳이 다름 아닌 인민군 포로를 수용했던 '포로수용소'였던 것이었다. 용초도 포로수용소를 마주했던 한 귀환국군포로의 회상은 다음과 같다.

> "용초도의 수용소는 사방이 철조망으로 둘러싸여 있었다. 그 외곽에는 원형 철조망이 또 있었다. 우리는 이중의 철조망에 둘러싸인 것이다. 숙소는 지면보다 약 2미터 높은 곳에 있었다. 'ㄷ'자 형으로 숙소가 늘어서 있고, 화장실은 'ㄷ'자 형 앞 공간에 독립해 있었다. 숙소는 미국산

---

6 『조선일보』 1953. 08. 08.

7 1953년 8월 5일 인천항에서 출발하여 용호도로 이송된 인원 총 7,854명이었지만, 같은 해 11월 심문 대상 인원은 7,848명이었다. 6명은 수용 도중에 사망한 것으로 추측된다. 심문 결과 1,481명은 귀향, 5,644명은 재입대, 564명은 군사재판 회부였지만 67명만 재판에 회부되고, 나머지는 석방되었다(성공회대 냉전평화센터 2022: 58).

미송나무로 지은 가건물이었다. 화장실은 드럼통을 반으로 쪼개 놓은 것이었다. 대소변이 가득 차면 드럼통에 나무 막대기를 걸쳐서 어깨에 메고 바다에 내다버렸다."(박진홍 2001: 200).

남북한의 포로 교환으로 남한으로 송환되었지만, 이들에게는 소속 부대도 계급도 부여되지 않았다. 귀환국군포로들은 군복을 착용하고 있었지만, 계급장이 없어 사병과 장교를 막론하고 모두가 '무등병' 신분이었다. 관할 부대 역시 보병이 아닌 헌병이었다. 한마디로 이들은 동료 '군인'이 아닌 '감시'의 대상이었다. 용초도 집결소에 머무는 동안 북한에서 포로로 억류되었던 기간에 미지급되었던 봉급을 한꺼번에 받았다. 봉급 수령은 이들이 '군인' 신분으로 복귀되었다는 의미였지만, 그런데도 여전히 수용 대상이었다. 집결소 수용 이후 곧바로 면회가 허용되었다.

"군귀환병들은 일단 용초도로 보내져서 거기서 일정한 교육을 받게 되었다. 거기서 그들은 찾아온 가족과 극적인 면회를 했다. 죽은 줄 알고 3년상을 끝낸 이튿날 돌아온 것을 알고 찾아왔다는 가족, 두 살 난 어린 것을 데리고 찾아와 '바로 이것이 네 아들'이라는 것을 납득시키느라 진땀을 흘리는 아내와 그 어머니, 얼싸안고 울다가 웃다, 웃다가 우는 정경은 한 두 가지가 아니었는데, 북괴의 첩보기관은 전사한 장병을 가장케 하여 귀환 장병 속에 끼여 간첩으로 보내, 그런 줄 모르고 찾아온 전사자의 가족에 의하여 적발된 일도 있었으니 얼마나 가증한 일이었더냐."(『조선일보』 1964.07.23.).

용초도 집결소에 갇힌 귀환국군포로들은 소위 '사상 검증'이라는 과정과 심문을 거쳐야 했다. 북한에서 포로로 수용되었을 때의 행적을 파악하여 그에 상응한 조치를 한다는 취지였다. 사상 검증을 우려한 일부 귀환국군포로들이 목을 매어 자살하는 사례가 빈번하게 발생하였다. 집결소의 공식적 '사상 검증'은 귀환국군포로들 사이에서 비공식적인 사상 검열로 확산되었다. 즉 헌병 특무대의 공식적 사상 검증 과정은 귀환국군포로를 서로 반목 혹은 의심하도록 만들었으며, 공산주의자로 지목된 사람은 수용소 안에서 폭력의 대상이 되기도 하였다. 이런 과정에서 일부가 목을 매어 '자살'하는 사고가 발생하였다(박진홍 2001: 218).

용초도 포로수용소에 갇혔던 국군포로들은 이곳에서 전후방의 군부대로 재배치되거나 귀향 조치되었다. 귀환국군포로들은 공산주의에 '오염'된 존재로 간주되었다. 이들은 남한 사회에서 배제되고 비가시화되어야 했다. 그곳이 바로 용초도 포로수용소였다. 용초도에서 풀려난 이후 귀환국군포로들의 행적을 알 수 있는 자료는 많지 않다. 이들은 포로라는 신분에서 벗어났지만, '오염된 존재'라는 사회적 낙인에서 쉽사리 벗어나지 못했다. 남한사회에서 귀환국군포로는 기본적으로 적군에게 '항복'한 군인으로 바라보았다. 그래서 아군이 포로가 되었다가 귀환한다는 것은 '수치'스러운 행위로 간주되었다(김학재 2009: 64).

> "포로교환으로 귀환한 용사들이 용초도 수용소에서 꿈에도 잊지 않고 그리던 부모형제 또 처자가 있는 내 고향 서울에 22일 밤 8시 40분 서울역에 도착하였다. 서울 출신 83명과 이북출신 7명 도합 90명의 용사는 가족과 국방부 보도과장 서울시 사회과 직원 등 관계 당국자들의 열광적인 영접을 받아가며 서울역에 도착하였다. 이들 용사들은 곧 시 사회과 직원 안내로 돈암동 삼성학원의 임시숙사로 향하였다. 23일에는 전원 각기 자기 집에 귀환하게 될 것이다."
> (『경향신문』 1953.09.24.)

한편, 용초 마을 사람들은 1952년 6월 포로수용소 설치와 함께 쫓겨나 1954년 3월 말 포로수용소 시설이 폐쇄될 때까지 소개민으로 살았다. 포로수용소 폐쇄 이후 소개민 신세에서는 벗어났지만, 포로수용소를 건설하면서 뭉개졌던 전답을 일구고 집과 마을을 다시 만드는 고된 생활이 이어졌다. 1960년대에 이르러 마을은 헝클어진 공간에서 비로소 온전한 장소로 자리를 잡았다. 이후 포로수용소의 흔적은 주민들의 기억과 일상에서 멀어졌다. 1990년 용초도 포로수용소 흔적과 소개민 경험이 한 언론을 통해 세간에 알려졌지만(오연호 1990). 크게 주목받지는 못했다. 2010년대부터 지방정부 주도로 그간 폐허 상태로 방치되어 있었던 포로수용소 유적을 '발굴'하여 문화적 기념의 장소로 전환하려 노력하고 있다(신승현 2022: 57).

3. 소개민 생활

LST에서 마구 쏟아져나온 불도저들이 무질서하게 종횡으로 달리면서 마을은 위험한 건설 현장으로 바뀌었다. 포로수용소가 설치되면서 쫓겨난 소개민들은 먼저 가까운 친인척이 있는 곳으로 갔다. 그곳에서 다시 안정적인 거처로 옮기거나 소개민 수용소로 들어갔다. 소개민들의 신체는 소개민 수용소에 예속되었다. 이처럼 소개된 사람들의 삶은 이동의 연속이었다.[8] 장소 이동은 이곳에서 저곳으로의 단순한 지리적 이동이 아니라 삶의 방식이 바뀌었음을 의미한다(크레스웰 2021: 22). 친숙한 감정과 경험이 없는 장소, 거주지임에도 유대감이 구축되지 않는 장소는 장소로서의 정체성을 형성하지 못했다. 이런 점에서 소개민들이 잠시 체류했던 장소와 소개민 수용소는 일종의 '무장소'였다(랠프 2005: 290).

미군은 집과 마을을 허물고 포로수용소를 설치한 다음 새로운 이름을 부여함으로써 권력이 누구에게 있는지를 확실하게 드러냈다.[9] 새로운 공간은 철조망과 울타리로 경계가 구분되었다. 포로수용소가 설치될 부지의 경계를 따라 철조망을 친 다음, 농도와 서주지를 모두 밀어 버리고는 그곳에 건물을 설치하였다. 100여 채의 가옥이 순식간에 사라졌다. 미군이 파괴한 마을은 낯선 이름의 공간으로 변모하였다. 작은몰은 포로수용소 '제1구역', 큰몰은 '제2구역'이라는 이름으로 바뀌었다. 마을 너머에 있는 큰논골은 '제3구역'이라는 기호가 부여되었다.[10] 작은몰 왼쪽 언덕배기에는 수용소의 소장을 비롯한 장교용 막사와 중요 장비를 보관 관리하는 관리동 건물이 들어섰다.

주민들의 구술에 따르면, 포로수용소 설치는 하루아침에 이루어진 것이 아니었다. 미군이 몇 차례에 걸쳐 용초 마을 앞 바다의 수심을 점검하고 마을 내 식수원을 파악하였다

---

8 장소가 멈춤이라면, 공간은 움직임을 의미한다(투안 2005: 20).

9 장소는 기본적으로 '권력의 맥락에서 의미가 부여된 공간'이며, 경계를 규정하는 권력관계를 통해 장소가 만들어진다(크레스웰 2012: 19; 맥도웰 2011: 25).

10 공간과 장소에 명명된 이름은 개인과 공동체에 특별한 의미를 부여하며 '장소 애착'으로 이어진다. 하지만 이름이 없는 장소 혹은 타인이 붙여 놓은 기호로 표시되는 장소는 그저 혼돈의 공간일 뿐이다(랠프 2005: 56).

고 하였다. 미군이 보트를 타고 와서는 '물옷'을 입고 잠수하면서 해저지형을 조사하였다. 이후 함정이 정박할 수 있는 임시 부두가 마련되었다. 함정에서 나온 차량에는 사람은 보이지 않고, 차들만 줄을 지어 올라왔다고 한다. 함정에서 내린 불도저들은 곧바로 밭과 들을 뭉개기 시작하였다. 길을 만들고 집 앞 논바닥에는 헬기가 이착륙할 수 있는 공간을 만들었다. 헬기장 옆에다 천막을 쳐 놓고 군인들이 그곳에서 기거하였다. 천막과 조금 떨어진 소나무 숲 아래 마련된 텐트는 식당으로 사용하였다고 한다. 아이들이 식당 가까이 모여들면 군인들이 우유를 나누어 주었다고 한다. 아이들은 우유를 얻어먹는 재미로 식당 주변에서 얼쩡거리고 다녔다. 한 구술자는 어디에서 누가 그랬는지 모르지만, 어느 날 갑자기 마을 사람들에게 모두 '피신' 나가라는 명령이 떨어졌다고 기억하였다. 선박을 소유했거나 선박을 소유한 친인척이 있었던 사람들은 상대적으로 일찍 짐을 정리하여 마을을 떠났다. 미군들은 마을 주민들을 집에서 쫓아내어 임시 천막으로 내몰았다. 집을 비우는 즉시 미군들이 불을 질러 태워버렸다. 주민들은 각자 친인척이 있는 곳을 찾아 흩어졌다. 처가나 외가 혹은 사돈 등 연망을 따라 기거할 곳을 찾아갔다. 가까운 친인척이 없어 마땅히 갈만한 곳이 없었던 사람들은 천막을 치고 살아야만 했다.

용초 마을 사람들이 소개되었던 1952년도는 식량난이 심각하였다. 전쟁으로 절대적인 식량 공급부족 사태가 초래되었으며, 피난민들의 증가와 함께 수요가 급증하였다. 이런 상황에서 1951년도 보리 작황마저 흉작이었다.[11] 식량이 부족해지면서 1인당 양곡 소비량은 최저 수준으로 떨어졌다. 정부에서는 쌀의 절대량이 부족하지 않다고 했지만, 시장의 반응은 달랐다. 무엇보다 적정한 배급 정책과 구호 대책이 미비하였다.[12] 보리가 출하되기 전까지 치솟는 쌀값이 진정되지 않았다. 식량문제는 민간인들의 삶뿐만 아니라 전투 병력과도 직결된 문제였다.

포로수용소가 새로 설치되었던 거제도와 한산도 지역에 미군이 들어온 시점은 보리

11 1951년도의 보리 생산량은 평년 대비 40% 이상 감소하였다. 쌀 생산량 역시 1950년도에 비해 3,200,000석이 줄어든 20,284,000석이었다. 양곡 부족은 가격 폭등으로 이어졌다. 정미 1석 기준으로 1950년 966원, 1951년 2,570원, 1952년 9,300원으로 폭등하였다(박현채 1981: 280).

12 『경향신문』 1952. 02. 14.

타작이 한창이던 시기였다. '보리타작'은 용초도 포로수용소, 봉암도 포로수용소, 저구리 포로수용소가 설치되었던 모든 마을에서 미군의 등장과 함께 기억되고 있는 공통적인 경험이다. 보리는 섬 주민들의 주요 식량원이자 목숨을 이어 나갈 생명줄이나 마찬가지였다. 구술자들은 보리타작이 한창이었던 무렵 미군이 몰려왔다고 기억하였다. 어느 날 미군 서너 명이 용초도에 배를 타고 와서는 수심을 측정하고 섬을 돌면서 사진을 촬영했다고 한다. 우물이 어디 있는지도 조사하였다. 난데없이 마을 해안에 불쑥 나타난 '섬 덩치만 한' 함정이 쏟아낸 불도저와 트럭을 보고 사람들은 놀라 혼비백산하였다. 미군의 성폭행을 우려한 마을 아낙네들은 밤이 되면 이웃 마을로 피신했다가 날이 밝으면 마을로 들어와 남아 있는 식구들을 위해 밥을 짓고 이중생활을 하였다. 이런 상황이 여러 날 계속되자 주민들은 아예 몸 파는 여자를 마을로 데려와 미군을 상대하게 하였다. 몸 파는 여자들은 미군의 호위 아래 '합법적'으로 마을로 드나들었다. 하지만 곧이어 포로수용소에 포로들이 수용되기 시작하면서 몸 파는 여자들의 출입이 금지되었다.

> "전쟁통이었는지라 미군들이 볼일이 있어 왔는가 싶어 대수롭지 않게 생각했는기라. 보리타작하기 바빠 신경쓸 새도 없었고. 그런데 한 보름쯤 지나서 이 섬에 난리가 나버린거지. 나는 그날 보리타작을 하고 있었는기라. 무척이나 큰 배가 용초를 향해 뱃머리를 돌리고 들어오는기라. 섬사람들이 그렇게 큰 배를 본 것은 그때가 생전 처음이었지. 보리타작을 하던 사람들이 이 능선 저 능선에서 일손을 놓아버리고 진짜로 우리 동네로 오나 하고 쳐다만 보고 있었구만. 배가 섬 근처에 바짝 와 멈추더니 아가리를 쩍 벌려 거기서 포크레인 같은 차가 물로 기어내려와 모래와 바위를 긁어모아 순식간에 임시 선착장을 다져놓는기라. 그러더니 그 큰 배 아가리로 수 십 대의 차를 토해놓는기라. 트럭, 찝차, 승용차, 땅 고르는 차, 땅 파는 차… 우리는 놀래서 멍청히 쳐다만 보고 있었는기라. 그런데 미군들은 사전에 설계를 다 해놓고 왔는지 차들이 내려오자마자 자기들 마음대로 이쪽 저쪽으로 길을 만들어버려. 동네사람들은 안되겠다 싶어 타작하던 것을 그만두고 내려와 무슨 영문인가 알아보려고 해도 무섭고 말이 통해야지. 통역관도 안 데리고 왔으니까."(김상태, 남, 1925년생, 한산 용초 출신).[13]

용초 마을에 들어온 미군들은 다음 날 아침부터 마을 사람들에게 당장 집을 비우고 나가라고 총을 들고 몸짓으로 지시하였다. 총을 들고 위협하는 미군들에게 한마디 대꾸도 하지 못하고, 당장 쓸만한 가재도구를 챙겨서 선착장 주변으로 모여들었다. 배가 있는 사람은 바로 떠나고 배가 없는 사람들은 다른 마을로 실어다 줄 선박이 오기를 기다리며 선착장에서 천막을 치고 기다렸다. 선착장 인근에다 솥단지를 걸고 밥을 해서 먹는 둥 마는 둥 하면서 넋이 빠져 있었다. 마을 사람들은 선착장 부근에서 두고 온 집을 바라보다 한 집에서 불길 솟는 모습을 보고는 아연실색하였다. 조금 있다가 이집 저집에서 불길이 솟아올랐다. 미군들이 기름통을 들고 집집마다 다니면서 기름을 붓고는 불을 지르고 있었다. 미처 떠나지 못하고 그때까지 남아 있었던 주민들은 미군들이 왜 집에다 불을 지르는지 영문도 모른 채 어디에 하소연도 하지 못하고 단지 원망과 분노를 쏟아냈을 뿐이었다.

동네로 들어왔던 미군들은 첫날부터 색시들을 찾아다녔다. 미군들이 가정집을 찾아가서는 여자들을 보고는 양공주인가 하고 손짓과 발짓으로 물어보았지만, 누구도 그 의미를 제대로 헤아리지 못했다. 말이 통하지 않으니 마을 아낙네들은 더욱 겁에 질렸다. 생전에 보지도 듣지도 못했던 코도 키도 크고 온몸에 털이 숭숭 난 사람들이 뭐라고 물어댔지만, 겁에 질린 여인들은 도망치기 바빴다. 당시 마을에는 제주도에서 물질하러 들어온 해녀가 십 오륙 명 기거하고 있었다. 해녀들은 모두 파마머리를 하고 있었다. 미군들은 파마머리를 한 해녀를 양공주로 오인하고는 자신의 아랫도리를 만지면서 이들을 향해 '씨비 씨비'라고 말을 걸었다. 서투른 한국말로 섹스를 하고 싶다는 뜻이었다. 동네 사람 중 한 명이 항의차 미군 부대를 찾아갔지만, 경비병에게 막혀 실랑이가 벌어졌다. 뒤늦게 도착한 한국인 통역관이 포로수용소 건설을 위해 파견된 미군들은 전방에서 근무하다가 왔으며, 이들은 3개월 만에 처음으로 여자를 봐서 여자만 보면 반쯤 미친 사람이 된다고 하였다. 그런 다음 동네 처녀들부터 빨리 다른 곳으로 보내라고 했다고 한다.

통역관의 말을 전해 들은 동네 사람들은 이대로 있다가는 큰일이 나겠다고 판단하여

---

13 오연호(1990: 126-127).

마을 여인들을 모두 다른 섬으로 대피시켰다. 부인들은 낮에는 임시 천막에 기거하고 있는 식구들을 위해 마을로 들어와 밥을 해주고는 해지기 전에 마을을 빠져나가는 생활이 이어졌다. 이렇게 한 보름 지내다가 마을 사람들이 '묘안'을 짜내었다. 충무에서 몸을 파는 여자들을 데려오자는 것이었다. 주민 한 명이 충무로 가서 몸을 파는 여성들을 데려와서는 근처 섬에다 숙소를 마련해 주었다. 여성들은 미군 경비병의 검열을 받고서 용초로 출퇴근하듯이 드나들었다. 몸 파는 여성들이 들어오고 며칠 사이에 마을은 난장판이 되어 갔다. 여성들이 담요만 들고 들어오면 미군들은 아무 곳에서나 옷을 벗고서는 몸을 샀다. 몸값은 현금이 아니라 담요나 집기, 술, 담배 등이었다. 미군들이 마을에 들어오고 20여 일 뒤에 포로들이 수용소로 이송되었다. 포로들이 수용소에 배치된 다음부터 외부인의 출입이 금지되었다. 미군들은 용초에서 배를 타고 인근 섬으로 몸 파는 여성을 찾아서 나다녔다. 한산도 진두에 카바레가 들어서면서 이곳이 매춘의 중심지가 되었다. 용초도 수용소 맞은편에 있는 비진도 내항 어등기미에도 조그만 천막을 치고 몸을 파는 여성들이 기거하였다고 한다. '사람 장사'를 하는 마을 사람이 양공주 서너 명을 데리고 왔다고 한다. 용초 뒷등에서 불빛으로 신호하면 선박을 이용하여 싣고 와서는 볼일이 끝나면 실어다 주는 방식이었다.

이처럼 후방에서의 전쟁은 유엔군 병사들로부터 마을 여자들을 성폭행당하지 않도록 하는 일이었다. 유엔군의 성폭행이 얼마나 많이 그리고 광범위하게 발생했는지 자세하게 확인할 수는 없지만, 마을에 몸 파는 여자를 들이면서 '매춘'을 허용했다는 사실에서 그 심각성을 짐작할 수 있다. 포로수용소 인근 마을 사람들은 성폭력에 대한 공포로 말미암아 '매춘'을 인정하고 유곽 아닌 유곽이 들어서는 것을 용인할 수밖에 없었다. 미군을 상대로 하는 매춘부는 마을에서 멸시와 거부가 아닌 '환영'을 받는 존재였다. 그녀들이 등장하면서 마을 여성들은 잠재적으로 성폭행 대상에서 벗어나면서 심리적 안정을 찾았다. 단순히 매춘을 인정한 것만이 아니라 마을 여인들의 정조를 지키기 위해서는 매춘부가 필요하다고 생각하기에 이르렀다. 미군이 주둔하던 시기 성폭력에 대한 두려움은 개인의 문제가 아닌 마을 전체의 존립과 직결된 사안이었다.[14]

한편, 강제로 쫓겨나게 될지 모른다는 위기감에 마을 주민들은 마을대표를 통해 국방부에 항의하였다. 당시 마을 대표였던 전 면장 김석계는 국방부를 찾아가서는 주민들과 상의도 없이 용호도에 포로수용소 설치를 결정한 근거가 무엇인지를 캐묻고는 소개 이후 주민들에 대한 대책을 마련해달라고 요구하였다. 하지만 국방부 당국자의 답변은 용호도가 무인도인 줄 알았다는 터무니 없는 변명뿐이었다. 무인도로 알고 있었다는 섬마을의 이장에게 서면으로 문의했다는 사실 자체가 앞뒤가 맞지 않는 억지 핑계였다(오연호 1990: 129).

포로수용소 건설은 집과 마을의 파괴로 이어졌다. 집과 마을은 단순한 물리적 건축물이나 공간이 아니라 그곳에 거주하고 있던 사람들과 관련된 의미와 그들의 애착이 담겨 있는 장소이다.[15] 마을과 집으로부터의 '분리'는 기억의 장소와 단절되었음을 뜻한다. 장소가 파괴되면서 장소 고유의 경계성과 안정성이 무너졌다. 삶의 공간과 장소가 미군에 의해 철폐되고 와해 되었음에도 누구도 저항할 수가 없었다. 장소가 상실되었음에도 감히 대항할 수 없었기에 그때의 기억은 상흔처럼 남아 있다. 장소 상실의 결과는 강제 이주와 낯선 공간에 정착해야 했던 경험으로 이어졌다. 장소 상실은 삶을 영위하고 유지하는 중요한 근거지를 잃었다는 의미이다.

마을이라는 장소 상실과 이로 말미암은 공간 이동은 권력의 맥락에서 초래되었다. 마을이 파괴되면서 기존의 지배 구조와 실천 양상이 허물어졌다. 강제로 소개된 사람들은 소개민 수용소에 '수용'되었으며, 생계를 영위하기 위해 이곳저곳을 이동하며 살았다. 포로수용소가 마을 주민들의 삶과는 무관한 낯선 공간이었던 것처럼, 소개민 수용소 역시 불안하고 소외된 느낌을 주는 익숙하지 않은 공간이었다. 마을이라는 사회적 경계는 그 속에 살고 있었던 사람들에게는 익숙한 일상이었지만, 경계 바깥의 이방인에게는 불안하고 위험한 그리고 적응해야만 하는 장치였다. 소개민은 고향 마을에서는 '내부자'였지만, 소개지 마을에서는 '외부자'였다. 낯선 공간에서 삶은 일상의 흐름이 굴절되거나 단절되었다. 일상의 흐름과 토대가 허물어지면서 일상생활은 비일상적 생활 혹은 낯선

---

14 최길성(2021: 79)은 한국전쟁 당시 고향 마을이 미군들을 위한 매춘 촌으로 변모하는 과정을 기술하고 있다.

15 집(거주)과 가정은 사람들이 장소 소속감을 발전시키는 핵심적인 요소로 일컬어진다(맥도웰 2011: 134).

용호도 전경

용초 마을 전경

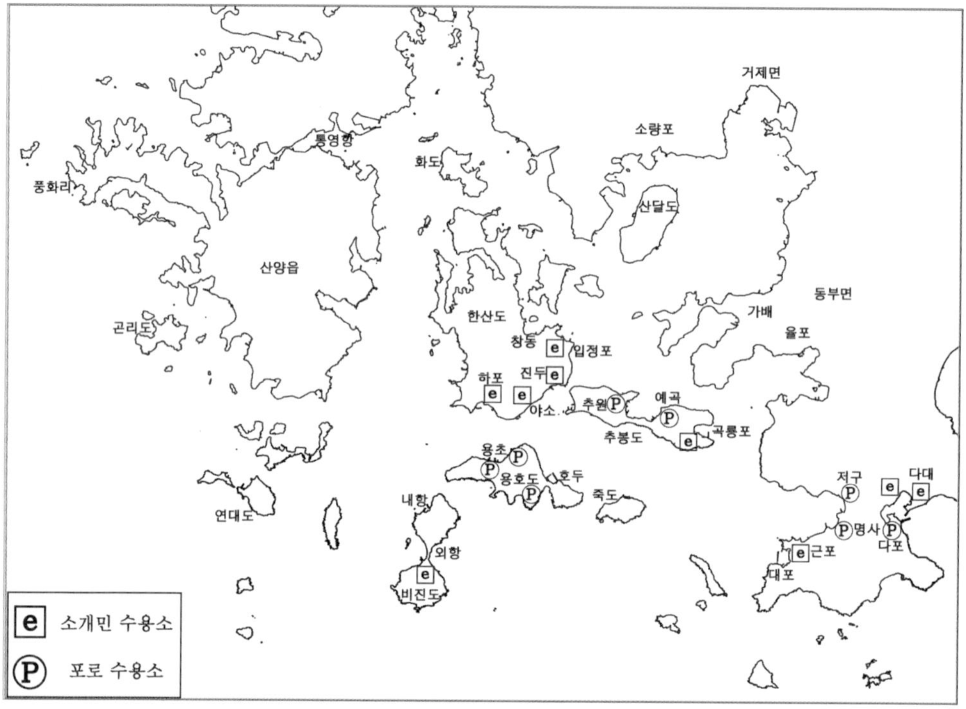

〈지도 3〉 용초도 · 봉암도 포로수용소와 소개민 수용소

생활이 되었다. 이들에게 '소개민'이라는 호명은 '이방인' 신세가 되었음을 나타내는 기호로 작동되었다. 주민들에게 장소 상실은 소개민이라는 신분과 함께 일상의 삶이 붕괴되는 고통으로 이어졌다.

소개되기 직전 용초에는 127세대 777명이 살고 있었다(한산면지편찬위원회 2012: 411). 포로수용소가 설치되면서 강제로 쫓겨난 주민들은 임시변통으로 간단한 가재도구만 챙겨서 서둘러 마을을 빠져나갔다. 하지만 소개 기간이 길어지면서 주민들은 시나브로 식량 결핍에 직면하였다. 소개령이 발령되고 몇 개월 후 소개민들을 수용하기 위해 소개민 수용소가 마련되었다. 소개민 수용소는 포로수용소 인근 지역에 집중되었다. 소개민 수용소가 설치되었던 곳은 한산도 입정포, 진두, 야소, 하포를 비롯하여 비진도 외항, 추봉도 곡룡포였다(<지도 3> 참조). 소개민 수용소는 원주민의 피해를 최소화하기 위해 모

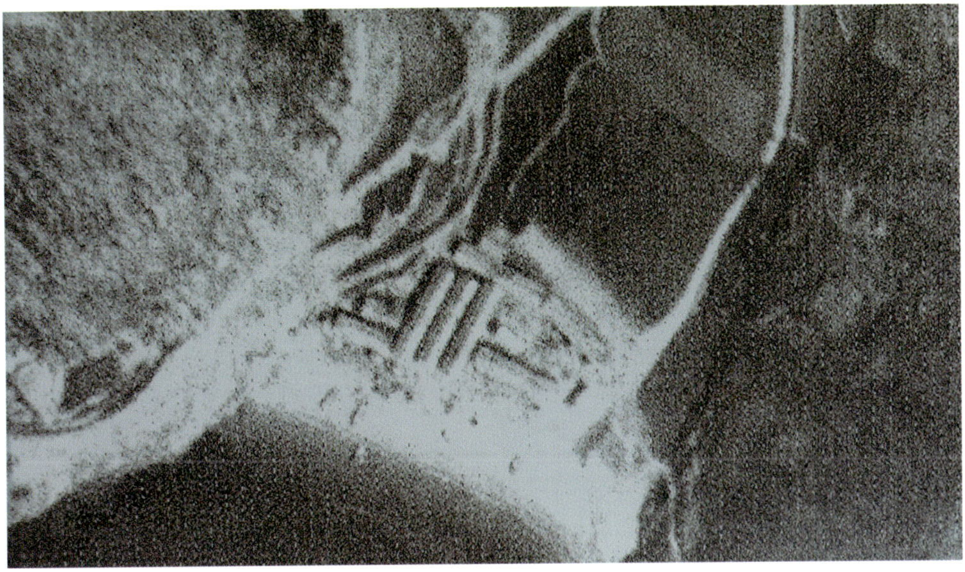

하포 소개민 수용소

하포 소개민 수용소 자리

두 기존 거주지 외곽에 설치되었다.

용초 주민들은 비진도 외항과 한산도 야소 및 하포 마을 인근에 마련된 소개민 수용소에 수용되었다. 야소 벅수골에 마련된 임시 소개민 수용소에 약 20세대가 배치되었다. 이곳은 야소 마을에서 의암 마을로 나가는 바닷가 길목이었다. 일부는 곡룡포에 마련된 소개민 수용소로 갔다. 이들을 제외한 용초 주민 대부분은 하포 소개민 수용소로 배치되었다. 하포 마을 골자갈에 설치된 소개민 수용소는 뒤로는 깊은 골짜기와 높은 산이 있고 앞은 해안선과 맞닿아 있었다. 비진도 외항으로 이주한 약 20세대는 밧섬 어귀에 마련된 판잣집 수용소에 수용되었다. 이곳은 바닷가와 맞닿아 있을 뿐 아니라 돌출부여서 사방에서 바람이 불어왔다. 판자로 급조한 막사 형태의 건물은 문틈으로 새어드는 찬바람을 막아주지 못했다. 임시 건물에서 추운 겨울을 나기 위해서는 온돌방이 필수적이었다. 가건물 형태의 방 구조를 온돌방으로 개조한 다음 방바닥이 빨리 마르도록 아궁이에다 장작을 한껏 넣었다가 불이 나서 건물 전체가 전소하고 말았다. 이곳에 수용되었던 사람들은 또다시 이재민 신세가 되었다(한산면지편찬위원회 1992: 749). 외항에서 이재민이 되었던 주민들은 하포 소개민 수용소로 재배치되었다.

소개민 수용소에 들어가기 전까지의 용초 주민들의 이동 경로는 다양하였다. 대부분은 용호도 인근 섬으로 나가 임시로 거처를 마련했지만, 일부는 아예 충무(통영)나 부산 같은 도시지역으로 이주하였다고 한다. 다음 〈표 3〉은 소개 경험자들의 구술을 정리한 것이다.

〈표 3〉 용초도 포로수용소 소개민 경험자

<table>
<tr><th>구술자
(출생/성별)</th><th>소개 당시
가족 구성원/ 명</th><th>이주 경로</th><th>소개민
수용소</th><th>비고</th></tr>
<tr><td rowspan="2">서정식
(1937/남)</td><td rowspan="2">조부모, 고모 3명, 부모, 본인, 형제 4명/ 12</td><td>산달도 → 소량포:
조부모, 고모 3명, 본인</td><td rowspan="2">하포</td><td>산달도에 작은할아버지 거주</td></tr>
<tr><td>하포: 부모, 형제 4명</td><td>하포 외갓집</td></tr>
<tr><td rowspan="2">김남조
(1940/남)</td><td rowspan="2">조부모, 부모, 누나, 본인, 동생 4명/ 10</td><td>죽도: 조부모, 누나, 본인</td><td>하포</td><td>죽도에 작은할아버지 거주</td></tr>
<tr><td>곡룡포: 부모, 동생 4명</td><td>곡룡포</td><td></td></tr>
</table>

김하수 (1943/남)	조부모, 부모, 형, 본인/ 6	하포	하포	하포 왕고모 거주 소개 이후 형 입대
김유금 (1935/여)	부모, 본인, 여동생 3명/ 6	비진 내항 → 산양읍 풍화리	하포	내항 외갓집. 풍화리 이모집
김윤애 (1930/여)	시부모, 시동생 2명, 시누이 1명, 본인, 남편, 아들 1명/ 8	비진 내항 → 호두: 본인, 남편, 아들		내항 외갓집, 호두 친성집
		하포: 시댁 친구	하포	

<표 3>에 제시된 구술자들의 소개 당시 가족은 3대가 함께 사는 확대가족(4가족)과 2대 핵가족 형태였다. 가족 구성원은 6명에서 12명까지로 평균 8.4명이었다. 소개 이전까지 3대가 함께 거주했던 가족 중 세 가족은 소개를 계기로 가족이 분리되었다. 가족이 함께 거주할 수 있는 공간이나 시설이 부족했던 탓이 컸다. 구술자들의 가족은 용초에서 소개되자 곧바로 이웃 섬마을에 거주하고 있는 친인척을 찾아갔다. 가족 수가 많았던 사람들은 분산하여 이거하였다. 이들은 처음 정착한 마을에서 거주하거나 다른 곳으로 다시 이주하기도 하였다. 이후 식량을 배급하는 소개민 수용소로 들어가기도 하고, 일부는 친인척이 거주하는 마을에 따로 집을 짓거나 방을 얻어서 기거하였다.

"여기 한산면에서는 다 이곳에서 결혼하고 그랬어. 돌아가면서. 일가친척들이 다 이곳에 있었어. 우리 집에도 식구가 많았어. 할아버지, 할머니, 고모 세 명과 나는 거제 산달도로 갔어. 산달도에 할아버지 동생이 살고 있었어. 산달도에 있다가 거제 소랑포로 갔어. 아무리 형제간이지만, 그곳에 오래 있기가 뭐해서 간 것 같애. 소랑포에는 대구 어장에 있었어. 아버지, 어머니, 형님, 그리고 동생 3명은 하포로 갔어. 거기서 있다가 판자집을 지어 주더라고. 거제에 있던 할아버지와 할머니가 판자집으로 와서 합쳤거든. 합쳐 놓은 께 식구가 많아 어찌사나 하고 할아버지는 부애가 나서 그곳에서 수용소에서 죽었그만."(서정식, 남, 1937년생, 한산 용초 출신).

구술자 서정식의 가족은 거제 산달도와 한산도 하포로 분산하여 이거하였다. 당시 산달도에는 작은할아버지가 거주하고 있어, 조부모와 고모 3명 그리고 손자인 구술자 본인이 이거하였다. 이곳에서 다시 맞은편 거제도 소량포로 이거하였다. 소량포에서 할아버지는 다른 사람 소유의 대구 어장에서 일하였다. 부모와 형제 4명은 하포로 이동하였다. 하포에는 외갓집이 있었다. 이후 하포에 소개민 수용소가 설치되면서 가족이 함께 모여 살았다. 좁은 소개민 수용소에서 많은 식구가 모여 살기에는 애로 사항이 많았다. 구술자에 따르면 할아버지는 이곳에서 홧병으로 돌아가셨다고 한다. 할아버지가 소개민 수용소에서 돌아가시자, 하포 마을 뒷산에 있는 공동묘지에 매장하였다. 하지만 하포 주민들이 자기 동네 공동묘지에 매장한다고 항의하면서 분란이 일어났다고 한다. 고향마을 용초가 마주 보이는 곳이었지만, 고향에 매장하지 못하고 남의 동네 공동묘지에서 매장하면서 설움을 받기도 하였다. 소개민 수용소에서 거주하면서 아버지는 멸치잡이 권현망 선원으로 일하였고, 형과 구술자 본인은 주낙배를 탔다고 한다. 구술자는 소개 당시 국민학교를 졸업했지만, 중학교 진학은 엄두도 내지 못하고 가족의 생계를 도와야 했다. 봄철에는 가까운 바다에서 조기와 상어를 주로 잡았다고 한다. 음력 7월 이후에는 매물도 바다로 나가 주낙으로 조기를 잡았다. 그 당시에는 바다에 조기가 무진장이어서 주낙배가 던지는 낚싯줄 바늘마다 조기가 걸려 올라 올 정도였다고 한다. 주낙배를 타서 번 돈으로 보리를 사서 가족의 식량으로 삼았다. 쌀밥은 구경도 하지 못했던 시절이었다고 회상하였다.

> "우리 할아버지 친동생이 죽도, 대섬에 살았거든. 죽도로 간 사람은 할아버지, 할머니, 나 위에 누나 하나하고 나하고는 죽도로 가고. 인자 우리 아버지, 어머니하고 밑에 동생들 넷이는 추원 너머 곡룡포로 갔다. 곡룡포로 왜 갔나면, 추원에서 소개를, 모아가지고 고부랑개(곡룡포)로 갔는데.. 우리 고숙(고모부) 한 분이… 뭐 인자 그리 오라캤는 모양이야. 그란께 그리 가뿄어. 처음에 남의 집에 좀 있다가… 인자 국가에서 소개민 수용소로 집을 지어 준거야."(김남조, 남, 1940년생, 한산 용초 출신).

구술자 김남조의 가족 역시 두 편으로 나뉘어 4명은 죽도로 이거하고 6명은 곡룡포로 소개 나갔다고 한다. 할아버지의 친동생이 죽도에 살고 있어 할아버지, 할머니, 누나 그리고 구술자 본인은 죽도로 갔다. 소개 당시 6학년이었던 구술자는 죽도국민학교에서 6학년 2학기를 마치고 그곳에서 졸업했다. 위 구술자처럼 용호국민학교에 다니다 죽도국민학교에서 졸업했던 동기생이 4명이나 되었다고 한다. 한편 아버지, 어머니, 그리고 동생 4명은 곡룡포로 갔다. 곡룡포에는 추원 사람들이 먼저 소개를 나갔는데, 추원 사람 중에 고모부가 있었다. 먼저 이주했던 고모부가 곡룡포로 오라고 연락해서 그곳을 갔다고 한다. 처음에는 남의 집에 셋방을 얻어 살다가 나중에는 소개민 수용소로 옮겨서 그곳에서 살았다. 죽도로 나갔던 가족은 하포에 마련된 소개민 수용소로 이거하였다. 징발이 해제될 때까지 가족은 두 편으로 나뉜 채 살았다고 한다. 소개를 나와서도 아이들은 학교에 다녔다. 하지만 학년과 학기가 맞지 않아 한 학년을 낮추어 입학하기도 하였다.

"나이가 여덟, 아홉 살 될 때, 그란께 우리가 2학년까지 다니다가 소개 나와가지고, 창동 초등학교에 1학년으로 들이갔다고. 5학년 때 놀아와서 여기서 학교를 마쳤어. 용호 초등학교 10회야."(김하수, 남, 1943년생, 한산 용초 출신).

구술자 김하수는 용호국민학교 2학년 재학 중에 소개를 당하여 왕고모가 살고 있던 하포 마을로 갔다. 하포에 설치된 소개민 수용소에서 생활하다가 창동에 있는 한산국민학교에 다시 1학년으로 입학하였다. 그래서 동기생과 나이 차가 많다고 한다. 여섯 살 나이에 입학한 동기생이 있었는가 하면 또래보다 두세 살 많은 학생도 다수 있었다. 소개민 수용소가 있었던 하포에서 창동까지 거리는 거의 10리 길이다. 학교로 가는 길은 하포 마을 뒷산을 넘어 신거, 망곡을 지나는 길과 하포에서 바닷가를 따라 의암, 야소, 진두, 입정포를 거쳐 가는 길이 있었다. 거리는 뒷산을 넘어가는 쪽이 약간 가까웠지만, 소요 시간은 비슷하였다. 구술자는 5학년 때 용호국민학교로 돌아와서 졸업했다고 한다. 하포 수용소에서 생활할 당시 할머니와 어머니가 사망하였다. 두 분의 시신은 상여가 없어 아버지가 들채로 운반하여 하포 마을 뒷산 공동묘지에 매장했다고 한다. 할머니는 노환으로 사망하였지만, 어머니의 사망 원인은 알려지지 않았다. 주변 사람들은 사망 이유를 두고 원래 묘지였던 곳에 소개민 수용소 건물을 지었기 때문에 '부정'을 탔다고 말하였다.

남성 구술자들과 달리 여성들이 기억하는 소개민 생활은 주로 땔감을 구하러 높은 산으로 올라가서는 서툰 낫질로 어렵게 나무를 해 날랐던 경험과 깊은 골짜기까지 걸어 들어가 샘물을 이고 왔던 일들이었다.

> "피난(소개) 가서 고생도 엄치 했다. 머슴 데려 놓고 살던 집에서 살다가 나무를 해 본 적도 없었다. 나무하러 멜개(하포) 뒷등을 넘어 망골(망곡) 산꼭대기까지 가서… (나무를) 요만치 이고 오다가 꼬부라지고, 자빠지고, 손 다 베고.. 그래 해오니 그기 땔 깨 뭐 있을 끼고. 나무하러 가서 손 다 비고(베이고)… (하포) 골창에 산골짜기로 들어가서 물을 서너 번이나 이고 와도… 어데 쓸데가 있노(양이 적었다). 참 욕보고 살았다."(김유금, 여, 1935년생, 한산 용초 출신).

구술자 김유금의 아버지는 용초 마을에서 이장(구장)을 역임하였으며, 어머니는 마을에서 막걸리와 소주 등을 팔면서 장사를 하였다. 집에는 머슴을 데려 두고 살았을 정도로 논과 밭이 많았다고 한다. 소개 전 오빠 두 명이 상업고등학교를 졸업했을 정도로 부유한 살림이었다. 마을에 소개령이 떨어지자, 가족들은 비진도 내항으로 이주하였다. 아버지, 어머니, 구술자 본인, 그리고 여동생 3명이 함께 소개를 나갔다. 위로 오빠 셋이 있었지만 모두 혼인하였으며 분가한 상태였다. 살림과 가재도구가 많아 내항 마을 해안가 멸치 어장막에 천막을 치고 그곳에다 가재도구를 쌓아 놓고 살았다. 내항에는 외가가 있었다. 외가에는 외삼촌은 돌아가시고 외숙모님이 살고 있었다. 외갓집 뒷방에서 기거하였지만, 소개를 나갔던 계절이 여름철이라 주로 천막에서 살았다고 한다. 가족들은 비진도에서 다시 산양읍[16] 풍화리로 이주하였다. 산양읍 풍화리에는 이모네가 살고 있었다. 그곳에서 빈집을 얻어 한동안 살다가 다시 하포 소개민 수용소로 거처를 옮겼다. 하포 수용소에서 1년 넘게 살았다고 한다. 소개민 수용소에서 땔감을 구하고 식수를 길

---

16 1995년 3월 통영군과 충무시가 통영시로 통합되면서 산양면이 산양읍으로 승격되었다.

어오는 일은 여성들의 몫이 되었다. 생계는 배급으로 받았던 식량과 소개 당시 가져갔던 가산으로 해결했다고 하였다. 구술자는 17살에 소개를 나갔다가 19살에 용초로 돌아온 뒤 곧바로 결혼하였다. 하지만 어린 여동생들은 배를 곯아가며 콘크리트 잔해를 치우고 논밭을 일구느라 말로 표현할 수 없을 정도로 고생이 많았다고 한다. 소개민 시절보다 고향으로 돌아온 다음에 고생이 더 심했다고 한다. 식량 배급이 중단되어 먹거리가 부족했을 뿐 아니라 망가진 논과 밭을 복구하는 일이 상상 이상으로 힘들었기 때문이었다.

> "용초서 호두로 가 갔고, 쪼깬 살다가 비진으로 안갔나. 비진에 외갓집에, 공석태 집이 외갓집 아니가. 호두는 얼마 안살았다. 비진은 한 일 년이나 이래밖에 안 살았다. 호두에서는 한 삼 년 살았을끼다. 넘의 집에 세 들어서. 방세 주고 살았지... 시집 사람들은 멜개(하포)로 가고. 멜개(하포) 수용소에서 살았지."(김윤애, 여, 1930년생, 한산 용초 출신).

구술자 김윤애는 소개 당시 기혼이었다. 가난했던 시댁에서 큰 며느리로 살았다. 소개될 무렵 남편은 별다른 직업도 없고 징병 기피자 신분이어서 경제적으로 아무런 도움이 되지 못하였다. 남편과 함께 외가였던 비진도 내항으로 갔다가 다시 친정집이 있던 호두로 이거하였다. 호두에서 따로 방을 얻어 놓고 살았지만, 경제적으로는 친정에 얹혀사는 것이나 다름없었다. 친정이 부자여서 식량은 주로 친정에서 가져다 먹었다고 하였다. 친정 식구들 보기가 부끄러웠지만, 소개를 나온 형편이라 변변한 일거리도 없었다. 시댁 식구들은 하포로 이거하였다가 이후 하포에 소개민 수용소가 마련되면서 그곳에 들어갔다. 구술자는 소개를 나가면서 자연스레 시댁과 분가를 한 셈이 되었다고 말했다. 소개가 끝난 다음 마을에 돌아와서도 살림을 합치지 않고 따로 살았다.

소개민들은 소개민 수용소에 입주해야 식량 배급을 받을 수 있었다. 하지만 한산도 지역 소개민들에게는 거제도 지역과 달리 수수가 지급되었다. 배급받은 수수는 밥을 지을 수 없어 죽으로만 쑤어 먹을 수 있었다(부산일보사 1985: 684). 수수죽을 먹었던 사람들은 지금까지도 그 배고픔을 잊지 못하고 있다. 소개민은 소개민 수용소에 자신들의 신체를 수용하면서 '포로'와 같은 신세가 되었다. 소개민 수용소에 들어가면서 장소 이동은 멈추었지만, 그곳은 안전한 '집'이 아닌 임시거처였다. 마을 주민들의 장소 이동은 자발적인 의지에서 비롯된 것이 아니었다. 주민들의 장소 이동은 정부와 유엔(혹은 미군)이라는 거대한 '권력의 산물'이었다. 비자발적인 장소 이동은 사회적 지위 변화로 이어졌다. '주인'으로 살았던 마을에서 쫓겨나 낯선 곳에서 '소개민'이라는 이름으로 살아야 했다. 남성들은 어부로 일하거나 돈벌이를 찾아 외지로 떠돌았다. 여성들은 아이들과 함께 소개민 수용소에 기거하면서 품삯 일을 하거나 이웃 마을 사람들의 농사를 거들면서 생계를 이어갔다. 당시 소개민들의 삶은 근거지를 잃은 '난민'이나 다름없었다. 소개민들이 마을로 복귀하면서 소개민 수용소는 흔적도 없이 사라지고 지금은 기억으로만 남아 있을 뿐이다. 마을 사람들이 빼놓지 않고 언급하는 내용은 용초도 포로수용소에 수용되었던 포로들이 '악질' 중에서도 최악질 포로들이었다는 것이다. 친공 이념이 강한 공산군 포로들은 수용 초기부터 '난동'을 부렸으며, 하루가 멀다 않고 반복되었다고 한다. 포로들의 난동은 군가 소리와 연막탄, 그리고 총을 쏘는 소리로 짐작하였다.

4. 집과 마을 복구

용초도 포로수용소는 원래 '적군' 포로를 가두었던 포로수용소였지만, 포로교환 이후에는 국군포로 귀환집결소라는 이름으로 '아군' 포로를 이곳에 수용하였다. 1954년 3월 20일 용초도 귀환국군포로집결소(포로수용소) 폐쇄 이후 비로소 마을로 돌아올 수 있었다. 하지만 그곳은 과거의 익숙한 장소가 아니었다. 장소의 경계는 허물어졌고, 기억 속의 장소는 희미해졌다. 기억의 장소에서 실천의 장소를 복원하는 일은 쉽지 않았다. 주민들은 가장 먼저 삶의 구심점이자 중심인 집을 지었다.[17] 집이 세워지면서 마을이 구성되고, 집과 집 그리고 집과 마을이 연결되었다. 마을의 복원은 경계선과 근거지 설정, 주

---

17 주택은 모든 관계가 시작되는 장소이자 연결점이며, 사회적 위치와 지위의 구체적인 표식이다(맥도웰 2011: 165).

민들 간의 상호작용과 사회적 위치 정하기, 그리고 역사 만들기와 같은 노력을 바탕으로 이루어졌다.[18] 하지만 경계선과 근거지 재설정은 애로 사항이 많았다. 무엇보다 과거의 기억과 현재의 경계가 일치하지 않았다.

마을 복원 이후 세월이 흐르면서 포로수용소 설치와 소개민 생활을 경험했던 세대들이 하나둘 세상을 떠나자, 장소를 기념하고 기억할 수 있는 장치가 필요해졌다. 하지만 장소에 대한 기억은 상황과 맥락에 따라 선별적으로 채택된다. 용초도 포로수용소의 유적은 '지금 여기'에 살고 있는 주민들의 삶과는 괴리되어 있다. '기억의 장소'로서의 포로수용소 유적은 곳곳에 설치된 안내판을 통해 '관람자'가 무엇을 어떻게 기억해야 하는지를 '지시'한다. 포로수용소라는 '과거'는 개인적 기억 혹은 집단적 기억을 넘어 시나브로 문화적 기억의 영역으로 넘어가고 있다(아스만 2003: 16). 문화적 기억으로서의 용초도 포로수용소는 단지 장소를 통해 과거와의 유대를 활성화할 뿐 조형물이나 그림과 같은 상징물은 물론 제의 혹은 축제와 같은 대중적 행사로 연결되지는 않았다.

마을로 돌아온 주민들은 먼저 가옥을 신축하고 헝클어졌던 토지를 복원하였다. 하지만 마을을 재구성하는 과정은 험난하였으며 오랜 시간이 소요되었다. 마을 재구성은 한마디로 장소감을 되찾는 작업이었다. 마을 사람들에게 집과 마을은 우주의 중심이다. 따라서 마을을 재구성했다는 것은 우주의 중심을 재구성했다는 의미라고 할 수 있다. 하지만 장소감은 단순히 마을이라는 공간상의 범위로 한정되는 것이 아니었다. 다른 마을과의 비교와 경쟁을 통해 마을의 고유성과 주민들의 정체성이 고양되었다. 용초 마을의 정체성은 이웃 호두 마을과의 경쟁으로 자극을 받았지만, 상황과 맥락에 따라 용호리라는 하나의 행정리를 단위로 묶어지기도 하였다.

주민들의 마을 귀환은 한꺼번에 이루어진 것이 아니었다. 주민들의 복귀는 형편에 따라 시나브로 이루어졌다. 소개를 나갔던 사람들이 모두 마을로 돌아온 것은 아니었다.[19]

---

18 장소는 일상적 토대 위에서 틀에 박힌 활동으로 보이는 반복을 통해 생산된다(크레스웰 2012: 126-127).
19 용초 마을 주민은 소개 직전 130여 호였지만, 포로수용소 폐쇄 이후 많은 주민이 돌아오지 않았다. 참고로 1992년 기준으로 용초 마을의 인구는 97호 318명이었다(한산면지편찬위원회 1992: 95).

경제적으로 여유가 있었던 사람들은 통영이나 부산으로 이주하여 그곳에서 정착했다고 한다. 마을로 돌아왔지만, 과거의 마을은 사라지고 포로수용소로 사용했던 건물과 시설물이 점령군의 흔적으로 남아 있었다. 군용차가 왕래했던 도로, 미군과 한국군이 주둔했던 막사, 군수품을 보관했던 창고, 식수를 저장했던 급수장, 그리고 소방서, 유치장, 발전소 건물 등이 자리를 차지하고 있었다. 시설물들은 한국군 공병대가 철거하여 자재를 가져갔지만, 토지는 원상복구 시켜주지 않았다. 형질 변경된 토지와 구조물 철거 및 복원은 온전히 마을 사람들의 몫이 되었다.

미군들이 포로수용소를 설치하면서 경계가 지워진 마을은 고유성과 특수성이 상실된 울퉁불퉁한 공간으로 남아 있었다. 포로수용소는 위험한 자들이 거주했던 공간이었으며, 도덕적으로 불확실성의 장소였다. 위험하고 불안정한 장소를 허물고 '살기 좋은 마을'을 건설하는 과정은 쉽지 않았다. 마을 재구성과 함께 고유의 이름도 복원되었다. 포로수용소 '제1구역'은 '작은 몰'로, '제2구역'은 '큰몰'로 환원되었다. '제3구역'이라는 이름은 '큰 논골'로 바뀌었다. 마을 재구성 과정에서 지명은 마을의 '본질'을 확인하는 주요한 통로였다. 이방인이 그어 놓은 경계는 익숙하지 않았으며 일상의 경계도 아니었다. 낯선 경계는 마을 사람들에게 특정한 감정과 경험 그리고 의미를 부여하지 못했다. 기존의 '장소'는 그 자리에 위치하지만, 더 이상 장소로서의 의미나 경험을 주지 못하는 상황에 놓여 있었다.

소개 이후 마을에 처음 들어왔던 주민들은 국군 공병대가 포로수용소로 사용했던 건물들을 마구 해체하는 모습을 목도하였다. 공병대와 주민들 사이에 포로수용소 건물과 시설물의 소유 및 이용을 두고 다툼이 발생하였다. 이에 행정 기관과 군부대, 그리고 마을 주민 대표자들이 한데 모여 회의를 개최하였다. 통영군수, 통영경찰서장, 한국군 공병대장, 마을 주민 대표, 한산면 유지 등이 통영 군청에서 연석회의를 가졌다. 회의 결과 군수 물자는 한국군이 모두 철거하여 부대로 가져가기로 하고, 마을 주민들은 포로들이 사용했던 막사 일부와 경비대가 사용했던 건물 몇 동을 인수한다고 결정하였다(한산면지 편찬위원회 1992: 749).

주민들은 들어온 순서대로 포로수용소의 시설물을 임시거처로 삼아 지냈다. 막사 건물에 입주한 주민들을 그곳에서 일 년 남짓 생활하였다. 주민 중 일부는 포로수용소의 구조물을 해체하고 남은 자재로 새로 집을 지었다. 포로수용소의 잔해더미에서 나온 자재 중 일부는 소개민으로 거주했었던 인근 마을로 유출되기도 하였다. 하지만 지형이 변경된 토지의 복원은 온전히 마을 사람들 몫이 되었다. 낮에는 농토를 복원하고 밤에는 집을 지을 목재를 다듬었다. 목재는 뒷산에서 베어왔으며, 거제도, 욕지도, 고성 등지에서 대목들을 데려와 집을 지었다. 행정당국의 '배려'로 포로수용소로 징발되었던 마을은 아무런 제재 없이 벌목 및 가옥 신축을 할 수 있었다.

용초도 포로수용소의 잔재(죽도)

집을 짓는 일 못지않게 시급한 일은 토지를 복구하는 일이었다. 변변한 장비 하나 없이 괭이와 수쿠리로 콘크리트 잔해를 깨고 치우고 바지게에 담아서 옮겼다. 지금 밭둑이나 담장에 남아 있는 콘크리트 더미는 당시 손으로 해체해서 쌓았던 것들이다. 온 가족이 달려들어 콘크리트 잔해를 치우고 토지를 일구었지만, 전답의 경계가 문제였다. 포로수용소를 건설하면서 경계를 허물어 놓아 어디까지가 누구의 땅인지 구분이 되지 않았던 탓이었다. 대충 눈대중으로 자기 논과 밭을 일구었지만, 토지의 경계를 두고 분란이 끊이질 않았다.

마을을 재건하면서 지리적 경계는 새로 측정되고 표시되어야 할 당면 과제로 떠올랐다. 분란이 많았던 토지의 경계는 측량으로 해결하였다. 마을에서 측량 기사를 주선하여 토지를 측량하게 하였다. 하지만 당시 측량 기술이 미흡하여 제대로 된 측량이 아니었다고 한다. 측량 기사는 마을 뒷산 측량 기점부터 커다란 대나무 장대를 이용하여 토지의 폭과 길이를 측량하였다고 한다. 이런 방식은 위에서 조금만 비틀어져도 아래쪽에서는 오차가 클 수밖에 없었다. 우여곡절 끝에 측량을 마쳤지만, 경계를 두고 다시 말썽이 일어났다. 토지 측량으로 자신의 토지가 늘어난 사람들은 찬성하고, 줄었다고 판단한 사람들은 이의를 제기하였다. 하지만 측량으로 결정된 토지 경계를 수용하는 수밖에 다른 해결 방도가 없어 그대로 인정되었다고 한다. 마을로 돌아온 사람들이 전답을 완전히 복구하기까지는 대략 5~6년이 걸렸다. 전답을 복구하는 동안에는 식량이 부족하여 쑥과 톳을 섞어 지은 밥으로 연명하였다. 구술자들은 복귀 이후 새로 집을 짓고 농지를 복구하는 일도 힘들었지만, 항상 배가 고팠다고 기억하였다. 소개민 수용소에 기거하고 있었을 때는 배급 식량이 있어 굶지는 않았다. 하지만 포로수용소가 폐쇄되고 마을로 돌아오면서 식량 배급이 중단되었다.

집과 논밭을 복구하는 일 못지않게 중요한 일은 마을의 행정적 및 상징적 중심지 복원이었다. 주민들은 마을 복구와 함께 서둘러 동사洞舍 건립을 추진하였다. 포로수용소가 설치되면서 여느 가옥과 마찬가지로 동사 건물 역시 파괴되어 흔적조차 남아 있지 않았다. 동사는 마을의 행정적 업무를 집행하는 사무실이자 마을의 위상을 유지하는 공식적 기구였다. 귀환한 마을 사람들은 서둘러 동사를 건립하였다.[20] 동사를 건립한 다음 마을의 숙원사업이었던 선착장을 건설하였다. 1964년 큰 마을과 작은 마을에 각각 두 개의 선착장 공사를 시작하여 이듬해인 1965년에 완공하였다. 큰 마을에 길이 80m와 30m, 작은 마을에 80m와 20m 선착장이 건설되었다. 선착장 공사에 필요한 예산은 국방부에서 한산어업조합을 통해 배정하였다. 국방부의 예산 배정은 포로수용소가 설치되면서 징발당했던 토지와 건물에 대한 사후 보상을 여러 차례 요구한 결과였다. 즉 선착장 공사는 토지와 가옥 징발에 대한 일종의 보상이었다(한산면지편찬위원회 1992: 762-764). 마을회관이 행정적 중심이라면 동제를 지내는 당산은 의례의 중심지라고 할 수 있다. 포로수용소 설치 이전 용초 마을에는 작은몰과 큰몰에 각각 당산이 있었다고 한다. 제싯골 당산은 '산신당'이라고도 불렸으며, 제석帝釋 신을 모시는 신성한 공간이었다. 큰몰 당산은 본디 마을 바로 위에 있었다. 하지만 포로수용소 설치 당시 두 곳 모두 불도저에 밀려 파괴되었다. 귀환 이후 주민들은 마을 뒤쪽 망봉산(혹은 망개산) 자락에 새로 산신당을 건립

---

20 당시 건립했던 동사 건물은 1959년 사라호 태풍으로 유실되었다. 1960년 마을 기금으로 다시 목조 3칸 기와집과 창고, 목욕탕을 갖춘 건물을 '마을회관'을 건립하였다. 1982년 새마을사업의 일환으로 마을회관을 현대식 건물로 준공하여 회의실은 예식장으로 사용하였다.

하였다.[21]

마을이 복원되면서 사람들은 내부자라는 안정감을 추구할 수 있게 되었다. 마을 재구성은 주민들에게 공동체의 일원이라는 소속감을 부여하였다. 마을을 떠난 사람들에게도 '고향'이라는 장소감을 느끼게 하였다. 마을이 재구성되면서 기존의 사회적 질서와 규범도 제자리를 찾게 되었다. 주민들이 복귀하면서 마을은 다시 하나의 행정 단위로 기능하게 되었으며, 마을 내외부의 공식적 조직과 비공식적 연망에 따라 사회적 질서가 형성되었다. 마을은 안전과 안정의 중심이 되었으며, 상호 보살핌과 관심의 장이 되었다. 장소의 이름과 의미를 복원하면서 공동체로서의 의미를 경험하게 되었다. 즉 폐허였던 공간을 장소로 만드는 작업은 기존의 질서를 복원하는 일이었을 뿐 아니라 중심과 주변을 구분하는 구조를 부여하는 일이었다.[22] 마을 재구성은 그동안 의미 있는 장소를 가지지 못한 환경 속에서 표류했던 비일상적이었던 삶에서 안정감과 함께 소속감을 느낄 수 있는 일상적 삶으로의 전환을 의미하였다. 한마디로 마을 재구성은 진정성이 심각하게 훼손되었던 '무 장소'에서 진정성을 갖춘 '장소'로 되돌리려는 작업이었다.

현재 용호도에 남아 있는 포로수용소 건물의 흔적은 포로 및 포로수용소와 분리될 수 없는 '장소의 기억'이라고 할 수 있다.[23] 이곳에 남아 있는 흔적을 통해 포로 혹은 포로수용소의 존재를 떠올리게 된다. 하지만 포로수용소의 흔적은 마을 주민들에게는 친숙한 장소가 아니다. 장소는 '흔적의 지속적인 구성물'이라고 일컬어지지만, 장소와 결부된 흔적들은 결코 중립적이지 않다(앤더슨 2013: 17). 기념되는 흔적은 해당 집단의 문화적 선호와 관념을 상징한다. 흔적이 담지하고 있다고 생각되는 의미에 관해서는 다양한 견

---

21 용초 마을에서는 1979년까지 산신당에서 동제를 지내다가 이후 미신 타파를 앞세운 젊은 층의 반대로 동제가 중단되었다(한산면지편찬위원회 1992: 772-773).

22 장소 만들기는 세계를 질적으로 뚜렷이 구분되는 중심들로 구분하고 경험을 반영하는 동시에 지침이 되는 구조를 부여한다(렐프 2005: 290).

23 장소와 기억은 '기억의 장소'와 '장소의 기억'으로 구분하기도 한다. '기억의 장소'는 설계 도면이나 지도와 같이 공간성이 부각된 장소를 가리킨다. '기억의 장소'에서 장소는 기억이 발생한 곳과 분리가능한 개념이다. 반면 '장소의 기억'은 기억이 발생한 장소와 분리될 수 없으며 특정한 장소와 결부되어있는 비의지적 체험을 포함하고 있다(이도담 2016: 82).

해와 평가가 혼재한다. 흔적에 대한 해석은 개인과 집단에 따라 다르며, 시간의 흐름 속에서 변화하기도 한다.

마을 사람들에게 포로수용소의 흔적은 애착이 결여된 장소이다. 포로수용소의 흔적은 주민들과 심리적으로 단절된 공간이라고 할 수 있다. 포로수용소가 설치되면서 익숙했던 '이곳'에서 쫓겨나 낯선 '저곳'에서 소개민으로 살았던 주민들의 경험과 기억은 '이곳' 포로수용소의 흔적이 아니라 '저곳' 소개민 수용소와 소개지 마을에 터를 잡고 있다. 따라서 '기념의 장소'로서 포로수용소의 흔적은 '우리'가 아닌 '타자'의 영역에 편입된다. '이곳'에 수용되었던 포로들은 이곳을 찾지 않는다. 그들 역시 이곳과 물리적으로 단절되어 있다. 즉 포로수용소의 흔적은 과거 이곳에 수용되었던 포로들과도 단절된 장소일 뿐 아니라 현재 이곳에 살고 있는 주민들의 경험 및 삶의 형식과도 괴리되어 있는 공간이라고 할 수 있다.

애초 용초도 포로수용소는 아군이 아닌 '적군' 포로들을 수용하기 위한 시설로 사용되었다. 하지만 포로 교환 이후 귀환 국군포로들을 이곳에 수용하면서 아군(헌병경비대)이 아군을 감시하고 관리해야 하는 상황이 발생하였다. '용초도 포로수용소'는 많은 기억을 포함하고 있지만, 이곳에 '악질 포로'들이 수용되었다는 기억이 다른 기억에 비해 강조되고 있다. 하지만 귀환 '국군 포로'들이 수용되었던 곳이라는 사실은 잘 알려지지 않았다(전갑생 2017). 무엇보다 포로수용소가 설치되면서 마을 주민들이 강제로 쫓겨났다는 사실은 제대로 기억되지도 않았다(전갑생 · 김민환 2018; 오연호 1990). 어떤 기억을 더 강화하거나 다른 기억을 기억의 자리에서 밀어내는 것은 다분히 정치적인 행위라고 할 수 있다. 이런 점에서 장소는 환기시켜야 할 기억이 어떤 기억인지를 다투는 논쟁의 현장이라고 할 수 있다(크레스웰 2012: 139-140). 장소 기억은 과거를 현재에 소생시키는 장소의 능력을 말한다. 이런 맥락에서 장소 기억은 사회적 기억의 생산 및 재생산에 직접적으로 영향을 미친다.

전장에서 멀리 떨어진 섬 지역에 설치된 포로수용소는 전투가 벌어지는 전장이 아니었음에도 포로들 사이에서 '이념전쟁'이라는 새로운 형태의 전선이 형성되었던 공간이었다. 용초 마을 입구에는 이곳에 포로수용소가 있었다는 사실을 안내판을 세워 기억하고 있다. 하지만 안내판의 내용은 시간의 흐름에 따라 그 내용과 강조점이 달라졌다. 다음은 1990년에서 소개되었던 마을 〈표지판〉 내용이다.

> "이곳 용초부락은 6.25사변 중 유엔군이 포로가 된 공산군을 수용하던 장소이다. 1952년 5월부터 입지조건이 좋은 이곳에 포로수용소를 설치하여 2천여 명에 이르는 포로를 수용하였으며, 이곳에 수용된 포로들은 동란 포로 중 가장 악질적인 포로로서 막사 사이에는 이중 철조망에다 원형 철조망 벽이 설치되었다. 수용소 설치 당시 주민들은 인근 부락으로 소개당했다가 휴전협정으로 재입주하였다."(오연호 1990: 126).

위 표지판에 실린 내용은 용초 마을은 6.25 사변 중에 유엔군이 공산군 포로를 수용했던 장소이며, 가장 '악질적'인 포로들이 이곳에 수용되어 있었다는 점을 강조하고 있다. 포로수용소가 설치되면서 마을 주민들이 인근 마을로 소개당했다가 휴전 이후 '재입주' 하였다고 기록하고 있다. 1990년 표지판에는 이곳에 수용되었던 포로가 '2천여 명'이라고 기록하고 있지만 실제 이곳에 수용되었던 인민군 포로는 8천여 명이었다. 2020년 〈용초도 전쟁포로수용소〉라는 이름의 안내판이 새롭게 설치되었다. 여기에 기록된 내용은 1990년 표지판의 문구와는 사뭇 다르다. 2020년 〈용초도 전쟁포로수용소〉 안내판에 적힌 내용은 다음과 같다.

> "이 포로수용소는 제1거제도포로수용소의 포로인원 증가와 포로의 집중관리 차원에서 육지와 먼 거리에 설립되었다. 포로수용소가 설치되면서 주민들은 한산도 진두를 비롯해 여러 마을에 흩어져 소개민 수용소에 수용되었다. 수용소 사령부는 용호리 내 작은 마을과 큰 마을에 각각 1, 2구역 8개 수용동, 비진도와 마주 보이는 마을 뒤편에 3구역 8개 수용동을 설치했다. 수용소 외곽 경비는 한국군이, 수용소의 행정 및 관리 책임은 미군이 맡았다. 1952년 6월 30일부터 거제도에서 북한 인민군 장교 및 사병 8,040명이 이송되었으며, 1953년 4월과 9월 두 차례에 걸쳐 송환되었다. 연이어 북한 포로수용소에서 귀환한 국군포로들은 1953년 8월 5일부터 용초도 포로수용소에 수용되어 사상교육 및 군사훈련을 받고 대부분 재입대하거나

귀향했다. 한편, 소개민 수용소에서 생활하던 주민들은 1954년 4월부터 마을에 들어와 복구 사업에 참여했으나, 정신적, 육체적 고통을 받아야 했다. 현재 포로수용소 잔존유적지는 설립 머릿돌, 급수장, 한국군 근무지, 저수지 및 댐, 제3구역 수용동 등 20개소에 이르며 평화 · 역사 교육장으로 활용되고 있다."

2020년 안내판에는 용초도 포로수용소의 설치 배경, 마을 주민 소개, 포로수용소의 규모와 위치, 포로의 숫자, 귀환 국군 포로 수용, 포로수용소 잔존 유적 등이 비교적 상세하게 적시되어 있다. 2020년의 안내판이 포로수용소에 대한 전반적인 소개와 함께 역사적 사실에 입각한 소개를 하고 있다면, 1990년 표지판은 포로 중에서도 가장 '악질'적인 포로들이 이곳에 수용되었다는 사실을 강조하고 있다. 포로수용소가 설치되면서 강제로 소개 당했던 주민들의 고통에 대해 전자는 주민들이 마을에 들어와 복구 공사를 하면서 정신적, 육체적 고통을 받았다고 간략하게나마 언급하고 있다. 반면 후자는 주민들이 인근 마을로 소개 당했다가 휴전협정으로 재입주했다고 무미건조하게 기술하고 있다.

마을 뒤편 산언덕에 안내판과 함께 남아 있는 두꺼운 시멘트 담장과 집수지, 그리고 산재해 있는 돌집의 흔적들은 이곳이 과거 포로수용소였음을 말해준다. 잔존물 중에서 깃대와 신작로의 흔적 등은 경비대와 관련된 것들이지만, 이곳에 국군경비대가 머물렀다는 기억은 상대적으로 덜 부각된다. 1990년 표지판에는 남북한 포로 교환 이후 이곳에 귀환 국군포로가 수용되었다는 내용은 언급되지도 않았다. 이곳에 수용되었던 귀환 국군포로의 흔적은 아예 찾아볼 수도 없다. 귀환 국군포로는 용초도 포로수용소가 '악질' 용공 포로를 수용했던 장소라는 공식적 담론과 배치되는 존재였기에 기억의 대상이 되지 못했다고 할 수 있다.

최근까지 용초도 포로수용소의 흔적은 국가적인 기념 대상 혹은 기억의 현장이 되지 못했다. 몇몇 지역 활동가와 연구자들이 포로수용소의 흔적을 대중들에게 환기하기 전까지 이곳은 잊힌 곳이었다. 2015년 5월 <용초도 포로수용소 복원사업 주민추진위원회>가 결성되면서 용초도 포로수용소에 대한 주민들의 관심이 조직화되기 시작하였다.[24] 통영시에서는 용초도 포로수용소의 '흔적'을 문화유산의 '장소'로 전환하려 대대적인 홍보와 조사 용역을 실시하였다. 포로수용소 흔적 중에서 무엇을 기념하고 무엇을 기념하지 않아야 하는지는 지방정부 주도의 용역조사로 결정되고 있다. 통영시는 2015년 〈한산도(추봉, 용초) 포로수용소 기록화사업〉 및 2022년 〈통영 추봉도와 용호도 포로수용소 종합정비계획 수립〉을 위한 학술 용역사업을 발주하였다. 2016년 경남문화재연구소에서 〈통영 추봉 · 용초 포로수용소 기록화사업 부지내 지표조사〉를 실시하였다.

지방자치단체 및 현지 주민들의 노력과 함께 포로수용소의 흔적을 답사하는 연구자 혹은 전문가 집단이 증가하면서 폐허 상태로 방치되었던 흔적이 '유적'으로 전환될 수 있는 계기를 마련해 주었다. 2005년 10월 〈제1회한국전쟁문학세미나〉 참석자들이 용초도 포로수용소를 방문한 이래 용초도 포로수용소 탐방이 연례행사가 되었다.[25] 2016년에는 학술단체에서 한국전쟁기 전국 포로수용소 답사를 기획하면서 용초도 포로수용소가 포함되었다.[26] 연구자 혹은 전문가 집단의 현장 답사는 포로수용소 흔적에 대한 대중들의 관심을 환기할 뿐 아니라 유적으로서의 가치를 인정하는 통로로 작동하고 있다. 지방정부의 학술 용역과 연구자들의 답사는 흔적으로 남아 있던 기념 장소가 새로운 장소로 전환될 수 있는 발판을 마련해주었다. 기억의 저편에서 '망각'의 형태로 남아 있던 폐허에서 대중들의 관심과 이목을 끌면서 기억을 되살려주는 '유적'으로 탈바꿈하고 있다. 즉 포로수용소의 흔적이 기념의 장소에서 '기억의 장소'로 변화하고 있다.[27] 여기에서 기억의 장소는 특정한 장소와 물건을 포함하여 문학작품이나 정부에서 발주한 용역보고서도 포함된다. 그동안 사라지거나 망각되었던 귀환 국군포로들의 기억이 문학작품과 논문을 통해 소환되었다.[28]

---

24 한려투데이 2015. 05. 12.

25 연합뉴스 2005. 10. 05.; Newsis 2010. 06. 28.

26 2016년 4월 서울대 아이사연구소 동북아 센터, 한국사회사학회 및 한국냉전학회가 공동으로 포로수용소 답사를 기획하였다.

27 피에르 노라는 '기억의 터'와 '기억의 장소'를 구분하고 있다. '기억의 터'는 전통적 삶의 형식이 결부된 지속성으로서의 장소이다. 반면 '기억의 장소'는 단절되거나 파괴된 삶의 흔적을 보존하고 있는 장소이다(노라 외 2010: 32). 기억의 장소는 특정 사물이나 장소, 기억을 담고 있는 상징적 행위와 기호, 또는 기억을 구축하고 보존하는 기제들을 망라하는 개념적 틀이다.

28 용초도 포로수용소를 소재로 한 문학작품으로는 김원일의 소설 『오마니별』(2008)과 박진홍의 국군포로

이와 같은 일련의 작업 과정에서 미국문서보관소의 사진과 기록이 소개되면서 개인들의 기억이 '정정'되기도 하였다. 기록보관소에 저장된 기록과 개인들의 전기적 기억의 다름은 전자의 기록으로 수렴되었다. 즉 기록보관소에 저장되어있는 기록의 '순수성'이 개인들의 회상과 기억을 압도하게 된 것이다. 하지만 기록보관소에 저장된 기억을 우선시한다면 역사적 사건을 경험했던 사람들의 전기적 회상의 특성과 분위기를 소홀히 취급한다는 비판에 직면할 것이다. 그렇다고 개인들의 회상에 따라 과거를 기념한다면, 기억과 회상이 집단적 표지標識의 형식으로 표현된다는 점을 간과한다는 지적을 피할 수 없게 된다(뵈메 외 2004: 206). 과거 포로수용소를 경험했던 '포로'들과 소개를 경험했던 주민들이 시나브로 사망하면서 기록보관소의 기능과 역할이 더욱 커질 수밖에 없다. 즉, 기억의 보유자와 결부되어있는 개인적 차원의 '기능 기억'이 사라지면서 누구나 자유롭게 사용할 수 있는 '저장 기억'의 비중이 점차 커지고 있다(아스만 2003: 169).

마을 재구성 이후 장소의 기억 만들기가 시작되었다. 포로수용소의 흔적과 기억은 장소로서의 마을 만들기의 주요 재료로 동원되었다. 2010년대부터 포로수용소의 흔적을 '문화유산'으로 지정하려는 움직임이 일어났다. 용초도 포로수용소의 잔해와 흔적은 공공의 기억을 담지하고 있는 문화적 장소로 급부상하였다. 2020년 '용초도 포로수용소' 유적은 경상남도 기념물(302호)로 지정되었으며, 지방자치단체를 중심으로 용초도 포로수용소의 흔적을 세계기록유산으로 등재하려 노력하고 있다. 즉, 용초도 포로수용소의 흔적과 기억은 전쟁과 포로를 직접적으로 되새기는 원천으로 작동되고 있다. '용초도 포로수용소'의 역사는 다음 세대로 전승되지 않고 포로 교환 이후 곧바로 단절되었다. 단절된 역사는 지금까지 '폐허' 혹은 흔적의 형태로 남아 있었다. 흔적으로 남아 있던 특정한 장소를 기념한다는 것은 역설적으로 과거의 삶과 현재의 삶이 단절되었음을 보여준다.

체험기 『돌아온 패자』(2001)가 있다.

5. 인근 마을 사람들

용호도의 용초에 포로수용소가 설치되었지만, 인근 호두 주민들의 농토도 많이 징발되었다.[29] 큰 논골이라 불리는 지역 대부분은 호두 주민들의 땅이었다. 용초에 큰 배가 들어왔다는 소문은 곧바로 호두에도 전달되었다. 호두 아이들은 큰 배를 구경하러 수동산 정상까지 올라갔다. 큰 배에서 나온 불도저들이 길을 만들고, 터를 닦으며 논골까지 넘어오는 모습을 보았다고 한다. 포로수용소 설치 공사가 한창이던 무렵 11살이었던 호두의 한 소년은 'UN군'이라 불렸던 한국 군인을 따라 포로수용소 건설 공사가 한창이었던 논골까지 간 적이 있다고 한다. 7월 무렵 마을에서 큰 방어魴魚 3마리를 짊어지고 UN군을 따라 포로수용소 공사장으로 갔다. 그곳에서 하룻밤을 보냈는데 미군들이 초콜릿과 껌 등을 주었다고 기억하였다.

> "저 산에 수동산에 올라가가시고 내려다보니까, 그때는 이런 기계가 불도저뿐이라. 도자가 내려와가지고 땅을 차고 밀어서.... 이래가지고 도로부터 내더라고. 도로내고 디를 닦고. 그라고 뒤에 인자 길 내가지고... 논골이라고. 그때 인자 유엔군이라고 그분을 따라서 넘어갔더든. 재를 넘어. 그때 넘어가니까 포로가 아직까지는 인자 막사는 안 짓고, 야전 천막 그거를 여러 군데 쳐 놓고 그 밑에 머리 빡빡 깎은 사람들이 막 모여서 있더라고요. 막사는 안 짓고 터 닦고 그러는 단계인데... 인자 거 가니까 포로들이 요 산 넘어가면 마을이 있느냐고 물어보더라고. 그래 마 답도 안하고, 막 그분 따라서 갔다 아입니까."(박호정, 남, 1942년생, 한산 호두 출생).

당시 논골에는 다섯 개의 수용동이 있었고, 각 수용동은 다시 3개의 건물로 이루어져

---

29 호두는 1710년경 밀양 박씨가 처음 입도하여 마을을 형성했다고 한다. '호두(虎頭)'는 '대머리'라 부르는 토박이 명칭을 한자로 표기한 것이다. 일설에는 호두의 뒷산인 독뫼산(禿山)이 마치 머리카락이 빠진 사람의 뒷머리를 닮은 형상이라고 하여 '대머리 산'이라 부른 데서 마을의 이름 '대머리'가 유래되었다고 한다. 1777년 거제군 둔덕면에서 발급한 호적부에 거제군 둔덕면 호두(胡頭)로 표기되어 있다. 이후 1900년 행정구역이 개편됨에 따라 한산면이 거제군에서 진남군으로 편입되었다. 이때 용초와 호두를 합하여 용호리로 편제되었으며, 호두의 한자 명칭은 '胡頭'에서 '虎頭'로 변경되었다(한산면지편찬위원회 1992: 785).

있었다. 수용동 앞에는 연병장과 취사장이 별도로 있었으며 아침마다 점호가 있었다. 점호 때마다 포로들은 '김일성 만세, 만세'하고 고함을 질렀다고 하였다. 포로들이 소요를 일으키는 소리는 마을까지도 들려왔다. 포로들의 구호가 거세지면 곧이어 최루탄을 쏘았다. 최루탄에서 퍼진 흰 연기가 산등성이를 타고 넘어오면, 마을에서도 눈물을 쏟고 재채기는 하는 사람들이 많았다. 포로수용소는 3겹 혹은 4겹의 철조망으로 겹겹이 차단되어 있었다. 수용동마다 초소가 있었고, 한국군이 경비를 맡고 있었다. 인근 호두 마을 주민들은 수용소 내부에서 폭동과 살상이 있었다는 이야기만 들었다고 한다. 그들이 들은 이야기에 따르면, 포로수용소 안에서 포로가 죽으면 논골 아래 '똥통골'에다 오물과 함께 버렸다고 한다. 오물통에 시신을 토막 내어 함께 버렸다는 것이다. 한편, 장교나 계급이 높은 사람이 사망하면 화장했다고 한다. 용호국민학교 근처 밭둑 아래에서 화장으로 시신을 처리했다. 포로수용소가 폐쇄되고 이곳에서 농사를 지었지만, 한동안 화장터 흔적이 그대로 남아 있었다고 한다. 아이들은 화장터가 있었다는 근처에는 무서워 쉽게 다가가지 못했다고 기억하였다.

용호국민학교는 한국군 특무대가 주둔하면서 학생들은 호두 마을에 천막을 치고 1학년부터 6학년까지 한 곳에서 학년마다 돌아가면서 수업받았다고 했다. 교장 선생님 한 분이 모든 학생을 가르쳤다. 마을 뒤쪽 헛구개 앞에 마련된 천막은 큰바람이 불면 쓰러지기 일쑤였다. 천막학교는 마을 앞 공터로 옮겼다. 이곳에서 수업은 사실상 배움보다는 놀이터 수준이었다. 한 구술자는 포로수용소가 들어오면서 6학년 1학기에 학교를 중단했다가 천막 학교에서 수업했다고 한다. 포로수용소가 떠나고 용호국민학교가 다시 문을 연 다음에 졸업했다. 그래서 6학년이 아니라 사실상 8학년으로 졸업한 셈이라고 하였다. 이곳에서는 소개민들처럼 배급도 받지 못한 상태에서 생계 활동이 크게 제한되면서 상급학교로 진학할 형편이 되지 못했다고 한다. 당시 10대 중후반이었던 연령대는 그래서 학력이 낮다고 푸념하였다.

"우리가 6학년인데 쫓기 가지고… 우리가 인자 용호 초등학교 못다니니까. (마을 뒷등) 거기다가 흰 천막을 딱 쳐 놓고 1학년에서 6학년까지 교장 선생님이 담임 선생님이 돼 가지고 시간 시간 공부를 배워주는 기라요. 시맛바람에 태풍 한번 했다고... 그 천막이 착 엎어지고.. 그라믄 애들이 그걸 일으킬 것니까. 어른들이 동네 학교라고 겨우 세워놓으면 또 태풍오면 탁 엎어지고... 이제 안 되겠으니까 영진 저그 집 앞 거기다 천막을 쳐 놓고 거기서 인자 학교를 다녔다. 결국 우리가 6학년이 아니라 8학년 이래 갖고 졸업을 했거든. 용호초등학교."(김부애, 여, 1940년생, 한산 호두 출신).

포로수용소 설치 초기에는 마을에 있는 모든 선박을 징발하여 거제 개 안으로 몰아다 놓았다고 한다. 혹시라도 포로들이 탈출하여 어선을 타고 도망갈 것을 염려하여 주민들의 선박을 징발했다. 선박을 징발당한 주민들은 드럼통과 통나무를 엮어 뗏목 배를 만들어 가까운 해안가로 이동하며 낚시로 연명하였다. 당시에는 갈치가 엄청 많았다고 한다. 일부 주민은 비가 억수같이 쏟아지는 날을 이용하여 거제에서 몰래 배를 타고 와서는 동네 선창 뒤쪽 해안에 숨겨두었다고 한다. 논골이 포로수용소로 징발되면서 농사는 마을 뒤편 언더배기 밭이 진부였나. 굶늦이 살았다고 한다. 그래도 마을을 떠나기보다는 남아 있어야 했다. 바다에서 톳을 뜯고 쑥과 나물을 캐어 와서는 보리밥을 지이 연명했다.

용초도 포로수용소가 설치된 이후 시간이 갈수록 미군들로 인한 피해가 커졌다. 호두 마을 자체를 소개해야 할 지경에 이르렀다. 1953년 7월 장마철에 돌연 호두 마을에 철거 명령이 떨어졌다. 1년 전 용초 마을 사람들이 삶의 터전을 징발당한 뒤 이곳저곳에서 피난민 신세로 살아가고 있는 모습을 보았던 주민들에게 철거 명령은 날벼락과 같았다. 철거 명령을 내린 이유는 포로수용소에 수용된 포로들과 주민들이 접선하거나 내통할 우려가 있기 때문이라는 것이었다. 포로들과의 접선이나 내통이 우려되면 당연히 수용소 주변에 철조망을 이중삼중으로 쳐서 경계를 강화하든지, 미군이 가지고 들어온 중장비로 장벽을 쌓아 접선 자체를 원천 봉쇄해야 했었다. 하지만 미군은 이런 기본적인 조치보다는 손쉬운 방법을 택하였다. 섬에 거주하고 있는 주민을 모두 철수시킴으로써 포로들이 민간인과 접선이나 내통할 수 있는 원천을 차단하는 것이었다. 전쟁포로와 민간인 간의 접선 혹은 내통을 우려하여 포로수용소와는 멀리 떨어져 있는 마을 전체를 철거하라는 명령은 식민주의적 통제방식과 다름이 없었다.

호두 마을 전경

마을 주민들은 철거를 면하기 위해 마을 뒤쪽 헛구개에서 마을 앞바다를 연결하는 '운하' 공사를 시작하였다. 운하를 건설하여 포로나 주민들이 함부로 경계를 넘나들지 못하게 하려는 의도였다. 운하는 길이 115m 폭 20m로 예정하였다. 주민들이 모두 동원되어 괭이와 삽, 지게 등으로 운하 건설에 참여하였다. 중장비를 동원해도 어려운 공사를 단순한 도구와 인력만으로 진행하였다. 연일 계속되는 장마 속에서 비를 맞으며 바위투성인 땅에서 큰 돌은 정으로 쪼아내고 자갈돌과 흙은 곡괭이와 삽으로 파내기 시작하였다. 어처구니가 없는 운하 공사를 보다 못해 미군 소장을 비롯하여 한산면장 정상준, 호두이장 박두삼 등 지역 인사들이 모여 대책을 논의하였다. 마을 사람들은 운하 공사를 중지하는 대신 마을 입구에 석벽을 쌓기로 합의하였다.

실제로 운하를 건설하려던 장소의 바닥층이 암석이어서 기술적으로 운하 건설이 불가능하였다. 포로수용소장과 지역유지들의 합의에 따라 주민들은 운하를 설치하려던 곳에서 산 쪽으로 약 130m 떨어진 지점에 남북 방향으로 폭 3m, 길이 77m의 돌담을 쌓는 공사를 시작하였다. 석벽은 마을 앞 해변에 설치된 길이 15m의 담장을 더하여 총

92m의 거대한 석축으로 건설되었다. 석벽을 쌓았던 곳은 호두 마을과 이어지는 산기슭이었다. 호두 마을 입구는 지형적으로 오목하고 낮은 모양을 하고 있다. 포로수용소가 있었던 서쪽에서 호두 마을로 들어오기 위해서는 석축이 있는 지점을 통과해야만 마을로 들어올 수 있었다. 마을 주민들은 한편으로는 미군들의 진입을 차단하고, 다른 한편으로는 마을에서 쫓겨나 피난민 신세가 되지 않겠다는 일념으로 석축 공사를 강행하였다. 마을 사람들은 석축을 일컬어 '성'을 쌓았다고 표현하였다.

마을 사람들은 소개 당할 위기에 처하자, 포로수용소로 대변되는 '낯선 세계'와 자신들을 차단하면서 머무를 수 있는 권리를 주장하였다. 토지에 대한 소유권을 주장함으로써 자신들에게 부과된 '추방'이라는 명령을 거부했다. 용초 사람들이 제 땅에서 쫓겨나서는 소개민 수용소에 억류되었던 사례를 보았던 호두 사람들은 떠나는 것을 거부하고 제자리에 머무는 것을 선택했었다. 제자리에 머무르기 위해서는 공간을 변화시켜야 했다.[30] 공간 변화는 운하를 파서 땅을 절단하거나 성벽을 쌓아 외부와 차단하려는 시도로 나타났다. 공간 절단은 실패했지만, 차단은 성공하였다. 삶의 터전에서 사람들을 분리하려 했던 방안은 토지 박탈을 넘어 주민들을 언제든 처분이 가능한 존재로 간주했던 식민지적 발상이었다. 토지 박탈이 지배 권력의 표현 방식이었다면, 주민 소개는 제국주의적 폭력 행위나 다름없었다.

한산면 관내의 일부 면민들도 호두 주민들을 도우려 석축 공사에 참여하였다. 힘든 난관을 헤치고 우여곡절 끝에 석벽이 완공되어 마을은 철거를 면하게 되었다. 석벽 공사가 완료되고 곧이어 휴전협정이 체결되면서 포로수용소에 있던 포로들이 빠져나갔다. 포로수용소 철거 이후 힘들게 쌓았던 석축을 헐어 경작지의 담을 쌓거나 다른 용도로 사용하면서 석축은 시나브로 사라졌다. 석벽을 쌓았던 지점과 운하를 파려 했던 장소는 현재 흔적으로 남아 있다(한산면지편찬위원회 1992: 785-787). 헛구개 운하 공사와 석벽 축조 공사는 마을 철거를 피하기 위한 방책이었지만, 실제로는 포로수용소에 근무하는 미

30 한 공간에 대한 권리를 주장하는 것은 그 공간을 변화시키는 권리를 얻는 것이다(버틀러 & 아타나시오우 2016: 51).

군들로부터 마을 내 여성들을 보호하기 위한 장치였다. 당시 미군들이 호두 마을을 드나들면서 동네 아낙네와 처녀들을 희롱하거나 추행하는 일이 종종 발생했다고 한다.

한편, 용초 마을과 마주한 하소리 의암 마을에서는 용초도 포로수용소에서 매일 아침 포로들이 부르는 군가 소리와 김일성을 찬양하는 구호 소리를 들었다. 용초도와 하소리 의암 마을은 직선으로 채 1km도 되지 않을 뿐 아니라 바다로 트여 있어 소리가 선명하게 들리는 거리에 있다. 구호 소리가 들리고 난 뒤에는 어김없이 총소리와 연막탄 혹은 가스탄이 터졌다고 한다. 매캐한 가스 냄새는 의암 마을까지 전달되었다. 포로들의 폭동을 진압하기 위해 미군들이 공포탄과 최루탄을 난사하면서 연기가 치솟고, 바람에 연기와 냄새가 맞은 편에 있는 섬까지 퍼졌다. 전장이 아닌 최후방 외딴섬에 살면서도 총소리와 화약 냄새가 끊이지 않았던 셈이다. 이렇게 총소리가 나고 나면 시체가 바다에 떠다닌다는 소문이 돌면서 아이들은 물론 어른들마저 공포와 불안감에 휩싸였다. 매일 아침 포로들이 부르는 군가 소리가 들리고 김일성을 찬양하는 구호 소리가 들려왔다고 한다. 총소리와 연막탄이 온 섬을 뒤덮는 날도 있었다고 한다.

귀환국군포로에 대한 감시는 인민군 포로를 감시할 때보다 느슨하였다고 한다. 상대적으로 여가가 많았던 국군 경비병들과 인근 마을 처녀들 간에 혼담이 오가거나 사실혼 관계가 이루어지기도 하였다. 성이 장씨였던 한 일등상사는 김씨 성을 가진 용초 처녀와 살림을 차렸다. 그는 근무지가 바뀐 후에도 간간이 찾아왔다. 두 사람 사이에 2녀 1남이 태어났다. 용초에 남아 있던 '부인'은 아이들을 키우고 살면서 남편에게 생활비를 보내주기도 하였다. 세월이 흘러 부산에 그의 본부인이 살고 있다는 사실을 알려졌다. 그는 이중혼으로 두 집 살림을 살고 있었다. 하지만 전시에 발생했던 일이라 크게 문제가 되지 않았다고 한다. 한편, 신실한 경비 군인이 마음에 들었던 마을 사람이 마을 처녀를 중매하여 혼인한 사례도 있었다. 당시 경비병으로 근무했던 군인과 용초 김씨 문중의 외동딸 사이에서 태어났던 아들은 훗날 해양수산부 장관을 역임하였다. 호두 마을에서도 경비대 군인과 눈이 맞아 임신한 처녀도 두어 명 있었다고 한다. 한 사례는 군인이 다른 부대로 전출되어 가고 그 사이 여자 혼자서 딸을 낳았지만, 그 군인은 돌아오지 않았다. 혼자 아이를 낳았던 여자는 다른 곳으로 시집을 갔다고 한다. 다른 사례는 임신한 처녀를 집안의 수치라고 여긴 오빠들이 거제도 어느 곳에다 처녀를 내려놓고 왔다고 한다. 비진도 내항의 김○순이라는 여성은 용초도 포로수용소에 근무하던 경비병과 혼인한 다음 살림까지 차렸다고 한다. 용초에서 근무했던 그 군인은 내항 마을 이장과 양아들처럼 가깝게 지냈다고 한다. 이장이 두 사람을 중매했다. 두 사람은 내항에 신혼살림을 차렸나. 군인은 동네에 올 때마다 보급품과 과자 등을 가져와 이웃 사람들에게 나누어 주기도 하였다. 두 사람 사이에 아들이 태어났지만, 어릴 적에 죽었다고 한다. 이후 부대가 이동하면서 경비병이었던 남편도 다른 곳으로 전출되었다. 전출된 군인 남편으로부터 소식이 끊어졌다. 젊은 나이에 혼자가 된 김○순은 주위의 권유에도 재혼하지 않고 삯바느질로 연명하며 혼자 살았다. 오랫동안 홀로 살고 있던 그녀를 애처로이 여긴 내항 마을 이장이 남편을 찾아 나섰다. 하지만 정확한 소속을 몰라 국방부와 육군본부 등지를 방문하면서 겨우 소재지를 파악했다고 한다. 그는 제대 이후 포항 인근에서 다른 여성과 혼인하여 따로 살고 있었다. 남자의 본댁은 과수원을 소유하고 있었으며, 전답이 많았다고 한다. 비진도에서 포항까지 찾아간 이장이 남자의 아버지에게 자초지종을 설명하자, 아버지는 아들을 불러 사실 여부를 확인한 다음 아들의 잘못을 크게 꾸짖었다고 한다. 그때까지 홀몸으로 살고 있었던 김○순에게 여생을 누릴 정도의 재산을 마련해주었다고 한다.

한편, 용초도의 집결소에 수용되었던 귀환국군포로 중에는 한산면 출신도 다수 있었다. 현재까지 확인된 사람은 추원 마을의 양덕신, 야소 마을의 이봉숙, 망곡 마을의 김응렬, 하포 마을의 김석수, 의암 마을의 박포찬 등이다. 야소 마을에서는 이봉숙이 전쟁 중 사망했다는 전사 통지서를 받고 제사까지 지냈다고 한다. 그러다가 용초도 포로수용소에 왔다는 소식이 전해지자 가족과 마을 사람들은 죽었던 사람이 살아왔다고 매우 기뻐하였으며, 이봉숙씨가 제대하여 귀가하던 날 그의 가족이 큰 잔치를 열어 주민들과 함께 환영했다고 한다(한산면지편찬위원회 2012: 430). 이처럼 한국전쟁은 한반도의 거의 모든 지역과 사람에게 갖가지 형태로 깊은 상흔을 남겼다.

제1부 04

봉암도 포로수용소와 소개민

1. 지역 소개

'봉암도 포로수용소'가 설치되었던 섬의 현재 명칭은 '추봉도'이다.[1] '봉암'은 추봉도 서쪽에 있는 마을 이름이다. 추봉도는 조선시대에는 '추암도'로 불렸다.[2] 추암도가 언제 봉암도로 바뀌었는지는 분명치 않다. 추봉도는 거제도와 한산도 사이에 있는 섬으로, 섬의 서쪽부터 봉암, 추원, 예곡, 곡룡포 마을이 형성되어 있다. 섬의 동쪽에 망산(256m), 서쪽에는 큰봉산(238m)이 솟아 있다. 망산과 큰봉산 사이는 좁고 야트막한 언덕으로 이어진다. 마치 두 개의 섬이 이어져 있는 형국이다. 동서로 길게 뻗어 있는 섬의 중간에 'U'자 모양의 작은 만灣이 형성되어 있다. 만의 동쪽에 예곡 마을이 있고, 서쪽에 추원 마을이 있다. 만의 입구는 북쪽으로 열려 있다. 만을 사이에 두고 마주 보고 있는 두 개의 마을은 '동반령'이라 일컫는 길고 홀쭉한 등성이로 이어진다.

---

1 봉암도라는 명칭은 1916년 6월 1일 발행된 <조선총독부관보>에 나타난다.

2 1419년 삼도체찰사 이종무 장군이 마산포를 출발하여 견내량을 거쳐 이곳 추암도에 함대를 집결하고는 출정하기 전 이곳에서 마지막 점검을 했다고 한다(한산면지편찬위원회 1992: 677).

예곡(좌) · 추원(우) 마을

추봉도의 중간에 자리한 추원 마을과 예곡 마을은 인접하여 쉽게 오갈 수 있다. 하지만 예곡에서 곡룡포로 가기 위해서는 산등성이를 넘어야 하고, 추원에서 봉암으로 가는 길 역시 산등성이 옆으로 난 비탈길을 따라가야 했다. 과거 면사무소가 있던 진두 혹은 한산국민학교가 있었던 창동으로 가기 위해서는 봉암 북쪽에 있는 나루터에서 나룻배를 이용하였다. 현재는 진두와 봉암 북쪽을 잇는 연도교와 도로가 개통되어 봉암에서 곡룡포까지 자동차로 다닐 수 있다. 추원과 예곡을 잇는 등성이 동쪽 부분에 미군 장교식당이 있었다. 1956년 4월 미군 장교식당으로 사용되었던 건물 1동을 토대로 추봉국민학교가 들어섰다. 추봉국민학교는 1999년 9월 폐교되었다.

추원은 3개의 자연 마을로 형성되어 있다. '뜸'이라 불리는 자연 마을은 당촌, 중촌, 남

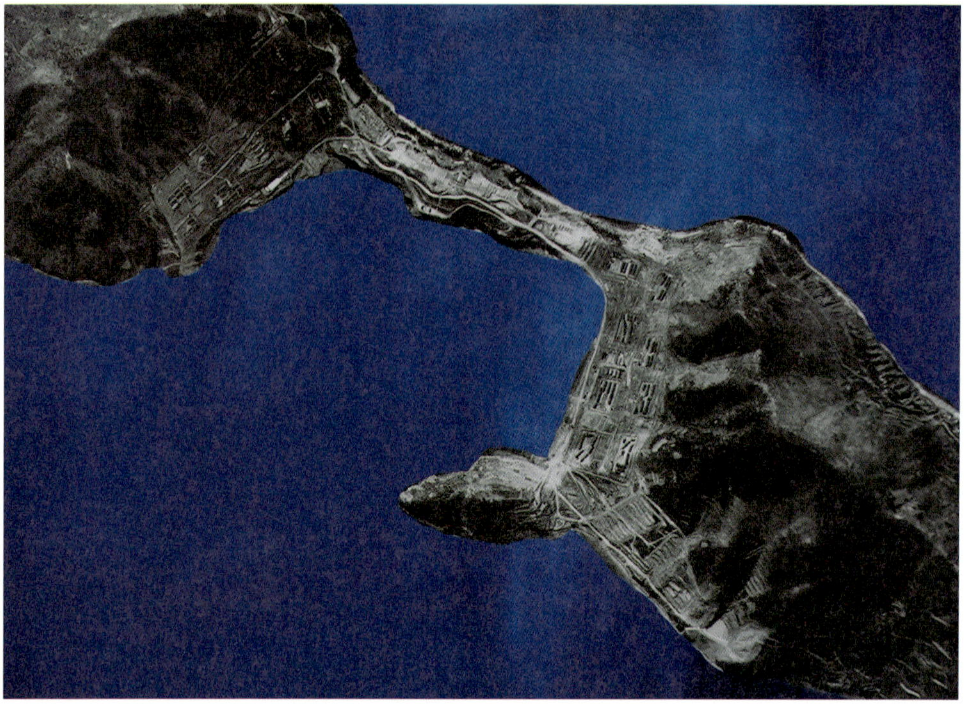

봉암도 포로수용소

촌이다. 행정구역으로 1반, 2반, 3반으로 편성되어 있다. 조선시대 거제도 가배에 주둔하고 있었던 경상우수영 병사들을 위해 관기들을 지금의 예곡 마을에 살게 했다고 한다. 관기들이 살았다고 '여기골女妓谷' 또는 '여골女谷'이라 불렀다고 한다. 여골 혹은 여기골이라는 명칭이 상스럽다고 하여 1925년 마을 주민의 발의로 '예곡禮谷'으로 마을 이름을 변경하였다. 봉암은 일제강점기에 한산어업조합이 설치되었던 마을이다.[3] 토박이말로 '고부랑개'로 불리는 곡룡포는 상대적으로 늦게 마을이 형성되었다. 곡룡포 맞은편에 거제도 저구 마을이 있다. 포로수용소가 들어선 곳은 예곡 마을과 추원 마을이었다. 포로

3 한산어업조합은 1972년 욕지어업조합과 통합되어 통영어업조합이 되었으며, 1980년 통영어업조합은 충무수산업협동조합으로 통합되었다.

수용소가 건설되면서 이곳에 살고 있었던 사람들은 강제로 소개되었다(전갑생 2016: 14). 소개되기 직전 추원에는 80세대 451명, 예곡에는 47세대 358명이 거주하고 있었다(한산면지편찬위원회 2012: 411).

2. 봉암도 포로수용소

1952년 6월 10일 대규모 수용동의 포로들을 500명 단위의 작은 수용동으로 옮기는 '분쇄' 작전으로 송환 희망 포로 중에서 민간인 억류자들은 봉암도 포로수용소에 분산 수용되었다. 봉암도 포로수용소의 공식 명칭은 '유엔 거제도 제1수용소 분소 봉암도 민간인억류자수용소(UN CI No. 1C Camp)'였다. 공식적으로 1952년 6월 19일 설치되어 1953년 10월 17일까지 운영되었다. 수용소의 규모는 2개 구역 16개 수용동이었다. 이곳에 억류되었던 민간인 억류자 8,851명은 북한으로 송환되었다.[4] 봉암도 포로수용소는 미군과 국군 제31포로경비대가 경비를 담당하였다. 추원과 예곡 마을에 각각 1개의 구역이 설치되었다. 1개 구역의 수용 규모는 4,000여 명이었으며, 1개 동에는 500~600명 정도가 수용되었다. 봉암도 포로수용소에 수용되었던 포로들은 1952년 2월 18일 거제도 제62수용소에서 폭동을 일으켰던 주축 세력이었다.

포로수용소 설치 이전 추원 마을

봉암도 포로수용소로 분산된 이후에도 포로들과 미군 경비병 사이의 충돌은 끊이지 않았다.[5] 포로들의 시위와 폭동이 여러 차례 발생하였다. 미군은 포로들의 폭동을 진압하면서 최루탄을 쏘았

---

4 봉암도 포로수용소에 수용된 인원은 기록물에 따라 차이가 있다. 송효순은 봉암도 포로수용소에 민간인 억류자 및 친공포로 8,835명이 수용되었다(송효순 1973: 137)고 하였다.

5 『조선일보』 1952.07.30.

다. 최루탄의 가스 냄새는 인근 섬으로 바다로 퍼져나갔다. 포로수용소 안의 '전쟁'은 총소리와 함께 냄새로 감지되었다. 당시 언론에서 보도했던 봉암도 포로수용소 폭동 사건은 여러 차례였다.[6] 최전방이 아닌 한반도 남단의 포로수용소에서 대규모 폭동이 발생하였다는 사실과 폭동으로 민간인 포로 200여 명이 죽거나 다쳤다는 것은 봉암도 포로수용소가 이념 대립의 또 다른 공간이었음을 여실하게 보여주었다(조성훈 2010a: 299-303). 봉암도 포로수용소에 수용되었던 포로들은 소위 '친공' 민간인 포로들이었다. 이들은 포로 교환 당시 북한으로 돌아갔다.[7]

봉암도 포로수용소 역시 용초도 포로수용소와 마찬가지로 순식간에 설치되었다. 구술자들에 따르면, 1952년 늦은 봄 밭에서 보리를 베고 타작이 한창일 무렵 포로수용소 건설을 위해 LST라 불리는 함정이 도착하고, LST 함정 입구가 열리면서 불도저가 쏟아져 나왔다고 한다. 미군들이 들어 왔지만, 변변히 항의도 하지 못했다. 오히려 한국인 통역관을 통해 즉시 집을 비우라는 '지시'를 받았을 뿐이었다. 포로수용소 건설은 주민들이 미처 빠져나가기 전부터 시작되었다. 어마어마한 장비를 끌고 철야 작업을 하면서 가옥을 불사르고 전답을 허물면서 산허리를 깎아 평지로 만들었다. 곳곳에 길을 내고 철조망을 겹겹이 둘러치고 막사를 지었다. 주민들이 살고 있었던 가옥과 대지는 물론 전답과 야산까지 중장비로 밀어붙여 경관을 송두리째 바꾸어 놓았다.

주민들은 마을에 포로수용소를 건설한다는 사전 통보나 보상한다는 소리도 듣지 못했다고 하였다. 미군들은 '공산군을 무찔러 한국인의 자유와 평화를 보호하기 위해서'라는 명분을 내세워, '한국인의 자유와 평화'를 허물어 버렸다. 하루아침에 난민이 된 주민들은 어디에 하소연도 하지 못하고, 배상을 청구할 수 있는 통로도 없었다. 자국의 국민이 미군에 의해 토지와 가옥을 강제로 징발당하고 조상 대대로 살고 있었던 마을에서 쫓

---

6 1952년 9월 22일 자 『조선일보』는 봉암도의 포로 폭동으로 23명이 부상당했다고 보도하였다. 이어 1952년 12월 19일 자 『조선일보』는 부상자 중 3명이 사망했다고 전하였다. 1952년 12월 17일 자 『동아일보』에서는 포로 폭동 사건으로 82명이 피살되고 120명이 부상당했다고 보도하였다.

7 봉암도 포로수용소에서 '반공'으로 전향하여 탈출한 사례도 있었다(김종호 2011: 112-113). 포로였던 저자 김종호는 자신이 수용되었던 곳이 용초도인지 봉암도인지 기억하지 못한다고 하지만, 정황상 봉암도 포로수용소로 추정된다.

봉암도 포로수용소(추원에서 예곡방향)

추원에서 예곡 방향(현재)

겨났음에도 한국 정부는 속수무책이었다. 이승만 정부로부터 작전권을 이양받았던 미군은 징발을 '합법'적으로 수행할 수 있었다. 1952년 당시 봉암 출신으로 한산면어업조합에 근무하고 있었던 강금석은 LST가 들어오던 날 봉암에서 추원과 예곡으로 출장으로 갔다가 그날의 광경을 목도하였다.

> "예곡 마을 중턱에 자리 잡은 보리타작 마당이 여러 곳이 있었고, 이종을 앞둔 고구마 잎이 자라 30cm 이상이었다. 영문을 몰라 우왕좌왕하는 사이, 미군들이 집에 불을 지르고 계획된 도면을 보고 불도저 기사는 길을 닦는 것이었다. 이런 소란 속에서 주민들은 연고지나 친척 집 또는 각기 예상한 곳을 찾아 소개하기에 바빴다. 인근 외항, 호두, 의암(하소)국민학교 밑 자갈치, 곡룡포, 봉암, 입정포, 야소의 벅수골, 통영읍 등지로 분산되어 나갔다. 행정을 담당한 한산면 사무소도 몰랐다. 한마디로 무법천지였다."(강금석 2000: 71).

주민들에게 사전 통고도 없이 어느 날 LST 함정이 갑자기 마을 앞 바닷가로 나타났으며, LST 함정의 '아가리'서 쏟아져 나온 불도저가 집과 밭을 그대로 밀어버렸다고 한다. 당시 마을 사람들은 보리를 타작하느라 바쁜 시기를 보내고 있었다. 어른들은 보리를 타작하느라 눈코 뜰 새 없이 바빴지만, 어린아이들은 LST가 들어오기 전에 마을에 나타났던 새까만 잠수복을 입은 군인들을 목격했던 기억이 선명하였다. 새까만 잠수복을 입은 군인들이 고무보트에서 하나씩 '퐁', '퐁'하고 떨어져 마을 끝 북드럼치부터 헤엄을 치면서 들어왔다고 한다. 미군들이 잠수부를 동원하여 LST 함정이 접안할 수 있는 장소의 해저지형과 수심을 조사했을 것으로 짐작된다. 이들이 돌아가고 며칠 뒤 산더미만 한 큰 군함이 마을 어귀에 들어섰다. LST에 불도저를 비롯한 건설장비를 가득 싣고 와서는 밭과 들을 한껏 밀어붙이면서 해변에서 산 중턱까지 여러 갈래로 길을 만들었다. 며칠 동안 길을 내고 땅을 고른 다음 철조망을 치기 시작하였다. 철조망이 겹겹이 설치되자 마을 사람들은 염려 반 호기심 반으로 공사장을 기웃거렸다. 미군들은 마을 사람들을 쫓아내면서 '게라리', '게라리'라는 말을 반복했다고 한다. 몸짓과 손짓을 미루어 나가라는 의미라고 짐작하였다. '게라리'라고 들은 말은 영어의 '겟 아웃Get Out'라는 소리였을 것이다. 포로수용소를 건설할 공간이 마련되자 곧이어 집과 창고 등에 불을 질러 마을 사람들을 강제로 소개시켰다. 전쟁은 논밭도 집도 다 개인이 아닌 '국가'의 소유라는 점을 각인시켰다. 주민들은 군인들이 나가라고 하면 나가야 하는 세상이었다고 회상하였다. 어떤 이유나 간곡한 호소도 소용없고, 그냥 짐을 싸서 떠나야 했다.

당시 예곡 마을에서는 보리타작을 위해 밭에서 베어낸 보릿단을 마을 공터에 쌓아 두고 보리를 타작하고 있었던 중이었다. 타작마당에서 보릿단을 서로 맞물려 늘어놓고 도리깨질이 한창이었고, 다른 곳에서는 한 차례 보리타작을 끝내고 나무 그늘 밑에 옹기종기 앉아 아낙네들이 준비해 온 술 함지를 가운데 두고 풋고추를 안주 삼아 막걸리를 기울이고 있었던 참이었다. 바로 그때 예고도 없이 집채보다 훨씬 큰 LST가 나타나서는 마을 앞바다에 들이닥쳤다. LST의 모습을 처음 본 마을 사람들은 넋이 나간 채 구경하느라 여념이 없었다. 앞바다에 정박한 LST의 '아가리'가 열리면서 불도저가 쏟아져 나왔다. 마을 사람들은 그때까지 'LST'나 '불도저'를 본 적도 없었고 이름조차 몰랐다. 사람들은 '저기 머꼬?', '참 희한한 일도 다 보겄네'라고 아우성을 지르며 일손을 놓고 바닷가에 벌어지는 진풍경을 구경하러 몰려들었다. 남성 구술자들은 커다란 배에서 마구 쏟아져 나오던 차량의 모습을 제일 먼저 떠올렸다. 반면 여성들은 커다란 함정에서 모자를 쓰고 나타났던 '힌둥이'와 '껌둥이'들을 보고 놀라 도망을 쳤던 기억을 회상하였다.

> "우리가 열다섯 살 먹었을 때라. 보리 타작을 하고... 이럴 적에 LST라고... 거기서 나와서 이집도 저집도 제끼고... 선창을 만들더만... 엄청 차가 기어 나와는 기라. 모자 쓴 사람.... 국군 모자 쓴 사람들... 힌둥이도 나오고 검둥이도 나오고. 그래가지고 우리는 겁이 나가지고..."(정모악, 여, 1938년생, 한산 예곡 출신).

추원이 고향인 강기재는 어린 시절 마을에서 놀다가 엄청나게 큰 배가 들어오는 모습을 목격했으며, 가족들과 함께 마을에서 강제로 쫓겨나 외가가 있던 한산면 창좌리 장곡마을로 이주했다가 나중에는 면 소재지였던 진두에 임시로 지은 판잣집에서 거처하였다고 했다. 미군들이 휘발유를 뿌리고서는 집을 태워버리자 더 이상 머물지 못하고 마을을 떠나야 했다. 1952년 6월경 강기재의 가족은 목신에 긴딘한 가재도구만 챙겨 싣고 외가가 있던 장곡마을로 이주하였다. 이삿짐은 단출하였다. 솥단지와 옷 보퉁이, 그리고 보리타작을 마치고 챙긴 보릿자루 몇 개가 전부였다. 잿더미로 변한 마을을 뒤로 하고 이주하면서 아이도 어른도 울음을 터트렸다(강기재 2009: 102-103).

함정에서 쏟아져 나온 중장비가 곧장 마을로 들어와 새로 길을 내고, 곧이어 그 길을 따라 대형 차량이 물자를 실어 나르기 시작하였다. LST와 불도저의 신기한 모습에 넋이 빠져 있었던 마을 사람들은 놀라서 입을 다물지 못하고 마을은 순식간에 공포 분위기에 휩싸였다. 사전 예고도 없이 들어온 미군들은 마을 주민들을 강제로 철거시키고 포로수용소를 건설하였다. 조상 대대로 이곳에서 살아왔던 주민들은 농토와 가옥 등 보금자리를 모조리 징발당했다. 집과 밭은 '땅 파먹는 기계'로 허물고 밀어버려 형체도 없이 사라졌다. LST를 처음으로 목격했던 주민들은 그냥 아가리 큰 배가 들어와 아가리를 쩍 벌리더니 거기에서 중장비가 줄줄이 나왔다고 말했다. 섬 덩치만 한 LST가 바닷가로 들이닥쳐서는 함정 입구가 열리면서 불도저가 쏟아져 나와 밤낮으로 집과 밭을 가리지 않고 밀어내었다.

당시 이곳에 미군공병대 1개 중대, 수색 및 경비대 1개 대대, 경비를 담당했던 한국군 1개 연대, 수색을 전담했던 873부대가 주둔하였다. 추원과 예곡 사이의 동반령에 지휘사령부가 설치되었다. 이곳에서 추원과 예곡에 있었던 포로수용소의 포로들을 관리했다고 한다. 사령부 건물 동쪽에 유엔군 막사 약 30동을 건립하여, 헌병대, 경비대, 통신대, 인쇄소, 취사장, 장교 숙소, 장교 식당, 동력 발전소, 수송부대, 공병대 순으로 배치하였다. 사령부 뒤편 동남쪽 아랫부분에 병원을 건립하였다. 사령부에서 예곡 마을 목까지 건물이 즐비했다고 한다. 사령부 바로 앞 아랫부분에 반원형의 석축을 쌓고, 양편에 대형 좌대를 설치하여 사자상을 만들어 세웠다. 두 사자상 사이에 미국 국기와 유엔기를 게양하는 게양대를 설치하였다. 사령부 하단부에 석조 함석지붕으로 만든 대형강당이 있었다. 100평 정도 되는 강당에서 주일 예배를 비롯하여 영화관람, 위문공연, 연회 등 다양한 행사를 하였다.

봉암도 포로수용소

현재 예곡 선착장이 들어선 곳에는 LST를 비롯하여 대형 화물 수송선이 접안하여, 선착장 안쪽의 물양장에다 목재, 피복, 식량, 석탄, 유류 등 기타 군수물자를 하역하였다. 처음에는 노천 물양장에다 군수물자를 적재하다가 선착장 위쪽 동북쪽을 정지하여 그곳에 시멘트로 바닥 공사를 한 다음 건평 500평 규모의 목조와 함석으로 보급창고를 건립하였다. 보급창고에 각종 물자를 저장하였으며, 보급창고가 들어선 해변 위쪽에 식수 저장고를 설치하였다. 포로수용소 부지는 해안선과 일직선으로 비스듬한 산지를 깎아 평지로 만들었다. 수용소 가운데로 2차선 도로를 건설하고 도로 좌우에 10m 높이의 2중 철조망을 가설한 다음 내부를 8등분하였다. 3m 간격으로 3중 철조망을 설치하고 안쪽 통로에 원형 철조망을 고착하였다. 8 개의 구역마다 400명 정도의 포로를 격리 수용하였다. 주 1회 수색작업이 있었다. 바깥쪽 공간 통로에는 경비병이 경계 근무를 하였다. 수용소 바깥 변두리에는 약 100m마다 기관포가 설치된 경비 탑이 있었다. 50m마다 기둥을 세워 외등을 가설하여 밤에도 대낮같이 훤했다. 예곡에 설치되었던 포로수용소는 제1관구라 불렀다.

봉암도 포로수용소로 이송된 포로들은 자신들이 거주할 건물과 시설 착공에 필요한 모래와 자갈을 손수 날랐다. 포로들은 경비병의 인솔 아래 포로수용소 인근 해변에서 모래와 자갈을 퍼서 보따리로 운반하였다고 하였다. 이렇게 운반한 모래와 자갈을 시멘트와 섞어 담을 만들고 그 위에다 수용소 건물을 지었다. 이처럼 포로들은 자신들이 수용될 건물을 직접 만들었다. 막사 건축을 비롯하여 철조망 설치에도 포로들이 동원되었다. 세 겹으로 둘러싸인 철조망 안에는 약 50m 간격으로 감시탑이 세워졌고, 감시탑을 비롯하여 요소요소에 미군과 한국군 경비병이 배치되었다.

한편, 포로수용소 설치 공사가 진행될 당시 지금은 고인이 된 윤○돌이가 보급창고에 들어가 초콜릿 등을 훔쳐 먹었다가 미군 경비병에게 붙잡혀 된통 혼이 났다는 이야기는 '전설'처럼 전해 온다. 당시 윤○돌은 보급창고에 몰래 들어가 모포를 비롯한 보급품을 훔쳐 마을 입구의 나무 아래에 숨겨두었다. 그는 친구와 함께 재차 보급창고에 잠입했다가 바깥에서 문이 잠기는 바람에 이틀 동안 창고에 갇혀 있었다고 한다. 보급창고에 갇힌 그들은 초콜릿 같은 부식을 먹고 대소변도 그곳에서 해결하다가 창고 문이 열리면서 곧바로 체포되었다. 미군에게 붙잡힌 그들은 '안 죽을 만큼' 두들겨 맞고 풀려났고 한다. 간 크게 미군 보급창고를 털었다는 이야기는 주인공이 세상을 떠난 뒤에도 우스갯소리로 남아 있다.

봉암도 포로수용소에 포로들이 완전히 수용된 다음에는 수용소 내부에서 어떤 일이 벌어졌는지는 알 수가 없었다. 단지 노랫소리와 총소리, 그리고 매캐한 최루탄 가스 냄새로 폭동이 발생했다고 짐작했다.[8]

---

8 봉암도 포로수용소에서 포로들의 시위는 피복 검열 거부를 시작으로 점차 포로수용소 당국에서 금지했던 노래를 부르면서 저항하였다(이경분 2023).

"저 가배가 저쪽에서 우리 배를 타고 요래 앞을 지나 건너오는데, 진두를 오면은, 아 저 사람들이 데모를 하더라고. 포로들이. 와 막 고함 소리가 나면 최루탄을 떠뜨리렸기라.. 그 때는 최루탄인지 몰랐는데, 연기가 불쑥 올라오면서 펑펑 하더라구요. 연기가 불쑥 자욱하게 안개 모양으로 끼면, 조용해지더라... 그게 최루탄이라. 인자 눈물 계속 내던 거 떠뜨려 가지고 진압을 시키는 모양이라. 그러면서 많이 봤죠..."(정현권, 남, 1939년생, 한산 예곡 출신).

구술자들은 포로 중에서도 가장 '악질 포로'들이 이곳에 수용되었다고 말하였다. '악질 포로'라는 말은 주민들 자신들의 강제 소개를 정당화하는 혹은 수긍하게 만드는 언명으로 작동되고 있었다. 이곳에 수용된 포로들이 가장 '악질' 포로였다는 말은 자신들이 희생을 감내해야 했음을 드러내고 있는 언술이라고 할 수 있다. 왜 자신들이 강제로 마을을 떠나야 하는지 누구도 명확하게 설명해 주지 않았던 그 이유를 '악질' 포로들이 이곳에 수용되어야 하기에 떠날 수밖에 없었다는 말로 대답을 찾고 있는 셈이다.

3. 소개민 생활

주민들에게 강제 소개는 물리적 박탈을 의미하였다. 마을에서 쫓겨난 사람들은 주택과 주거 시설, 음식과 의복, 교육, 노동과 같은 사회경제적 조건과 기회를 박탈당하였다. 기존의 물리적 환경과 사회적 환경에서 분리되면서 이들의 생활 수준은 매우 열악한 상태로 떨어졌다. 특히 주택 박탈은 개인과 가족에게 많은 영향을 미쳤다. 주택은 음식을 제공하고 외부의 추위와 위험에 노출되지 않도록 보호하는 환경을 제공한다. 주택 박탈은 인간의 건강, 인성, 그리고 인간관계에 많은 영향을 끼친다(Towsend, 1992: 69). 소개민 수용소의 불량한 거주 시설과 음식 결핍은 소개민들의 나쁜 건강 상태로 나타났다. 이곳에서 가족이 사망하기도 하였다. 노인들은 표출할 수 없는 분노로, 아이들은 영양 결핍으로 목숨을 잃었다. 열악한 주거 환경에 다수가 거주하면서 수용소 주변에는 전염병이 유행하기도 하였다. 소개민들의 주택 박탈은 빈곤의 경험으로 나타났다.

봉암도 포로수용소가 설치되면서 추원과 예곡 주민은 추봉도의 봉암과 곡룡포, 한산도의 진두, 야소, 입정포, 창동, 장곡 등의 마을과 거제도 등지로 소개되어 나갔다(<지도 3> 참조). 강제로 소개 당한 주민들은 울고불고할 틈도 없이 갑작스레 마을을 떠나야 했다. 소개와 동시에 모든 수용소 시설이 마련된 것은 아니었다. 소개 당시에는 임시로 거처할 곳을 찾아 한산면과 인근 거제도의 친인척 집을 찾아 그야말로 '임시' 거처를 마련하였다. 마땅히 찾아갈 친인척이 없는 사람들은 한산국민학교 교정에 군용 텐트로 만든 임시 숙소에서 자리를 잡기도 하였다. 소개되고 한참 지난 다음에 추원 사람들은 한산도 진두에 마련된 소개민 수용소에, 예곡 사람들은 한산도 입정포 및 추봉도의 곡룡포에 설치된 소개민 수용소에 배정되었다. 소개 당시 소개민 경험자들의 가족 형태 및 이동 경로는 〈표 4〉와 같다.

〈표 4〉 봉암도 포로수용소 소개민 경험자

구술자 (출생/성별)	소개 당시 가족구성원/ 명	원 거주지	이주경로	소개민 수용소	비고
박양호 (1937/남)	조모, 부모, 형, 누나, 본인, 남동생 2명, 여동생 1명/ 9	추원	추원 → 봉암		봉암 진외가
정양덕 (1937/남)	조모, 부모, 본인, 남동생 3명, 여동생 3명/ 10	추원	추원 → 입정포 → 창동 학교 → 입정포	입정포	입정포 고모 거주
강기재 (1943/남)	부모, 본인, 여동생 3명/ 6	추원	추원 → 장곡 → 진두	진두	장곡 외가
정인선 (1937/여)	부모, 본인, 남동생 4명, 여동생 3명/ 10	추원	추원 → 죽전 → 진두	진두	
정모악 (1938/여)	부모, 올케, 조카 2명, 언니, 본인, 남동생 2명/ 9	예곡	예곡 → 유자섬 → 창동 학교 → 곡룡포	곡룡포	오빠 군인(전사)
정현권 (1939/남)	조부모, 부모, 본인, 동생 5명/ 10	예곡	예곡 → 가배 조부모, 본인 예곡 → 진두 부모, 동생 5명	진두	

〈표 4〉에 제시된 소개민 경험자들의 가족 형태는 3대 가족이 네 가족, 2대 가족이 두 가족이었다. 가족 구성원 수는 6명부터 10명이었으며, 평균 9명이었다. 소개되면서 한

가족은 분산 이주하였다. 가족 수가 많았던 탓이 컸지만, 이거했던 마을에 가족 소유의 전답이 있었기 때문이었다. 분리 이주했던 가족은 소개가 끝난 다음 다시 한 집에 모여 살았다. 소개를 나갈 당시에는 소개민을 위한 수용 시설이 제대로 마련되어 있지 않았다.

마을 사람들의 소개는 미군들이 마을로 들어와 중장비를 이용하여 도로를 만들고 경지를 정리하여 수용소를 설치할 준비가 완료되면서 시작되었다. 미군들이 들어오고 난 뒤에도 정부나 관계기관에서는 아무런 통지가 없었다고 하였다. 포로수용소가 설치되기 전 이런저런 이유로 이곳에 포로수용소가 설치될 예정이니 마을을 비워 달라는 지시가 있었을 것이라 짐작되지만, 정작 주민들에게는 포로수용소 건설과 관련된 아무런 통보나 공문이 전달되지 않았다고 한다. 전쟁을 빌미로 개인 소유의 토지와 건물을 국가가 임의로 소유권을 행사하였던 셈이다. 포로수용소 건설이 시작되고 얼마 후 주민들에게 소개령이 발령되었다.

> "어느 날 조금 있으니 합법적으로 나가라고 통지가 와서 면 소재지가 있는 진두, 입정포로 일부 나가고, 저희 아버지는 저 진두로 나갔는데 시방 농협 자리 거기든요. 밭이라요. 밭인데… 텐트, 천막을 하얀 천막을 쳐가지고… 한 텐트 밑에 두 집씩인가 이래 살았어요. 텐트가 좀 크더라구요. 다른 집 식구하고 한 텐트 밑에서, 밥만 야외에다 큰 솥에, 솥을 놔놓고. 침상도 아무것도 없이 그냥 맨바닥에 그 뭐라노 덕석… 덕석을 깔고. 덕석은 동네에서 가져갔죠."(정현권, 남, 1939년생, 한산 예곡 출신).

당시 구술자 정현권의 가족은 조부모를 포함하여 총 10명이었다. 장손이었던 구술자는 할아버지 할머니와 함께 거제 가배로 이주하여 그곳에서 살았다. 가배에는 가족 소유의 논 6마지기가 있었다고 한다. 60대의 조부모는 가배에서 농사를 지었고, 부모님과 동생들은 한산면 진두에 마련된 천막 수용소에서 거처하였다. 거제도 가배로 나갔던 구술자와 조부모는 포로수용소가 해제될 때까지 약 3년간 그곳에서 거주하였다.

소개가 시작되면서 어선을 소유했던 사람은 집채를 뜯어서 임시 거주지까지 싣고 갔다. 보리타작을 마친 다음 탈곡한 보리를 싣고 옆 마을로 이주하였다. 선박으로 실어 간

자재로 새로 집을 짓고, 이주 당시 가지고 간 식량으로 생계를 해결하였다. 단순한 이주가 아니라 이사였던 셈이다. 이들은 임시 수용소에 거처했던 사람들에 비해 상대적으로 고생을 덜 했다고 한다.

> "우리는 다행히도 봉암에 친척이 있어가지고 봉암으로 갔는기라. 내는 고생을 조금 설했고... 우리 아부지 외가집이 거기 있는기라. 그래서 거기 가서 계속 살았지. 계속 살다가 인자 여기에 포로가 떠나고 온기라... 요(여기) 떠날 때 아래채를 뜯어 갔제. 집(아래채)이 나무가 좋아가지고 몽땅 뜯어 갔고... 우리는 나갈 때 보리 열 섬 해가지고 까가지고. 그거는 몇 년 먹을 수 있는 기지."(박양호, 남, 1937년생, 한산 추원 출신).

위 구술자 박양호의 가족은 봉암에서 움막 같은 집을 짓고, 진외가에서 내어준 밭을 경작하면서 살았다고 하였다. 당시 아버지는 어선을 운영하였는데 매일 술에 취해 살았다고 하였다. 소개를 나가면시 소를 1마리 몰고 갔는데, 포로수용소 폐쇄 이후 마을로 돌아올 때는 소가 4마리로 불어났었다고 하였다. 한편, 식구가 많고 변변한 생계 수단이 없었던 가족은 구성원을 분산함으로써 재난에 대처하였다. 소개 초기에는 임시 수용소에서 가족 단위로 텐트를 배정해 주지 않고, 두세 가족을 묶어 하나의 텐트에 배정하면서 인원이 밀집되었다. 임시 수용소에서는 배급이 들쭉날쭉하여 항상 식량이 부족하였다. 따라서 이주 당시 가지고 나온 식량이 많지 않았던 가족은 생계유지가 곤란하였다. 결국 가족 구성원을 분산할 수밖에 없었다.

> "그 당시에 우리 고모님이 입정포에 있었는데, 입정포에 가가지고 그쪽에 있다가 입정포에서 한 두 서너달 있다가 한산초등학교 운동장에 거따가 뭐 텐트, 텐트가 나왔죠. 텐트 생활을 하다가... 한 텐트에 한 네 집 정도 있었던 것 같은데.. 텐트에 안 온 사람도 있고, 온 사람도 있고..."(정양덕, 남, 1937년생, 한산 추원 출신).

위 구술자 정양덕은 고모네가 살고 있었던 입정포로 이주하였다. 입정포에서 잠시 거주하다 한산국민학교 운동장에 마련된 임시 수용소로 온 가족이 이주하였다. 당시 식구는 조모님과 부모님, 그리고 동생 여섯 명을 포함하여 총 10명이었다. 배급 식량만으로 생계가 곤란했던 구술자의 가족은 장남이었던 구술자를 외가가 있던 비진도 외항으로 머슴살이로 보냈다. 외항에서 소를 먹이는 꼴 머슴으로 있다가 입정포의 고모네로 왔다 갔다 하였다고 한다. 소개되기 전 구술자의 집에는 어선 1척을 비롯하여 논이 4~5마지기에 밭이 2,000평 정도 있었다. 마을에서 부자는 아니었지만, 머슴을 두 명이나 두고 살 정도로 넉넉하게 살았다고 하였다.

소개 당시 천막으로 급조했던 임시 소개민 수용소는 이후 판자로 만든 가건물로 바뀌었다. 판자로 만든 수용소는 장옥 형태였다. 소개민 수용소는 다섯 혹은 여섯 동이 있었으며, 한 동은 대략 열 칸 정도로 구성되었다. 한 칸은 방 하나에 부엌, 그리고 현관문이 있는 일자형 구조였다. 한 칸에 한 가족씩 배정되었다. 소개민 수용소에 거주할 당시 정부에서 식량을 배급해 주었다고 한다. 구술자는 배급받은 식량은 대개 밀가루 혹은 옥수수 가루였다고 기억하였다. 수용소에 '갇힌' 사람들은 별도의 생계 수단이 없었다. 소개민 수용소에서 아이들은 창동에 있는 국민학교를 다녔다. 소개되기 전에는 봉암 마을 끝에서 나룻배로 타고 진두에 내려서 창동까지 걸어 다녔다.

> "우리 열다섯 살 먹었을 때 소개 나갔다. 보리타작 할 적에... 도사 영감이 우리 외갓집 오빠거든. 유자섬으로 소개를 나가 가지고 있다가, 그 뭐시 수용소에 안오믄 배급 안준다 해서 진두로 갔다가 다시 창동에 있는 국민학교로 이동하였다. 창동 학교에 교실에 분필로 선을 그어 놓고 '이거 내 집, 저거 네 집'하고 살았다. 이러고 살다가 곡룡포에 와가지고 요게다 천막을 쳐가지고, 네 집이 살았다. 수용소를 인자 지어 길게 지어 가지고 열 집 정도 살았다. 한 집에 한 칸씩. 우리는 식구가 많아 두 칸인기라. 흙으로 움막을 쳐서 살았다."(정모악, 여, 1938년생, 한산 예곡 출신).

위 구술자는 외사촌 오빠가 살고 있었던 장곡 마을 앞 유자섬으로 소개를 나갔다고 한다. 외사촌 오빠네는 유자섬에 살고 있는 유일한 집이었다. 유자섬으로 소개를 나갔던 당시 식구는 부모, 올케언니, 조카 2명, 언니, 본인, 남동생 2명으로 모두 9명이었다. 오빠는 군에 입대한 상태였다. 가족 모두 유자섬에서 1년 정도 기거하다 소개민 수용소에 들어가야만 배급을 준다고 하여 아버지와 어머니 그리고 둘째 딸이었던 구술자가 진두에 마련된 소개민 수용소로 갔다고 한다. 진두에 마련된 소개민 수용소는 천막이었다고 하였다. 진두에 있다가 다시 한산국민학교에 마련된 소개민 수용소로 옮겼다. 일부는 학교 운동장에 설치된 텐트에 기거하고 일부는 교실 바닥에 분필로 선을 그어 구분한 공간에 자리를 잡았다고 하였다. 구술자 가족은 한산국민학교 교정에 마련된 소개민 수용소에서 3개월 정도 있다가 다시 곡룡포의 천막 수용소로 이전하였다. 곡룡포의 천막 수용소에서는 네 집이 함께 살았다고 한다. 이후 판자로 만든 소개민 수용소가 설치되었다. 이곳에서는 한 가족에게 한 칸씩 배정되었지만, 구술자의 가족은 식구가 많다고 하여 두 칸을 배정받았다고 한다. 여기에는 추원과 예곡에서 온 소개민 10여 가구가 2년 남짓 살았다고 한다. 식구가 많았던 구술자의 가족은 따로 움막 같은 집을 지었다고 한다. 흙으로 담을 쌓고 방 2개에 부엌이 달린 건물이었다. 곡룡포에 살면서 선박을 이용하여 진두로 오가며 배급을 탔다고 하였다. 당시 구술자의 집은 큰 배 한 척을 소유했으며, 곡룡포에 약간의 토지가 있었다고 한다. 가난한 사람들은 소개민 수용소에서 주는 배급 식량으로 이전보다 생계 해결이 수월해졌지만, 상대적으로 넉넉하게 살았던 사람들은 소개 이후 힘든 시기를 겪었다고 하였다.

포로수용소가 설치되었던 추봉도의 주요 수입원은 농업이 아닌 어업이었다. 섬사람들은 최소한의 생활 기반을 마련하기 위해 농업을 병행하였다. 즉 도서 지역에서 농업은 어업의 결손을 보충하거나 최소한의 생활을 보장하기 위한 안전장치이다. 섬 지역에서 보리는 계층적 차이를 드러내는 상징이었다. 이듬해 보리를 타작할 때까지 풋보리를 베서 먹지 않고 지난해에 추수해 두었던 보리를 먹을 수 있는 집은 '부자'였다고 한다. 논이 귀했던 추봉도에서는 머슴에게 주는 품삯도 보리였다. 집안일을 도맡아 하는 큰 머슴의 일 년 품삯은 보리 두 가마니와 옷 두 벌이었다. 소를 먹이는 '소 머슴' 또는 작은 머슴에게는 설과 추석에 옷 한 벌을 사 주고 혼자 힘으로 들고 갈 수 있을 만큼의 곡식을 주었다고 한다.

소개민들은 마을을 떠나면서 가재도구와 함께 추수한 보리를 싣고 나갔다. 보리가 있는 동안은 굶주리지 않았으며, 잠시 거처를 옮긴 정도로 여겼다. 하지만 보리가 바닥나자 '불안정한 일상'이 일상처럼 되어버렸다. 식량 부족이라는 '불안정한 일상'은 소개민들을 심리적으로 위축시켰으며, 낯선 공간에서 낯선 생활에 적응해야 하는 이방인과 같은 신세가 되어버렸다. 소개 이후 곧바로 장마가 시작되었다. 장마철에 한 집에서 보리를 볶으면 다른 집에서도 아이들 등쌀에 모두 보리를 볶아 먹었다고 한다. 보리 볶는 냄새가 원주민 마을로 퍼지면, 원주민들은 소개를 나온 사람들이 보리를 볶아 먹는다고 욕을 해대었다. 일상적 상황에서는 보리를 볶아 간식으로 먹기도 하였지만, 식량 결핍 시기에는 보리는 간식이 아닌 주식이었다. 즉 원주민들의 시각에서는 먹거리가 부족한 소개민들이 보리를 볶아 간식으로 먹는 것은 '비정상적' 행위였다.

주식인 보리가 떨어지자, 아이들과 아낙네들은 산과 들로, 그리고 해변으로 나가 먹을 수 있는 모든 것을 채집하였다. 고사리, 쑥, 칡, 강아지풀, 각종 산나물 등의 산채류와 미역, 파래, 모자반, 김 등과 같은 해조류 등을 채집하여 주식 대용으로 먹었다. 야생 밤, 야생 감, 머루, 다래, 보리수(뻘똥) 등 과실류는 아이들의 간식거리였다. 산나물 혹은 해조류를 넣고 쌀이나 보리 몇 톨을 넣고 끓인 죽이나 쑥을 뜯어다가 만든 쑥 범벅. 소나무 껍질로 만든 송기떡 혹은 피죽, 칡뿌리를 가루로 만들어 요리한 칡국수, 도토리를 쑤어서 만든 도토리밥 등은 대표적인 구황음식이었다.[9] 식량이 부족했던 시절 '보리 개떡'은 일상적인 음식이었다. 보리 개떡은 보리방아를 찧으면 처음 나오는 껍질(등겨)을 버리고 두 번째 나오는 속껍질 가루에다 사카린이라는 당분을 넣어 손바닥 크기로 빚어 만든 '떡'이다. 평소에는 먹지 않았던 식재료가 식량 결핍기에는 새로운 먹거리가 되었다. 이들 먹거리는 단지 배고픔을 달래주고 허기진 배를 채워주었을 뿐이었다.

한산면에 두 개의 포로수용소가 동시에 설치되면서, 여러 곳에 소개민을 위한 '수용소'가 설치되었다. 처음에는 막사였던 임시 수용시설이었다. 판자로 만든 소개민 수용소는 한참 뒤에 세워졌다. 얇은 판자로 벽을 세우고 지붕을 얹은 판잣집 수용소가 급조

9 고구마 수제비, 고구마떡, 고구마밥, 쑥 범벅, 톳나물 밥, 고구마순 국밥, 칡 수제비 등은 한산도 지역의 '향토 음식'으로 일컬어지고 있다(박영선 1999: 29).

되었다. 판잣집 수용소는 길이가 대략 40m에서 50m 정도였으며, 여러 칸으로 나누어 가구별로 거주하게 하였다. 좁은 판잣집에서 8~9명이 넘는 인원이 생활했던 가족도 있었다. 겨우 바람을 피할 수 있는 수준이었다. 도배를 하지 않은 얇은 벽틈을 통해 찬바람이 드나들면 온 밤을 추위에 떨어야 하였다. 판잣집 수용소는 화장실과 부엌이 설치되지 않아 가구별로 해결책을 마련하였다. 밥을 짓고 아궁이에 불을 때기 위해 남의 동네 산에서 나무를 해오는 것도 고역 중의 하나였다. 한겨울 추위를 참지 못한 아이들과 노인들이 온돌이 있는 친인척 집으로 이주하면서 이산가족이 생겨나기도 하였다. 행정관서에서는 배급을 통제함으로써 판잣집 수용소를 떠나지 못하게 하였다. 즉 판잣집 수용소에 머물지 않으면 배급을 주지 않았다.

강제로 소개 당하고 몇 달 뒤에 소개민들은 마을별로 지정된 수용소에 배정되었다. 그해 겨울에는 좀처럼 내리지 않던 눈까지 와서 더욱 추위에 떨었다. 배급 식량으로 생계를 유지하기 어려워 남자들은 고기잡이를 떠나거나 다른 마을로 품팔이를 하러 가고, 남아 있는 여인들과 아이들은 배급 식량이 떨어지면 초근목피로 생명을 부지하였다. 기아 상태가 만연해지면서 해초를 뜯어 식량으로 삼기도 하였다.

> "저 죽전이라 카는데, 죽전 거기가 우리 외갓집이거든. 외갓집에 갔는데, 살기는 구씨 집에 살았어. 살다가 요(진두) 수용소 지어가꼬 요리 내려와지. (현)농협 자리. 정부서 인자 수용소 지어가꼬, 피난 나온 사람들 전부 다 거따 가라캐서…품도 팔고 아버지는 고개 낚으로 댕기고. 우리 아버지 참 욕 봤소. 산다고. 어머니는 아이들 보고, 남의 집 밭 매주고… 밭 매주고 인자 강냉이 철 되면 강냉이 따주고…"(정인선, 여, 1937년생, 한산 추원 출신).

당시 구술자 정인선의 가족은 모두 10명이었다. 외가 동네인 죽전으로 살러 갔다가 나중에는 진두에 설치된 소개민 수용소로 거처를 옮겼다. 구술자는 인터뷰 내내 아버지가 고생이 많았다고 말했다. 아버지는 먼 바다로 나가 고기를 낚아 생계를 이어 나갔으며, 어머니는 이웃집 밭을 매거나 옥수수 수확을 도와주면서 품삯을 받았다. 죽전에서는 방세를 주고 방 2칸을 빌려 10식구가 살았다. 죽전에 거주할 당시에는 배급이 없었다. 소개민 수용소로 들어가야만 배급을 나눠주었다고 한다. 배급은 한 달에 '늘보리' 한 말이었다. 겉껍질을 벗기지 않은 겉보리 한 말을 가지고 한 달을 살기 어려웠다. 늘보리를 찧어서는 쑥이나 톳을 섞어 밥을 지어 먹었다. 식량이 귀했던 사람들은 심지어 수수 껍질을 빻아 가루로 만들어 끼니로 삼았다고 한다. 가족과 함께 진두 소개민 수용소에서 살았던 구술자는 외사촌이 태어나자, 아이를 돌보아 주기 위해 다시 죽전으로 들어갔다. 15살이었지만 체구는 작았다. 어느 날 아이를 업고 바깥에 나갔다가 미국 사람을 만났다. 잔뜩 겁에 질려 있던 그녀를 미군이 머리를 만졌다. 겁에 질려 있던 터에 서양 사람이 머리까지 만지자 자지러지듯이 요란하게 울음을 터트렸다고 한다. 한국인 통역이 다가와서는 미국 사람이 귀여워서 머리를 쓰다듬어 주었다고 말했다. 그 미국 사람이 울고 있는 그녀에게 과자와 초콜릿을 주면서 달래주었다고 한다.

1952년 여름 소개 당시 보리를 추수하여 마련했던 식량은 이듬해 봄이 되자 거의 소진되고 말았다. 전쟁 중이어서 식량을 구하기도 쉽지 않은 상황이었지만, 구입할 수 있는 식량을 있다고 하더라도 해도 돈이 없었다. 식량이 떨어지자, 소개민들은 어쩔 수 없이 소개민 수용소로 들어갔다. 소개민 수용소는 '집'이 아니었다. 집은 단순한 물리적 구조물이 아니다. 집은 가족이 거주하는 장소이면서 문화적 실천이 이루어지는 공간이기도 하다. 사적 공간으로서의 '집'은 공적 영역과 구별된다. 한 집에 거주하는 사람들 즉, 가내 집단은 생산활동을 함께 하며, 재산을 공유하는 공동체이다. 무엇보다 가내 집단은 식사를 함께하는 '공식집단'이다(주영하 2011: 46). 집에서는 음식의 생산과 소비가 함께 이루어진다. 일반적으로 집은 조리를 하는 공간과 조리된 음식을 먹을 수 있는 공간, 그리고 음식물을 저장하거나 보관하는 공간이 따로 마련되어 있다. 부엌은 음식의 생산이 이루어지는 핵심적 공간이다. 음식 생산은 주로 여성 혹은 주부의 일로 간주되었다. 따라서 부엌은 전통적으로 여성의 공간으로 인식되었다. 소개민 수용소는 여러 개의 칸으로 구성되고, 하나의 칸은 방과 부엌으로 구분되었다. 소개민 수용소의 부엌은 일차적으로는 조리하는 공간이었지만, 건물 바깥에서 방으로 이어지는 출입구이기도 하였다. 이곳의 부엌은 여성들만의 공간이 아닌 건물 안으로 들어가는 통로이면서 현관이기도 하였다. 즉 여성들의 독립적인 공간이었던 '부엌'은 사라지고 음식을 조리하는 부차적 기능만 남았다. 전통적 의미의 부엌이 사라지면서 기존의 사회 질서와 관습에도 혼란이 일어났다. 부엌의 공간적 변화는 음식 준비와 먹는 행위를 변화시켰다.

소개민 대부분은 별도의 수입원이 없었다. 하루하루를 연명하는 것이 급선무였다. 고향 마을에서 소개되면서 농사지을 땅을 잃어버렸던 주민들에게 관공서를 통해 지급되는 배급식량은 주요한 식량원이었다. 면사무소를 통해 지급되는 배급 식량은 밀기울, 강냉이(옥수수) 가루, 기타 잡곡 등이었다. 그나마 양이 부족하였을 뿐 아니라 정기적으로 배급되지도 않았다. 몇 달에 한 번씩 지급되었다. 사람들은 부족한 식량을 해결하기 위해 풀과 나물을 캐어 먹다가 나중에 나물도 동이 나자, 허기를 면하고자 어린 감나무 잎사귀까지 따서 데쳐서 먹었다고 한다. 식량 배급을 받기 위해서는 면사무소까지 가야만 했다. 면사무소에서 드럼통에 가득 찬 우윳가루를 받아와 죽처럼 끓여 먹거나 밥 위에다 쪄서 먹었다. 허기를 메우기 위해 우윳가루를 물에 타서 마시는 대신 곡물처럼 끓이기거나 쪄서 먹었다고 한다. 밥위에 찐 우윳가루는 딱딱하기가 이루 말할 수 없었다고 회상하였다. 배급받은 식량이 떨이지면 산으로 들로 나가 나물이나 나무껍질을 벗겨 보릿가루에 섞어 쑥버무리나 보리개떡을 해서 먹었다고 한다. 어떤 날에는 바다에서 뜯어온 톳으로 밥을 짓기도 하였다. 나무껍질을 섞어 지은 밥을 먹고 나면 대변이 안 나와서 고역이었고, 톳을 많이 넣은 밥은 그대로 대변으로 나와 금새 허기가 졌다고 하였다.

소개민 수용소 주변 야산과 들에는 쑥이 남아 있지 않았으며, 화목으로 나무를 베어가면서 산에는 변변한 나무조차 없었다고 한다. 포로수용소가 설치되었던 지역주민들의 주요 생계 수단은 어업이었다. 하지만 이곳에 포로수용소가 들어서면서 포로수용소가 설치된 지역뿐만 아니라 인근 해안까지도 접근이 차단되었다. 주민들은 포로수용소가 설치된 섬을 벗어나 먼바다까지 나가 낚시나 그물로 고기를 잡았다. 생선을 잡아 와도 판로가 마땅치 않아 배급 밀가루와 바꾸어 먹거나 이웃 사람과 나누어 먹는 수준이었다. 어업이 마땅찮았던 사람들은 인근 육지로 머슴살이를 떠나기도 하였다. 여성들은 원주민들의 거주지에서 농사일을 거들어 주고 옥수수나 고구마 등을 얻어와 겨우 생계를 꾸려 나갔다.

정부는 식량 배급을 구실로 소개민들의 신체를 소개민 수용소에 구속시켰다. 소개민 수용소에 '수용'되어야만 배급 식량을 받을 수 있었다. 소개민들은 식량 배급에 대한 통제권이 없었다. 이런 점에서 식량 배급은 권력관계를 드러내는 매개체였다. 소개민들은 식량을 받았지만, 보답하지 않았다. 소개민 수용소에서의 식량 배급은 소개민 관리 혹은 통제의 수단이었지, 주고받는 호혜적 관계의 산물이 아니었다. 음식의 주고받음이 없었기에 권력관계는 더욱 강화되었다. 소개민들은 사람 수대로 식량을 배급받았다. 포로들과 같은 배급 방식이었다. 배급으로 받았던 식량은 주로 안남미와 밀가루였다. 배급 식량 중에서 옥수수 가루, 밀가루, 우유 등은 이전에는 먹어보지 못했던 먹거리들이었다. 새로운 먹거리를 받았지만, 조리법까지는 '배급' 받지 못했다. 밀가루로 국수나 수제비 등을 만들어 먹기도 하였지만, 대개는 익숙한 음식으로 조리하였다. 가장 익숙한 요리는 밥과 죽이었다. 배급으로 받았던 밀과 통밀을 맷돌로 갈아서 가루로 만든 다음 솥에다 쪄서 먹었다. 우유는 끓여서 죽이나 떡으로 만들어 먹었으며, 가루우유를 그대로 먹기도 하였다. 밀가루는 빵이 아닌 죽을 쑤어서 먹었다. 빵이라는 낯선 음식을 만드는 방법도 몰랐거니와 빵을 만들 기구도 없었다.

> "식량이라곤 배급으로 받는 밀가루와 옥수수 가루가 전부였다. 때때로 가뭄에 나는 콩처럼 안남미나 보리를 조금씩 받기도 했지만, 밥은 쑥이나 톳 등을 절반 이상 뒤섞어 지어먹었다. 곡식을 아끼지 않으면 안되기 때문이다. 아이들의 간식은 돌멩이처럼 딱딱한 저급품 우유 가루 찜이 전부였다. 어떤 아이들은 배가 고픈 나머지 생우유 가루를 손으로 마구 집어먹어 얼굴에 온통 분칠을 하거나 설사를 하기 일쑤였다."(강기재 2009: 103).

새로운 음식을 마주했지만, 과거의 태도는 그대로 존속하였다. 소개민들의 일상생활을 감싸고 있는 외적 환경은 바뀌었지만, 음식 소비와 관련된 일상적 행위는 크게 변화하지 않았다. 소개된 상황에서도 기존의 사회적 서열과 성차가 그대로 반영되었다. 음식을 마련하는 것은 항상 아내, 여동생, 혹은 딸이었다. 여성들은 배급된 식량을 수수하고, 요리하고, 소비하는 과정에서 중요한 역할을 하였다. 기존 식습관을 버리지 못했던 사람들에게 빵과 우유는 적합하지 않았던 식품이었다. 단지 소개민 구호용으로 공급되었던 낯선 음식이었을 뿐이었다.

굶주림은 음식 습관을 바꾸어 놓았다.[10] 음식의 변화는 기존의 가치관과 관행의 변화로 이어졌다. 새로운 음식은 새로운 소비 상황을 조성하였다. 음식 소비 관습이 달라지면서 기존 규범의 적용 방식 또한 달라졌다. 낯선 음식은 기존의 생산 체계와 괴리되어 있었다. 사람들은 낯선 음식들이 어떻게 생산되는지 알지 못했다. 그랬기에 낯선 음식에 새로운 의미를 부여하기가 어려웠을 뿐 아니라 언제 어떻게 누구와 무엇으로 먹어야 하는지를 제대로 알지 못했다. 간혹 배급으로 받은 밀가루로 풀빵을 만들어 마을 사람들에게 팔거나 포로수용소의 경비병 혹은 포로들과 물물교환하기도 하였다. 경비병과 포로들은 대가로 보급받았던 의복을 내주었다. 배급받은 밀가루를 이용하여 만든 풀빵은 나누어 먹는 음식이 아니라 교환의 대상이었다.

봉암도 포로수용소가 있었던 예곡 마을 근처에는 조개가 크고 많았다. 마을 사람들이 떠난 다음 조개를 채취하는 사람이 없었을 뿐 아니라 포로수용소에서 버린 음식 찌꺼기와 인분을 자양분으로 조개를 비롯한 해산물들이 번성했던 덕이었다. 처음에는 '똥'을 먹고 자란 똥 조개라고 거들떠보지도 않았지만, 시일이 지날수록 먹거리가 귀해지자 이곳의 조개까지 채취하게 되었다고 한다. 어느 날 소녀들 여러 명이 곡룡포 마을에서 예곡 마을로 이어지는 해변을 따라 조개를 채취하다가 점점 포로수용소 근처까지 다다르게 되었다. 포로수용소에 가까워질수록 조개가 많아 조금씩 더 나아가다 마침내 포로수용소 바로 밑에까지 가게 되었다. 소녀들은 경비병에게 붙잡혀 잠시 미군 창고에 수용되었다 풀려났다고 한다.

아이들은 미군을 만나면 주워들은 단어로 '기브 미 껌'이라고 말을 걸어 껌이나 초콜릿 같은 것을 얻어먹기도 하였다. 당시 '기브 미 껌'이라는 말만 배워 미군을 만나면 이 말만 되풀이했다고 한다. 미군이 '없어'하고 한국말로 대꾸하면 웃음보가 터지기도 했다. 처

---

10 미군 부대에서 유출된 각종 과자와 통조림 등도 곧바로 아이들이 선호하는 음식으로 수용되었다. 한국전쟁기에 유입된 설탕, 유지류, 우유 등이 일상의 음식처럼 보편화되면서 한국인의 식습관을 변화시키는 주요 변수가 되었다(이철호 외 1988: 400).

음 조우했던 백인과 흑인의 모습을 보고 놀라 숨기 바빴던 소녀들은 점차 미군들의 모습에 익숙해졌다. 포로수용소가 설치된 예곡 마을까지 가서는 포로들과 물물교환하기도 하였다. 무서움과 두려움보다는 가족의 생계가 우선이었던 시기였다. 소개민들은 고향 마을에서 쫓겨나 새로 정착한 곳에서는 생계를 해결할 방도가 제한되어 있었다. 정착한 마을에서 소녀들이 가져간 물품은 풀빵이었다. 풀빵을 주고 포로들에게서 옷가지를 받아 왔다. 지역민들은 분뇨통을 비우러 나오는 포로들과 우연히 조우하기도 하였다.

> "덕순이 하고 둘이 조개파러 등너머 가가지고 포로들이 수건 그거를, 털수건을 바구니에 살푼(몰래) 넣어주데. 저그한테는 필요가 없은께는. 똥통을, 똥을 비우러 가면서…"(정모악, 여, 1938년생, 한산 예곡 출신)

소개민이었던 구술자는 예곡 마을 출신이었다. 가족과 함께 예곡에서 쫓겨나 이곳저곳을 전전하다가 포로수용소 인근 곡룡포 마을에 거처를 마련하였다. 소개민들에게 식량은 배급되었지만, 부식은 스스로 마련해야 했다. 추운 겨울 날씨에도 변변한 옷가지도 없이 가족을 위해 반찬거리를 마련하려 위험을 무릅쓰고 포로수용소가 있는 해안까지 접근했던 소녀들과 마주쳤던 포로 중 한 명이 자신의 목에 메고 있던 털목도리를 벗어 미군들 몰래 바구니에 넣어주었다. 관념적으로 혐오와 증오의 대상으로만 인지하고 있었던 포로들이 오히려 지역민에게 '자선' 행위를 하였다. 혐오의 대상이었던 포로가 낯선 '인간'으로 다가왔다고 할 수 있다. 이처럼 지역민들이 아주 드물게 포로들과 '조우'는 했지만, 상호작용은 없었다. 포로들은 다시 철조망 안으로 들어가고, 소개민 소녀는 거처로 돌아갔다.

4. 집과 마을 복구

포로수용소가 폐쇄된 이후 소개민들은 비로소 마을로 돌아올 수 있었다. 마을로 돌아왔지만, 머물 수 있는 집이 없었다. 집이 없다는 것은 머물 수 있는 거처가 없다는 의미였다. 거처가 없었던 사람들은 쉽사리 이전의 일상으로 되돌아가지 못했다. 복귀 이후에 오히려 먹고사는 문제가 더 커졌다. 마을로 '복귀'했지만, 배고픔은 해결되지 않고 가중되었다. 소개민 생활이 해제되면서 '소개민'이라는 신분은 탈피했지만, 소개민에게 주어지던 식량 배급이 중단되었다. 소개를 나갔던 주민들이 마을로 돌아오면서 기존의 음식 규범이 복원되었다. 마을 안에서는 땅에 떨어진 음식이나 먹고 버린 쓰레기는 먹지 말아야 한다는 일상적인 음식 금기가 발동되었다.

> "다시 들어올 때는 주던 배급을 딱 끊어불고. 우리가 먹을 게 없어가지고. 봄되면 쑥은 가장 고급 부산물인데... 저 못먹을 거는 감나무 이파리. 감나무 이파리 그것을 삶아가지고 우려버리고 그래서 그거 먹고. 뭐 포구(팽)나무 이파리를 그야말로 초근목피... 고급 쑥은 다 캐고 없는데..." (정양덕, 남, 1937년생, 한산 추원 출신).

소개민 시절에 받았던 배급은 끊어졌고, 달리 식량을 마련할 방도는 없었다. 농지는 콘크리트로 뒤덮여 농사를 지을만한 땅이 아니었다. 겨우 복구한 땅에 음력 5월에 고구마를 심고 채 두 달도 되지 않은 7월 무렵이면 이미 양식이 떨어져 손가락 크기의 고구마를 캐어 먹었다고 한다. 배고픈 시절 추원 뒷등에서 갈치를 낚아서 먹거리로 삼거나 호박을 삶아 허기를 때웠다고 하였다. 먹을 것이 없었던 사람들은 쑥을 캐 먹거나 '딩기(보리겨)'를 솥에 넣고 찐 다음 밥으로 대신하였다. 노인들과 아이들은 굶주림에 죽어 나갔다. 농지를 일구고 집을 짓는 일이 힘들어 사람들이 얼굴이 부은 채로 죽기도 하였다.

일부 주민들은 포로수용소가 폐쇄되자마자 곧바로 돌아왔다. 당시 포로수용소 건물은 대개 판자로 구조를 만들고 골이 넓은 함석으로 지붕을 덮었다. 수용소 폐쇄 이후 곧바로 마을에 들어온 사람들은 포로수용소 건물 일부를 뜯어다 집을 만들었다. 기둥과 서까래로 쓸 목재는 인근 산에서 베어왔다. 산주가 따로 있었지만, 집을 짓기 위해서 베는 나무는 용인되었다고 한다. 하지만 겨울을 나기 위해서는 구들장을 설치해야 했다. 목수와 같은 전문 인력이 부족했기에 모든 것을 스스로 해결할 수밖에 없었다. 남정네라

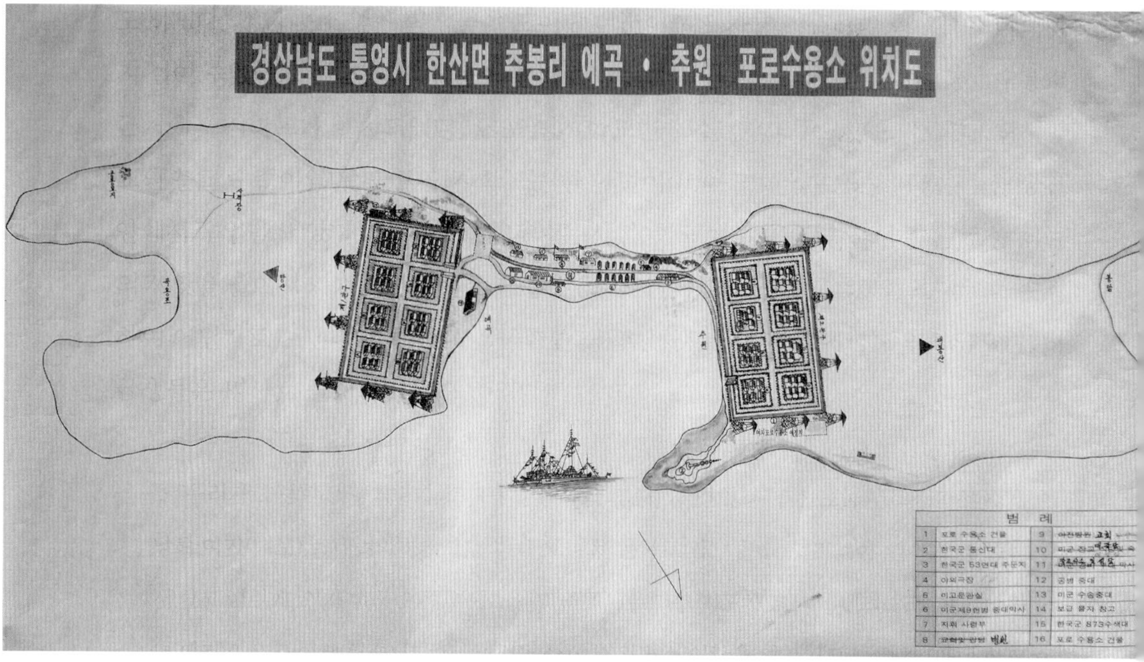

봉암도 포로수용소 위치도(손귀진 작성)

면 누구나 구들장을 설치할 정도로 집을 짓는데 이골이 났다고 하였다. 심지어 여자들도 구들장을 설치할 정도였다고 한다. 한국군 공병대가 들어와 포로수용소 건물을 철거하여 자재를 싣고 나갔지만, 주민들이 뜯어간 자재들은 회수하지 않았다고 한다. 일부 여유가 있었던 사람들은 인근 마을에서 헌 집을 사서 허물고 목재만 가져와 집을 짓기도 하였다.

예전의 마을로 돌아왔지만, 농토와 대지는 기존의 모습을 찾을 수 없을 정도로 변모되어 버렸다. 지형적으로 구조가 크게 변모되었을 뿐 아니라 지대마저 콘크리트로 뒤덮여 있었다. 귀환한 주민들은 곡괭이와 삽을 가지고 콘크리트로 포장한 바닥과 담장 등의 구조물을 헐어내어 집터를 다지고 농토로 복원하였다. 삶의 터전을 되찾는 작업은 온 가족이 매달려야 했던 고된 일이었다. 청년들은 군대에 가고 남자 어른들은 외지로 돈벌이를 나갔기에 동원할 수 있는 노동력은 여인과 노인, 어린아이들이 전부였다. 일손 부족과 생활고로 학생들은 중도에 학교를 그만두고 품팔이를 하거나 일자리를 찾아 인근 도시로 떠났다.

주민들이 해결해야 했던 문제는 거처할 가옥 건립과 더불어 생계의 바탕이었던 농지 정리였다. 주민들은 농지를 복구하고 새로 가옥을 건축하기 위해 관공서에 호소하고 진정서를 제출하였지만, 아무런 조치가 없었다고 푸념하였다. 수용소를 설치하면서 경계가 없어진 농지들을 대개 어림짐작으로 자기 땅과 남의 땅을 구분하였다. 집터를 개간하고 농지를 정리하면서 예기치 않게 포로들이 파묻었던 일기와 담배를 발견하기도 하였다.

> "그래서 가고 난 뒤 집을, 그 집터에, 그런 곳을 뜯어보면, 그 포로들도 담배를 줬던 모양이라요. '자유' 담배라고, 껍질을 본 께 '자유' 담배 이래. 그 담배 핀 껍질을 해 가지고,.. 연필로 자박히 글로 일기를 써 논게 있더라구요. 그 사람들이 뭐 '미제 타도', '이승만 타도'... 어쩌구 저쩌구 전부 욕설이지. 욕을 써가지고 일기를 써 논게 있고 그렇대요."(정현권, 남, 1939년생, 한산 예곡 출신)

수용소 시설이 단단한 자갈(몽돌)과 시멘트를 섞어 만든 탓에 건물의 잔해를 허물어 다시 집을 지을 대지로 만들고 밭으로 복원하는 작업은 쉽지 않았다. 밭 한 가운데를 관통하는 도로와 건물의 바닥과 벽체 등은 모두 단단하기 그지없는 콘크리트 덩어리였다. 당시에는 변변한 장갑조차 없어 맨손으로 곡괭이와 망치로 콘크리트를 해체하느라 노인부터 어린아이까지 모두 손이 부르트고 멍들거나 피가 터졌다. 이렇게 농지를 복원했음에도 곡식이 자랄 수 있을 정도로 토지가 지력을 회복하는 데 또 시간이 걸렸다. 거의 5~6년이 지난 다음에야 비로소 농작물을 수확할 수 있었다. 그동안은 톳밥과 강냉이죽으로 연명하였다. 귀환 이후 처음으로 보리를 수확했을 때의 기쁨은 이루 말할 수가 없었다고 하였다.

포로수용소가 설치되면서 강제로 마을을 떠나야 했던 예곡, 추원 사람들은 1954년 봄까지 외지를 떠돌아야 했다. 고향을 떠났던 주민들이 모두 귀향한 것은 아니었다. 일부는 임시 정착했던 곳에 남았다. 마을로 돌아온 사람들은 포로수용소 건설로 흔적도 없이 사라진 집을 다시 짓고 포로수용소 건물 잔해에 파묻힌 밭을 복구해야 했다. 마을을 복구하는 데는 여러 해가 소요되었다. 변변한 장비도 없이 곡괭이와 지게로 밭을 일구고 잔해를 치워야 했기 때문이었다. 주민들은 소개민으로 떠돌던 때보다 이때가 더 고단한 나날이었다고 회상하였다.

주민들의 구술에는 등장하지는 않지만, 전쟁이 끝난 다음에 보상 근거를 마련하기 위한 법적인 절차로 1962년 사후 징발령이 발포되었다. 최근 거제시에서 발굴한 <군징발 관계 서류철> 및 예곡 마을 손귀진씨가 보관하고 있던 <징발해제증>을 통해 징발령이 있었음을 확인할 수 있다. 하지만 주민들은 징발령의 존재에 대해서는 아는 이가 드물었다. 징발령이 행정당국에서만 처리하고 주민들에게는 함구했든지, 아니면 행정 계통을 통해 마을 이장까지 전달되고 마을 주민들에게는 제대로 공지되지 않았을 수도 있다. 또는 당시를 기억하는 구술자들의 나이가 어려서 제대로 인지하지 못했을 수도 있다.

포로수용소 건설로 토지와 가옥을 징발당했던 용초, 추원, 예곡, 호두의 4개 마을에서 대표자를 선정하여 1962년 '징발보상위원회'를 발족하였다. 호두 마을은 포로수용소 부지에 편입되지 않았지만, 수용소가 들어섰던 큰 논골의 임야와 전답의 소유자 대부분이 호두 사람들이었다. 큰 논골이 포로수용소로 징발되면서 호두 사람들은 식량을 마련할 수 있는 중요한 터전을 박탈당했었다. 징발보상위원회가 구성될 때 용초, 추원, 예곡과 함께 호두 마을이 참여하게 된 배경이다. 징발보상위원회의 위원장은 전 면장 김석계金石桂,[11] 위원은 용초의 김상은金尙銀, 호두의 김부정金富貞, 추원의 정현찬鄭賢贊, 예곡의 손귀진孫貴辰이었다. 개별 위원은 자신의 마을에서 징발피해 부동산을 조사하여 서류로 작성하였다. 4개 마을에서 조사된 자료를 취합하여 국방부에 제출하면서 징발에

징발해제증

아래와 같이 징발을 해제 하였음을 증명함

1965년 4월 8일

징발관 국방부장관 인

징발 해제증

11 김석계는 용초 출신으로 제8대(1940.3.15.~45.12.31.) 및 제14대(1958.11.20.~1960.6.21.) 한산면장을 역임하였다.

따른 보상을 요청하였다. 당시 추원 마을 출신 이형모가 국방부에 근무 중이었다. 이형모를 통해 간접적으로 도움을 받았다고 한다. 당시 제출했던 〈건의서〉 내용은 다음과 같다.

> "1952년 6월 16일부터 마을 주민들의 원주지(原主地) 전면을 무조건 징발하여 포로수용소를 설치코 1955년 3월 2일까지 2년 7개월 간에 그 포로수용소의 사명을 종결했던 것입니다. 당시의 경위와 절차야말로 군사상 부득이하였을 것이나 현대 법치 사회에서는 있을 수 없는 비민주적 방식으로 원주민 철거 엄명을 내리는 한편 동력(動力)으로 산붕지찰(山崩地擦) 공사를 전개하고 전체 가옥을 방화 소각하였습니다. 불시에 걸인화(乞人化) 되어 유리전전(流離輾轉)타가 비위생적이나 정부에 의한 공동수용소가 마련되어 노숙생활은 모면되었습니다. 생명선인 농토와 어장터를 인력으로 복구하고자 남녀노소가 착수하엿으나 '세면(시멘트)'으로 만들어진 군사시설을 농경지로 전환하는 것은 너무도 힘들었습니다. 도서민의 영달과 발전은 오직 어업에 달렸으나 선창고(船艙庫) 없는 어업은 영위할 수가 없습니다. 이에 아이들은 중고등, 대학이 아니라 국민학교 진학마저 불가한 현대사회에서 볼 수 없는 비참한 낙오자가 되었습니다. 우리는 아전인수를 취하려는 것도 아니옵고, 응분의 보상조치가 있사옵기를 삼가 건의하나이다."(김상현 2021: 164).

전쟁 시기 민간인들의 강제 이주와 가옥 및 토지 징발에 대한 정부 차원에서 보상을 하지 않았다. 오히려 주민들이 정부를 향해 포로수용소 건설 당시 징발했던 토지와 가옥에 대해 적절한 보상을 해달라고 신청하였던 것이다. 여러 차례 국방부를 방문하여 징발에 대한 보상을 요구한 결과 가옥에 대한 일부 보조만 받았다. 징발 보상금은 가옥으로 한정하여 지급하였다. 가옥은 기와집이 초가집보다 보상 액수가 많았다고 하였다. 하지만 당시 가옥 대부분이 초가집이었기에 보상금은 몇 푼 되지도 않았다고 푸념하였다. 가옥의 형태와 크기에 따라 등급별로 일정액의 보상금을 받았지만, 새로 가옥을 건축하기에는 턱없이 부족한 액수였다. 보상비와 별도로 가옥 건축에 필요한 기와, 짚, 목재, 함석 등을 지원받았다고 하였다. 하지만 농지 사용료와 복구비는 아예 지급되지도 않았다.

마을 한가운데 있었던 포로수용소의 흔적들은 주민들이 집을 짓고 전답으로 되돌리면서 대부분 사라지고 이제는 흔적조차 찾기 어렵다. 그나마 온전히 남아 있는 흔적은 추원 마을 서쪽 큰 골에 있는 저수지(수원지)이다. 저수지는 1천 평이 넘는 규모로 포로수용소에 용수를 공급하기 위해 건설되었던 시설이다. 이곳에 물을 집수하여 정수한 다음 수도관을 통해 포로수용소 전역에 용수를 공급하였다. 포로수용소의 시설 일부는 학교로 이용되었다. 1953년 10월 봉암도 포로수용소가 폐쇄되면서 미군 장교식당으로 사용했던 건물을 이양받아 운동장을 마련하고 한산국민학교 추봉분교를 설립하였다. 1962년 마을 주민들의 노력과 부담금으로 사업비 45만 원을 들여 마을 회관(건평 15평)을 건립하였다. 1963년 정부 지원으로 대지와 농지의 경계를 측량하였다. 미군이 포로수용소를 설치하면서 집과 토지를 중장비로 허물어 버린 탓에 기존의 경계가 모두 사라졌던 것이었다. 전국에서 40여 명의 측량 기사들이 보름에 걸쳐 측량 작업을 했다고 한다. 예곡 마을을 시작으로 추원, 용초, 호두까지도 측량 작업을 실시하였다. 하지만 측량 이후에도 경계선을 두고 분쟁과 말썽이 끊이질 않았다. 봉암도 포로수용소는 마을 주민들에게 고통의 기억과 과거의 흔적으로 남아 있다.

5. 인근 마을 사람들

포로수용소 인근 봉암 마을에서는 포로수용소에서 버리는 잔반을 얻어와서 돼지를 키우기도 하였다. 봉암 마을 목너머 해안 절벽 아래에다 축사를 지어 놓고 잔반으로 돼지를 길렀다고 한다. 추원과 예곡에 포로수용소가 있었지만, 인근 마을에서는 일상의 활동은 지속되었다. 추원과 예곡은 지리적으로 서로 마주 보고 있는 마을이어서 감시가 용이하였다. 두 개의 마을을 한꺼번에 바라볼 수 있는 중간쯤인 동반령에 포로수용소 사령부를 설치하였다. 곡룡포와 봉암은 포로수용소가 들어선 추원 예곡과는 높은 산으로 막혀 있어 지리적으로 격리되어 있었다. 이들 마을은 포로수용소가 설치되면서 동서로 오가는 육상 교통로가 차단되어 섬 속에서 다시 섬이 되었다. 곡룡포에서 봉암으로 가려면 선박을 이용해야 했다. 두 개의 마을은 하나의 섬 안에 있었음에도 별개의 섬처럼 격리되었다. 포로수용소를 건설하면서 봉암 해변까지 미군들이 보트를 타고 와서는 모래를 퍼 갔다고 한다. 봉암 마을 앞 해변은 모래사장이다.

추봉도의 서쪽에 있는 봉암 마을은 포로수용소가 들어섰던 추원과는 높은 산으로 격리되어 있어 징발과 소개와 같은 직접적인 피해는 없었다. 지리적으로 격리되어 있었지만, 동풍이 불면 포로수용소 쪽에서 매캐한 냄새가 날아오기도 하였다고 한다. 추원에 수용소가 설치되자 몇몇 한국군 장교는 봉암에 거처를 두고 출퇴근하였다. 한 구술자는 그들 중 한 명은 남자 간호장교였으며 자기 큰집의 아랫방을 빌려 부인과 함께 살았다고 기억하였다. 그 장교는 이곳에서 출퇴근하다가, 며칠씩 집에 돌아오지 않기도 했다고 한다. 간혹 초콜릿과 같은 식품과 약품 등을 나눠주기도 하였으며, 그중에는 바르는 모기약이 있었다고 기억하였다.

예곡에서 곡룡포로 넘어오는 고갯마루 입구에는 사격장이 있었다. 사격장 입구에는 초소가 있었고, 사격이 있는 날에는 반경 500m 이내는 출입이 통제되었다고 한다. 실탄 사격을 시작하면 산에 들어가지도 못하고, 밥을 지을 나무를 구하지 못해 굶은 적도 있다고 한다. 언제 어디에서 총알이 날아올지 몰라 전전긍긍하였다고 한다. 사격장 터에는 M1 혹은 카빈총의 탄두가 남아 있었고, 간혹 사용하지 않은 실탄이나 탄창이 통째로 발견되기도 하였다. 사격장은 포로수용소가 폐쇄된 다음에는 예비군 사격장으로 이용되었다. 초기 예비군들은 사격장 인근에서 사용하지 않은 탄환이 든 탄약 케이스를 발견하여 그 탄환으로 실제 사격까지 했다고 한다. 마을 아이들은 사격장에서 탄두를 줍거나 파내어 장난감 팽이의 심지로 활용하였다.

미군 부대에서 흘러나오는 보급품은 엄청났다. 심지어 작업에 동원되어 수용소 바깥으로 나온 포로들이 입고 있었던 옷을 벗어주고 대가로 주민들에게 음식을 얻어가기도 하였다. 보급품은 밀매 형태로 교환되었다. 포로들에게 지급되어야 할 보급품 중에서 일부를 빼돌려 민간인 업자에게 대량으로 판매하거나 지역주민들과 물물교환 방식으로 거래하였다. 포로수용소 인근 선착장을 통해 밀거래되는 물품은 주로 옷이나 비누, 통조림 등이었다. 군용 '더블 백'에 가득 채운 보급품은 현찰로 거래되었다. 이렇게 밀거래된 물품은 충무(통영) 시내로 흘러 들어갔다.

포로수용소의 풍부한 보급품은 한산고등공민학교 설립에 도움을 주었다. 1951년에 설립된 한산고등공민학교는 교실이 없어, 한산국민학교의 건물 한 칸을 빌려 더부살이하고 있었다. 제1회 입학생이 150여 명에 달할 정도로 학생 수가 많았지만, 교실과 교무실 공간이 협소하여 애로 사항이 많았다. 부족한 교실을 해소하기 위해 한산국민학교 교장 사택 부근에 천막을 설치하여 그곳에서 수업했다. 당시 교사 중에 한산면 출신으로 연희전문학교 재학생이 한 명 있었다. 그는 연희전문학교 4학년 재학 중에 전쟁이 발발하여 서울에서 한산도까지 걸어서 내려왔다고 한다. 당시 그의 친구가 봉암도 포로수용소에서 통역관으로 근무하고 있었다. 통역관 친구를 통해 포로수용소에서 남는 자재를 얻어 한산국민학교 건물 아래쪽에 고등공민학교 교사를 건립하였다. 학생들이 추원까지 노를 저어 가서는 폐 책걸상과 건축 자재 등을 싣고 왔다고 한다. 이렇게 얻어 온 자재로 교실 1칸에 교무실 1칸을 짓고 따로 창고를 지었다고 한다.

"우리 조재연 선생님이라고 한산도 사람이다. 이 선생님이 그 당시 연희전문학교 4학년 때 6.25가 일어났단 말이야. 그래가지고 피난을 내려왔는데, 서울서 여까지 걸어 내려왔어요. 그 때 미군 부대에. 포로수용소 가 보니까 마침 통역관이 자기 연희전문학교 동기가 하나 있더란다. 그래서 학교를 지을라고 하는데, 학교를 지을 돈도 없을 뿐만 아니라 재료도 아무것도 없는 기지. 그러니까 그 선생님이 통역관 친구한테, '느그 부대에 말이지 얼마 쓰다가 내버리는 폐품 안 있나? 책걸상이나 또 기타 뭐 학생들이 이용할 수 있는 뭐시 있으면 주라…' 그래가지고 우리가 야간에 노를 저어. 그 당시에는 전부 노 젓는 배거든. 며칠 동안… 노를 저어가지고 그걸 실어 날라가지고…"(박윤식, 남, 1938년생, 한산 의암 출신).

추원과 예곡에 포로수용소 설립 이후 이곳의 미군 부대에서 허드렛일을 하는 사람도 생겨났다. 10대 후반의 소년들은 일명 '하우스 보이'로 미군 부대에서 잡일꾼으로 일하고, 나이 지긋한 남성들은 '쿠커 맨'으로 불리는 식당 보조원으로 근무하였다. 당시 나이가 찬 청년들은 입대하고 일을 할 만한 사람들은 10대 후반이 대부분이었다. 봉암에서 하우스 보이로 일했던 사람은 2~3명이었으며, 대개는 타지 사람들이었다고 하였다. 하우스 보이는 미군 부대에서 심부름과 허드렛일을 하고 월급을 받았다. 하우스 보이였던 한 구술자는 미군들과 함께 봉암도 포로수용소 본부가 있었던 예곡에서 보트를 타고 거제면 사무소가 있는 거제항에 내려서는 그곳부터 거제도 포로수용소가 있었던 고현까지 걸어서 심부름을 다녀온 적도 있다고 하였다.

전쟁이 발발하고 한산국민학교 교정은 한동안 군인들의 막사로 사용되었다고 한다. 군인들은 운동장에다 막사와 요리 시설을 갖추어 놓고 훈련은 학교 바로 아래 밭에서 하였다고 한다. 처음 들어온 군인들은 군복을 갖추어 입은 육군들이었지만, 나중에는 핫바지와 조선 한복을 입은 사람들이 들어와 훈련하였다고 한다. 이들은 배가 고픈지 자주 마을 돌면서 음식을 구걸했다. 마을 사람들은 없는 살림에 음식을 내 줄 형편이 못되어 문을 잠그고 살았다. 핫바지를 입고 훈련받던 사람 중에서 사망자가 여럿 나왔으며, 이들의 시신은 창동 마을 노리미 치끝에서 화장했다고 하였다. 징집된 군인 중에는 부자지간도 있었다고 한다. 어느 날 동냥을 나왔던 군인이 눈물을 흘리길래 왜 그러느냐고 물었더니 막사에 아버지가 있는데 굶고 있는데 가져다드릴 밥이 없다고 하소연하였다고 한다. 부자지간이었던 군인 중 아버지는 추원에서 가옥을 철거하다 자재에 깔려 사망했다고 한다.

한편, 포로로 잡혀 왔던 사람 중에는 예곡 출신이 한 명 있었다고 한다. 추봉도 포로수용소 중에서도 추원 쪽에 설치된 수용동에 수감되었다. 그곳에서 마주 보이는 곳에 그의 고향 집이 있었다. 입대하기 전 혼인을 했던 그는 부인과 아들이 있었다. 그의 고향 집은 예곡 마을 끝단인 북드럼에 있었다. 추원 수용동을 탈출하여 헤엄으로 예곡 북드럼에 있었던 집으로 가다가 사살되었다고 한다. 다른 구술자에 따르면, 예곡 출신이었던 그는 입대하고 얼마 후에 북한군에게 포로로 잡혔다가 한국군과의 전투에 투입되었다고 한다. 그곳 전장에서 다시 한국군에게 포로로 잡혀 거제도 포로수용소를 거쳐 봉암도 포로수용소까지 오게 되었다고 전한다. 추원 쪽 수용동에 갇혀 있다가 한밤중에 탈출하여 헤엄으로 바다를 건너던 도중에 미군에 발각되어 총살당했다고 한다. 하지만 현재 예곡 마을에는 그의 친인척이 살고 있지 않아 자세한 내막은 알 수 없다.

제2부

이방인들

제5장 거제도의 이북 피난민
제6장 포로수용소 주변의 양공주
제7장 섬사람들이 조우했던 미군들

제2부 05

거제도의 이북 피난민

1. 거제도의 피난민

한국전쟁기 거제도에는 다양한 부류의 이방인이 몰려왔다. 거제도에 대규모로 들어왔던 이방인은 '이북 피난민'들이었다.[1] 이북 피난민은 주인으로 살았던 고향 땅과 집을 떠나 낯선 곳에 '손님'처럼 들어왔던 사람들이었다.[2] 이들은 남한 사회에서 '시민' 혹은 '국민'으로 포섭되기를 바라면서 피난지로 지정된 거제도에 도착하였다. 거제도 지역민들은 이북 피난민들에게 식량과 임시거처를 마련해 주었다.

거제도에 전쟁 피난민들이 몰려들기 시작한 것은 1950년 7월 초순부터라고 한다. 이 무렵 국군은 인민군에 밀려 후퇴하고 있었다. 국군이 후퇴하면서 새롭게 전선이 형성되자, 인접 지역 주민들은 육지와 떨어진 거제도로 피신하였다. 전투가 치열했던 낙동강 방어선 인근지역이었던 경상남도 창원군, 의령군, 함안군, 고성군 등지에서 피난민이

---

1 학계의 일반적인 호명은 '북한 피난민' 혹은 '월남민'이지만, 여기에서는 구술자들의 호명법을 따라 '이북 피난민'으로 표기하고 있다.

2 이방인은 자신들이 소속되기를 원하는 집단이 일시적 혹은 영구적으로 수용해 주거나 아니면 적어도 관용을 바라는 사람들이다(김광기 2014: 28).

거제도로 몰려들었다. 이들을 거제도의 '1차 유입 피난민'이라 한다(이승철 2018: 27). 거제도에 들어왔던 남한 지역 피난민들은 9월 28일 국군이 서울을 탈환한 뒤 대부분 고향으로 돌아갔다.

흥남철수 선박

거제도의 '2차 유입 피난민'은 1950년 12월 말경 함경도에서 미군 수송선을 타고 대규모로 들어왔던 이북 피난민이었다. 1950년 9월 15일 인천상륙작전 성공 이후 유엔군과 한국군은 곧바로 한만(북중) 국경까지 북진하였다. 하지만 중화인민공화국 인민지원군(중공군)이 개입하면서 미군과 국군이 후퇴하게 된다. 유엔군 총사령관 맥아더는 1950년 12월 8일 흥남철수작전을 명령하였다. 12월 9일부터 한국군과 유엔군의 철수가 시작되었다(김행복 2005: 15). 피난민들의 흥남철수는 12월 14일 시작되어 24일에 종료되었다(조진수 · 김석향 2019). 피난민들의 흥남철수는 장진호 전투 이후 유엔군의 전면 철수와 함께 이루어졌다. 애초 유엔군의 철수를 염두에 둔 작전이었지만, 흥남에 모여든 피난민도 포함되었다.[3]

LST를 이용한 본격적인 피난민 수송은 17일부터 이루어졌다(흥남철수작전기념사회회 2016: 208). 흥남에서 피난민들을 태우고 내려온 선박들이 부산에 집중되자 유엔군사령부에서는 이들을 거제도와 제주도로 향하도록 하였다(양영조 2007: 237). 이북 피난민의 부산 유입을 위험 요인으로 인식하면서 이들을 지리적으로 부산과 격리된 거제도에 수용했던 것이다(부산일보사1985: 558). 거제도는 '수용소 군도'라 불릴 정도로 피난민이 폭증했음에도 수용시설이 모자라 추운 겨울임에도 논두렁이나 산기슭에서 노숙하는 사

3 홍남철수작전 당시 피난민 구출에는 미군의 민사 고문이자 통역관이었던 현봉학을 비롯하여 여러 인물이 중요한 역할을 하였다(김선호 2023; 네드 포니 2021).

람도 많았다(부산일보사 1985: 56). 거제도에 피난민이 정착했던 초기에는 근본적인 의식주마저 제대로 해결되지 않았다.[4]

2. 이북 피난민이 마주했던 거제도

이북에서 내려왔던 피난민 대부분은 미군이 제공한 LST 수송선을 타고 흥남에서 거제도로 이동하였다. LST가 아닌 다른 선박을 타고 내려오기도 하였다. 흥남에서 미처 피난선에 승선하지 못했던 사람들은 육로로 묵호까지 내려와서는 그곳에서 피난선에 오르기도 하였다. 어떤 피난민들은 승선 예정이었던 LST 함정이 고장이 나는 바람에 흥남 부두에서 1주일 동안 찬바람을 맞으며 노숙하기도 하였다. 이북에서 내려왔던 피난민 대부분은 함흥과 흥남 출신이었다. 전쟁 발발 이전 함흥과 흥남에는 공장이 많았고 인구도 많았다고 한다. 흥남에서 내려온 피난민들은 공산주의가 싫어서 월남했다고 하지만, 실제로는 전쟁 통에 살기 위해서 남쪽으로 내려왔다고 하였다.[5]

1950년 12월 25일 거제도에 이북 피난민 14,000여 명을 실은 마지막 선박 메러디스 빅토리Meredith Victory호가 장승포항에 도착하였다.[6] 피난민이 가득했던 메리디스 빅토리호에서 아이들이 태어나기도 했다. 빅토리호에서 태어난 아이들에게 미군들은 '김치'라는 별칭을 부여하였다고 한다.[7] 거제도에서는 시국대책위원회 주선으로 각 읍면에 피

---

4 정부에서는 피난민을 거제도로 수용하게 된 배경으로 식량공급의 편의, 부식물 구입의 현지 조달 가능성, 음용수의 풍부 등을 고려했다고 하였다(부산일보 1950. 12. 22.; 12. 25.).

5 박충길(남, 1922년생, 피난민, 흥남출신)의 구술 내용(이승철 2018: 119).

6 '크리스마스의 기적'이라 불렸던 7,600톤급의 수송선 빅토리호의 피난민 수송은 2004년 기네스북에 등재되었다. 1955년 정부는 빅토리호의 선장 라루(Leonard LaRue)에 을지무공훈장을 수여하였다. 거제포로수용소 유적공원에는 빅토리호의 조형물과 흥남철수작전 기념비가 건립되어 있다.

7 장승포에서 정착한 이경필씨는 빅토리호 선상에서 태어났다. 다섯 번째로 태어났다고 '김치 5'(김치 파이브)라고 명명되었다(이경필 2019). '김치'가 한국인을 가리키는 상징물이었음 짐작할 수 있다. 거제도에 정착한 피난민들은 '평화'라는 기표로 자신들의 정체성을 대변하였다. 이경필씨의 부모가 경영했던 상점 이름 역시 '평화상회'였다.

난민을 분산 배치하였다. 당시 거제도의 인구는 10만 5천 명이었다. 여기에 피난민 10만 명과 거제도 포로수용소에 포로가 수용되면서 거제도의 인구는 포화상태에 이르렀다. 장승포항에 내린 피난민들은 배급받은 안남미 10kg을 등에 메고는 각자 배치된 지역으로 도보로 이동하였다.

흥남 부두 LST

피난민들이 도착했던 거제도 장승포는 진눈깨비가 날리던 추웠던 흥남에 비해 날씨는 따뜻했지만, 시설과 규모가 열악했으며 매우 초라한 모습이었다. 이북 고향과는 정반대였던 환경과 장소는 오랫동안 피난민들의 기억에 남았다. 눈이 내려 추웠던 흥남과 달리 거제도는 푸른 보리가 자라고 있었다. 높은 건물과 공장이 많았던 도회지 흥남과 달리 거제도의 풍경은 초가집 일색의 농촌이었다. 피난민들이 걸어갔던 길은 차가 다녔던 흥남의 신작로와 달리 꼬불꼬불한 흙길이었다. 피난민의 고무신이나 가죽신을 신고 있었던 피난민과 달리 거제도 주민들은 짚신이었다.

"장승포항에 내리니 어장막이 바닷가에 초가지붕으로 비를 가리게 하고 있었다. 그리고 장승포 마을이 전부가 초가집이었다. 작은 초가지붕에 새끼줄로 쳐놓았다. 마치 농촌 변소같이 보였다. 그 당시 생활 수준과 교육 수준이 북한이 훨씬 좋았다. 장승포는 일본 사람이 살다 간 곳으로 잘사는 곳이라 하는데 흥남과 비교할 때 낙후된 시골처럼 보였다. 장승포 국민학교에 수용되어, 하룻밤 자고 다음 날 아침부터 하청으로 자갈길을 걸어서 갔다. 장승포에서 아주 옥포 고개를 지나 연초면 죽토리에 도착하였다. 죽토 마을에서 방을 세 곳 얻어서 하루를 쉬고 잠을 잤다. 거제도 인심이 너무 좋았다. 우리를 불쌍하게 생각하고 자기들은 헛간을 치우고 그곳에 자면서도 방을 내어 주고 잠자리 이불까지 깔아 주더라. 그리고 보리밥이긴 해도 밥을 해 줘써 잘 먹었다. 그 고마움은 잊지 못한다. 또 걸어서 하청가서 하청 국민학교에 수용되었다. 그때 고무신은 귀한 신발이다. 찢어진 곳을 기워서 신고 갔는데도 발이 아프다는 것을 못

느꼈다. 그때 남한 사람들은 대부분 짚신을 신고 다녔다. 그런데 피난민들은 짚신을 신은 사람을 보지 못했다. 대부분 고무신과 낡은 구두와 가죽신을 신고 있었다. 그때 나는 16살이었다. 5살 되는 동생을 엎고 걸어서 하청까지 갔다. 하청에서 여러 날 있다가 다시 되돌아서 아주 장터로 갔다."(신현학, 남, 1935년생, 홍남 출신).[8]

위 구술자는 홍남 출신으로 일제강점기 아버지가 어업조합을 운영하였다. 백부와 부친 모두 중학교를 졸업했을 정도로 엘리트 집안이었다. 국군이 이북을 점령하면서 백부가 홍남 부시장으로 임명되었다. 당시 시장은 한국군 장교였다. 중공군 개입으로 유엔군과 한국군이 후퇴하게 되자 반동분자로 몰려 몰살될 것을 우려하여 큰 집 가족 11명과 자기 집 6명 그리고 외가 식구 8명이 함께 홍남에서 묵호를 거쳐 장승포에 도착하였다. 할아버지와 할머니는 연세가 많아 홍남에 남았다. 묵호에서 외사촌 1명이 피난선에 승선하지 못해 이산가족이 되었다고 한다. 그는 이후 서울대학교 약학과를 졸업하였으며, 구술 당시 거제도 고현에서 약국을 운영하고 있었다.

거제도에 도착한 다음부터 피난민들은 끊임없이 정체성 문제로 시달리게 된다. 일부에서는 포로수용소의 포로들과 정보를 주고받는 '간첩'이라는 의심을 사기도 하였다(이승철 2018: 212). 피난민들의 선택은 '반공'이었다. 피난민 중 여러 사람이 대한반공연맹에 가입하여 인민군 포로와 국군 경비병을 대상으로 반공 강연에 나서기도 하였다. 전쟁 이후 남한이 반공주의로 나아가면서 이북 출신 피난민들은 자신들의 충성심을 증명해야 하는 일이 허다하였다. 이북 피난민은 '빨갱이'일 수도 있다는 시선과 검열이 뒤따랐다. 피난민들의 나이와 출신 배경은 그들의 삶과 직접적으로 연결되었다. 피난민 중에는 나이를 올리거나 심지어 성과 이름까지 바꾼 사람도 있었다고 한다. 누가 누군지 알 수 없는 상황에서 신분을 드러내지 않는 것이 일종의 처세술이었다. 당시에는 피난민일지라도 40세 이하 남성이면 군사 교육과 훈련을 받았다고 하였다. 군사 교육을 마치면 전장으로 이동하거나 지역에 남아 향토방위를 담당하는 '군인'으로 근무해야 했다(이승

8 이승철(2018: 140-141).

철 2018: 141-142).

1951년 1월 16일 거제도의 피난민도 징병 대상으로 분류되면서 처음에는 만 18세부터 만 30세까지 남성 적격자가 등록 대상이 되었다가 곧이어 만 31세부터 만 40세까지도 제2국민병으로 편성되었다. 거제도 고현에 정착한 만 18세부터 만 35세 사이의 피난민 남성들은 장승포에 집결한 다음 그곳에서 훈련받았다. 35세부터 40세까지의 남성은 고현에 집결하였다. 제2국민병 대상 연령을 두고 혼선이 빚어지기도 하였다. 이처럼 피난민들은 거제도에 정착하자마자 경찰의 감시 아래 대한민국의 '국민'으로 편입되었다. 이런 내용은 한 피난민의 일기에서 확인된다.[9]

> "1월 16일: 피난민에게도 징병제를 실시하게 되었다는 보도를 지서에서 들었다. 징병제 실시에 따르는 등록사무를 실시하다. 즉 만 18세부터 만 30세의 남자를 전부 등록하여 보고한다.
>
> 1월 18일: 만 31~40세의 등록을 시작하여 보고서 작성 제출하다. 오후에 만 18세~만 35세 적격자를 명일부터 동원하여 장승포까지 출장시키라는 급특보(急特報)가 도착(거제서로부터 고현지서를 통하여).
>
> 1월 21일: 오다가 지서에 들르니 본서로부터 내전(來電). 만 40세까지 명일 총출동 명령이 내리다. 그러던 것이 금일 오후 8시 집합 명령으로 변하여 즉시 출두를 각처에 지시하다.
>
> 1월 22일: 오전 8시경 만 35세 이상 만 40세 적격자를 데리고 고현학교에 가서 다른 인솔자에게 위임"(최중훈 2016: 32-34).

제2국민병은 평상시에는 군 복무를 하지 않지만, 전시에 동원령이 선포되면 군부대에 입영하여 탄약 수송과 급식 등 군사 지원업무를 담당한다. 1950년 12월 16일에 통과된 국민방위군 설치법에 따라 만 17세에서 40세 미만의 제2국민병은 국민방위군으로

---

9 피난민 최중훈은 1907년생으로 함경북도 청진에서 태어났다. 해방 후 초대 청진시장을 지냈다. 1950년 12월 함경북도 피난민 및 청진시 피난민을 인솔하는 책임자로서 피난민들과 함께 거제도에 왔다. 1951년 1월 3일 거제도 고현지구 피난민 수용소 제1통 통장에 선임되었으며, 1월 13일 결성된 거제도 북한피난민연락처 고현 소장에 취임하였다(최중훈 2016: 110-111).

편성되었다. 중공군 개입으로 전세가 악화되자 정부는 12월 17일 제2국민병 소집령을 발동하여 약 50만 명을 국민방위군으로 편성하였다. 1951년 '1 · 4 후퇴' 이후 한국군과 유엔군이 북한 지역에서 철수하자 정부에서는 서울을 비롯한 각지의 국민방위군을 부산까지 약 15일간 도보로 이동시켰다. 하지만 이동하는 도중에 수많은 사람이 추위와 굶주림, 그리고 질병으로 죽어갔다. 조사 결과 국민방위군 간부들이 막대한 보급품과 돈을 빼돌려 착복했다는 사실이 알려지면서 사회적으로 커다란 물의를 일으켰다. 결국 국민방위군은 1951년 5월 12일 자로 해산되었다.

전쟁 이전 북한에서는 문맹 퇴치를 위해 모든 사람에게 한글을 가르쳤다고 하였다. 그래서 생활 수준이나 교육 수준이 남한에 비해 월등히 높았으며, 단결력도 강했다. 피난민들은 거제도 주민들이 순진하고 사회에 물들지 않아 피난민들을 많은 도움을 주었다고 회상하였다. 하지만 장사를 하거나 돈을 버는 일에는 관심이 없는 사람들이었다고 하였다. 피난민들이 바라본 거제도 주민들은 한편으로는 순진무구한 사람들이었으며, 다른 한편으로는 상업적 거래 행위에 익숙하지 않은, 즉 시대의 변화에 적응하지 못하는 사람들이었다. 거제도에 정착한 피난민들은 대부분 함경도 출신이었으며, 이들은 중상층 엘리트 계층에 속하는 사람이 많았다고 한다. 피난민들이 장승포에 처음 도착했을 때의 인상은 단적으로 이들의 경제적 지위를 말해준다.

> "여기 오니까 배에서 딱 내리니까 처녀들이 머리꽁댕이에 뭐를 이렇게 이렇게 해가지고 그래가지고 물동이 이고 다녀서 깜짝 놀랬지. 그리고 이제 치마 같은 거 통치마 있잖에. 옛날에 그 빳빳한 야릇 이상한 통치마 그걸 입고 저고리를 이렇게 입고 머리를 이렇게 해가지고 그래서 우리는 너무너무 놀래가지고 '아아 참 이런 세상도 다 있구나' 이랬어. 진짜로 외계인 같았어."(김정희, 여, 1932년생, 홍남 출신).[10]

10 신동흔 외(2017d: 377).

전쟁 이전 북한에서는 여성들의 고등 교육이 일반화되어 있었다. 간호학교 재학 중에 피난을 왔던 위 구술자의 눈에 비친 치마저고리 차림의 거제도 처녀들의 외관은 마치 '외계인'과 같은 차림새였으며, 생활 수준이 흥남에 비해 20년이나 뒤떨어져 있는 듯한 모습이었다. 당시 거제도 주민들은 대부분 짚신을 신고 있었다고 한다. 반면 피난민들은 고무신과 구두, 가죽신을 신고 있었다. 피난민 학생은 홍콩제 농구화를 신고 단추가 네 개 달린 오버 학생복을 착용하고 있었다.[11] 피난민들이 마주했던 장승포의 집들이 모두 초가집이었으며, 흥남 농촌의 변소 같았다고 하였다. 양장 차림이 익숙했던 피난민들의 눈에 흰 무명 저고리와 바지를 입고 지게를 지고 가는 아이들의 모습은 마치 먼 나라에 온 듯한 느낌을 주었다.

피난민들은 전쟁 이전 이북의 생활 수준과 교육 수준이 이남에 비해 훨씬 좋았다고 회상하였다. 전쟁 이전 흥남에서는 아파트에 거주하면서 연탄불로 음식을 요리했지만, 피난지 거제도에서는 아궁이에 솥단지를 걸고 나무로 밥을 해 먹었다. 피난지 거제도에서는 무엇보다 음식이 부족했으며, 그나마 먹을 수 있는 음식도 이북과 달랐다. 피난민들이 기억하는 흥남의 대표적인 음식은 냉면, 명태, 털게, 가자미식혜, 만두, 순대 등이었다. 추운 겨울 털게 속살을 넣고 말아 먹었던 국수, 추운 겨울날 얼어붙은 명태를 쫙 펴서 양념장을 발라 먹었던 기억, 좁쌀을 넣고 통째로 삭혀 먹었던 가자미식혜, 꿩고기로 속을 채운 만두, 대창을 속에 넣어 만들었던 순대 등은 피난민들의 회상으로 남아 있다.

피난민 수용소는 대개 마을 외지에 있었다. 일부는 수용소 시설과 별도로 빈집이나 헛간 등 비어 있는 공간을 찾아 기거하였다. 피난민 아이들은 아궁이에 불을 지피는 법을 몰랐다. 부모가 집을 비운 사이 아이들이 불을 붙이다 집을 태우기도 하였다. 이북에서는 공동주택으로 설립된 공장 사택에서 연탄을 사용했었다. 공장 사택에서는 집수리를 전담하는 가구와 난방시설을 관리하는 가구가 별도로 있었다. 개인별로 난방을 했던 거제도에서 땔감을 구하고 아궁이에 불을 지피는 일은 또 다른 고통이었다.[12] 피난민들

---

11 강위빈(남, 1936년생, 함경북도 성진 출신)의 구술 내용(신동훈 외 2017b: 125).

12 손희삼(남, 1945년생, 흥남 출신)의 구술 내용(부산광역시 2021: 111).

을 가지고 옷가지나 귀중품을 팔거나 물물교환하여 식량을 마련하였다. 어떤 이는 싱거 Singer 미싱과 털가죽 뭉치, 그리고 양초 한 상자와 이불을 지고 거제도로 가는 수송선에 올랐다.[13]

농업과 수산업이 대부분이었던 거제도의 풍경은 공업도시였던 흥남과 대비되었다. 흥남의 비료공장은 피난민들이 흥남의 발전상을 이야기할 때 빠지지 않고 언급되는 상징적 시설이다.

> "흥남 비료공장 그 큰 비료공장이 한 달을 다녀도 다 못 돌아. 그런데 여기는(이남) 쪼그만 것도 공장이라 하더라고요. 그래서 너무 놀랬어. 그때 거기는(이북) 공장이라 하면 수십 리가 뭐여 수백 리 이렇게 되는 다 구분 못하는 그런 공장이거든. 참말로 집 같은 저거를 공장이라 하는가?"(김정희, 여, 1932년생, 흥남 출신).[14]

1951년 3월 5일 UNCACK 거제도팀과 사회부 거제 분실 등이 설치되면서 피난민 구호가 본격화되었다. 거제시국대책위원회는 피난민을 위해 한편으로는 거제도 포로수용소 설치에 필요한 노동 인력 공급처를 확보해 주었으며, 다른 한편으로는 장승포를 비롯한 각 읍면에 시장을 개설해 주었다. 연초면에서는 총 1만 평의 토지를 시장 용지로 전환하였다. 시장 주변에는 극장, 다방, 카바레, '댄스홀', '홀 하우스' 등 각종 시설이 들어섰다(전갑생 2000: 377). 연초면의 피난민 수용소 주변은 도시지역과 유사한 상가와 주점이 난립하면서 피난민들이 자립할 수 있는 바탕이 되었다.

1951년 5월 이후 거제도 포로수용소의 포로들이 소규모 수용소로 분산 수용되고 휴전 분위기가 확산하자 이북 피난민들은 부산, 서울 등 대도시로 이동하였다. 일부는 거제도에 정착하였다. 장승포에 정착한 피난민들은 '평화'라는 기표로 자신들의 정체성을 대변하였다. 피난민들은 대개 개별적으로 거제도를 떠나 다른 지역으로 이주하였지만,

---

13 이경옥(여, 1937년생, 흥남 출신)의 구술 내용(부산광역시 2021: 132).

14 신동흔 외(2017d: 378).

일부는 집단적으로 이주하기도 하였다. 1954년 UNCACK의 협조로 거제도의 피난민들은 부산 당감동으로 집단 이주하였다. UNCACK에서 자재를 지원받아 건물 150동을 선설하여 2차에 걸쳐 300세대가 당감동 수용시설로 이주하였다(홍남시사편찬위원회 1988: 443). 이주자 대부분이 함경남도 출신 피난민이었다.

UNCACK 거제도팀

3. 지역민이 마주했던 피난민들

1951년 2월 25일 기준으로 거제도에는 피난민이 69,763명이있다. 이들 중 함경남도 출신이 53,502명으로, 피난민 인구의 약 77%를 차지하였다(거제문화원향토사연구소 2015: 10). 거제도에 피난민들이 몰려들자 1950년 12월 19일 한미 당국자들이 경남 지사실에 모여 '거제시국책위원회'를 개최하였다. 거제시국대책위원회에서 피난민 수용소 건축을 결의하였다. 5만 명을 수용할 수 있는 피난민 수용소를 건축하고, 피난민들에게는 1인당 1일 백미 3합과 부식대 30원을 지급하기로 하였다. 여기에서 피난민은 '단체피난민'에게만 한정되고, '자유피난민'에게는 적용되지 않는다고 명시하면서 피난민을 구분하였다. 부식비는 이전보다 150원 인상되었으며, 부식비와 별도로 소금이 무상 제공되었다(『부산일보』 1950. 12.22.).

정부에서도 피난민을 위한 대책 마련에 나섰다. 1951년 1월 9일 각료회의에서 수용소에 있는 전재민(피난민)에게는 무상으로 1인당 1일 쌀 3합과 부식대 및 연료비로 50원을 지급하기로 결정하였다.[15] 하지만 수용소가 아닌 민가에 분산되어 있는 피난민에 대

15 『민주신보』 1951.01.11.

한 대책은 없었다. 단지 향후 조사 이후 대책을 마련할 것이라고 하였다. 피난민을 위한 배급은 개별로 지급된 것이 아니라 피난민 수용소를 통해 일괄 지급되었다. 매일 지급하는 방식이 아닌 4일분 혹은 5일분을 한꺼번에 지급하였다. 피난민 수용소는 여러 개의 통統으로 조직되어 있었으며, 통은 다시 반班별로 세분되었다. 당시 거제도 고현지구 피난민 수용소 제1통은 11개의 반으로 구성되어 있었다. 통장이 배급미와 부식대를 직접 인수하여 각 반의 호장戶長에게 분배하는 방식이었다(최중훈 2016: 28-31).

피난민을 위한 주거 시설은 정부에서 피난민 수용에 관한 임시조치법을 제정하여 시행해야 했을 정도로 긴급한 문제였다.[16] 임시조치법에 따라 사회부 장관의 권한으로 귀속재산 중 주택, 여관, 요정 등 기타 수용에 적당한 건물을 피난민에게 내줄 수 있도록 하였다. 흥남에서 거제도로 이동했던 이북 피난민들은 별도의 수용소가 마련되기까지 임시거처에서 추운 겨울을 보내야 했다. 이후 정부 주도로 장승포읍, 일운면 및 장목면에 임시 피난민촌이 설치되었다. 처음에는 미군용 텐트로 막사를 만들었다가 나중에 판자로 집을 지었다.[17] 정부 주도의 피난민촌 설치와 더불어 읍면 단위로 피난민을 위한 소규모 임시 수용시설이 마련되었다. 각 읍면에 설치된 수용소는 한꺼번에 몰려온 피난민을 수용하기 위해 움막처럼 급조하여 만든 것이 대부분이었다. 둔덕면의 경우, 가구당 짚 한 짐을 공출하여 둔덕면 사무소 인근 하천부지에 피난민을 위한 움막을 설치하였다.[18] 면민들을 노력 동원하여 나무 기둥을 세우고 짚으로 만든 이엉을 얹어 얼기설기 만들었던 움막에 피난민들이 들어와서는 나무판자와 종이상자, 기름종이 등을 이용하여 움집을 보완하고 구들장까지 설치하여 나중에는 판잣집으로 변모시켰다고 한다(정상박

16 <피난민수용에관한임시조치법>은 법률 제145호로 1950년 8월 4일 제정되었지만, 시행 일자는 8월 1일부터였다. 9월 25일 일부 개정되었다.

17 2020년 10월 거제시에서 <난민정착관계서류철>을 발굴하면서 거제도 연초면 일대에 피난민을 수용하기 위해 지역민들의 토지를 징발했던 내용이 알려졌다(『경남일보』 2020.10.06.).

18 피난민에게 볏짚 오두막 제공은 정부의 지시로 이루어졌다. 1951년 2월 7일 작성된 UNCACK 거제도 팀의 '종합주간활동보고'는 다음과 같은 내용이 담겨 있다. "각 마을은 2,000명의 피난민들에게 피난처를 제공할 것이다. 많은 마을 주택에 배치하고 추가로 집이 없는 곳에 가능한 마을에는 피난민 볏짚 오두막을 구축한다."(거제문화원향토사연구소, 2015: 172).

2020: 250). 하지만 하천부지는 개활지여서 급조한 움막으로는 매서운 겨울바람을 막아낼 수 없었다.

연초면 다공리에도 피난민을 위한 움막이 마을 앞 하천부지에 설치되었다. 한 집에 이엉 한 동을 의무적으로 공출하였다. 짚이 없는 사람들은 옆집에서 짚을 빌려 이엉을 엮었다. 마을 사람들 모두가 냇가로 나가 돌을 주워 움막을 설치할 담장을 쌓았다. 담장은 2미터 정도였다. 담을 쌓은 다음 산에서 베어 온 나무로 서까래를 얹고 그 위에 이엉을 덮었다. 하천 옆에다 우물을 파서 식수로 사용하게 하였다.

> "그래가꼬 (돌담) 울타리를 만들어가지고, 지붕을 집집마다 나무로 만들어. 서까래 나무로 비어 왔다. 동네 사람들이 산에 가서 비어 오는 거지. 돌멩이를 이렇게 쌓아 놨는데, 서까래를 올려가지고, 이제 짚을 가지고 아주 높이는 못하고, 아주 낮게 짚을 가지고 전부 싼 거야. 한 1월 10일쯤 됐을꺼야. 날씨가 굉장히 추울 때가 아닌가.... 그래서 눈이 밝은 사람들은 가정집에 방을 얻는 기라. 방을 얻어 나가는 사람이 삼분지 일이 될기야. 삼분지 이는 거기 있고.". (윤삼지, 남, 1934년생, 거제 연초면 다공리 출신)

피난민 중 일부는 움막 같은 수용시설을 벗어나 마을에 있는 빈방을 찾아 나섰다. 시일이 지나면서 피난민들은 점차 피난민 수용소의 열악한 주거환경을 벗어나 따로 집을 짓거나 방을 얻어 살기도 하였다. 피난민들이 마을 이장(구장)을 찾아가 빈방을 구해달라고 요청하면 이장이 빈방이 있는 집을 알선해 주었다고 한다. 피난민들은 방 하나에 여러 식구가 동거하였다. 피난민에게 방세를 받지 않는 것이 일종의 불문율이었다. 당시 거제도에서는 방세를 받고 방을 빌려주는 관습이 부재하였을 뿐 아니라 맨몸으로 고향 땅을 떠나온 피난민들에게 방세를 받는 것은 악덕 행위로 간주하였다.[19] 이북 피난민들은 지역주민들의 마을과 집에서 무상으로 체류할 수 있었다. 1951년 5월 5일 기준으로 거제도 읍면 단위에 수용된 피난민의 규모 및 주거 형태는 <표 5>와 같다.

---

19 『마산일보』 1951.09.08.

〈표 5〉 거제도의 이북 피난민 수용시설과 수용 인구

읍면	학교	수용시설	마을회관	원주민 사택	임시 수용소	텐트	기타	합계
장승포읍	181	301	296	14,320	1,765	1,806	1,349	20,018
일운면		830	62	5,946	2,137	531	128	9,634
동부면	529		311	4,679	209	1,129		6,857
거제면	160		32	5,510	1,271	23	338	7,334
사등면			84	4,648	977			5,709
연초면	250		168	6,430	550			7,398
하청면			159	5,651	1,705	410	253	8,178
장목면		226	647	5,691	1,361	375	249	8,549
둔덕면			620	1,247	1,690	472		4.029
합계	1,120	1,357	2,379	54,122	11,665	4,746	2,317	77,706

자료출처: 거제문화원향토사연구소(2015: 11).

이북에서 내려온 피난민은 거제도 전역에 분산 수용되어 있었다. 당시 거제는 통영군에 소속되어 있었으며, 1읍 8개 면으로 나누어져 있었다. 피난민들은 시국대책위원회 주선으로 각 읍면에 분산 배치되었다. 읍면 단위에 수용된 피난민은 장승포읍이 20,018명(26%)으로 가장 많았고, 다음이 일운면 9,634명(12%), 장목면 8,549명(11%), 하청면 8,173명(10.5%) 순이었다. 이들 피난민이 수용된 시설은 학교 1,120명, 수용시설 1,357명, 마을회관 2,379명, 원주민 사택 54,122명, 임시수용소 11,665명, 텐트 4,746명, 기타 2,317명이었다. 이북 피난민이 거제도에 도착한 지 4개월이 지났음에도 여전히 '원주민 사택'에 체류하고 있는 사람이 대부분이었다.

피난민을 수용하기 위해 장승포 마전 및 연초면 등지에 임시 피난민촌이 설치되었다. 각 면에도 피난민을 위한 소규모 수용시설이 있었다. 장승포와 연초면의 피난민 수용소가 가장 규모가 컸으며, 처음에는 미군용 텐트로 막사를 만들었다가 나중에 판자로 집을 지었다. 각 면에 설치된 임시 수용소는 갑자기 들이닥친 피난민을 수용하기 위해 움막처럼 급조하여 만든 것이 대부분이었다. 피난민들은 대개 남루한 행색이었지만 음식이나 곡물을 구걸하지는 않았다고 한다(정상박 2020: 251).

"피난민들은 굉장히 딱했다. 자기 옷 같은 거, 귀중품 같은 거, 가지고 와가지고 쌀 같은 것으로 바꿔 먹고 살았다. 처음에는 무척 어려웠다. 주민들이 먹을 것을 나누어 주었다. 그런 사정이 유엔에 알려지자 피난민들에게 원조가 나왔다. 그때부터 배급을 받아먹으니까 피난민들은 생활이 좋아졌고, 지역 사람들은 살기가 어려웠다. 그런데도 피난민들은 지역 사람들에게 베풀 술을 모르더라. 그 사람들 인정머리 없더라."(윤형두, 남, 1934년생, 거제 고현 출신).[20]

흥남피난민 보급소

포로수용소 건설로 생계의 터전이었던 마을과 농토를 잃은 지역민들은 한편으로는 유엔당국에서 식량을 배급받으면서도, 다른 한편으로 포로수용소에서 밀반출된 물품을 팔아서 돈을 벌고 있는 피난민들이 부러웠다고 한다. 피난민들은 구호 식량을 수급받았기에 최소한 굶지는 않았다. 피난민들의 옷과 신발은 가난했던 거제도 주민들에게는 선망의 대상이었다. 피난민들이 거제도에 도착했을 때 거제도 주민들은 대부분 짚신을 신고 있었다고 한다. 반면 피난민들은 고무신과 구두, 운동화, 가죽신을 신고 있었다. 한 구술자는 고무신조차 희귀했던 시절에 피난민 어린이가 신고 왔던 운동화가 그렇게 탐이 났었다고 하였다. 거제도 주민들에게 피난민들의 차림새는 선망의 대상이었다.[21]

---

20 이승철(2018: 81). 구술자는 포로수용소가 설치되었을 당시 17세였다. 미군 부대에 급사(하우스 보이)로 일하다가 나중에는 통역을 담당하였다. 전쟁 이후에는 거제군 산림과에서 근무하였다.

21 1951년 1월 31일 작성된 UNCACK 거제도 팀의 주간보고서에 따르면, 흰색 고무신 한 켤레의 시장 가격은 6,000~7,000원, 검정 고무신은 3,000원이었다. 당시 쌀 한 말의 가격은 9,000원, 쇠고기 100g이 1,000원이었다. 참고로 당시 숙련공의 하루 임금은 1,700원, 비숙련공은 1,200원이었다(거제문화원향토사연구소 2016: 167).

"피난민은 홍남서 LST를 타고 와서 장승포에서 내렸다. 거제도민들이 방도 내어 주고, 양식도 주고, 막사를 지을 땅도 줬다. 모두를 무료로 제공하였다. 반대로 우리가 북한으로 갔다면, 그 사람들은 내몰라라 하고 동정하지 않았을 것이다. 그 사람들은 추운데 살아서 그런지 생활력도 강하고, 체면도 양심도 없었다. 전쟁 때이니까 살기 위해서 체면과 양심이 없었더라도, 거제 군민들이 자기들을 식구처럼 3년이 넘도록 집주고, 양식 주고, 땅도 주고, 땔감도 주면서 한집안 식구처럼 인정을 베풀었는데, 거제를 떠나서 잘살고 있으면서도 한 사람도 찾아오거나 고맙다는 연락이 없었고, 감사를 느끼는 사람이 없었다."(신봉권, 남, 1907년생, 거제 고현 출신).[22]

피난민에 대한 지역민들의 반응은 양가적이다. 첫째는 피난민들은 좀체 속내를 드러내지 않는 매정한 사람들이라는 평가이다.[23] 특히 정착 당시 피난민들에게 방을 내주고 도움을 주었던 주민들은 피난민들에게 서운함을 드러냈다. 지역민들은 피난민들이 생활력이 아주 강하였으며 인정머리가 없을 정도로 지독하다고 표현하였다.[24] 이런 평가는 환대에 대한 대가성이 없었음을 의미한다. 예고도 없이 방문한 피난민들에게 지역민들은 보답을 바라지 않고 환대를 베풀었다. 하지만 상황이 역전되어 피난민이었던 이방인이 경제적으로 우월한 위치에 있음에도 보답하지 않았다는 것이다.[25] 즉, 이방인 '타자'는 환대와 증여를 서로 주고받는 '우리'의 범주 안으로 들어오지 않았다. 둘째는 피난민들의 학력과 문화 수준이 지역민들보다 훨씬 높았다고 기억하였다. 거제도에 정착한 피난민들은 대부분 함경도 출신이었으며, 이들은 중상층 엘리트 계층에 속하는 사람이

---

22 이승철(2018: 57-58).

23 이방인은 그가 지닌 '거리감' 때문에 속내를 파악할 수 없는 또는 감정이 결여된 무채색의 인간으로 간주된다(김광기 2014: 108).

24 옥석(남, 1933년생, 거제 제산 출신)의 구술 내용(이승철 2018: 175).

25 피난민들은 장승포에 '북한피난민 연락처'를 설치하고 각 면에 지소를 두었다. 피난민 연락처는 정부에서 지급하는 식량을 비롯하여 각종 구호물자의 배급, 취업 알선 등을 담당하였다. 1952년 2월 무렵 피난민들은 거제도의 상권을 완전히 장악하였으며, 현금을 바탕으로 부를 축적하였다(거제문화원향토사연구소, 2016b: 159).

많았다고 한다. 피난민들이 장승포에 도착했을 때 마주했던 거제도의 가옥과 사람들의 옷차림에 대한 첫인상은 단적으로 이들의 경제적 지위를 말해준다.

거제도 포로수용소 주변 마을이 소개되고, 피난민들이 몰려오면서 학생들이 수업할 수 있는 학교는 물론 교사가 절대적으로 부족하였다. 피난민 중 일부는 교사로 채용되었으며, 지역의 학생들은 이들로부터 교육받았다. 한국전쟁 당시 거제도에는 한글을 모르는 사람이 많았다고 한다.

> "내가 하청중학교 3학년 다닐 때 이 지역 출신 선생은 한 사람도 없고 전부가 이북 출신 선생이었다. 피난민으로 영어와 수학을 잘 가르쳤다. 그 당시 문화 수준은 우리보다 훨씬 앞섰다. 그 당시 중학교 선생들이 이북에서 고등학교 선생이나 대학교 교수로 있던 사람이라고 한다."(옥석, 남, 1933년생, 거제 제산 출신).[26]

이와 같은 인식은 피난민들도 일정 부분 공유하고 있다. 이남 사람들은 이북 사람들을 두고 '지독하다' 또는 '쌍악하다'는 고정적인 이미지를 갖고 있지만, 이런 이미지는 '북청 물장수' 혹은 '또순이'와 같이 부지런하다는 의미로 받아들여지기도 한다(김귀옥 1999: 275). 이북 피난민들은 '맨몸으로 피난 나왔기 때문에 손에 돈이 들어오면 쉽게 빠져나가지 않는다' 하거나 '강인하고 자립심이 강하다'는 말로 자신들을 표현한다(김수자 2009: 205). 이런 자부심은 고향 홍남과 피난지 거제도와의 비교/구별/차별로 나타난다. 한마디로 이북 사람들은 매우 강하고 교육열 또한 높다는 것을 강조하였다. 대체로 이북 피난민 출신 구술자들도 거제도에서 처음 조우했던 낯선 풍경과 이질성을 홍남과 대비하면서 우월성을 드러내었다.

거제도에서 이북 피난민들은 환대의 권리를 가진 이방인으로 수용되었다.[27] 지역민

---

26 이승철(2018: 175).

27 이방인은 사회적으로 지켜야 할 체면이 없는 '노예' 또는 환대의 권리가 없는 '군인'과는 다른 존재이다(김현경 2015: 34-48).

들은 이방인인 피난민에게 자신의 집을 내주면서 이들을 환대하였다. 환대의 대상이었던 피난민은 교환이나 거래로 관계를 맺는 '상인'이 아니었다. 즉 피난민들이 지역민들로부터 받았던 환대는 되갚음의 대상이 아니었다. 하지만 당시 피난민들에게 집을 내주고 도움을 주었던 지역민들은 이들의 되갚음 없음을 서운해하였다. 피난민들은 피난민 수용소를 중심으로 집거지를 형성하였지만, 그곳은 안전한 거주 공간이 아니었다. 임시 거처였을 뿐이었다. 애초 이북 피난민들은 3개월 정도면 전쟁이 끝날 것이며 이후 곧바로 귀향할 수 있으리라고 여겼다. 피난민들은 자신들의 위치는 재배치가 아니라 단지 변경되었을 뿐이며, 거주하기 위해 이주한 것이라 아니라 잠시 이동한 것으로 간주하였기에 피난지인 거제도의 토착 사회와 접합하거나 '집'을 지어 정주하지도 않았다. 즉 이북 피난민들은 거제도에 정착하려는 의도가 없었기에 '장소감'을 형성하지 못했으며, 지역민과 공동체적 유대감을 이루지도 못했다.

4. 피난민들의 삶터, 양키 시장

피난민의 삶은 안정적인 거처 부재와 물질적 궁핍으로 대변된다(김문수 1998: 300). 피난지였던 거제도에서 안정적으로 정주할 수 있는 거주 공간이 없었던 피난민들은 변변한 직업조차 찾기 어려웠다. 호구지책으로 일용 노동이나 밥벌이를 할 수 있는 모든 일거리를 찾아 헤맸다. 가장들은 일선으로 나가고 경제적 능력이 부족한 노인들과 부녀자, 그리고 아이들이 남겨졌다. 피난민들에게 안전한 거주지 부재와 경제적 궁핍은 맞닿아 있었다. 남녀노소를 불문하고 먹고사는 문제에 매달리지 않을 수 없었다. 직업의 귀천을 챙길 여유나 체면을 차릴 계제가 아니었다. 피난민들은 이북 고향을 떠나 거제도에 정착한 다음부터 먹고살기 위해서 기존의 가치관은 물론 이전의 지위와 관습에서 탈피해야만 했다. 생계를 꾸려나가기 위해서는 어디서든 무엇이든 해야 했다. 피난민들에게는 구호 식량이 배급되었지만, 항상 부족하였다.

농업과 어업이 주요 생계 수단이었던 거제도에 수많은 북한 피난민이 거제도에 유입되고 동시에 거제도 포로수용소가 설치되면서 이전과는 확연히 다른 모습으로 변모하였다. 피난민이 수용소에 입소한 뒤 곧바로 수용소의 출입구 근처에 노점이 생겨났다고 한다. 처음에는 피난 나올 때 가져온 물건들을 물물교환하는 수준이었지만, 점차 시장이 형성될 정도로 거래가 왕성해졌다. 피난민들은 상대적으로 높은 교육 수준과 상업적 수완을 바탕으로 짧은 기간에 부를 축적하였다. 포로수용소 주변에 형성된 '양키시장'이 주요 수입 원천이었다. 피난민들은 전쟁 특수로 생겨난 양키시장의 상권을 장악하면서 빠르게 남한 사회에 적응하였다.[28] 이들은 포로수용소에서 흘러나온 각종 물품을 음성적으로 혹은 양성적으로 거래하면서 경제적 기반을 구축하였다. 피난민들이 거래했던 물품은 거제도 내부에서 생산된 것들이 아니라 대개 외부에서 들여온 낯선 물건들이었다. 즉 피난민은 새롭게 형성된 양키시장에서 '낯선' 상품을 다루는 '친숙한' 상인으로 자리를 잡았다.

포로수용소 주변에 정착한 피난민들은 포로들과 조우하기도 하였다. 포로수용소 설치 초기에는 포로들이 외부로 작업을 나가는 경우가 있었다. 이럴 때 포로와 피난민이 잠깐씩 만나 이야기를 나누기도 하고 물건을 교환하기도 하였다. 처음에는 포로수용소에서 흘러나온 물건들의 값어치가 높았지만, 시간이 흐를수록 포로들이 가지고 나온 물건은 가치가 하락하고 상대적으로 외부에서 들어오는 물건들의 가치가 높아졌다. 초기에는 포로들의 오버코트 한 벌에 떡 백 개가 교환되었다가 나중에는 스무 개 정도로 가치가 절하되었다. 포로들의 옷은 오징어 열 마리와 교환되었지만, 점차 거래가 성사되질 않을 정도로 옷에 대한 수요가 사라졌다(송관호 2015: 138). 피난민 아이들은 오징어나 엿과 같은 간식거리를 가지고 포로들이 똥통을 메고 나올 때를 기다렸다고 포로들이 입고 나온 옷가지와 교환하였다. 포로들이 벗어준 옷을 들고 연초 시장에 내다 팔았다. 연초 시장 염색소에서 포로들의 옷을 염색한 다음 상인들에게 되팔았다. 포로들뿐만 아니라 간혹 미군들도 피난민 아이들에게 옷가지를 넘겨주기도 하였다. 가난했던 피난민들은 포로 또는 미군들과 교환한 옷가지를 팔아서 생명을 부지할 수 있었다.[29]

---

28 『동아일보』 1952. 02. 28.

"포로들이 등에 'PW'라고 적힌 옷들(사지)을 엿이나 떡으로 바꿔 먹고자 철조망 넘어 던져 주는데, 그게 물물교환의 시작이었다. 효자문에 염색집(효자동 물쟁이 영감)은 포로들의 옷들을 모아서 물을 들여서 다시 일반 천이나 학생 교복 등을 만들었다. 이 염색집은 포로수용소 때문에 생겨난 것이고, 아마 거제도에서 제일 처음이라고 한다. 포로수용소가 아니면 생기지 못할 염색집이라고. 물쟁이 영감은 엄청나게 돈을 벌었다고 한다. 그래서 학생들은 '사지' 교복을 입고 다녔다."(김달호, 남, 1931년생, 거제 수월 출신).[30]

거제도 포로수용소 인근에 양키시장이 형성되고 곳곳에서 암거래가 성행하면서 술집, 극장, 다방, 카바레 등 각종 유흥업소가 등장하였다. 시장의 규모가 커지면서 상가가 형성되었을 뿐 아니라 미군을 상대로 몸을 파는 양공주들이 몰려들었다. 포로수용소에 필요한 전기를 공급하기 위해 설치된 이동식 발전시설에서 생산된 여분의 전력이 민간인들에게 공급되자 네온사인까지 갖춘 유흥업소가 생겨났다. 유흥업소가 들어선 지역은 밤마다 불야성을 이루었다. 한반도 전역이 전쟁의 소용돌이에서 신음하고 있었음에도 양키시장에는 돈과 물품이 넘쳐나고 있었다.

피난민 수용소 주변에는 일명 '돗데기시장' 혹은 '도떼기시장'이 형성되었다. 주민들은 '돗데기 시장'을 '양키시장'이라 불렀다. 도떼기시장은 '상품, 중고품, 고물 따위 여러 종류의 물건을 도산매, 방매, 비밀 거래하는, 질서가 없고 시끌벅적한 비정상적 시장'이라고 정의하고 있다. 어원적으로 '도떼기'의 '도'는 '모두'를 뜻하는 한자어 '도都'와 물건을 한꺼번에 많이 산다는 '떼다'가 합쳐진 용어라고 할 수 있다. 낙찰 혹은 취득한다는 뜻을 가진 일본어 '돗따とった'에서 유래되었을 개연성도 있다(정상박 2020: 252). 즉, 도떼기는 물건을 도매로 거래하거나 떼는 행위, 그리고 사람들이 많이 모여 시끌벅적하게 사고파는 일을 가리키는 말이라고 할 수 있다.[31] 거제도의 돗데기시장은 포로수용소 설치

---

29 한장빈(남, 1938년생, 홍남 피난민)의 구술 내용(신동흔 외 2017b: 141).

30 거제문화원향토사연구소(2015: 145-146).

31 소매에 해당되는 말로 물건을 낱낱이 파는 것을 '낱떼기'라 부른다. 따라서 '도떼기'는 '낱떼기'와 구별해서 쓰는 말로 '도거리'에서 유래되었다고 추정된다. '도거리'는 따로따로 나누어서 하지 않고 한데 합쳐 몰아치

와 함께 이북 피난민이 유입되면서 형성되었던 대규모 암시장이었다.

거제도 주민들은 거제도 포로수용소 주변에 형성되었던 양키시장을 돗데기시장이라고 부르게 된 것은 돗드 포로수용소 소장의 이름에서 비롯되었다고 이야기한다. 당시 수용소장이였던 돗드 준장이 포로수용소 주변에 무질서하게 난전이 형성되자 상인들에게 일정한 구역을 정해주었다는 것이다. 그래서 돗드가 만들어준 시장이라고 해서 '돗데기시장'이라고 부르게 되었다는 설명이다(거제문화원향토사연구소 2015: 148). 이런 주장과 달리 돗드 준장이 거제도 포로수용소 소장으로 임명된 시기는 1952년 2월이다.[32] 즉 돗드 부임 이전에 이미 '양키시장' 혹은 '돗데기시장'이 활성화되어 있었다. 따라서 '돗데기시장'이라는 명칭이 돗드 소장의 이름에서 유래되었다는 주장은 설득력이 떨어진다고 할 수 있다.

> "도트 준장 납치 사건이 생긴 후부터 피난민(포로)에게 지급된 보급품이 가장 많이 유출되었다. 그때 거제도에서 나온, 각종 통조림, 군대 천막, 의약품, 치약, 칫솔, 비누, 군복, 담요, 각종 그릇, 수저, 물병, 곡괭이, 삽 등 군수품을 포로들이 함흥 홍남 피난민들을 통해 내다 판 것이다. 도트의 이름을 따서 부산 돗데기 시장이 그때 생겼다. 국제적인 물건이 있다고 하여, 국제시장이 되었다."(제익근, 남, 1925년생, 거제 고현 출신).[33]

일부에서는 부산 국제시장이 '돗데기시장'으로 불리게 된 것 역시 거제도의 '돗데기시장'에서 거래된 물건들이 부산으로 유입되면서 생겼다고 주장한다. 하지만 부산의 '돗데기시장'은 1945년 해방 이후 일본 본국으로 철수하는 일본인들이 가재도구나 생활용품 등을 팔아 돈을 챙기기 위해 형성된 시장이었다. 즉, 거제도에 양키시장이 들어서기 이

는 일이라는 뜻이다.

32 돗드 준장은 1952년 2월 거제도 포로수용소장으로 임명되었다. 그해 5월 23일 포로수용소장에서 해임되면서 대령으로 강등되었다가 이듬해 강제로 전역하였다. 그는 1973년 사망하였으며, 4년 뒤인 1977년 준장으로 복권되었다(Wikipedia).

33 이승철(2018: 204-205). 구술자는 1947년 통영군청에서 공무원으로 근무하다가 1953년 거제군으로 복군 이후 거제군 공보실장 및 새마을 과장을 역임하였다.

전부터 '돗데기시장'이 형성되어 있었다. 부산의 돗데기시장은 지금의 국제시장으로 변모되었다. 이런 내용은 당시 신문 기사로 확인된다.

> "시장의 역사는 해방 후 8년 간이라는 아직 얼마 안되는 짧은 것이지만 그 이름은 처음 해방 직후에는 '돗데기시장'이라 불리웠고 그 후 2년에는 자유시장이라는 남부럽지 않은 이름을 정하였든 것인데 길흉성쇠가 여의치 않았든지 또다시 3년 후에는 국제항구 부산의 면목에 못지않게 '국제시장'이라고 개명하여 오늘의 일대번성을 점복하였든 것이다. 처음 이름인 '돗데기시장'은 아직도 원주민은 물론 피난민들까지 다 통하고 있는데 그 유래는 물건을 팔러오는 사람들로부터 장사꾼들이 서로 먼저 사려고 물건을 쟁탈(돗다)하는데서 '돗다하는 곳', '빼서 먹는 곳'이라는 의미로 자연 이렇게 불리우게 된 것이라고 하는데 지금은 시장상인들이 가장 듣기 싫어하는 것이 이 '돗데기'라는 이름이라고 한다."(『동아일보』 1952.02.29.)

위 신문 기사에 따르면, 부산 국제시장은 해방 직후부터 '돗데기시장'으로 불렸다. 1946년 당국에서 시장을 해산하라는 명령이 있었지만, 미군정의 양해 아래 시장이 계속 운영되었다. 1948년 시장 명칭을 '자유시장'으로 명명했다가 1949년 1월 다시 '국제시장'으로 개명하였다(차철욱 2010: 8). 돗데기시장이 '자유시장'을 거쳐 '국제시장'으로 이름이 변경된 것은 '도떼기'라는 말이 건전하지 못하다는 당국의 압력이 있었기 때문이었다고 한다(정상박 2020: 252). 미군정기에는 이곳에 반입된 군용물자나 구호물자를 내용물을 확인하지 않은 채 포장한 그대로 거래하는 방식이 성행하였다. 이후 거제도에 포로수용소가 설립되면서 거제도의 양키시장에서 유입된 물자가 이곳에서 대량으로 밀거래되었다. 따라서 '돗데기시장'이라는 명칭은 거제도 양키시장이 아니라 부산 국제시장에서 유래되었을 개연성이 크다고 하겠다.

거제도 포로수용소 인접 지역인 연초면 죽토리 일대에 이른바 '양키시장'이라고 불렸던 대규모 시장이 들어섰다. 포로수용소에서 흘러나온 다량의 군수품과 PX 물품들이 피난민들과 중간상인을 통해 암거래되기 시작하였다. 그러면서 자연스레 시장이 형성되었던 것이었다. 피난민들은 작업차 바깥에 나온 포로들에게 엿, 떡, 오징어, 술 등을 주고 대신에 옷, 칫솔, 치약, 비누, 물병, 통조림, 삽, 곡괭이 등을 받는 물물교환이 이루어졌다.[34] 점차 포로들과 교환한 물건뿐만 아니라 포로수용소 경비대를 통해 유출된 물건 및 미군 PX에서 밀반출된 물건들도 거래되었다. 거래하는 물건의 양이 다양해지고 규모가 커지면서 시장도 활성화되고 확장되었다.

> "연초 앞 둑 안, MP 다리를 위주로 해서 하청으로 들어가는 둑에 전부 상점이 줄지어 있었다. 양쪽으로 쭉 들어서 있었다. 판자촌의 학고방(하꼬방) 집이다. 이곳에 술집도 있고, 아가씨 장사를 하는 데도 있었다. 피난민촌이다. 우리 지역 사람은 없었다. 거제 사람들은 엄두도 못냈다. 장사를 할 줄도 몰랐다. 전부 이북 피난민들이다. 그 사람들이 부산에 건너가서 국제시장을 만들었다."(윤형두, 남, 1934년생, 거제 고현 출신).[35]

양키시장에서 통조림, 커피, 맥주, 양주, 담배 같은 기호품과 비누, 치약, 화장품을 비롯한 생활용품, 카메라, 선풍기, 다리미 등 가전 기기가 거래되었다. 정상적 상거래와 더불어 포로수용소 군인들과 짜고 대량으로 빼돌린 보급품을 비롯하여 절도단이 훔쳐 온 물건까지 밀거래 방식으로 유통되기도 하였다. 미군 보급창에 근무하는 노무자들이 보급품을 훔쳐 팔기도 하였다. 보급창에 근무하는 노무자는 간혹 지역민도 있었지만, 피난민이 대부분이었다. 이들이 무기까지 훔치다가 발각되어 하루에 50명 이상이 해고되기도 하였다. 미군 부대에 근무하는 노무자의 월급이 40달러 정도였다고 한다. 당시 40달러는 논을 두 마지기 사고도 남는 액수였다고 한다(이승철 2018: 84). 피난민들은 양공주를 이용하여 미군 보급창의 물품을 빼돌리기도 하였다.

포로수용소 건설 초기에는 보급품과 각종 물품을 노천에 쌓아 놓고 그 주변에 철조망을 치고는 양쪽에 헌병이 보초를 서고 있었다고 한다. 처음에는 보초가 한눈을 파는 사이에 철조망을 뚫고 들어가 물건을 빼 왔다. 피난민 중에는 담력도 크고 수완이 좋은 사

34 옥석(남, 1933년생, 거제 제산 출신)의 구술 내용(이승철 2018: 163-164).

35 이승철(2018: 94).

람이 많았다고 한다. 그러다가 부산 등지에서 선박을 들여와서는 보급창에서 대규모로 물품을 밀반출하기도 하였다. 당시 포로수용소의 경비가 허술하였으며, 경비들은 피난민들의 꼬임에 쉽게 넘어갔다고 한다. 미군 부대에 들어오는 한국군 차량을 이용하여 대량으로 물건을 빼돌렸다. 이들이 빼돌리는 물건은 거제도의 여러 양키시장이나 부산 국제시장에서 유통되었다. 부산국제시장에서 거래되는 물품의 절반 이상이 거제도 포로수용소에서 흘러나간다는 소문이 나돌 정도였다고 하였다. 심지어 양키시장 바닥에는 개도 달러를 물고 다닌다고 할 정도로 달러가 널리 사용되었다.

> "연초면 죽토리 관암마을 일대의 양키시장은 포로수용소가 들어오고 나서야 개설되었으면서도 불과 몇 개월간의 경기호황과 규모 확대가 놀라울 정도여서, 마치 어느 날 갑자기 땅 속에서 그럴싸한 도시 하나가 불쑥 솟은 것이나 다름없었다. 거기에는 미국군 PX를 거쳐 흘러나온 이른바 '양키물건'과 포로들의 물물교환에 의해 철조망 너머로 또는 밑으로 거래된 보급품이 더미더미 쌓였고, 사람들의 분주한 움직임과 떠들썩한 목소리로 하루 종일 활기가 넘쳐흘렀다. 시장사람들은 거의 피란민이었다. 좋은 물을 찾아 들어온 약삭빠른 대처사람이나 토착원주민이 일부 끼어 있지 않은 것은 아니었지만, 주류를 이루고 주도권을 행사하는 계층은 역시 피란민이었다."(손영목 2006: 199).

한국전쟁기 거제도 포로수용소 주변 지역에는 곳곳에 양키시장이 형성되었다. 거제도에서도 일제강점기부터 도시화 되었던 장승포와 포로수용소가 들어선 고현 지역, 그리고 피난민 수용소가 설치되었던 연초 지역 등지에 양키시장이 성행하였다. 그중에서도 이북 피난민들이 많았던 장승포와 연초 지역의 암거래 시장이 가장 성행하였다. 정착 초기 피난민들은 고달픈 생활을 겪었지만, 점차 포로수용소에서 흘러나오는 물품들을 거래하면서 부를 축적하기 시작하였다. 이북 피난민들은 특유의 강한 생활력과 장사 수완으로 양키시장을 완전히 장악하였다. 새롭게 형성된 '양키시장'에서 이북 피난민은 '낯선' 상품을 다루는 상인으로 자리를 잡았다. 고정적인 장소가 부재했던 이방인에게 양키시장은 생계의 터전이자 역동적인 공간이었다. 이북 피난민들은 상대적으로 높은 교육 수준과 '지독'하다고 일컬어질 정도였던 철저한 상업적 수완을 바탕으로 짧은 기간에 부를 축적하였다. 포로수용소 분산과 함께 미군들이 빠져나가면서 포로수용소를 기반으로 성장했던 양키시장도 일시에 쇠퇴하였다. 피난지였던 거제도에서 심리적으로 안정을 되찾고 재빠르게 경제적 기반까지 마련했던 이북 피난민들은 점차 부산과 서울을 비롯한 육지의 노시로 이주하였다.

5. 전시의 교육 공간, 피난민 학교

전쟁 직전 거제도에는 국민학교가 33개교, 중학교가 3개교였다. 포로수용소가 설치되면서 수용소 인근의 학교 건물은 군사용으로 징발되었다. 1951년 1월 2일 계룡국민학교는 국제적십자병원으로, 삼룡국민학교는 국군공병대의 수용소 본부로 징발되었다. 수월국민학교는 1951년 1월 20일에 학교 관내 지역이 포로수용소로 징발되면서 휴교되었다. 거제국민학교는 1950년 12월 30일 육군 신병교육대가 3개월 동안 교사를 사용했으며, 이후 이북 피난민 500명이 이곳에 수용되었다. 연초국민학교는 피난민 수용소로 사용되면서 학생들은 노천수업을 하였다. 1951년 2월 피난민이 정식 수용소로 이동하면서 곧바로 신병교육대가 학교에 배치되었다. 장승포국민학교는 세브란스 병원으로 사용되었다(주현희 2021: 114-116).

문교부에서는 1951년 2월 10일부터 전국적으로 일제히 개학을 지시하였다.[36] 하지만 실질적인 교육이 불가능하여 '전시교육' 체제로 전환하여 기존 교실이 아닌 임간林間, 하천 근방, 광장 등에서도 수업을 할 수 있도록 독려하였다(백낙준 1953: 285-286). 또한 현 거주지의 학교에 학생으로 등록하지 않으면, 원래 거주지에 돌아가서도 진학은 물론 수료를 인정치 않겠다고 공고하였다.[37] 1951년 2월 16일 전시교육의 지침을 담은 〈전시하

36 『부산일보』 1951.01.27.

37 『동아일보』 1951.02.18.

교육특별조치요강>이 발표되었다. 특별조치요강에 따라 피난민이 많았던 지역에서는 특별학급, 분교장 및 피난민 학교를 설치하였다(안경식 2009: 321).

거제도에서는 피난민 국민학생들은 기존 학교에 특설학급을 설치하여 배정하고, 중학생들은 하청중학교와 거제중학교에 편입시키고, 나머지 학생들은 통영중학교 분교장을 설립하여 그곳에 수용하도록 하였다(백낙준 1953: 285). 이와 더불어 장승포의 거제 세브란스병원에 '세브란스고등간호학교'를 설치하여 개학하였다. 1951년 4월 기준으로 재학생 숫자는 120명이었다.[38] 세브란스의과대학 부속 전시간호학교에서는 적십자 간호학교, 철도 간호학교 등 다른 학교에서 수학하던 학생들도 수용하였다(김영수 2021: 46-47). 세브란스 전시간호학교에는 피난민 학생들도 입학할 수 있었다. 전시 체제로 '압축 수업'을 했지만, 수업과정과 실습일수는 엄수했다고 한다.[39]

거제도 관내의 여러 학교에 피난민들의 자녀를 위해 특설반을 설치하였다. 학교는 천막, 판자 등으로 가설하고 부족한 교사는 북한에서 교육 유경험자를 재교육시켜 보조 교사로 삼았다. 장승포 국민학교에서 1주일 동안 연수 이후 해당 읍면의 학교에 특별반 교사로 배치하였다(전갑생 2000: 378). 피난민 아동을 위한 특설반이 개설되었던 학교는 일운국민학교, 기성국민등학교, 연초국민학교, 오비국민학교, 하청국민학교, 장목국민학교, 장승포국민학교, 둔덕국민학교 등이었다(주현희 2021: 115-116). 거제도에 설치되었던 피난민 학교는 중학교 21개교(3,176명), 국민학교 분교장 35개소(9,893명) 였다(백낙준 1953: 286).

거제도에 피난민이 들어오면서 구호 기관뿐만 아니라 학교, 병원, 교회 등 사회적 기구들도 설치되었다. 피난민 수용소가 설치되고 가장 먼저 피난민 학교가 설립되었다. 처음에는 피난민 수용소 인근에 천막을 치고 국민학교 취학 학생들을 교육하였으나 곧바로 거제 토박이 학생들이 재학 중이었던 학교 건물에서 함께 수학하였다. 다른 지역에

---

38 『동아일보』 1951. 04. 19.

39 김옥순(여, 1926년생, 함흥출신)의 구술 내용(부산광역시 2021:80). 구술자는 전시간호학교를 '간호원 양성소' 학원으로 기억하고 있다.

거제도 피난민 대상 예방 접종

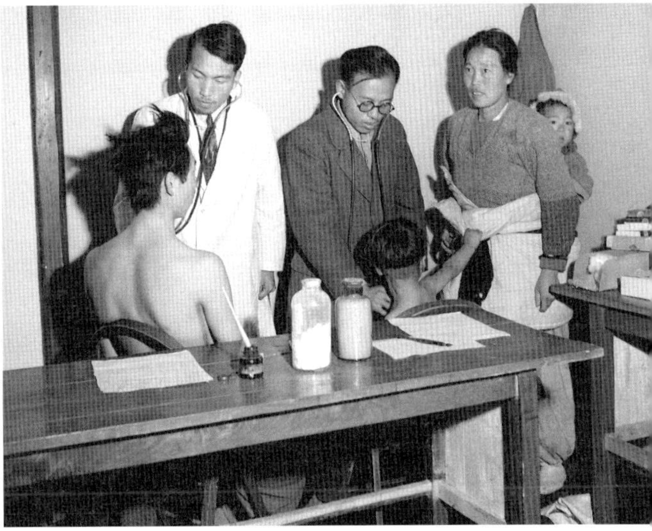

장승포의 세브란스 병원

서도 미군의 지원을 받아 천막으로 만든 임시학교를 개설하여 피난민 자녀와 토박이 자녀들이 함께 수학하였다(정상박 2020: 253).

피난민 숫자가 늘어나면서 학생도 늘어났다. 피난민이 정착했던 읍면마다 피난민 학생이 있었다. 피난민 학생이 증가하자 학교는 오전반과 오후반으로 나누어 수업했지만, 학생을 가르칠 공간이 부족하였다. 일부는 학생들은 노천에서 수업해야 했다. 하청국민학교에서는 피난민 학생들의 처지를 고려하여 지역 학생들을 천막에서, 피난민 학생들은 교실에서 공부하게 배려하였다.[40] 당시 거제 지역 학생과 피난민 학생의 숫자가 비슷할 정도였다. 어떤 곳에서는 피난민 학생이 본토박이 학생 숫자보다 많았다.

"그때 피난민들이 아이들을 많이 데리고 나왔다. 그래서 그 애들의 교육을 위해 이북에서

---

40 신용균(남, 1912년생, 거제 하청 출신)의 구술 내용(이승철 2018: 103-109). 구술자는 하청국민학교 교장을 거쳐 거제교육감을 역임하였다.

선생을 하던 사람들을 모아 가지고 교육을 시켜서, 56명이 교육을 받아 가지고 선생을 하게 되었다. 그때는 거제 지역의 학생과 피난 온 학생과 숫자가 비슷했다. 초등학생이 3천 여 명이 되었다. 그때 교사로 있다가 교수로 간 사람도 있고 공직으로 나간 사람들도 많이 있었다. 그 당시 이북에서는 교육 수준이 워낙 높았고 교과서도 그 당시 이북이 월등히 높았다."(박충길, 남, 1922년생, 홍남 출신).[41]

1951년 9월 1일 중학교와 고등학교를 분리하는 교육 정책이 시행되면서 학제는 6 · 3 · 3제로 변경되었다. 개학 시기는 1949년 미군정 체제에서 9월 1일로 바꾼 다음 그대로 유지되고 있었다. 정부와 국회에서 몇 차례 논의 끝에 개학 시점을 1952년부터 4월 1일로 변경하였다(김상훈 2023: 55-57). 4월 1일 개학은 일제강점기의 학사 일정과 같았다. 전쟁의 와중에 학년제와 개학 기점이 변경되면서 일선 학교에서는 혼동이 가중되었으며, 무엇보다 검정 교과서가 제때 지급되지 않으면서 곤란을 겪었다.

전쟁 이전 북한의 교육 체계와 남한의 교육 체계가 서로 달라 학교에서는 혼선이 일어났다. 북한에서 학생들의 성적평가 방식은 '수우미양가'였는데, 남한에서는 점수로 평가하였다. 이후 남한에서도 '수우미양가'로 평가 방식이 바뀌었다. 북한의 학제는 5 · 3 · 3제로 인민학교(국민학교)가 5년제였다. 전쟁 이전 북한 역시 개학은 9월 1일이었다. 북한에서 인민학교를 졸업했던 피난민 학생들은 거제도에서 6학년에 편입하였다. 북한에서는 중학교 1학년이었지만, 남한에서는 국민학교 6학년이었다. 피난민 학교에서는 같은 학년이라도 나이 차가 많았다. 한 교실에 형과 아우 혹은 언니와 동생이 같이 다니기도 하였다. 또한 신학기가 시작되는 시점이 북한에서는 4월 1일이었지만, 남한에서는 1952년 이전까지는 9월 1일이었다. 학년과 학기가 맞지 않아 피난민 학생들은 한 학년 혹은 한 학기를 더 다녀야 했다.

41 이승철(2018: 117-123). 구술자는 홍남에서 피난을 내려와 교사로 생활하였으며 초등학교 교장으로 정년 퇴임하였다.

"연초가서 나는 초등학교 안 다녀도 되는데 와 보니까 6학년이라. 1년이 모자라서 초등학교를 또 다녔어. 거기서 시험 치고 들어가고 거기서 중학교도 다니고 졸업을 해서 부산으로 왔어요. 중학교는 연초중학학고, 거기서 정식으로 졸업했어. 연초중학교가 피란민 선생님이 임시로 지어서 산에 천막 쳐놓고 공부를 했어. 그게 허가가 나서 거제도에서 전통이 있는 중학교가 되었어요. 그런데 나는 허가가 안나서 하청중학교 분교로 졸업장을 받았어."(한인숙, 여, 1938년생, 홍남 출신).[42]

각급 학교에서 피난민 학생을 위해 별도의 반을 편성하였다. 기존 학교의 운동장에 천막을 치고 교실로 삼았다. 교과서를 제외하고 공책과 연필 등은 원조물자로 충당하였다. 모자라는 학용품은 최대한 아끼거나 재활용품을 사용하였다. 몽당연필은 대나무에 끼워 심이 달도록 사용하였으며, 공책은 미군 부대 쓰레기에서 주워 온 헌 종이를 모아 가게에서 정리한 것이었다. 한 쪽은 인쇄되었지만, 다른 쪽은 여백으로 남아 있는 종이를 공책용으로 묶어서 파는 것이었지만 종이의 질은 아주 좋았다고 한디(김찬수 2013: 237). 피난민 학생들은 국어, 산수, 바른생활, 음악 등 네댓 과목을 공책 한 권에다 필기하는 방식으로 수업하였다. 유엔의 도움으로 점차 교과서도 지급되었다. 남북한의 학제와 평가 방식이 달랐지만, 교과 내용과 수준은 크게 다르지 않았다고 한다. 전쟁 직전까지 남북한 모두 일제강점기의 교육 방식을 답습하고 있었다.

"거의 같았지. 처음에는, 이북이 공산주의라 해서 갑자기 모든 교육제도를 바꿀 수 있는 천재들이 없어요. 천재도 못해요. 일본에서 하던 것을 그대로 답습하다 보니 그 시기 교육도 이북도 한 것이고 여기서도 마찬가지고. 처음에는 남북한 차이가 없었을 겁니다. 여기 내려와서 크게 차이는 못 느꼈습니다."(주진형, 남, 1940년생, 홍남 출신).[43]

---

42 부산광역시(2021: 207-208).

43 부산광역시(2021: 180).

피난민 학생들은 학령에 맞추어 편입하였다. 피난민 학생들은 함경도 출신이 대다수로 다른 지역 출신 피난민 학생들도 자연스레 함경도 사투리를 구사하게 되었다고 한다(김찬수 2013: 213). 간혹 본토박이 아이들과 피난민 아이들 사이에 싸움이 일어나기도 하였다. 거제도 포로수용소 주변 마을이 소개되고, 피난민들이 몰려오면서 학생들이 수업할 수 있는 학교는 물론 교사가 절대적으로 부족하였다. 피난민 중 일부는 교사로 채용되었으며, 지역의 학생들은 이들로부터 교육받았다.

피난민 학생이 증가하면서 교사가 부족해지자 피난민 중에서 교사를 충원하였다. 피난민이 많았던 거제도 장승포에 교직자 재교육기관을 설치하였다. 장승포 해변에 천막 2개를 치고 10일간의 단기교육을 실시하였다. 지원자는 주로 이북 피난민들이었다. 1개 천막 교실에 250여 명을 수용하여 강의를 진행하였다. 이곳에서 교육받은 전직 교사들은 과거 경력에 따라 초등 및 중등 교원자격증이 주어졌다. 5회까지 약 3천 명의 교사를 배출하였으며, 이들 가운데 5백명 정도만 취업하였다고 한다(부산일보사 1985: 581). 일선 학교에서는 단기간 교원 강습을 마친 교사들을 임시교사로 채용하였다. 하지만 이북에서의 교사 경력이나 자격은 확인할 방법이 없었다.

> "문교부와 사회부에서 피난 온 학생을 가르칠 선생은 한 달간 교육을 마치고, 학생을 가르치도록 정부의 조치가 있었는데, 대부분 지방에서 교육에 맞게 선생을 뽑았다. 그 후에 피난민만 특채 형식이 아니고 누구라도 일정한 교원 교육을 받고 나면 선생을 할 수 있었다."(신용균, 남, 1912년생, 거제 하청 출신).[44]

문교부에서 주관한 교원 채용 고시를 거쳐 임시교사로 임용된 피난민 교사들은 한 달간 강습을 받고 교사 자격증을 발부받기도 하였다. 전쟁 이전 이북에서 중학교 교사를 했던 한 피난민은 부산에서 교원 채용시험에 합격한 다음 1951년 3월 12일부터 22일까지 문교부 주최 월남교원 재교육 강습을 이수하였다. 재교육 강습 이후 곧바로 연초면의

---

44 이승철(2018: 107).

오비국민학교 교사로 발령받았다. 오비국민학교에서 피난민 중학생 입학 지원생을 대상으로 특별수업을 하였다. 당시 거제도에는 중학생을 위한 교육시설이 부족하였다. 피난민들이 중심이 되어 1951년 12월 15일 연초중학교를 개교하였다. 연초중학교는 1952년 1월 13일 통영중학교 연초분교로 인가를 받았다가 3월 27일 하청중학교 연초분교로 변경되었다. 연초중학교는 피난민 중학생을 대상으로 설립되었지만, 1952년 6월부터는 지방 학생도 모집하였다(김찬수 2013: 177-178).

중고교 과정은 정부로부터 보조금을 받아 하청중학교, 거제중학교 등에 분교를 설치하거나 거제종합고교(해성중고교의 전신)와 대광중학교의 둔덕분교 등에서 특별수업을 하였다. 연초면 죽토리에는 피난민 학생들을 위해 별도로 함흥중학교를 설립하였다(전갑생 2000: 378). 피난민들은 피난민 수용소 인근에 서울 대광중학교 분교라는 간판을 내걸고 학생을 모집하여 교육하였다. 대광중학교는 일운면 지세포리, 연초면 연사리, 그리고 둔덕면 하둔리에 각각 분교를 설치하였다. 연초면 연사리에는 함남고등학교 출신 피난민 교사와 학생들이 함남고등학교 분교를 개설하였다. 이들 학교는 정식인가를 받지 않은 임시학교였다. 1952년 10월 7일 거제종합중고교가 개교하였다. 거제종합중고교는 1957년 4월 마전동에서 장승포로 교사를 이전하면서 해성중고교로 개명하였다(전갑생 2016: 317-318). 전쟁이 끝나고 대광중학교가 환도하면서 명칭은 사라졌지만, 대광중학교 둔덕분교를 모태로 둔덕중학교가 설립되었다. 피난민 중학교에 편입했던 학생들은 북한에서는 러시아어를 배웠지만 남한에서는 영어를 배워야 했다. 한 구술자는 중학교 2학년에 편입하여 중학교를 졸업한 다음 고등학교에 진학하면서 곤란을 겪었다고 한다. 고등학교 입학시험에 영어가 출제되었지만, 북한에서는 영어를 배우지 않았다고 설명하자 입학이 허가되었다고 하였다.[45] 거제도에서 중학교를 마친 학생들은 피난민 학생들은 피난민들이 많이 거주하고 있는 부산이나 서울로 진학하였다. 부산과 서울에도 피난민 학생들을 위한 학교가 있었다.

피난민 학교 학생들은 각종 궐기 대회나 정부 주도의 행사에 동원되었다.[46] 포로수용

---

45 신현학(남, 1935년생, 홍남 출신)의 구술 내용(이승철 2018: 142).

소의 미군 부대에 크리스마스 위문 공연에 나가기도 하였다. 피난민 학생들은 미군들 앞에서 애국가를 먼저 부르고, 한국어 가사와 영어 가사로 크리스마스 캐럴을, 그리고 영어로 미국 국가를 불렀다고 한다. 한편 피난민 학생들뿐만 아니라 거제도 전역에서 피난민들이 가장 즐겨 불렀던 노래는 가곡 〈가고파〉였다고 한다.[47] 〈가고파〉를 부르는 노랫소리가 들리면 개구쟁이 아이들조차 조용해졌을 정도로 당시 피난민에게 〈가고파〉는 두고 온 고향을 상징하는 노래였다고 하였다(김찬수 2013: 244-245).

북한에서는 해방 이후 소련 군정 체제에서 여자들도 남자들과 같이 모두 교육을 받았다. 정규 학교에 다닐 수 없는 학생들은 직장을 다니면서 중학교 과정과 고등학교 과정을 이수할 수 있었다(신효숙 2003: 150). 6시간 일하고 2시간 공부하는 체제였다. 중학교를 마치면 고등학교 3년을 다시 직장을 다니면서 학업을 병행하는 제도였다. 고등학교를 졸업한 다음에는 야간 전문학교에 진학할 수 있었다. 직장 병행 중학 과정에는 전기과, 기계과, 화학과, 토공과가 개설되어 있었다. 그래서 여학생들도 이과에 진학하였다. 전쟁 이전 북한에서는 문맹 퇴치 사업을 벌여서 할머니라도 글을 모르는 사람이 없었다고 한다.[48] 문맹 퇴치 사업에는 학생들이 동원되었다. 관공서에서 문맹자를 파악한 다음 방학을 이용하여 학교에서 학생들이 문맹자들에게 문해 교육을 했다고 한다.[49]

거제도 주민들은 피난민들의 학력과 문화 수준이 지역민들보다 훨씬 높았다고 기억하고 있다. 당시 거제도에는 한글을 모르는 사람이 많았다고 한다. 피난민과 달리 지역 주민들은 여자아이들을 학교에 보내지 않았다. 지역 여학생 중에서 중학교에 진학했던 경우는 아주 드물었다. UNCACK 거제도 팀의 1953년 3월 1일 보고에 따르면, 1,435명이 6년제 국민학교 과정을 마쳤으며, 384명이 중학교를 졸업하고 22명이 고등학교를 졸업하였다. 국민학교 과정을 마친 학생 중에서 740명이 중학교 입학시험에 합격하였다.

---

46 연초중학교에서는 1953년 6월 15일 휴전 반대 면민 궐기대회, 6월 25일 6.25 3주년 북진통일대회 체육대회에 참가하였다(김찬수 2007: 229).

47 〈가고파〉는 1933년 김동진이 작곡하였다. 작사자는 이은상이다. 김동진은 평양 숭실전문학교에서 음악을 전공하였다. 해방 이후 교과서에 수록되면서 국민 가곡이 되었다.

48 조영자(여, 1931년생, 홍남 출신)의 구술 내용(신동흔 외 2017c: 328-329).

49 한장빈(남, 1938년생, 함남 장진 출신)의 구술 내용(신동흔 외 2017b: 131).

신입생 4,000명이 국민학교에 입학하였다. 학생 교육과 별도로 성인을 대상으로 한 교육도 있었다. 성인교육은 거제 사등면과 장목면에서 시작되었다. 수업은 매주 4시간 실시하였다. 수강생은 모두 여성으로 사등면 30명, 장목면 75명이었다(거제문화원향토사연구소 2016: 217). 학교 시설과 함께 피난민 자녀들과 고아들을 보호하기 위해 각종 사회시설과 기관이 설치되었다. 애광원, 소래육아원(일운면 소동리), 임마누엘 보육원(장승포), 일능원(일운면 지세포), 동심원(일운면 지세포), 자생원(일운면 지세포), 성로원(거제면 서정리), 상애원(연초면 죽토리), 알마애육원(거제면 동상리) 등에서 전쟁고아들을 수용하였다(전갑생 2000: 378).

요컨대 거제도에 들어왔던 이북 피난민들은 대부분 함경도 출신이었으며, 중상층 엘리트 계층에 속하는 사람이 많았다. 이북 피난민들은 한국전쟁 발발 당시 생활 수준과 교육 수준이 북한이 훨씬 높았다고 회상하였다. 이들은 피난지였던 거제도에서도 미래세대를 위한 교육에 매우 열성적이었다. 거제도 포로수용소 주변 마을이 소개되면서 소개민과 피난민 자녀들이 수업할 수 있는 학교는 물론 교사가 절대적으로 부족하였다. 피난민 중에서 교사 경력자와 고학력자가 교사로 채용되었으며, 지역민 학생들도 이들로부터 교육받았다. 기존 학교에는 피난민 학생을 수용하기 위해 임시교사가 설치되었다. 피난민 학교는 지역민과 피난민 아이들이 함께 공부했던 관용과 포용의 공간이었다. 이북 피난민들은 미군과 남한 정부, 그리고 지역민들의 도움으로 학교를 설립하고 학급을 증설하였다. 이들의 높은 교육열은 한편으로는 미래 세대를 남한 사회의 온전한 시민으로 성장시키기 위한 투자였지만, 다른 한편으로는 지역사회의 교육 체계에도 많은 영향을 미쳤다. 이방인으로 도래했던 피난민들은 토착민의 관습과 기존의 교육제도를 크게 바꾸어 놓았다.

포로수용소 주변의 양공주

1. 미군과 양공주

한국전쟁은 '포로들의 전쟁'이라 일컬을 정도로 많은 포로를 양산하였다. 포로들이 급증하자 1951년 1월 한반도의 남쪽 거제도에 거대한 포로수용소를 건설하였다. 휴전 협상을 전후로 거제도 포로수용소에서 소위 '친공포로'들의 저항과 폭력이 난무하면서 포로 관리와 통제에 문제점이 노출되었다. 1952년 5월부터 거제도 포로수용소의 포로들을 분산하면서 거제시 남부면 저구리와 통영시 한산면 용호도 및 추봉도에도 포로수용소가 설치되었다. 포로수용소가 설치된 섬 지역에는 수많은 양공주가 들어왔다.

미군과 양공주

거제도와 한산도 지역에서 포로수용소 주변을 맴돌며 미군을 상대로 몸을 팔았던 양공주들은 '기지촌'이라는 구체적인 공간이 아니라 대개 허름한 가옥이나 야산 혹은 개울가 등지에서 미군을 상대하였다.[1] 이곳의 양공주들은 '집창촌' 혹은 '기지촌'과 달리 소규모로 혹은 개별적으로 영업을 하는 경우가 많았다. 지역민들에게 '양공주' 혹은 '양갈보'라 불렸던 이들은 초기에는 전문 업주를 매개로 포로수용소 주변 마을 민가에 방을 얻어 놓고 '영업'을 하였다. 그러다가 점차 개인적으로 성매매를 하는 양공주들이 늘어나면서 미군이 있는 곳이면 어디든 장소를 불문하고 영업이 이루어졌다. 시간이 흐르면서 미군과 양공주가 섭선하는 고정적인 '장소'가 생겨났다.

지역민들의 시각에서 미군을 상대로 성을 매매하는 양공주는 '우리'의 범주에 들지 못하는 먼 곳에서 들어온 '이방인'이었다. 양공주는 지역민의 공식적인 사회적 관계에서 철저히 배제되었다. 양공주는 어머니나 누이가 아닌 파마머리에 빨간 립스틱을 바르고 성을 파는 여성이었다. 포로수용소가 설치되면서 전장 아닌 전장이 되어버린 지역주민들에게 양공주는 민족의 치욕이나 부르주아 남성의 부도덕한 성의 희생자라기보다는 전시에 가족의 생계를 위해 부득이하게 직업적으로 몸을 팔고 있는 '타자'였다. 지역주민들에게 양공주는 '이방인'이었지만, 환대받았던 손님은 아니었다. 이들은 전시라는 예외적 상태에서 '특수한 직업'에 종사하는 사람들이었다. 포로수용소가 설치되면서 점령군처럼 몰려왔던 미군들을 상대로 어쩔 수 없어 성을 판매하는 여성들이었다.

미군을 대상으로 성을 판매하는 여성은 '양공주', '양갈보', '양색시', '유엔마담', '유엔사모님', '유엔레이디', '양키 창녀', '양키 마누라', '서양공주' 등으로 불려 왔다(강정구 2014: 425). 양공주를 부르는 말은 다양하다. 공식적인 호명은 기지촌 '위안부'였다(박정미 2015). 1950년대 양공주는 전쟁의 파생물, 지원자, 희생양 혹은 전염체로 간주되었다(허윤 2013: 257). 양공주의 사회적 정체성은 '민족을 배신하고 타락한 존재' 혹은 '외세에 짓밟힌 힘없는 민족의 분신'이라는 양극단 사이에 있었다(박성은 2020: 188).

> "양풍이 이 땅을 휩쓴 지도 이미 3년.... 「양갈보」라는 새로운 명칭은 여성들의 일대 치욕이었으며, 「깜둥이」 고아의 발생, 누른 머리 「튀기」의 출현. 이것은 모두 여성 자신이 저즐러 놓

---

1 미군을 대상으로 몸을 파는 양공주와 달리 한국군을 따라다니며 몸을 파는 여성들은 '조선공주'로 불렸다고 한다(김상현 2025: 205).

은 여권포기였던 것이며 매일 수건 한 달에 30여 건씩 뒷골목에서 몸을 파는 여인이 여경에 피검되는 현상 이것은 대책이 없이 공창제도를 실시한 당국의 죄과에 대한 변명과 생활고 운운하는 변명도 있으려니와 여권포기의 현실임에는 틀림없는 것이다."(『경향신문』 1948.12.24.)

양공주라는 호명에 앞서 '유엔 공주'와 '양갈보'가 있었다. 양갈보라는 호칭은 1945년 미군의 한반도 진주와 함께 생겨났다. 휴전 이후 한반도에 미군이 장기 주둔하면서 기지촌이 형성되었다. 미군 기지촌은 1945년 해방 직후부터 1949년 한국전쟁 직전까지는 생성기였다. 한반도에 진주한 미군들에게 휴양과 재충전의 기회를 제공하기 위해 휴양 군락을 만들기 시작하였다. 1945년 9월 부평에 최초의 미군기지가 들어서면서 동시에 휴양 군락이 형성되었다. '양갈보'는 미군 주변을 맴돌며 몸을 파는 여성들을 비하하는 말이었다. '양갈보'가 '대책 없이 공장제도를 실시한 당국'과 성매매 여성들의 '생활고'에서 비롯되었음을 인정하면서도, 다른 쪽에서는 미군(혹은 유엔군)을 대상으로 몸을 파는 '창녀'들이며 여권을 포기한 윤리적 전락자를 뜻하는 말로 호명하였다(김현숙 2001: 223). 즉 양갈보라는 호칭 이면에는 해방 직후 한반도에는 '점령군 미군'에 대한 반감이 존재했으며, 반미 색채가 짙었던 시대적 상황과 정서를 대변하고 있었다. 미군이 점령군처럼 진주하고 있었던 1945년부터 1948년까지 남한 단독 정부 수립 이전까지는 반미 감정이 거세었다. 당시 미군과 소련군은 한반도의 통일 혹은 완전 독립을 저해하는 세력으로 비판받았다.

"요지음 시내에는 속칭 '양갈보' 숙청이라는 것이 있어 거리에서 의복 채림이 너무 지나치거나 혹은 외국인과 동행하는 것을 보면 철부지 거리의 아이들이 돌을 던진다 또는 욕설을 퍼붓는다 하는 일이 시내 도처 노상에서 버러지고 있는데 물론 민족적 양심에서 양갈보 등 외국인에게 매음 행위를 하는 인물들을 모욕주는 것쯤은 있을 수 있는 사실이라고 하겟스나 이 배후에는 속칭 양갈보를 놀림네하고 외국인을 배척하는 책동을 하는 일이 없지 않아 있다하니 이 같은 지나친 작난은 경찰은 물론 관계 당국은 엄격히 취체를 하여야 할 것이다."(『동아일보』 1949.06.17.)

양갈보라는 호칭과 미군에 대한 부정적인 인식은 1948년 분단 정부 수립 이후 서서히 변화하게 된다. 양갈보에 대한 부정적 인식이 변화했다기보다는 양갈보가 상대하는 서양인 즉 미군에 대한 배척 운동을 경계하려는 움직임이 나타나기 시작했다고 볼 수 있다. 양갈보를 배척하는 행위가 곧 미국을 배척하는 운동으로 비화할 것을 우려한 주류 세력의 의도를 반영하고 있다. 1948년 이후 이승만 정부는 겉으로는 양갈보 배척 운동을 경계하면서 속으로는 한미 관계가 훼손될 것을 우려하고 있었다(『동아일보』 1949.06.17.). 정부와 주류 세력들은 양갈보 배척 운동이 미군에 대한 대중들의 기피 현상에서 비롯되었음을 배제한 채 좌익의 책동으로 몰아갔다.

1950년 발발한 한국전쟁은 양갈보에 대한 인식을 크게 바꾸어 놓았다. 한국전쟁 발발 이후 한반도에 등장한 '유엔군'과 '유엔'은 남한 정부의 구원자이자 수호자를 의미하는 언어적 기표였다. 한국전쟁을 계기로 '유엔'과 관련된 신조어들이 여럿 나타났다. 유엔군과 미군을 상대로 하는 성매매 여성들을 일컬어 '유엔 마담', '유엔 사모님' 또는 '유엔 공주'라 하였다. 양갈보가 유엔 마담으로 불리게 된 결정적인 이유는 '외화를 획득하는 돌격대' 역할이었다. 전시에 미군 혹은 유엔군을 상대로 외화벌이를 하는 것은 비록 성매매일지라도 존경받을 만한 직업이라고 인정한다는 의미에서 '사모님'이라는 호칭이 부여되었다고 말한다. 당시 언론에 투영된 양공주의 이미지 역시 한국전쟁의 수호자이자 남한 정부의 강력한 후원자인 미군을 위안하고 외화를 벌어들이는 '애국자'였다.

> "(문) 양갈보는 언제부터 또 왜 유엔 사모님이라는 존칭으로 부르게 되었습니까?(서울 E생)
>
> (답) 6.25 사변 후 모르는 사이에 그렇게 되었습니다. 그 이유는 여러 가지가 있겠으나 경제면으로 볼때에 외화를 획득하는 돌격대의 역할을 하기에 감사의 뜻으로 이렇게 존경하게 된 것입니다."(『경향신문』 1952.04.07.)

특히 1950년 9월 인천상륙 작전 이후 미군은 낯선 서양인의 모습과 대한민국의 수호자이자 시혜자로서의 이미지가 덧씌워졌다(김준현 2016: 43). 미군과 유엔군을 상대했던 양공주를 바라보는 담론은 사적 영역에서는 성을 상품처럼 판매하는 '바 걸' 혹은 '호스티스'

였지만, 공적 영역에서는 달러와 성을 교환하는 '특수 엔터테이너' 또는 '비즈니스 우먼'이었다. 이들은 한국 정부와 미국 정부 양쪽에서 후원과 동시에 규제의 대상이었다. 이처럼 양공주에게 덧붙여진 대중적 이미지는 성적 타락이라는 오명과 소비 자본주의의 첨병이라는 시선이 교차하고 있었다. 한국 정부는 양공주가 양국의 우호적인 관계를 촉진하고 대한민국을 수호하는 미군을 즐겁게 해주는 수단으로 바라보았다(문 2002: 21).

한국전쟁 발발 이후 본격적으로 기지촌이 확산되기 시작하였다. 1950년 부산에 미군과 유엔군을 위한 위안소가 설치되었고, 인근 마산에도 5개의 위안소가 들어섰다. 1951년 부산에 위안소 74개소와 유엔군 전용 댄스홀 5개가 허가되었을 정도로 미군 부대가 있는 곳에는 어김없이 위안소가 만들어졌다(김윤지 2013: 102-103). 기지촌에서는 대대적으로 집창촌이 형성되어 양공주가 국가 경제의 한 축으로 자리를 잡았다(이나영 2007b: 31). 미군을 상대로 하는 여성들이 늘어나면서 정부는 성병 검진을 명목으로 이들을 관리하였다. 기지촌 여성을 대상으로 한 성병 검진은 1954년 2월에 제정된 〈전염병예방법〉에 따라 1957년 2월부터 시행되었다(박정미 2015: 11).

한국전쟁이 휴전으로 일단락되면서 미군 접대부를 바라보는 세간의 시선이 달라지기 시작하였다. 1953년을 기점으로 언어 사용 빈도가 '유엔 마담'에서 '양공주'가 차지하는 비중이 높아졌다(김준현 2016). 즉 국가주의적 관점에서 외화를 벌어들이는 애국적인 유엔 마담에서 미군을 상대로 몸을 파는 성매매 여성인 양공주로 호칭이 격하되었다고 할 수 있다. 양공주는 미군의 정식 부인으로 고급 주택에 살고 있는 '양부인'부터 허름한 판자집에서 기거하는 '양갈보'에 이르기까지 사회경제적인 차이와 등급이 있었다. 또한 윤리적 잣대로 상대한 대상의 숫자에 따라 '정숙파', '팔방미인파', '마구잡이파'로 구분하기도 하였다.

> "위로는 고급 주택에 정식(적) 부인으로 들어앉은 '양부인'으로부터 밑으로는 괴짝같은 '판자집' 곁방살이를 하는 '양공주'에 이르기까지 그 수효는 등록이라도 시켜보기 전에 알아낼 도리가 없겠지만 한참 번창하였을 때는 능히 2만 명을 넘었다고도 전해진다. 외인군대를 전문으로 상대하는 여자를 한마디로 '양갈보'라고 부르지만, 그중에는 깨끗한 애정으로 맺어져 혼혈의 아들딸을 기르며 부부생활을 하는 '정숙파'도 있는가 하면 흔히 3~4인의 특정된 상대자와

교모하게 시간표를 짜서 '교대근무'를 하는 약빠른 '팔방미인파'도 있고 심지어는 외국인이면 누구든지 닥치는 대로 상대하는 '마구잡이파'도 있다. 어쨌든 이것도 해방의 '특산물'임에는 틀림이 없은즉 '양공주'라면 모두가 사회에서 버림받는 타락한 비극의 여성군이지만 허영과 금욕에 눈이 어두워 뛰어든 극소수의 일부 탈선 여자 이외의 대부분은 불가피한 생활사정으로 몸을 팔게 된 기막힌 '요구호대상자'들이다. 준비가 간단하니 괴상한 색깔 복장에 입술을 새빨갛게 칠하고 '해ㄹ로, 오-케'의 마디 영어만 배우면 벌써 '개업준비'는 완료. 허나 이들도 일단 '양공주' 생활에 발이 젖으면 좀처럼 그 윤락의 구렁텅이에서 헤여나지 못하고 끝내 몸을 파멸시키고야 마는 것은 다른 사창굴의 윤락여성군과 다를 것이 없다."(『동아일보』 1955.08.18.).

미군 기지촌의 양공주가 다양한 역학관계에 의해 의도적으로 만들어진 것과 달리 미군 부대가 주둔하면서 양공주들이 미군을 상대로 몸을 파는 공간이 비의도적으로 형성되기도 하였다. 전쟁 시기 양공주가 몸을 파는 비의도적인 공간은 국가의 주권이 제대로 작동되지 않았던 일종의 예외적 상태에서 발생하고 형성되었다고 할 수 있다. 포로수용소 주변에 형성된 몸 파는 공간에서 한국군 혹은 한국인 '남성'은 배제되어 있었다. 기지촌이 이질적이며 위계적인 두 남성문화의 주체들이 양공주의 몸을 매개로 만나는 곳이자 충돌하는 곳이라면, 포로수용소 주변에 형성된 양공주가 몸 파는 곳은 미군(남성)과 양공주(여성)가 오로지 성을 매개로 조우하는 지점이었다. 기지촌이 국가안보 혹은 경제성장의 기표記標라면, 양공주가 몸을 파는 공간은 전쟁과 가난의 참혹한 삶을 대변하는 기의記意였다(이나영 2007b: 34).

기지촌에서는 대대적으로 집창촌이 형성되어 양공주가 국가 경제의 한 축으로 자리를 잡았던 반면(이나영 2007: 31), 포로수용소 주변 공간에서는 개별적 차원에서 생계를 위해 성매매가 이루어졌다. 전쟁은 많은 피난민을 양산하였다. 피난민들은 상대적으로 전장에서 먼 거제도로 몰려왔다. 거제도의 피난민은 이북에서 내려온 피난민이 대다수였지만, 서울을 비롯한 이남 지역에서 전쟁을 피해 많은 사람이 들어왔었다. 생활 여건이 열악했던 피난민 중 일부는 성매매를 호구지책으로 삼았다. 이들 양공주는 초기에는 전문 업주를 매개로 포로수용소 주변 마을 민가에 방을 얻어 놓고 '영업'을 하였다. 점차 개인적으로 성판매를 하는 양공주들이 늘어나면서 미군이 있는 곳이면 어디서든 영업이 이루어졌다. 여기에서 다루고 있는 '양공주'는 자신들의 목소리가 아닌 타자의 시선으로 바라보았던 모습이다.

2. 거제도 포로수용소 인근의 양공주

거제도 포로수용소는 1951년 1월 20일 설치되어 1954년 1월 5일까지 운영되었다. 거제도 포로수용소에 근무했던 미군 숫자는 포로 분산 이전과 이후가 크게 다르다. 1952년 6월 기준으로 장교 649명, 하사관 74명, 사병 13,125명으로 총 13,848명이었다(조성훈 2010a: 90). 포로 분산 이후인 1953년 2월 기준으로 행정요원 장교/하사관 137명, 사병 1,564명, 그리고 헌병대의 장교/하사관 129명, 사병 3,003명으로 총 4,833명이 근무하고 있었다(조성훈 2010: 273). 미군은 병사들의 사기를 진작시킨다는 명분으로 1951년 9월부터 6개월 간격으로 포로수용소 근무를 교대시켰다.

거제도 포로수용소는 독봉산을 가운데 두고 현재의 고현동, 수양동, 장평동, 상문동, 연초면 일대에 들어섰다. 애초 포로수용소는 가능한 주민들의 거주지를 훼손하지 않고 들판과 구릉을 이용하여 건설되었다. 그래서 포로수용소 주변에는 민가들이 그대로 남아 있는 곳이 많았다. 포로수용소 주변으로 양공주들이 몰려들면서 배후지 마을에는 양공주가 넘쳐났다. 시간이 흐르면서 피난민 수용소가 설치되었던 연초면 일대의 양키시장이 양공주들의 전진기지가 되었다. 양키시장을 기지로 삼았던 양공주들은 도회지 풍의 외양을 갖춘 별도의 시설에서 공공연한 형태로 영업하였지만, 포로수용소 주변 마을에 자리를 잡았던 양공주들은 개별적 혹은 음성적인 형태로 활동하였다. 거제도 포로수용소 일대에서 활동했던 양공주는 많았을 때는 3,000여 명에 이르렀다고 한다(손영목 2006: 115). 미군 부대가 위치했던 '열마지기골'을 비롯한 포로수용소 주변에는 '양공주'가 들끓었으며, 지역 청소년들은 포로수용소 캠프에 고용되어 '양아치 쇼리'로 둔갑하였다(박태순 1989: 194).

"개판이지. 왜냐하면 요기 가정집들이, 촌에서 소 마구간에 다 방을 냈어. 사람도 아니지. 전방에서 교대로 오믄, 가스나가 방 안에 있으면 말이지. 양갈보 장사하믄, 미군들 계급 불구하고 순서대로 착착 줄을 섭니다. 야들이 문앞에서 기다리고 있으면, 앞에서 빨리 안나오면, 빨리 나오라고. 나오면 뒤에 놈이 또 들어가고. 그리고 또 들어가.... 근데 그놈들이, 장교들도 말이시, 일을 지다가 엠피(MP) 온다 카믄, 옷벗고 다 도망칩니다. 헌병이 온다카믄 옷을 들고 다 도망갔지.... (양공주는) 한국 사람이 어디서 데꼬 오는지, 장사꾼 떡대가 데꼬 와가지고, 방 있으면 방마다 세를 얻어가지고, 피난민도 많이 했지. 피난민도 못먹고 사는데. 요 사람들이 장사를 전문적으로 그래 하는데. 전방 부대가 한번 내려오면, 그날 저녁에는 수 십명이 줄로 서가지고.... 몇십명씩. 그 뭐 사람도 아니지."(윤충렬, 남, 1932년생, 거제 상문 출신).[2]

지역주민들의 기억 속의 양공주는 '현지인'이 아닌 '외지인' 여성이었다. 호칭 역시 '양공주'와 '양갈보'가 뒤섞여 있었다. 양공주는 대개 피난민 여성들이었다. 이들은 전쟁 중에 남편을 잃거나 피난 중에 혼자가 되어 거제도까지 내려왔던 사람이었다. 구술자들은 지역주민 중에서 양공주가 된 사람은 없다고 잘라 말했다. 피난민들이 배급식량만으로는 살기가 어려워 처음에는 미군들을 상대하는 '하우스걸'로 취직했다가 나중에는 더 벌이가 좋은 양공주가 되는 경우가 대부분이라고 하였다. 이들과 달리 지역 사람들은 못 배우고 어리석고, 순박하지만, 체면과 삼강오륜이 있어 양공주를 큰 죄라고 여겨 누구도 몸을 팔 생각조차 하지 못했다고 하였다. 하지만 피난민들은 이미 죽을 고비를 수없이 넘겼고, 이곳은 자신들을

연초면 양키시장 자리

2 윤충렬의 구술 내용은 이승철씨가 2003년 10월 26일 녹음했던 자료(DV208)를 녹취하였다.

알아볼 사람이 없는 지역이라 부끄러움이나 체면 같은 것이 없었다는 것이다. 양공주들은 대개 숙식과 편의를 제공하는 포주를 따라 몇 명씩 무리를 지어 매춘업에 종사하거나 독자적으로 거처를 마련하여 단독으로 '영업'하였다.

양공주는 주로 미군을 상대로 몸을 팔았다. 일정한 공간이나 시설이 없는 양공주는 몸에 모포를 걸치고 다니다가 미군을 만나면 산 밑 으슥한 곳에서 몸을 팔고 화대를 받았다(이승철 2018: 78). '모포 부대'라 불렸던 양공주가 미군과 성교하는 장면은 마을 아이들의 구경거리가 되었다. 피난민들이 몰려들면서 화목으로 나무를 벌채하면서 벌거숭이 산이 되었다. 산에 나무가 남아 있지 않아 멀리서도 누가 무엇을 하는지 쉽사리 눈에 들어왔다. 심지어 양공주들은 마을 인근 개울가나 노천에서도 몸을 팔았다. 소개령으로 포로수용소 주변 마을이 철거되기 전에는 양공주들이 가정집에 세를 들거나 외양간을 고쳐서는 그곳에 기거하면서 몸을 팔았다. 양공주의 화대는 1달러였지만 많게는 3달러를 받기도 했다고 한다.

거제도 포로수용소가 설치되었던 1951년 무렵 양정리 저산 마을에는 80여 호, 중통 골에 20여 호, 그리고 수월에도 80여 호가 살고 있었다고 한다. 임시로 연초에 정착했던 피난민 중 일부가 포로수용소 인근의 양정리와 수월리로 이주해왔다. 마을 주민들은 피난민들에게 소 마구간과 돼지우리를 개조하여 방을 만들어 거주하게 하였다. 시간이 흐르면서 애초 피난민에게 제공하려고 임시로 만들었던 방을 양공주들이 사용하게 되었다. 양공주들은 방세로 달러를 주거나 미군에게 받은 통조림과 화장품, 커피, 우유, 빵, 비누 등을 집주인에게 주기도 하였다. 당시에는 달러가 보편적인 화폐였다고 한다. 이들이 미군으로 상대로 벌어들이는 달러와 거기에서 파생되는 경제적 효과는 엄청났다고 한다.

1952년 5월 7일 돗드 포로수용소 소장 납치 사건 이후 거제도 포로수용소의 주변 마을은 모두 철거되고 주민들은 소개되었다. 이후 포로수용소로 이어지는 주요 길목에는 경비 초소가 설치되었다. 경비 초소 입구 아치에는 'M. P'라는 글자가 새겨져 있었다. 지역민들은 경비 초소를 '엠피(MP)' 초소라 불렀다. 소개 이전에는 MP 다리 출입이 자유로웠다고 하였다. 소개 이후에는 헌병들이 출입을 통제하였다(거제문화원향토사연구소 2015: 142). 엠피 초소는 3곳으로 연초 입구, 장평 고개, 삼거리 고개에 있었다. 포로수용소를 중심으로 연초는 동쪽, 장평은 서쪽, 삼거리는 남쪽으로 나가는 길목이었다. 포로수용소의 북쪽은 바다였다. 양공주들은 미군 경비 초소 부근에 많았다고 한다. 양공주가 많은 곳에서는 미군들의 행패가 끊이질 않았다. 포로수용소 주변 마을 사람들이 소개되면서 양공주들도 같이 쫓겨났다. 양공주들은 미군들이 자주 드나드는 소개민 수용소 인근 마을 혹은 피난민 수용소 근처로 거처를 옮겼다. 양공주들의 집거지는 연초면 죽토리 효촌(효자문) 일대를 비롯하여 연사리와 오비리, 그리고 사등면 사곡리 등지였다. 그중에서도 소개민과 피난민이 많았던 지금의 연초면 연사리 임전 마을 앞 천변과 연사리 근처 산 아래가 주요 거처였다. 어떤 곳에서는 한 명의 포주 아래 30명이 영업을 하기도 하였다.[3]

> "연사 산 밑이나 뚝에도 북한에서 내려온 피난민들이 많았다. 저녁마다 극장이 섰다. 그 주변에는 홍남중학교가 있었고, 시장에는 국수, 떡 장수도 있었다. 뚝 안으로는 시장이었는데, 오리 장사까지 모여들었다. 효자문 독사 덤벙(못) 밑으로 물이 흘러내렸다. 미군들은 그냥 못 지나가서, 발에 물을 묻지 않으려고, 건너 주면 1달러 주었다. 또한 그 주변에 양갈보들이 아주 많았다. 피난민 주택은 연초면 옛 사무소 앞과 연초초등학교 앞 뚝에 박스로 집을 지었는데, 송정까지 쭉 늘어서 있었다. 그리고 양갈보들은 그 미군들이 버린 종이박스를 이용해서 장사했다고. MP 다리 밑에 사람들이 주로 살고 양공주들도 많았다."(김달호, 남, 1931년생, 거제 수월 출신).[4]

미군들은 연초 개울을 건너야만 양공주들이 있는 곳으로 갈 수 있었다. 하지만 바닷물이 만조가 되면 개울까지 물이 올라와 옷을 버리지 않고서는 건널 수 없었다. 이곳에서 미군들을 업어 나르는 신종 직업이 생겼다. 옷을 적시지 않고 개울을 건너려는 미군을 등에 업고 건너는 일이었다. 미군을 업어서 개울을 건네주는 대가는 한 명당 1달러였다

---

3 배종엽(남, 1930년대 출생, 거제 고현 출신)의 구술 내용(이승철 2018: 193). 구술자는 고현 남은 밖 출신으로 포로수용소의 289 수송대에 근무하였다.

4 거제문화원향토사연구소(2015: 145-146).

(거제문화원향토사연구소 2015: 145-146). 거제도 서쪽에서 연사리로 들어가려면 피솔 마을을 거쳐야 했다. 피솔 마을은 미군 부대 위쪽에 있어 민간인이 출입이 금지되어 있었다. 양공주들은 목선을 이용하여 바다를 통해 연사리로 드나들었다. 피솔 사람들을 양공주들을 연사리로 실어다 주거나 실어 오면서 비용을 받았다. 간혹 미군 헌병이 나와 검색을 하면 산으로 도망을 갔다가 헌병이 사라지면 내려오곤 했다고 한다.

미군 중에는 영외 거주하는 사람이 많았다고 한다. 영외 거주 미군과 양공주가 살림을 차리기도 하였다. 여기에서 '살림'이란 양공주가 불특정 다수를 상대로 몸을 팔던 상태에서 특정한 한 명으로 상대가 고정된다는 의미이기도 하였다. 미군과 살림을 차린 양공주는 군용 물품이 많았다고 하였다. 한 달에 얼마씩 돈을 받고 동거하는 일종의 계약 살림이었다. 간혹 미군과 정식으로 혼인한 양공주도 있었다고 하였다. 양공주와 미군 사이에 아이가 태어나기도 하였다. 아이가 태어나면, 주민들이 아이를 돌봐주고 대가로 돈을 받기도 하였다. 아이는 미군 부대에서 나온 우유를 먹였다. 미군들이 젊은 여성을 겁탈한다는 소문이 널리 퍼져 있었다. 그래서 미군이 나타나면 동네 처녀들은 함부로 나다니지 못했다고 한다(거제문화원향토사연구소 2015: 146).

> "동란 후 각처에서 모여든 피난민 7만여 명의 이주로서 거제도는 어떠한 세태의 전환을 엿볼 수 있는데 근간에는 생활난에 기인함인지 부적 증가되는 거제도 일성에는 매춘부의 파굴로 화하고 있음이여 서야의 구분없이 독개비 형태로 횡행하고 있어 부녀층 풍기에 악영향을 초래할 우려가 기한데 도민들은 당국의 적절한 대책강구를 요망하는 소리가 높다."(『마산일보』 1951.09.13.).

아이를 돌봐줄 사람이 없거나 경제적 여유가 없었던 양공주는 영아를 몰래 생매장하는 사례도 있었다. 다음 기사는 거제도 고현에서 유엔군을 상대로 매춘업을 하다가 임신하여 친가로 가서 아이를 출산한 다음 진해로 옮겨갔던 양공주가 아이를 생매장했다는 내용을 전하고 있다.

"본적을 경북 칠곡군 약목면 복성리에 두고 현재 진해읍 충의동 특수 카페-진흥관에서 UN군 접대부로 있든 김말선(金末先, 19세)은 여급생활로부터 거제도 고현에서 UN군 접대부를 하여 오던바 불의에 임신을 하여 업무상 적지 않은 고민을 하다가 1월 초 친가에 가서 옥동자를 분만 양육하였으나 생활난으로 친모와 함께 내진(來鎭) 전기 직업을 계속 중이었다 한다. 그런데 「어린애」 관계로 지장 많다하여 친모와 공모 지난 1일 하오 □시경 타인의 부재를 틈타 이를 업고 충무동 산록에 가서 생매장하였다."(『마산일보』 1952.03.05.).

당시 신문에도 양공주를 '외화획득녀', 'UN군 접대부', '여급'으로 표기하고 있다. 즉, 양공주를 외화벌이에 나선 여성, 유엔군을 상대로 하는 접대부 혹은 여급이라는 시선으로 바라보고 있었다. 거제도에서 유엔군을 상대로 몸을 팔다가 진해로 직장을 옮겼다는 기사 내용으로 미루어 당시 진해에도 유엔군이 많았던 것으로 보인다. 19살 나이의 양공주는 아버지가 누군지 모르는 아이를 낳았다가 생계를 위해 신생아를 생매장하였다. 그녀가 'UN군 접대부'였다는 사실로 미루어 생매장된 아이의 생물학적 아버지는 유엔군 혹은 미군이었을 개연성이 크다.[5] 친모와 공모했다는 기사 내용으로 미루어 십 대 후반의 딸이 접대부 생활을 하면서 가족의 생계를 책임지고 있었다고 짐작된다. 전쟁의 와중에 굶주림을 덜고자 딸을 희생시켰던 '평범한' 가족 혹은 '특별할 것 없는' 우리 이웃의 이야기였다(박성은 2020: 191).

양공주의 숫자가 대규모로 늘어나자, 지역에서는 양공주에 대한 대책을 마련해 달라는 목소리가 터져 나오기도 하였다. '매춘부', '유녀'로 불리는 양공주는 마치 질병을 퍼뜨리는 세균처럼 '퇴치'되어야 할 대상으로 치부하고 있었다. 즉, 양공주는 '외부'에서 들어와서는 도깨비처럼 이곳저곳을 떠돌면서 지역사회의 풍기를 문란케 하는 존재인 양 취급하였다.[6] 미군이 많이 드나드는 지역에는 '홀'이라 불리는 큰 집이 있었다. 홀은 여자와 술

---

5 혼혈아 특히 흑인 혼혈아는 아이뿐만 아니라 아이의 어머니인 양공주까지 하층계급으로 전락된다는 점에서 태어나지 말아야 하는 존재였다(변화영 2014: 296).

6 『마산일보』 1951.09.13.

을 파는 공간이었다. 연초, 사곡, 양정 등지에 양키시장이 형성되면서 '댄스 홀'이 들어섰다. 댄스 홀에는 간혹 춤을 잘 추는 한국군도 출입하였다고 한다. 미군 경비대가 있는 부근마다 양공주와 댄스 홀이 성행하였다. 양공주들이 미군들로부터 돈(달러) 대신 화대로 혹은 선물로 받았던 커피, 우유, 빵, 비누 같은 물품들이 양키시장으로 흘러나왔다.

포로수용소의 철조망 안에서 바라보았던 포로들의 눈에도 가족의 생계를 위해 미군들에게 몸을 파는 양공주의 모습은 이중적이었다. 포로들은 한편으로는 철조망 바깥에서 미군과 돌아다니는 양공주를 보고 희롱을 하거나 욕을 하기도 했지만, 다른 한편으로는 피난민이 된 가족을 먹여 살리기 위해 자신을 희생하는 모습을 가련하게 생각하기도 하였다.

> "그들은 온 가족의 생계를 위해 자기 몸을 버려 가며 살아가는데 동족에게 멸시와 천대까지 받으니 그 마음이 참으로 아플 것이다. '부모에게 진짜 효녀가 누구인가?' 나는 그들을 보고 세상의 효녀치고 그들보다 더한 효녀는 없을 것이라 생각했다."(송관호 2015: 148-149).

한편 1952년 5월부터 거제도 포로수용소에 집중되어 있던 포로들을 여러 곳으로 분산 수용하였다. 대규모 수용동에 밀집되어 있던 포로들을 소규모 단위 포로수용소로 분산시키는 '소산 작전'은 1952년 5월부터 7월까지 3개월에 걸쳐 이루어졌다. 포로들은 이념적 성향에 따라 분리 수용되었다. 송환 거부자 혹은 '반공' 포로들은 부산, 대전, 광주, 논산 등 육지에 마련된 포로수용소로 이전시켰으며, 송환 희망자 또는 '친공' 포로들은 거제시 남부면의 저구리 포로수용소, 통영시 한산면의 용초도 포로수용소 및 봉암도 포로수용소와 같이 섬 지역의 포로수용소에 수용하였다. 중국군 포로들은 제주도로 이송되었다. 1952년 9월 8일 기준으로 거제도 포로수용소에는 44,149명만 남게 되었다(거제문화원향토사연구소 2015: 134). 포로수용소가 분산되면서 미군들이 이동하자 거제도 포로수용소 주변의 양공주들도 자연스레 분산되었다.

3. 저구리 포로수용소 인근의 양공주

'저구리 포로수용소'는 1952년 6월 설치되어 1953년 10월까지 운영되었다. 1953년 2월 28일 기준으로 저구리 포로수용소에는 미군 행정요원 장교/하사관 16명, 사병 200명, 헌병대 장교/하사관 2명, 사병 80명 등 총 298명이 근무하고 있었다. 이들과 더불어 카투사 51명, 한국군 843명이 주둔하였다(조성훈 2010a: 273). 저구리 포로수용소가 설치된 지역은 저구리를 비롯하여 인근 명사 마을과 다포 마을 세 곳이었다. 이곳은 거제도의 남서쪽 끝단으로 지리적으로 평지가 아주 협소하고 험준한 산과 바다로 막혀 있어 다른 지역으로 왕래가 어려운 곳이었다. 저구리 포로수용소의 배후지는 다대 마을과 근포·대포 마을이었다. 근포 마을에는 명사 마을 주민들이 소개되었다. 하지만 근포에서 다른 지역으로 이어지는 유일한 통로가 포로수용소로 차단되면서 근포 마을은 섬 속의 섬이나 마찬가지였다. 다대 마을은 비교적 큰 마을이었지만, 저구리 주민과 다포 주민이 이곳으로 소개되면서 마을은 포화상태가 되었다.

저구리 포로수용소 주변에서 몸을 팔았던 양공주들은 전쟁으로 삶의 터전과 가족을 잃은 여성들 혹은 가족은 있지만 홀로 가족을 부양해야만 하는 처지에 내몰렸던 사람들이었다. 삶의 장소를 박탈당하고 기존의 사회적 틀에서 벗어나 고립된 여성들은 삶을 영위하기 위해 낯선 공간에서 낯선 생활을 해야만 했다. '파마머리'에 '양장'을 하고 있었던 양공주는 지역민들에는 '다른 나라' 사람처럼 보였다. 올림머리에 비녀를 꽂고 다녔던 지역 여성들과는 차별되는 외모였다. 양공주들이 늘어나면서 저구리 포로수용소 주변에는 양공주가 영업하는 고정적인 장소가 세 곳 형성되었다. 그중 한 곳은 다대 신촌에서 저구리로 넘어가는 산기슭이었다. 이곳은 다포 수용동 길 건너편으로 다포 수용동은 물론 저구 수용동과 명사 수용동에 근무하는 미군들이 접근하기 수월한 지점이었다. 바로 옆에 다대 마을이 있어 양공주들이 일상에 필요한 물품을 구입하거나 미군들로부터 성매매의 대가로 받은 물품들을 곧바로 처분할 수 있었다.

"그 당시 저구에 양공주가 많이 있었다. 피난 온 사람들이 살기 위해서 양공주를 했는데, 그 당시 양공주들의 파마 머리에 양장을 하고 있어서, 다른 나라 사람처럼 보였다. 그때 이곳 사람들은 젊은 여자도 머리를 올리고 비녀를 찔렀다. 파마 머리 한 여자는 한 사람도 없었다. 그때 교통도 나쁜데 연약한 여인들이 이곳까지 와서 양공주를 했다는 것은 이해가 가지 않는다. 피난민을 가장한 여자들인데, 어디서 왔는지는 알 수 없었다. 양공주는 헛간을 고쳐서 방을 만들어 사용하기도 했고, 방을 얻어서 살기도 했다. 미군들을 상대하기 위해서 낮에 담요를 가지고 산에 가서 그짓을 하는데, 그때는 산에 나무가 없어서 풀숲에서 그런 짓을 해도 볼 수가 있었다."(고상환, 남, 1915년생, 거제 저구 출신).[7]

거제도 포로수용소 주변 지역과 달리 주거 시설이 열악했던 저구리 포로수용소 인근에서는 소개민과 양공주가 서로 '협업'하는 방식이 나타나기도 하였다. 거제도 포로수용소와 달리 지리적으로 격리된 저구리 포로수용소 주변에는 양공주가 거주할 수 있는 시설이 부족하였다. 반면 소개민들은 보급받은 식량만으로는 생계를 꾸려가기 힘들었다. 소개민과 양공주가 서로가 서로에 기대는 전략으로 고단한 삶을 마주하였다. 소개민들은 양공주에게 거처할 공간을 제공하고 양공주는 그 대가로 미군들에게 받았던 물품이나 돈을 방세로 지불하였다. 재정적으로 여유가 있었던 업자들은 양공주를 여러 명을 두고 영업하였지만, 소개민들은 소수의 양공주와 함께 살면서 생계를 이어갔다.

지역주민들이 '아리랑 고개'라 불렀던 이곳에서는 술을 팔고 몸도 파는 양공주들이 진을 치고 있었다. 양공주는 주로 타지에서 피난 온 사람들이었다고 한다. 양공주는 헛간을 고쳐 방을 만들어 사용하거나, 다른 집에 세를 들어 살기도 하였다. 미군들을 상대하기 위해 낮에 담요를 가지고 산으로 들어가 몸을 팔았다고 하였다. 방이 모자라 야산에서도 몸을 팔기도 하였다. 미군과 양공주가 몸을 섞은 모습은 멀리서도 보였다. 당시에는 몸을 숨길만한 곳이 드물 정도로 산에 나무가 없었다. 포로수용소와 가까운 다대, 근포, 율포 부근에 별도의 성매매 공간이 형성되었다. 다대에서는 소개민 수용소에서 다

7 이승철(2018: 150). 구술자는 일제강점기에 저구리 이장을 역임하였으며, 1952년 피난민 유입 당시에도 이장이었다.

다포 아리랑 고개

포에 설치된 포로수용소로 이어지는 길목에 판자와 나뭇가지로 둘레를 막고 지붕에는 억새와 같은 풀을 덮어 가건물을 마련하였다. 이곳에 양공주와 소개민이 기거하면서 성매매업을 하였다.

"소위 말하면 거기가 아리랑 고개. 거기를 우찌 했나 하니까. 집을 못짓고. 나무 비다가(베어다가) 박스 그놈가지고 벽처럼 옆에 막구고. 우게는(위에는) 그때 봄이니까 밀대 그놈을 덮고. 구들 놓고 그런 것은 업고요 고마 담요 깔아 놓고. 거리를 일명 아리랑 고개라 캤다. (양공주 숫자는) 한 20~30명 됐을 겁니다. 확실한 숫자는 모르는데, 한 집에 너댓명씩 있었는데. 여기는 인자 아가씨들 데꼬 장사하는 소위 말하면 포주들, 포주들이 인자 저 미군들이 옷을 가지고 오면 옷을, 담요를 가지고 오면 담요를 받아다가 팔고 그래 했습니다."(박금표, 남, 1937년생, 거제 다포 출신).

다대 신촌 위에는 양갈보 장사를 하는 곳이 10여 채가 넘었다고 기억하였다. 다대 동네에는 없었다. 일부는 소개민이었지만 대개는 외지 사람이었다. 양갈보 장사를 하려 외지에서 들어 온 사람들이었다. 소개를 나간 사람은 몇 집 되지 않았다, 일단 양갈보가 거처할 수 있는 방이 없었다. 소개민들은 자신들의 움막 같은 거처를 쪼개어 일부 공간을 양갈보에게 내어주었다. 대신 식구들은 인근 친인척 집으로 보냈다. 다대에는 미군을 상대하는 카바레나 술집이 따로 없었다. 양갈보 장사를 하면서 술도 팔았다고 한다. 미군과 살림을 차린 양공주는 없었다고 하였다. 무엇보다 양공주가 살림을 차릴만한 집이 없었다. 양공주를 찾아오는 미군들은 아이들에게 가끔 우유나, 과자 등을 주었다. 깡통에 든 과자가 아주 맛있었다고 기억하였다.

> "해먹고 살게 없어서. 다대 신촌 내리가면 이런 집을 지어가꼬 보리박구(박스) 집을 지어가꼬 양갈보 장사를 했어. 엄마가. 식구가 전부 있었는데. (양갈보) 하나 있었는데. '조치원'이라고. 조치원에서 왔다고 참 나이가 많더라고. 이름이 조치원이 아니고, 그 어멈이. 이름을 안 부르고 우리가 '조치원', '조치원' 이래 했거든. 그래가꼬 하다가 순경이 왔는데, 다대 지서 주임이 왔는데, 조치원 저년이 미국놈을 하면 돈을 주는데 순경이 하면 돈을 안주거든. 그란께는 안 받아주는기라. 그란께는 우리 아버지를 내려 오라 하더만은 순경이 잡아 가버렸어. 앙심을 딱 묵고. 내려 오라카드라고 우리 아버지를. 할 일이 있다고. 할 이야기가 있다고 지서로 오라카드라고. 그래서로 우리 아버지가 갔는데... 그뒤로 흔적이 없어. 우리 아버지가. 그래서로 알아본께는 보국대로 데꼬 가버렸어. 그 앵심(앙심)으로... 그 여자, 조치원 그 여자가 하룻밤 안재워 줬다고."(양○자, 여, 1940년생, 거제 저구 출신).

위 구술자는 '조치원'이라 불렸던 양공주 때문에 아버지가 보국대에 끌려갔다고 푸념하였다. 어느 날 다대 지서의 주임이 '조치원'을 찾아왔다고 한다. 양공주 '조치원'은 미군을 상대하면 돈을 받을 수 있지만, 경찰은 화대를 주지 않아 상대하기를 거부했다고 한다. 며칠 뒤 지서 주임이 며칠 뒤 아버지를 불렀다. 주임이 할 이야기가 있다고 해서 지서로 내려갔던 아버지는 그 후 행방이 묘연해졌다. 한참 뒤에야 '조치원' 사건으로 앙심을 품은 지서 주임이 아버지를 보국대로 보내 버렸다는 사실을 알게 되었다고 한다. 아버지가 부재한 상태에서 살림살이는 전적으로 어머니의 양공주 장사에 달려 있었다. 양공주 장사로 방이 부족했을 뿐 아니라 시어머니와 나이 든 딸들이 미군이 드나드는 집에 기거하는 것을 꺼렸던 어머니가 다대 너머 오송리로 보냈다. 오송리의 입구 '오신장' 길 아래 대밭 속 빈집에다 할머니와 언니, 그리고 구술자를 이거시켰다. 한여름 대밭 속 빈집에는 모기가 엄청나서 한숨도 못 잤던 기억이 생생하다고 말했다. 오송리에서는 고모 댁이 있어 가끔 보리쌀을 가져다주었다. 고모가 가져다준 보리쌀로 생계를 유지하면서 한동안 거처하다 다시 다대로 왔다. 아버지는 보국대로 가버리고 엄마가 양갈보 장사로 식구가 먹고살았다. 오빠는 돈벌이 나가고 없고, 언니와 구술자 본인이 동부면 사무소까지 걸어가서 배급 식량을 받아왔다.

양공주들은 대개 인솔자(포주)를 중심으로 영업하거나 인솔자 없이 개별적으로 영업하였다. 소개민 중 일부는 양공주를 데리고 포주 노릇을 하면서 미군들의 물품을 팔기도 하였다. 구술자들은 양공주가 학력이 높았으며, 고등학교를 갓 마친 앳된 처녀들이 많았다고 기억하였다. 어떤 양공주는 통역관보다 영어 실력이 뛰어났다고 하였다. 구술자들은 양공주들이 어디서 왔는지는 모르지만, 이 지방 사람들은 아니었다고 강조하였다. 소개민들을 배급 식량 이외는 별다른 생계 수단이 없어 양공주를 데려다가 미군을 상대로 장사(매춘업)를 하였다. 전쟁으로 난민 신세가 된 양공주와 소개민이 서로에 의존하여 '새로운' 생계 수단을 마련했던 셈이다. 양공주는 장사를 할 수 있는 안전한 거처를 마련하고, 소개민들은 양공주를 통해 일정 부분 재정적 수입을 얻을 수 있었다. 지역사회에서 양공주는 사회적으로 일상을 함께 하기에는 불편한 존재였지만, 일부 주민들에게는 생계를 보조해주는 중요한 존재였다. 일부 소개민과 원주민은 양공주로 인해 가족을 먹여 살릴 수 있었다.

근포 마을 입구에도 '아리랑 고개'가 생겼다. 근포 마을에서 오르막길로 올라와서 명사로 넘어가는 산모퉁이 고개이다. 이곳은 명사 포로 수용동과 가까운 곳이다. 다대 신촌의 '아리랑 고개'와 달리 이곳에는 안정적인 거처가 없었다. 또한 포로수용소가 설치되면서 육로가 막혀 이곳 주민들은 해로를 이용하여 타지로 드나들었다. 즉 외지인들이 접근하기가 매우 곤란하였다. 이곳에서는 인솔자가 양공주들을 데리고 와서는 포로수용소 주변에 풀어놓고 장사를 시켰다고 한다. 양공주들의 인솔자(포주)는 외지인이 대부분이었지만, 지역주민도 있었다고 기억하였다. 인솔자 중 한 명은 명사 출신 양○○으로 영어를 조금 했으며, 지역사회에서 유명했던 인물이라고 하였다. 일부 양공주는 명사포로 수용동과 가까운 곳에 움막을 지어놓고 몸을 팔거나 세탁을 해주고 돈이나 물품을 대가로 받았다. 움막이 늘어나면서 자연스레 움막촌이 형성되었다. 지역 사람들은 이곳을 '신촌'이라고 불렀다.

"양놈들이 양갈보들이 벅적벅적했거든. 저 굴 밑에 가 가지고. 우리 학교 다닐 때 보면은, 막 콘돔 그놈을 써가지고. 그래 많이 버리고, 많이 있었지. 대가 한 4~50명이 있었나. 방은 여기서 몇 없고. 어디 딴데서 자꾸 와. 그때는 차도 없을 땐데. 어디서 오는고. 양갈보라고 불렀지. 실어다주는 사람이 있었어. 그 사람들 다 죽었어 지금. 명사 사람인데, 영어를 조금 배워가지고 유명한 사람이 있었거든."(김하일, 남, 1943년생, 거제 근포 출신).

양공주들이 미군들에게 몸을 팔았던 공간은 근포 마을의 북쪽 바닷가에 있는 땅굴이었다. 민가와 떨어진 북쪽 해변에 미완성 땅굴을 비롯하여 땅굴이 다섯 개 있다. 모두 일제강점기 일본군이 포진지를 설치하려고 해안 절벽을 굴착하다가 해방이 되면서 중단된 채 남아 있는 흔적이라고 한다. 양공주들은 모포를 가지고 다니면서 마을과 동떨어져 있는 이곳에서 미군을 상대로 성매매를 하였다. 당시 거제도 중심부에서 근포까지 오는 길이 차단되어 있었음에도 이곳에는 양공주들이 득실거릴 정도로 많았다고 한다. 마을 아이들은 호기심에 땅굴 주변을 기웃거리다 곳곳에서 사용하고 버린 콘돔을 발견했다고 한다. 양공주 중에는 어린 딸을 데리고 들어온 홀어미도 있었다. 양공주의 딸은 마을 아이들과 함께 소개민 학교에 다녔다.

"거기에 저 뭐꼬. 요새 같으면 창녀라고 할낀데. 옛날에 양갈보라고. 천막집 이리 해놓고. 그런 사람들이 와서 있었는데. 그것은 알 것고. 우리 친구라고 같이 학교 다니는 그 딸. 엄마

근포 마을 땅굴

따라온 아(아이)가 있었는데. 우리하고 같은 학년에. 옥순인가 순옥인가 그런 아도 있었는데. 어디서 왔는가는 모리것고. 어디 시내(도시)서 왔는가. 그래가 미군들 상대하고. 그 딸은 우리하고 학교같이 다니고."(이효자, 여, 1944년생, 거제 명사 출신).

한편 저구리 포로수용소 위쪽에서 탑포로 이어지는 길가 고갯마루는 포로수용소에서 흘러나온 물품을 교환하고, 양공주가 몸을 파는 장소였다. 고갯마루 공터에 일종의 '난장'이 형성되었다. 이곳에서 미군과 잡상인이 서로 필요한 물건을 물물 거래 방식으로 거래하였으며, 양공주들은 미군을 기다리며 진을 치고 있었다. 이곳은 지리적으로 저구리 포로 수용동과 가깝지만, 가파른 경사길을 올라와야 하는 곳이다. 또한 배후지 마을이 멀리 떨어져 있어 양공주나 장사꾼들이 장기간 머물 수 있는 거처가 없었다. 이곳은 상대적으로 제한된 공간이었으며, 양공주들이 항상 머무는 고정적인 장소가 아니었다.

"탑포에서도 올라오고, 마 각처에서 오는기라. 동부(면) 쪽에 저 사람들이 거기에서 길을 나 놓은 께. 저구에서 쪼깬 올라가면 거긴데. 저구 저 위에까지 포로수용소가 있었거든. 그러닌 거기서 쪼깬 올라가면 장사하는 데라. 전부 거기서 가스나 장사도 하고 음식도 팔고. 뭐 많이 팔아. 장사 많이 했어요. 옷 벗어삐고 고마 뭐 사먹고 그런 식으로 한 자리다. 모포부대라카는 게 거기서 나왔어요. 그게 장사하던 자립니다. 미군 애들도 많이 가고, 한국 군인들도 많이가 고."(강매운, 남, 1940년생, 거제 명사 출신).

마을과 집이 사라졌다는 것은 기존의 질서가 허물어졌음을 의미한다. 사회적 공간은 원주민 마을, 소개민 수용소, 아리랑 고개 순으로 위계화되어 있었다. 정부는 식량 배급을 구실로 소개민들을 소개민 수용소에 공동 거주하게 함으로써 이들을 국가의 통치 및 관리 체제 아래에 두었다. 소개민들에게 머무는 공간을 제공하였지만, 온전한 안전과 보호는 보장받지 못했다. 소개민 수용소는 말 그대로 '수용'하는 공간이었지, 새로운 삶의 터전이 되지는 못했다. 귀환 이후 마을이 복원되면서 가변적이고 위험했던 공간이 고정적이고 안정적인 장소로 전환되었다. 집을 지음으로써 마을이라는 장소가 구성되기 시작하였다. 마을이 형성되면서 사회적 관계의 기반이 구축되었다. 소개민들은 떠돌이 신세에서 벗어나 안정적인 주민이 될 수 있었다. 하지만 양공주들의 거처했던 아리랑 고개는 점차 기억 속의 흔적으로 희미해져 갔다.

4. 용초도 · 봉암도 포로수용소 인근의 양공주

한국전쟁 당시 지금의 통영시 한산면 용호도와 추봉도에도 포로수용소가 있었다. 1952년 6월 용호도에 '용초도 포로수용소'가, 추봉도에는 '봉암도 포로수용소'가 설치되었다. 봉암도 포로수용소는 1953년 10월 폐쇄되었지만, 용초도 포로수용소는 귀환국군 포로 집결소로 이용되면서 1954년 3월까지 유지되었다. 포로수용소가 설치된 곳에는 포로들을 관리하기 위해 미군 부대가 정주하였다. 주둔 미군의 규모는 시기에 따라 차이

한산도에서 바라본 용호도(우)와 추봉도(좌)

가 있었다. 포로수용소 건설 초기에는 공병대, 항만수송부대, 헌병대가 투입되었다가 공사가 완료된 다음부터는 미군 행정요원과 헌병대가 주둔하였다. 포로수용소 경비는 한국군이 투입되었다. 1953년 2월 28일 기준으로 용초도 포로수용소에는 미군 행정요원으로 장교/하사관 15명, 사병 212명으로 총 227명 근무하고 있었다. 봉암도 포로수용소에는 미군 행정요원 장교/하사관 15명, 사병 207명과 헌병대 장교/하사관 2명 및 사병 25명으로 총 249명이 근무하고 있었다. 포로수용소 두 곳에 근무했던 미군은 총 476명이었다(조성훈 2010a: 273).

용초도 포로수용소가 설치되었던 용호도에는 용초 마을과 호두 마을이 있었다. 용초 마을 주민들은 모두 소개되었지만, 용호도의 동쪽 끝머리의 호두 마을 주민들은 그대로 남았다. 용초 마을과 호두 마을 중간 돌출부에 용호국민학교가 있었다. 지역주민들이 '진바리' 혹은 '진발치'로 불렀던 이곳은 한산도와 가장 가까운 지점이었다. 봉암도 포로수용소가 설치되었던 추원 마을과 예곡 마을 주민들은 강제로 소개되었지만, 추봉도의 양끝단에 자리한 봉암 마을과 곡룡포 마을 주민들은 소개되지 않았다. 두 마을과 포로수용소는 가파른 산으로 막혀 있었다. 곡룡포에는 소개민을 위한 수용소가 설치되었다. 봉암 마을 북쪽 '치끝' 혹은 '나루선치'에서 나룻배로 한산도 진두로 오갈 수 있었다.

용초도 포로수용소가 설치되었던 용초 마을에는 1952년 6월 9일 미군 공병대가 도착하였으며, 7월 10일부터 포로 수용이 시작되었다(냉전평화센터 2022: 55). 하지만 공병대가 도착하기 며칠 전부터 미군들이 들어와 마을 앞 바다에서 수중 탐사를 하였다.

"미군들이 들이닥친 첫날부터 색시들이 있나 싶어서 가정집에 들어와 찾는거야. 아마 '양공주인가(이고 싶은가)' 하고 손짓 발짓 해가며 물어보는데 섬 촌 아낙네들이 말이 통해야 '난 아닙니다' 하고 답하제. 도통 말이 안 통하니 겁을 먹는기라. 생전 못 보던 코 크고 키 크고 털난 사람들이 들이닥쳐 뭐라고 왈왈왈 하는 데 촌 여자들이 겁을 안내? 그래서 여자들마다 방문을 잠그고 도망다녔는데, 그때 이 마을에 해녀들이 열대여섯 명 일을 하고 있었거든. 해녀들은 모두 파마를 하고 있었어. 미군들은 해녀들을 보고 동네 일반여자들과 머리 형태가 다르니까 양공주인 줄 알았나봐. 자꾸 해녀들에게 달려드는 거야. 여자들 앞에서 미군들이 자기 아랫도리를 만지면서 '씨비 씨비' 하는 거야."(김태환, 남, 1925년생, 한산 용초 출신).[8]

미군들은 거제도에서와 마찬가지로 여자들을 찾아다녔다. 포로수용소가 설치된 용호도와 추봉도 인근에는 양공주들이 기거할 만한 마땅한 공간이나 민가가 없었다. 용호도에는 호두 마을이 있었고 추봉도에는 포로수용소 양 끝에 봉암 마을과 곡룡포 마을이 있었지만, 소개민들이 몰려오면서 양공주들에게 내어 줄 방이 부족하였다. 포로수용소 설치 초기 호두, 봉암, 곡룡포에 각각 3~5명의 양공주가 기거하였지만, 이들은 대개 미군 혹은 한국군 장교와 '살림'을 하는 형태였다. 성매매를 수시로 하는 여성이 아니라 고정적인 관계를 맺고 있었다.

미군을 따라 들어온 양공주들은 포로수용소 인근 마을에 방을 얻어 놓고 기거하였다. 봉암도 포로수용가 설치되었던 추봉도의 곡룡포와 봉암 마을에 양공주들이 들어왔다. 봉암 마을에는 양공주가 3~4명 있었다. 양공주는 마을에 셋방을 얻어 놓고 미군들을 상대로 몸을 팔았다고 한다. 미군들은 주로 밤에 마을로 들어왔다고 하였다. 곡룡포에도 '양갈보'가 6~7명 있었다고 한다. 인솔자가 따로 있었으며, 양갈보는 네 집에 나누어 기거했다고 한다. 한국 군인 중에도 2~3명이 부인을 데리고 살림을 살았다고 한다. 구술자가 기억하는 한국 군인은 '일등중사'로 마을 사람들은 그의 부인을 '중사 각시'라고 불렀다고 한다. 당시 곡룡포에는 술집이 3~4곳 있었다. '양갈보'로 불렸던 이들은 모두 '객

---

8 오연호(1990: 127-128).

지' 사람이었다고 말하였다. 미군들은 밤이 되면 몸 파는 여자를 찾아 마을에 들어왔다.

용초도 포로수용소는 용초 주민들이 모두 소개되면서 거주 공간이 사라졌다. 양공주들은 용초도 포로수용소가 마주 보이는 비진도 내항 마을의 뒷등 외진 곳에 기거하면서 바다를 건너 양공주를 찾아오는 미군들을 상대로 영업하였다. 이곳은 주민들의 거주지와 동떨어진 곳이었음에도 양공주들이 움막 같은 건물을 지어놓고 기거하였다. 이들을 이곳으로 인솔하고 '보호'했던 사람은 지역주민이었다.

> "그때 인자 그 용초 거기 포로수용소가 있으니까. ○○ 아버지가 장사를 좀 했는가 이래가꼬. 어등기미 밑에 조그만 천막을 쳐가지고 사람 장사를 했지. 양공주들. 군인 초소가 있었는가? 하여튼, 신호를 하면 오고가고. 그리돼 가꼬. 몇이나 있었는지는 모리것다."(박금선, 여, 1940년생, 한산 비진 내항 출신).

용호도의 다른 마을 호두는 수시로 찾아드는 미군들로 말미암아 마을 전체가 불안정한 상태가 되었다. 호두에도 포로수용소가 설치될 무렵에 양공주가 들어왔다. 10여 명의 양공주가 인솔자를 따라 마을로 들어와서는 '영업'을 했다고 한다. 미군과 한국군이 호두 마을로 종종 넘어오기도 하였다. 포로수용소가 설치된 이후 시간이 갈수록 미군들로 인한 피해가 커졌다. 호두 마을 자체를 소개해야 할 지경에 이르렀다. 마을 사람들은 미군들의 왕래를 차단하기 위해 포로수용소에서 호두 마을로 넘어오는 마을 입구에 석축을 쌓아 길을 막고 그곳에 초소를 설치하였다. 초소가 설치되자 미군들은 선박을 이용하여 마을로 드나들었다. 마을에서 어선을 이용하여 학교 아래 진바리로 가서 그곳에 대기하고 있던 미군을 양공주가 있는 마을로 실어다 주고 돈을 받았다고 한다.

> "(호두)몸 파는 여자들이 처음에 와가지고. 양갈보를 어디서. 그중에 안내하는 대장이 있는기라. 당(무리)을 지어가꼬, 그래가지고 여 들어왔다. 여 동네 사는 처녀들은 아니고. 살기는 뭐 살아. 지들도 처음에 와서 일하다가 나갔지."(김부애, 여, 1940년생, 한산 호두 출신).

마을에서 '양갈보'라고 불렀던 양공주들은 방을 얻어 놓고 미군을 상대로 장사를 하였다. 어떤 양공주는 미군과 살림을 차리기도 하였다. 어느 날 부대에서 돌아오던 미군이 양공주가 세 들어 살고 있던 집의 아들과 수다를 떨고 있는 모습을 목격하였다. 미군은 마을 청년이 양공주를 넘보고 있다고 판단하고는 총을 들고 위협하였다. 청년은 담을 넘어 도망을 치고 미군은 그를 붙잡으려 추격하였다. 그러자 청년의 아버지가 아들을 향해 느릿느릿한 말투로 "구○아 강냉이밭으로 숨어라. 잡히면 총살이다"라고 소리쳤다고 한다. 마을 사람들은 아들이 총을 든 미군에게 쫓기는 상황임에도 느릿한 말투로 아들에게 강냉이밭으로 몸을 숨기라고 외쳤던 아버지를 기억한다.

한국군 중에서 계급이 높았던 군인들은 호두 마을에 가족을 데려다 놓고 살았다고 한다. 한국군 최고 책임자도 마을에 방을 얻어 놓고 기거했다. 그의 이름은 모르지만, 계급이 대령이었다고 기억하였다. UN군에 근무했던 한국 군인 중에는 마을에다 부인을 데려다 놓고 살림을 살기도 하였다. 군인 남편은 부대에서 마을로 간헐적으로 넘어왔다. 남편은 부대에서 나올 때마다 미군용 더불백에 담배, 양주 등을 가득 넣어 왔다. 부인은 양주와 양담배 등을 통영을 가져가서 팔았다. 어느 날 그 군인의 부인이 양주를 마시고 있었는데, 한 구술자의 어린 동생이 호기심에 그 양주를 마셨다고 한다. 당시 6살 먹었던 남동생은 양주를 마신 다음 급사했다.

> "(호두에) 가끔 넘어왔어요. 그때 양공주가 좀 있었거든요. 그때 개인 집들에. 한 10여 명 이렇게 있었고. 그때 윗동네 살았는데, 그 아래채에 인자 유엔군 가족이 있었는데, 그 남편이 한 번씩 넘어 오믄, 부대에서 오면 그 뭐 시레이션 같은 이런거, 양주 이런 거 갖고 오고 그라면, 우리는 인자 내다 파는 기라. 그때 동생이 하나 있었는데. 여름철에 아랫 바다에 놀러 갔다가 왔는데. 그 아주머니가 인자, 아(동생) 좋다고... 양주 먹고 아가 간에 불나 죽었다 아닙니까. 아 좋다고 자기가 술을 먹다가, 우리가 놀다가 보니까, 인자 동생이 예뻤거든요. 아주머니도 먹던 술을, 그 아가 혼자 묵고 있는 기라. 그래 양주 먹고 인자... 남동생인데.(박호정, 남, 1942년생, 한산 호두 출신).

시간이 흐르면서 추봉도와 용호도가 마주 보이는 한산도 진두에 양공주들이 집결하기 시작하였다. 한산도에는 입정포, 진두, 야소, 하포 마을 근처에 4개의 소개민 수용소가 설치되어 있었다. 한산도 진두는 상대적으로 양공주들이 기거할 수 있는 배후지가 넉넉했으며, 지리적으로도 포로수용소 두 곳에 근무하는 미군들이 드나들기 편리한 곳이었다. 양공주들은 '카바레' 혹은 '댄스홀'로 불렸던 공간을 거점 삼아 성매매업을 하였다. 카바레 건물은 진두 소개민 수용소가 있었던 맞은편 바닷가에 있었는데, 이북 피난민이 원주민의 밭을 빌려 건물을 세웠다고 한다. 카바레 건물은 작은 교실 크기였다고 한다. 이곳에는 밤마다 재즈 음악이 흐르고 양공주와 미군이 어울려 춤을 추었다. 댄스홀을 드나드는 고정 멤버가 있었을 정도로 미군들이 자주 드나들었다고 한다. 댄스홀 주변에는 미군들뿐만 아니라 밤이면 원주민 청년들까지 모여들면서 야시장처럼 흥청거렸다고 한다. 카바레 주변에서는 미군 부대에서 흘러나온 온갖 물품이 거래되었다. 카바레의 주요 고객은 포로수용소에 근무하는 미군들이었지만, 간혹 한국군 장교나 하사관들이 찾기도 했다고 한다. 밤이면 재즈 음악이 흐르고 양공주와 군인들이 뒤엉켜 춤을 추었다. 카바레 안과 바깥에는 양공주들이 대기하고 있었다. 진두 마을에는 10여 명의 양공주들이 기거하고 있었다. 포로수용소가 설치되면서 혼란했던 시기가 진정되자 포로수용소 감시병과 지역 주민들 사이에 전장에서만 볼 수 있는 새로운 형태의 거래 관계가 형성되었다. 보급품으로 제공된 물품을 빼돌려 사고팔았다. 그리고 감시병들에게 몸을 파는 양공주가 등장하였다.

한산도 진두 카바레 자리

양공주의 처지는 제각각이었다. 양공주 대부분은 전쟁 중에 호구지책을 마련하기 위해 외딴섬까지 밀려 들어온 가난한 피난민 또는 외지인이었다. 옷차림에서는 양공주와 지역민이 쉽사리 구별되지는 않았지만, 빨간 립스틱을 바른 입술이 특이했다고 기억하였다. 양공주들은 아이가 딸린 홀어머니에서 북한에서 가족과 함께 피난 온 여성들까지 다양했다고 한다. 미군들이 이곳저곳에서 달러를 사용하면서 달러를 우리나라 돈으로 바꿔주는 암달러상까지 생겨났다. 당시 1달러는 1만환으로 계상하였다고 한다(김상현 2021: 155-158).

5. 떠나야만 했던 이방인

포로수용소와 함께 등장했던 포로와 미군, 피난민과 양공주는 전쟁을 표상하는 상징적 존재들이다. 낯선 양공주가 등장하면서 지역사회에 새로운 풍속이 발생하였다. 양공주는 물리적으로는 '이곳'에 존재하고 있었지만, 사회적으로는 그 어느 곳에도 속하지 않는 경계인이었다. 포로수용소 주변에서 미군을 상대로 몸을 팔았던 양공주는 이곳저곳을 떠도는 '방랑자'에 가까운 이방인이었다고 할 수 있다. 방랑자와 같은 이방인 양공주는 지역사회에서 통합의 대상에서 배제되어 있었다. 양공주가 머물렀던 공간은 기존의 마을이 아닌 소개민 수용소 혹은 피난민 수용소 근처였다. 소개민 수용소와 피난민 수용소는 전통적 관습이 지배했던 기존의 마을과 달리 위계적 질서와 규범이 와해된 공간이었다. 피난민과 소개민, 그리고 양공주 모두 낯선 곳에서 새로운 생계 수단을 찾아야 했다. 양공주와 소개민 혹은 피난민이 서로 공존할 수 있던 공간이 바로 소개민 수용소 또는 피난민 수용소 인근이었다.

양공주를 처음 조우했던 거제도 포로수용소 인근 지역주민들은 양공주를 사회적 거리를 두고 바라보았다. 지역사회에서 양공주는 이방인이었을 뿐이었다. 이곳에서 양공주는 포주를 따라 들어와 집단으로 기거하거나 모포 하나를 들고 이곳저곳에서 개별적으로 영업하였다. 하지만 포로수용소가 분산되면서 거제도 포로수용소 주변에 밀집되어 있었던 양공주들은 이동하는 미군을 따라 분산하였다. 주거 공간이 부족했던 저구리 포로수용소 주변에서는 소개민과 양공주가 함께 기거하면서 공생관계를 형성하였다. 한편 용초도 포로수용소가 설치되었던 용초 마을에서는 마을 여성들을 보호하기 위해 인근 도시에서 양공주를 데리고 와서는 미군을 대상으로 영업하도록 주선하였다. 포로수용소 설치 이후 미군을 따라 들어왔던 양공주는 시간이 흐르면서 특정한 장소 혹은 공간에서는 지역민들과의 사회적 거리가 좁혀졌거나 허물어졌다고 할 수 있다.

양공주는 지역사회에 기거하고는 있었기에 완전한 외부자가 아니었지만, 그렇다고 내부자로 포섭될 수도 없었던 내부의 '타자'였다. 내부의 타자에게는 환대가 없었다. 양공주는 '타자'로서 내부 세계를 위협할 수 있는 존재였다. 피난민과 달리 새로운 '거점'이 없었던 양공주는 어느 곳에서도 정착하지 못한 채 방랑자 신세에서 벗어나지 못했다. 양공주의 '이동성'은 토박이 사회에 동화되지 못하는 국외자로 간주되었다. 이와 더불어 양공주는 직업의 특수성과 여성성으로 인해 가까이 있으면서도 멀리 떨어져 있는 존재로서 지역주민과 긴장 관계를 유지하였다. 지역주민들은 무관심한 태도를 견지하면서도 양공주들의 일거수일투족을 관찰 혹은 감시하였다. 그들에게 양공주는 지역사회의 안정성과 도덕성을 뒤흔들어 놓는 존재였다. 지역민들이 조우했던 양공주는 한편에서는 당혹스러운 존재로 다른 한편에서는 측은한 모습으로 기억되고 있다.

지역사회에서 이방인 양공주는 불안한 존재였다. 양공주는 지역사회의 동질성을 파괴하면서 모든 상황을 '이방인의 세계'로 전환하였다. 지역민들은 양공주를 통해 자신들이 '이질적'인 세상에 살고 있음을 자각하게 되었다. 1953년 7월 27일 휴전협정이 체결되면서 거제도와 한산도 지역의 포로수용소들이 폐쇄되었다. 포로수용소가 폐쇄되고 전시 상황이 종료되자 개방적이었던 이방인의 세계는 닫혀 버렸다. 전시의 특수한 상황이 끝나면서 포로와 미군, 피난민 등 이방인 대부분은 떠나갔다. 양공주 역시 떠나야만 하는 이방인이었다. 시간의 흐름 속에서 포로수용소는 흔적으로, 양공주는 기억으로만 남았다. 거제도와 한산도 주민들이 기억하는 양공주는 기지촌이라는 흡입 요인으로 양공주가 생겨났다는 통념과 달리 엄혹했던 전쟁 시기에 호구지책으로 몸을 팔았던 외지의 여성들이었다.

제2부 07

섬사람들이 조우했던 미군들

1. 색다른 이방인

한국전쟁기에 거제도와 한산도에 포로수용소가 설치되면서, 포로수용소 관리와 경비를 담당했던 미군들도 함께 들어왔다. 예고도 없이 갑자기 등장했던 '이방인' 미군은 다양한 방식으로 지역사회에 영향을 끼쳤다. 당시 미군과 조우했던 화자들의 기억은 개인적 체험에 따라 여러 모습으로 묘사된다. 즉 미군을 어떻게 기억하느냐에 따라 미군에 대한 이미지가 달리 형성된다(강정구 · 김종희 2010: 309). 미군에 대한 이미지 재현은 개인적인 기억일지라도 동시대를 살았던 지역주민들의 '집합 기억'으로 치환될 수 있다.[1] 즉 개인적 기억과 집합 기억은 분리 불가하며, 개인의 가장 원초적인 기억조차도 사회적인 산물이라고 할 수 있다.

거제도와 한산도는 전장에서 멀리 떨어진 후방 지역으로 전투가 없었던 피난 지역이

---

1 알박스에서 비롯된 'collective memory' 개념/용어를 한쪽에서는 '집합 기억' 혹은 '집단기억'으로 번역하지만, 다른 쪽에서는 '집단기억(collective memory)'을 '집합 기억(collected memory)'과 구분한다(김영범 2010: 277; 전진성 2005: 31; 올릭 2011: 48). 본문에서는 이런 번역의 차이와 개념적 구분을 크게 개의치 않고 '집합 기억'으로 통칭하고자 한다.

었다. 이들 섬 지역에 포로수용소가 설치되면서 미군이 들어 왔다. 거제도 포로수용소는 1951년 2월부터 1953년 7월까지 운영되었다. 하지만 포로수용소를 건설했던 미군 공병대는 1950년 11월 말부터 거제도에 들어왔다. 거제도 포로수용소는 유엔군사령부 관할이었지만, 실제로는 유엔군의 중추였던 미8군사령부에서 관리하였다.[2] 한편 '저구리 포로수용소', '용초도 포로수용소'와 '봉암도 포로수용소'는 포로 분산 정책에 따라 1952년 6월 말경에 설치되었다. 이들 지역에도 포로수용소가 설치되기 약 보름 전부터 미군 공병대가 들어왔다. 포로수용소가 건설되고 포로와 한국군, 그리고 미군이 함께 들어왔다. 포로수용소의 경비는 한국군이 담당하였지만, 포로수용소 관리 부대의 중추는 미군이었다.[3]

색다른 미군들

미군에 대한 섬 주민들의 첫 이미지는 섬처럼 커다란 배를 타고 온 사람들이었다. 주민들의 기억 속에는 LST에서 불도저가 나와 땅을 헤집고 다니는 모습이 선명한 이미지로 각인되어 있다. 포로수용소가 건설된 다음에 만났던 미군은 한편으로는 성에 굶주린 군인으로, 다른 한편으로는 막대한 구호품과 선물을 주는 부자나라 사람들이었다. 또한 이질적인 피부색과 신체 그리고 이상한 언어는 이전까지는 경험하지 못했던 미지의 세계였으며 낯선 것들이었다. 포로수용소가 설치되면서 미군을 상대로 몸을 파는 양공주가 들어왔다. 성적 욕구를 배출하기 위해 양공주를 찾아다니는 미군들이 늘어나면서 이

---

2 거제도 포로수용소의 병력은 가장 수가 많았던 1952년 6월 기준으로 장교 505명, 하사관 100명, 사병 10,301명으로 총 10,906명이 근무하고 있다(조성훈 2010a: 90).

3 1953년 2월 기준으로 저구리 수용소에는 미군 장교/하사관 16명, 사병 200명, 헌병대 장교/하사 2명, 사병 80명, 카투사 51명, 한국군 843명이 배치되었으며, 용초도 수용소는 미군 장교/하사관 15명, 사병 212명, 카트사 51명, 한국군 856명이었고, 봉암도 포로수용소에는 미군 장교/하사관 15명, 사병 207명, 헌병대 장교/하사관 2명, 사병 25명, 카투사 51명, 한국군 845명이 근무하고 있었다(조성훈 2010a: 273).

전에는 볼 수 없었던 '낯선' 거래 관계가 형성되었다. 미군의 다른 이미지는 풍부한 물자로 전쟁을 지원하고 구호품을 나눠주는 미국 사람들이었다. 초콜릿과 껌은 미군이 나눠주었던 선물의 대명사였다.

섬 주민들이 조우했던 미군은 외양과 언어가 판이했던 이방인이었다. 원주민과 피부색이 달랐던 미군의 신체는 공포의 대상이었다. 특히 미군 흑인 병사의 외양은 여러 사람에게 각인되어 있었다. 미군은 원주민들의 언어로 소통할 수 없었기에 원주민들은 그들이 누구인지 식별할 수 없었다. 원주민과의 소통 부재로 그들은 이방인이었지만, 이방인으로 환대받을 수 없었다. 이방인이 환대받을 수 없다는 것은 지역사회에 정착할 수 없음을 뜻했지만, 점령군처럼 들어온 미군은 무소불위의 권력자였다. 한편으로는 원주민을 무력으로 통제하는 괴물과 같은 존재였으며, 다른 한편으로는 구호물자와 선물로 호의를 베푸는 구원자와 같은 존재이기도 하였다. 이처럼 미군은 기억하는 사람에 따라 그리고 마주쳤던 맥락에 따라 다양한 모습으로 기억되고 있다.

2. LST를 타고 온 미군

섬사람들에게 미군은 '에레스티'라는 이름으로 각인되어 있다. LST는 몇 가지 측면에서 주민들의 구별 범주를 넘어섰다. 첫째, 바다를 떠다니는 배인데도 엄청나게 컸다는 점이다. 당시 섬사람들이 마주했던 선박은 노를 저어 다니는 어선 혹은 발동기를 장착한 소규모 연락선이 전부였다. 섬이라는 지형적 조건에서 '섬 만 한' 배의 등장은 엄청난 충격이었다. 둘째, 바다를 떠다니는 선박인데도 철로 만들었다는 점이었다. 당시 섬사람들이 마주했던 선박은 목선이 대부분이었다. 철로 만든 거대한 선박이 바다에 떠다니는 모습은 기이한 광경이었다. 셋째, 섬만큼 큰 배가 선착장도 아닌 백사장으로 곧바로 밀고 올라와서는 선박의 옆구리가 아닌 앞머리가 열렸다는 점이다. 일반적으로 선박은 선착장에 정박하여 옆으로 화물을 적재하거나 사람들을 태우고 내려준다. 커다란 배가 선착장이 없는 백사장으로 들어왔다는 것은 일상적인 상황이 아니었다. 마지막으로 LST

의 앞쪽 문을 통해 불도저가 쏟아져 나왔다는 것이다. 자동차를 본 사람도 거의 없었고, 자동차가 다닐 도로조차 없었던 마을에 불도저가 들어와서는 이곳저곳을 마구 허물고 다녔던 광경은 놀람을 넘어 신기한 구경거리였다.

미군의 LST

거제도에는 1950년 11월 말부터 장평 외치 마을에 군함이 들어오기 시작하였다. 한국군과 미군들이 서문 마을 선창 위에 텐트를 치고 막사를 만들었다. 군인들은 이곳에 기거하면서 불도저를 이용하여 서문 마을 동쪽 전답을 밀고 천막 막사를 만들기 시작하였다. 마을 사람들은 무슨 일이 일어나고 있는지 궁금했지만, 감히 가까이 가서 물어볼 엄두를 내지 못하였다. 그해 12월 말경 장평 외치 마을에 한국군과 미군의 감시 아래 일단의 포로들이 처음으로 나타났다. 1951년에 들어서면서 대규모 포로들이 고현리 동문 마을과 수월, 해명 마을 앞으로 걸어 들어왔다. 거제도가 전쟁포로를 수용하는 공간으로 바뀌었음을 보여주는 광경이었다.

"남은밖 모퉁이 눈태 신촌하고 사이에 길에서 놀고 있었는데 짚차가 왔다. 처음 보는 차였다. 한국 장교와 미군 장교가 타고 있었다. 짚차에서 내려서 뭐라고 하는데 조금 있으면 죽도 섬 같이 큰 배가 온다고 하면서 배가 오기를 기다리고 있었다. 하청 모퉁이에서 큰 섬 같은 것이 뜨 와서 자갈밭에 접안하였다. 배 앞이 벌어지고 도자가 내려왔다. 처음에 저구에 왔다가 사전 답사를 하고 이곳으로 왔다고 한다. 물건을 풀었다. 군인들이 먼저 오고 다음에 장비를을 가지고 남은밖 선창에서 와치 쪽으로 100미터 지점에 선창을 만들고, 이어서 포로들이 들어왔다. 미군들이 강간을 한다는 등 말이 있어서 여자들은 집에 숨어 있었다. 남은밖에서 도로를 확장하는데, 제일 먼저 우리 집이 뜯겼다. 음력 정월 초3일 날 철거를 하였는데, 징발증에 보면 정일권이 이름으로 되어 있었다. 텐트를 치고 겨울을 지냈다."(배종엽, 남, 1930년생, 거제 고

현 남은밖 출신).[4]

거제도와 한산도에 설치된 포로수용소는 하루아침에 이루어진 것이 아니었다. 사전에 몇 차례에 걸쳐 포로수용소가 들어설 섬 지역 앞 바다의 수심을 점검하고 마을 내 식수원을 파악하는 작업이 있었다고 한다. 군인들이 여러 차례 보트를 타고 와서는 '물옷'을 입고 잠수하면서 해저지형을 조사하였다고 한다. 잠수복을 입고 물을 헤집고 다니는 미군들의 모습은 아이들에게는 신기한 구경거리였다. 그때까지 보았던 잠수 작업은 맨몸에 물안경을 쓰고 얕은 바다에 들어갔던 해녀가 전부였다.[5]

> "그때가 6학년이었는데. 용호국민학교가 있었제. 학교 갔다 오면, 처음에는 잔잔한 배들이 자꾸 조사를 오더라고. 그래와 가지고... 한 번에 온 게 아니고... 물옷을 입고 걸어다니고.. (마을로) 올라와 가지고 식수 물 조사를 하고... 그리고는 한참 뒤에 학교를 갔다 온다고 오니까 LST라고... 섬만한 배가 구불어 오는 것 같애. 큰 배가 작은 마을 바로 밑에... 요 조그만 창고 있는데 그 앞에 바로 들어오더라고... 세상충이 애들이라 책보따리 집에 갔다 놓고 쫓아나가 구경하러 간다고 갔어. 그란데 조금 있더마는 문을 딱 열더마는 마 연방 차가 나오는기라."
> (김남조, 남 1940년생, 한산 용초 출신).

1951년 5월 어느 날 엄청나게 큰 배가 용초 해변에 나타났다. 해변에 도착하자마자 배의 아가리에서 트럭, 짚차, 땅 고르는 차, 땅 파는 차 등이 쏟아져 나왔다. 차량에 탄 사람은 보이지 않고 차들만 줄을 지어 올라왔다고 한다. 함정에서 내린 불도저들은 곧바로 밭과 들을 뭉개기 시작하였다. 길을 만들고 집 앞 논바닥에는 헬기가 이착륙할 수 있는 공간을 만들었다. 헬기장 옆에다 천막을 쳐 놓고 일하러 군인들이 그곳에서 기거하였다. 천막과 조금 떨어진 소나무 숲 아래에다 텐트를 치고 식당으로 사용하였다. 미군들

---

4 이승철(2018: 191).
5 해녀들이 고무 재질로 만든 잠수복을 착용하기 시작한 것은 1970년 무렵이다(김영돈 외 1986: 166).

이 도착하고 3~4일쯤 후에 소개가 시작되었다. 구술자는 어디에서 누가 그랬는지 모르지만, 마을 사람들에게 '피신' 나가라는 명령이 떨어졌다고 기억하였다. 선박을 소유했거나 선박을 소유한 친인척이 있었던 사람들은 비교적 일찍 짐을 정리하여 마을을 떠났다. 집을 비우는 즉시 불을 질러 태워버렸다고 한다. 무언가 대응하려 했지만, 미군이 무섭고 말도 통하지 않아 소통이 불가했다. 이렇게 미군이 들어와서는 마을을 파괴했지만, 이들을 대변하는 공무원이나 통역관조차 없었다(오연호 1990: 126-127).

저구리에도 유사한 사태가 벌어졌다. 명사 마을에 군함이 들어오면서 마을 앞 해변의 공동어장은 폐쇄되었다. 마을 사람들의 주 수입원이었던 멸치잡이 어장막도 이용할 수 없게 되었다. 육로가 차단되자 해로를 이용하여 소개를 나갔다. 당시 명사고등공민학교에 다녔던 한 구술자는 미군들이 들어 온 다음 날 학교에 갔다가 명사 마을 해변에 정박한 LST와 여기저기에서 마구 굴러다니고 있는 불도저를 보았다고 하였다. 불도저는 명사 마을에서 집과 농지를 마구잡이로 허물고 있었다. 하루 전날 불과 몇 시간을 앞두고 마을 사람에게 모두 떠나라고 통보하고는 바로 다음 날 아침부터 불도저로 마을 전체를 밀어붙이고 있었다. 하지만 나이가 어렸던 학생들은 처음 본 불도저와 미군들을 구경하느라 정신이 없었다. 작업공간에 학생들이 몰려들자 미군 흑인 병사 한 명이 '가라 개새끼'하고 고함을 쳤다고 한다. 그날부터 수업이 중단되었다. 명사국민학교와 함께 고등공민학교도 폐쇄되었다. '흑인' 병사와 '개새끼'라는 욕은 구술자의 기억 속에 상흔처럼 남아 있었다.

> "포로들이 들어올 때가 2학년 올라갈 때고... 큰 군함이 모래밭에 들어오더니만 입을 떡 벌리고, 이래 있응께는 거기서 차가 줄줄이 내려오데. 이라드만 동네로 들어와서 그냥 집을 밀고 오드니만 슬슬 밀고... 우리 할아버지하고 저 동뫼에 올라앉아서 동네를 내려다보고 울고불고 그런 기억이 나고..."(이효자, 여, 1944년생, 거제 명사 출신).

포로수용소를 건설하기 전에 공병대가 들어와 마을 주변을 측량하였다. 저구와 명사를 측량한 다음 다포로 넘어왔다. 불도저를 앞세워 터를 고른 다음 건물을 설치하였다.

공사는 빠르게 진행되었다고 한다. 공사 시작 3개월 만에 철조망을 둘러친 포로수용소 완성되어 포로들이 수용되었다. 저구에 포로들이 들어온 날은 1952년 10월 3일로 추석날이었다고 기억하였다. 미군이 들어온 다음 명사, 저구, 다포 마을은 모두 파괴되고, 주민들은 이웃 마을로 소개되었다. 포로수용소가 설치되면서 지역사회에는 미군을 정점으로 원주민 - 소개민 - 양공주 사이에 낯선 거래 관계가 형성되었다.

봉암도 포로수용소가 설치되었던 곳에도 미군들이 들어와 수중 탐사를 하였다. 주민들의 이야기에 따르면, 사전 통고도 없이 어느 날 LST 함정이 갑자기 마을 앞 바닷가로 나타났으며 LST 함정의 '아가리'서 쏟아져 나온 불도저가 집과 밭을 그대로 밀어버렸다고 한다. 당시 마을 사람들은 보리를 타작하느라 바쁜 시기를 보내고 있었다. 어른들은 보리를 타작하느라 눈코 뜰 새 없이 바빴지만, 어린아이들은 LST가 들어오기 전부터 마을에 나타났던 새까만 잠수복을 입은 미군들을 목격했던 기억이 선명하였다. 새까만 잠수복을 입은 미군들이 고무보트에서 하나씩 '퐁, 퐁, 퐁' 떨어져 마을 끝 북드럼치부터 헤엄을 치면서 들어왔다고 한다. 미군들이 잠수부를 동원하여 LST 함정이 접안할 수 있는 장소의 해저 지형과 수심을 조사했을 것이라 짐작하였다.

> "보리타작이 한창이던 어느 날, 앞뒤를 구별할 수 없을 정도로 둥글납작하게 생긴 군함 한 척이 느닷없이 마을에 닿았다. 잠시 후 커다란 혀를 내밀 듯 배의 앞쪽이 젖혀지더니 바퀴 달린 이상한 것들이 차례로 기어 나왔다. 동네 어른들과 아이들이 배가 닿은 곳으로 모여들었다. 무엇보다 신기한 것은 파란 눈의 코쟁이 아저씨들이 엄청나게 무거워 보이는 쇳덩이 기계들을 맘대로 기어 다니게 하는 것이었다. 누군가의 입에서 '저것이 땅 파먹는 기계다'라고 하였다. 그날 비로소 어른들은 마을에 포로수용소가 만들어지므로 한 달 안으로 쫓겨나야 함을 알고 술렁이기 시작하였다."(강기재 2009: 102).

예곡 마을에서도 보리타작을 위해 밭에서 베어낸 보릿단을 마을 공터에 쌓아 두고 보리를 타작하고 있었던 중이었다. 그때 예고도 없이 집채보다 훨씬 큰 LST가 나타나서는 마을 앞바다에 들이닥쳤다. LST의 모습을 처음 본 마을 사람들은 넋이 나간 채 구경하느라 여념이 없었다. 앞바다에 정박한 LST의 '아가리'가 열리면서 불도저가 쏟아져 나왔다. 마을 사람들은 그때까지 'LST'나 '불도저'를 본 적도 없었고 이름조차 몰랐다. 사람들은 '저기 머꼬?', '참 희한한 일도 다 보것네'라고 아우성을 지르며 일손을 놓고 바닷가에 빌어지는 진풍경을 구경하러 몰려들었다.

함정에서 쏟아져 나온 중장비가 곧장 마을로 들와 새로 길을 내고, 곧이어 그 길을 따라 대형 차량이 물자를 실어 나르기 시작하였다. LST와 불도저의 신기한 모습에 넋이 빠져 있었던 마을 사람들은 놀라서 입을 다물지 못하고 마을은 순식간에 공포 분위기에 휩싸였다. 주민들의 기억하는 LST와 불도저는 '파괴자' 미군의 이미지를 대변하고 있다. 어느 날 '괴물'처럼 나타난 미군은 '땅 파먹는 기계'로 마을을 순식간에 허물고 파괴하였다. 주민들은 제 땅에서 쫓겨나 떠돌이 신세가 되었다. 마을과 집이 파괴되고 주민들은 강제로 소개되었지만, 이를 증명할 수 있는 공식적 자료는 제대로 남아 있지 않다(전갑생 2018: 191).

3. 여자를 탐하는 미군

거제도에 미군이 들어온 다음부터 미군이 한국 여성을 강간한다는 소문은 퍼졌다.[6] 미군이 여성을 강간한다는 소문은 그 진위와 상관없이 미군에 대한 엄청난 공포감을 불러일으켰다. 여성들은 미군이 왔다는 소리만 들려도 집안으로 피신하거나 골목길조차 함부로 나다지 못했다. 미군으로부터 강간당했다는 소문은 여성의 차림새와 연관되어 있었다. 화려한 의상에 파마머리를 한 젊은 여성들은 화류계에 종사하는 여성으로 오인되어 강간당하는 사례가 있었다고 하였다. 이런 소문은 포로수용소 설치 이후 대규모로 미군들이 들어오면서 사그라들었다. '낯선' 이방인에 대한 정보 부재가 소문을 확산하였다.

---

6 소문은 "사람들이 중요하다고 인식하는 주제에 대해 입증되지 않았지만 회자되고 있는 정보"라고 정의된다(디폰조 2012: 55).

"지역 처녀들이 좋은 옷을 입고 물을 이고 가면 미군들에 의해 종종 강간당하는 경우도 있었다. 젊은 며느리들을 물 길러 나가지도 못했다. 제법 좋게 옷을 입고 나가면 미군이 강제로 강간한 사건 많았다."(김달호, 남, 1931년생, 거제 수월 출신).[7]

거제도에 미군이 들어오면서 젊은 여성들의 옷차림이 흰옷으로 바뀌었다고 하였다. 흰옷을 입고 나이 든 여성같이 차림으로 바깥출입을 자제하였다. 미군과 마주치면 괴물을 본 것처럼 놀라 도망을 치기 일쑤였다. 초기 미군들이 민간인을 약탈하고 부녀자들을 겁탈하는 사건이 종종 발생했다고 한다.

"미군들 겁나더레이. '색시, 색시, 색시 내놔라, 색시'하고 돌아댕기면서 행패를 부리는데 문밖에도 못 나갔다 아이가. 그때 나이 스물 둘이었는디 결혼은 했지만 남편이 군대 가뿌려 미군들 눈 피할라꼬 다들 흰옷만 입고 지낸기라. 흰옷 입고 방아 찧고 앉아 있으마 늙어 뵈니까 다들 흰옷 많이 입고 살았대이. 색시 안 내놓는다꼬 할배 하나는 미군한테 맞아 죽었다 아이가." (김마례, 여, 1928년생, 거제 고현 출신).[8]

용초 마을에 들어왔던 미군들은 첫날부터 색시들을 찾아다녔다. 미군들이 가정집을 찾아가서는 여자들을 보고는 양공주인가 하고 손짓과 발짓으로 물어보았지만, 누구도 그 의미를 제대로 헤아리지 못했다. 말이 통하지 않으니 마을 아낙네들은 더욱 겁에 질렸다. 생전에 보지도 듣지도 못했던 코도 키도 크고 온몸에 털이 숭숭 난 사람들이 뭐라고 물어댔지만, 겁에 질린 여인들은 도망치기 바빴다. 미군들의 이질적인 신체와 소통 불가의 언어는 이들을 '야만적 타자'를 넘어 '괴물'과 같은 존재로 각인시켰다. 당시 마을에는 제주도에서 물질하러 들어온 해녀가 십 오륙 명 기거하고 있었다.[9] 해녀들은 모두

---

7 거제문화원향토사연구소(2015: 146).

8 김택수(1992: 114-115).

9 1896년 거제도 저구리에 제주도 출신 해녀들이 들어와 해조류를 채취하였으며, 1898~1902년 무렵에는 해녀 수가 100여 명이 넘었다. 1907년 해녀들은 지역 어민들과 함께 〈모곽전조합〉을 설립했을 정도로 지역

파마머리를 하고 있었다. 미군들은 파마머리를 한 해녀를 양공주로 오인하고는 자신의 아랫도리를 만지면서 이들을 향해 '씨비 씨비'라고 말을 걸었다. 서투른 한국말로 섹스하고 싶다는 뜻이었다. 이들은 전방 지역 혹은 거제도에서 양공주를 경험했었던 군인들이었다. 양공주의 일반적인 차림새는 파마머리에 양장 차림이었다. 동네 사람 중 한 명이 항의차 미군 부대를 찾아갔지만, 경비병에게 막혀 실랑이가 일어나기도 하였다. 미군들보다 뒤늦게 마을에 도착한 한국인 통역관이 포로수용소 건설을 위해 파견된 미군들은 전방에서 근무하다가 왔으며, 이들은 3개월 만에 처음으로 여자를 봐서 여자만 보면 반쯤 미친 사람이 된다고 하였다. 그런 다음 동네 처녀들부터 다른 곳으로 빨리 내보내라고 했다고 한다.

이처럼 후방에서의 전쟁은 유엔군 병사들로부터 마을 여자들을 성폭행당하지 않도록 하는 일이었다. 유엔군의 성폭행이 얼마나 많이 그리고 광범위하게 발생했는지 자세하게 확인할 수는 없지만, 마을에 몸 파는 여자를 들이면서 '매춘'을 허용했다는 사실에서 그 심각성을 짐작할 수 있다. 포로수용소 인근 마을 사람들은 성폭력에 대한 공포로 말미암아 '매춘'을 인정하고 유곽 아닌 유곽이 들어서는 것을 용인할 수밖에 없었다. 미군을 상대로 하는 매춘부는 마을에서 멸시와 거부가 아닌 '환영'을 받는 존재였다. 그녀들이 등장하면서 마을 여성들은 잠재적으로 성폭행 대상에서 벗어나면서 심리적 안정을 찾았다. 단순히 매춘을 인정한 것만이 아니라 마을 여인들의 정조를 지키기 위해서는 매춘부가 필요하다고 생각하기에 이르렀다. 동시에 마을 사람들은 매춘부들에게 방을 빌려줌으로써 현금 수입을 얻을 수 있었다.[10] 미군이 주둔하던 시기 성폭력에 대한 두려움은 개인의 문제가 아닌 마을 전체의 존립과 직결된 사안이었다. 성폭력은 간간이 소문으로 나돌거나 아예 기억에서 소거되었다. 미군의 성 상대자는 '양공주'라는 이름으로

사회에서 중추적인 역할을 하였다. 1912년 설립된 〈거제한산가조모곽전조합〉이 설립되었을 정도로 거제도와 한산도 지역에서 해조류는 중요한 상품이었다. 심해의 해조류와 어패류 채취는 제주도 해녀들이 담당하였다(박정석 2022: 158-159).

10 민속학자 최길성은 한국전쟁 당시 고향 마을이 미군들을 위한 매춘 촌으로 변모하는 과정을 기술하고 있다(최길성 2021: 79).

호명되는 성매매 여성으로 한정되었다.

소문과 달리 미군들은 직업적으로 성을 사고파는 여성 즉, 양공주를 찾아다녔다. 포로수용소가 설치되자 양공주들이 곳곳에서 진을 치고 미군들을 맞이하였다. 미군들의 물품과 성욕이 양공주의 몸과 교환되었다. 낯선 괴물과 같은 이방인이었기에 미군들은 원주민들의 도덕과 규범의 대상이 아니었다. 이들은 원주민의 시선을 아랑곳하지 않고 양공주의 신체를 탐하였다. 미군과 양공주는 대낮에도 야산이나 개울가에서 몸을 섞었다. 미군과 양공주의 활동 시간과 공간이 겹치는 지점이 바로 몸을 섞는 장소였다. 성에 굶주린 미군들이 양공주의 방 앞에서 줄을 서서 차례를 기다리는 웃지도 울지도 못할 진풍경이 나타났다.

> "이런 이야기를 해야 되는지는 모르겠지만, 미군들은 줄을 서고 양공주는 한방에 한 명씩 있으니까, 바로 줄치기라고 한다. 뒤에 있는 놈은 바쁘니깐 앞에 들어간 놈 빨리하라고 재촉하고, 들어가서 5분도 안 되어서 나오고 그런 실정이거든. 양공주 하나가 30~40명을 받더라고. 화대는 1달러도 받고 3달러도 받고. 더 받을 때도 있고 그랬다. 그때 1달러면 아주 많았지."(윤형두, 남, 1934년생, 거제 고현 출신).[11]

혼란스러운 상황이 어느 정도 진정되자 포로수용소의 미군들과 지역주민들 사이에 새로운 형태의 거래 관계가 형성되었다. 미군들을 통해 흘러나온 보급품이 시장에서 거래되었으며, 미군에게 몸을 파는 양공주가 등장하였다. 포로수용소 인근 마을에는 양공주들이 곳곳에 방을 얻어 놓고 기거하였다. 양공주들의 주요 활동 공간은 봉암도 포로수용소와 용초도 포로수용소가 마주 보이는 진두였다. 진두에는 미군들을 상대로 영업했던 카바레가 있었다. 수용소에 근무하는 미군들과 한국군 장교 혹은 하사관들이 주요 고객이었다. 밤이면 재즈 음악이 흐르고 양공주와 군인들이 뒤엉켜 춤을 추었다. 카바레 안과 바깥에는 양공주들이 대기하고 있었다. 양공주들은 호구지책을 마련하기 위해

---

11 이승철(2028: 83).

외딴섬까지 밀려 들어온 가난한 피난민이 대부분이었다. 옷차림에서는 양공주와 지역민이 쉽사리 구별되지는 않았지만 빨간 립스틱을 바른 입술이 특이했다고 기억하였다. 양공주들은 아이가 딸린 홀어머니에서 북한에서 가족과 함께 피난 온 여성들까지 다양했다고 한다. 양공주들의 하루 수입은 10달러 정도였다.[12]

포로수용소가 있었던 용호노와 추봉도에서 카바레 및 양공주가 있었던 진두로 나오기 위해서는 어선이나 나룻배를 이용해야 하였다. 당시 봉암 치끝에서 진두까지는 1인당 1달러, 용호도 '진바리' 혹은 '진발치'에서 진두까지는 5달러에서 10달러까지 받았다고 한다. 진발치는 용초 마을과 호두 마을의 중간 지점으로 이곳이 한산도 진두와 가장 가깝다. 전쟁 이전부터 봉암 마을 북쪽 어귀에서 진두까지 나룻배가 오갔다. 나룻배가 오가는 곳을 '진두치' 혹은 '나리선치'라고 불렀다. 봉암 마을 치끝은 행정관서가 있는 한산도 진두에서 포로수용소로 가거나 포로수용소에서 진두로 나오는 나룻목이었다. 토요일과 일요일은 정기 휴일이었다. 미군들은 물론 간혹 한국군도 용초에서 한산도로 건너왔다고 한다. 정기 휴일에는 야간에 불빛으로 신호를 하는 것이 아니라 정해진 약속 시간에 한산도에서 노를 저어 군인들을 실으러 가고 나중에는 실어다 주었다.

> "섬 중에 섬이 용초니까. 큰 섬(한산도)으로 나와야 여객선을 타고 통영으로 들어가고 나가고 이랬단 말이지. 그러니까 밤에 그 사람들(미군)이 후레쉬를 가지로 불을 비춰요. 불로 반짝반짝하면, 아하! 저기 미군이 건너오기 위해서 신호다. 그러면 그때 (노를 저어) 건너가는 거야. 젊은 애들이. 그래가서 싣고서, 용호초등학교 자리서 싣고 나오다가 잡혀가지고 저 미군들한테 곤욕을 치른 뭐 그런 머시기도 있고. 벌도 받고 마 이래가지고. 그 당시 한번 싣고 하면은 돈을 얼마 받았던가. (일인당) 한 1달러씩 받았나 싶어."(박윤식, 남, 1938년생, 한산 의암 출신).

저구리 포로수용소가 설치되었던 인근 마을에서는 소 마구간이나 돼지우리를 개조

---

12 미군들이 이곳저곳에서 달러를 사용하면서 달러를 우리나라 돈으로 바꿔주는 암달러상까지 생겨났다. 당시 1달러를 1만 환으로 계상하였다고 한다. 공정환율은 6,000환이었다(김상현 2021: 155-158).

하여 만든 방에서 양공주들이 미군들에게 몸을 팔았다. 저구리 소개민들이 살았던 천막 수용소 위쪽 산허리에 양공주들이 진을 치고 있었다. '아리랑 고개'라 부르는 이곳에서는 술을 팔고 몸도 파는 여자들이 많았다. 양공주는 주로 타지에서 피난 온 사람들이었다고 한다. 파마머리를 하고 양장차림이었던 양공주의 차림새는 이전까지 지역사회에서는 보지 못했던 이국적인 모습이었다. 당시 저구리를 비롯한 거제도 지역에서는 젊은 여자라도 머리채를 올리고 비녀를 찌르고 다녔다. 파마머리를 한 사람은 양공주가 최초였다. 양공주는 헛간을 고쳐 방을 만들어 사용하거나, 다른 집에 세를 들어 살기도 하였다. 미군들을 상대하기 위해 낮에 담요를 가지고 산으로 들어가 몸을 팔았다고 하였다. 담요를 가지고 다니면서 성행위를 한다고 해서 이들에게 '모포 부대'라는 별칭이 붙었다. 소개민 수용소와 가까운 야산에서도 몸을 팔기도 하였다. 미군과 양공주가 몸을 섞은 모습은 멀리서도 보였다. 당시에는 몸을 숨길만한 곳이 드물 정도로 산에 나무가 없었다.[13]

이곳 주민들도 양공주를 데리고 포주 노릇을 하면서 미군들의 물품을 팔기도 하였다. 양공주는 학력이 높았으며, 고등학교를 갓 마친 앳된 처녀들이 많았다고 기억하였다. 어떤 양공주는 통역관보다 영어 실력이 뛰어났다고 하였다. 주민들은 양공주들이 어디서 왔는지는 모르지만, 이 지방 사람들은 아니었다고 강조하였다. 양공주는 대부분 피난민이었다. 양공주를 데리고 포주업을 했었던 집은 10여 군데 있었다. 대개 한 집에 양공주 3~4명을 데리고 있었다. 방이 모자랄 때는 담요를 갖고 야산으로 들어가 몸을 팔기도 하였다. 양공주의 화대는 1달러였다가 나중에는 2달러에서 3달러까지 상승하였다. 당시 1달러는 한국 돈 6,000환으로 교환되었다.[14]

> "포로수용소가 들어왔을 때는 여기 사람들이 다대 입구에 임시로 거처할 집을 짓고 굶다시피 하면서 살았다. 여기 사람들은 할 것이 없어서 움막 같은 집을 짓고 양공주를 데리고 포주

---

13 고상환(남, 1915년생, 거제 저구리 출신)의 구술 내용(이승철 2018: 150).

14 옥석(남, 1933년생, 거제 제산 출신)의 구술 내용(이승철 2018: 163).

노릇도 하고 미군들의 물건도 팔았지. 양공주는 고등학교 막 졸업한 처녀들도 있었다. 어디서 왔는지는 몰라도 이 지방 사람은 아니고 다른 곳에서 왔다. 대부분 피난민들이었다. 채경조 집하고, 영찬 집에서 장사를 많이 했다. 장사한 집이 10여 집 있었다. 한 집에 양공주가 서너 사람씩 있었다. 방이 모자랄 때는 담요 같은 것을 야산 나무 밑에서 장난을 하고 오기도 하였다. 양공주가 받는 돈은 1달러였는데, 그 당시 1달러는 엄청 큰 돈이었으니까."(양정실, 남, 1915년생, 거제 저구리 출신).[15]

소개민들을 배급 식량 이외는 별다른 생계 수단이 없어 양공주를 데려다가 미군을 상대로 장사(매춘업)를 하였다. 전쟁으로 난민 신세가 된 양공주와 소개민이 서로에 의존하여 '새로운' 생계 수단을 마련했던 셈이다. 양공주는 장사를 할 수 있는 안전한 거처를 마련하고, 소개민들은 양공주를 통해 일정 부분 재정적 수입을 얻을 수 있었다. 섬 지역에 포로수용소가 설치되면서 여러 측면에서 경제 활동이 위축되었다. 경제 활동이 위축되면서 지역사회의 인적자본과 물적자본이 급속도로 감소하였다. 특히 현금 부족 사태가 심각해졌다. 1953년 2월 15일 긴급통화조치로 화폐개혁이 선포되면서 화폐단위가 '원'에서 '환'으로 대체되었다. 교환 비율은 100원이 1환이었다. 전쟁 중 통화질서를 개혁하여 경제안정과 사회질서를 확립하려 했지만, 오히려 물가는 폭등하고 환의 실질적 가치도 하락하였다(박진근 2009: 58-59). 미군이 소비했던 달러는 그만큼 가치가 높아졌다.[16] 미군이 소비하는 달러는 양공주를 통해 시장으로 유통되었으며, 달러의 교환 가치가 높아질수록 미군 - 양공주 - 시장(주민)으로 이어지는 거래 관계가 활발해졌다.

---

15 이승철(2018: 152-153).

16 1953년 4월 기준으로 쌀 한 말(20리터) 가격이 1,200환. 밀가루 22kg 1,000환, 여자 고무신 한 켤레 70환, 셔츠 옷감 1야드에 150환이었다. 숙련 노동자의 주당 임금은 1,710환, 비숙련 노동자는 850환이었다. 5인 가족 기준 주당 생활비는 2,130환이었다(거제문화원향토사연구소 2016: 224-225).

4. 물자가 풍족했던 미군

거제도 주민들이 미군이 사용했던 물품을 대량으로 접했던 것은 장평에서 고현까지 도로를 만드는 작업에 인부로 동원되면서부터였다. 장평에 일본 선박이 들어와서는 물건을 하역했다고 한다. 주민들은 하역 작업에 동원되어 품삯으로 쌀 2되를 받았다. 당시 거제도에서 남성 한 명의 평균 임금은 쌀 반 되에도 미치지 못했다고 한다. 보급품 속에는 모직으로 만든 양복, 설탕, 커피, 비누, 밀크, 잼, 치즈, 성냥, 포크, 나이프, 비누, 화장품 등이 있었다. 간혹 파인애플과 같은 과일도 있었다고 한다. 하역 작업 중에 몰래 설탕이나 우유 등을 빼서 먹다가 들키면, 그 벌로 무한정으로 우유나 커피, 과자 등을 먹게 하였다고 한다.

> "설탕을 먹다가 들키면 미군들이 벌을 주는데, 우유나 커피, 과자 등을 큰 통에 한 통씩을 주면서 먹으라고 하는데, 처음에는 한없이 먹을 것 같은데 너무 많으니까 먹을 수가 없었다. 배가 터지도록 먹으니까, 그만큼 큰 벌은 없었다."(배종엽, 남, 1930년생, 거제 남은밖 출신).[17]

전쟁 중에도 맥주가 넘쳐 났던 미군

포로수용소가 완성되자 피난민들과 일부 거제도 주민들이 미군 식당에 근무하기 시작하였다. 식당에서 일하였지만, 초기에는 별도의 임금은 없었다고 한다. 식당에서 마음껏 먹는 것으로 품삯을 대신하였다. 하지만 식당에서 음식을 도둑질하다가 걸리면 헌병이 취조하였다. 미군 헌병들은 음식을 훔친 사람에게 배가 터지도록 먹게 하였다. 그런 다음 배가 불러 숨도 제대로 쉬지 못하는 사람을 마치 복싱하듯이 마구 때렸다고 한다. 음식을 훔친 한국인을 마치

---

17 이승철(2018: 192).

짐승 취급하였다고 토로하였다. 봉암도 포로수용소가 설치될 무렵 한 청년이 미군 보급창고에 몰래 들어가 초콜릿을 훔쳐먹다 바깥에서 문이 잠기는 바람에 이틀 동안 갇혀다가 미군에게 '안 죽을 만큼' 두들겨 맞았다고 한다. 미군 물품 중에서도 초콜릿은 가장 매혹적인 음식이었다.

미군들이 사용했던 물품은 PX를 통해 시장으로 유출되었다. 미군 부대에는 여직원이나 하우스 보이라 불렀던 고용인이 있었다. 이들은 미군 부대에서 청소나 허드렛일 혹은 잔심부름 등을 하였다. 미군 PX를 통해 흘러나온 물건들은 이전까지는 듣도 보도 못했던 것들이 대부분이었다. PX를 통해 흘러나온 화장품, 과자, 껌, 양주, 커피, 의약품, 주방용 기구 등이 양키시장에서 거래되었다. 미군 부대에서 식당 허드렛일을 했던 한 구술자는 다음과 같이 기억하였다.

> "유엔군 군인으로 나온 껌둥이들은 PX에서 물건들을 궤짝에 넣어서 자기들 나라로 보내기도 했다. 껌둥이들은 가난했다. 어느 날 껌둥이들이 오라고 해서 갔더니 식당에서 커피를 끓여주는데 맛도 모르고 큰 사발에 부어 먹었지. 우리를 보고 있던 껌둥이들이 피씩 웃는 데, 그 영문도 몰랐어. 그리고 우유에 설탕을 많이 넣어서 자꾸 먹었어. 그런 모습을 본 미군들은 놀라면서 더 못먹게 하는 거야. 그럴 때는 많이 먹어도 배탈이 나지 않았다. 그 당시는 우리는 너무 못살아서 커피도 처음 보는 것이고, 우유와 설탕도 보기 어려웠다. 그릭 화장품은 구경도 못했고, 빨래할 때 비누가 없어서 짚을 태워서 그 물을 양재물 대신으로 사용할 정도로 가난했다."
> (옥석, 남, 1933년생, 거제 제산 출신).[18]

미군들이 사용했던 기구 중에는 다양한 생활용품도 있었다. 한 구술자는 밥을 지을 때 나무로 불을 지폈던 시절에 미군들이 사용했던 휘발유 버너는 신기하고 편리한 기구였다고 기억하였다. 또한 알루미늄으로 만든 그릇은 깨지지 않고 가벼워 인기가 높았다. 옹기와 같이 무겁고 깨지기 쉬운 그릇이 전부였던 마을에 새로운 물품과 기구들이

---

18 이승철(2028: 168).

나돌면서 많은 변화가 일어났다. 미군들은 발전기로 전기를 생산하여 밤이면 포로수용소와 경비초소 주변을 환하게 밝혔다. 극장에서 보았던 활동사진(영화)과 미군이 촬영했던 사진은 신기함을 넘어 다른 세상이었다.[19] 비누라고는 구경해본 적도 없었던 시골 마을에 비누와 화장품이 들어왔다. 미군이 먹고 버린 'C-레이션' 포장은 집을 보수하거나 바람벽을 만드는 훌륭한 소재였다. 온갖 물품이 넘쳐났던 미군들의 모습을 본 마을 사람들은 미국을 엄청난 부자 나라라고 생각하게 되었다.

미국의 원조물자는 UNCACK 거제도 팀을 통해 이루어졌다. UNCACK 거제도 팀은 경상남도 서브 팀의 하부 단위였지만, 1951년 1월 독자적인 팀으로 재구성되었다(거제문화원향토사연구소 2016a: 154). UNCACK 거제도 팀은 소령을 팀장으로 총 10명으로 구성되었다.[20] 거제도 팀은 인구조사, 피난민 구호 활동, 전염병 예방은 물론 정치 사회적인 활동까지 관장하였다. UNCACK 거제도 팀은 피난민은 물론 거제도 원주민들에게도 원조물자와 함께 전염병 방역 및 의료 서비스를 제공하였다. 1952년 5월 거제도 포로수용소 주변 마을 사람들은 강제로 소개되었다. 제 땅에서 쫓겨난 사람들은 인근 국민학교 건물에서 임시로 수용되었다가 한 달쯤 뒤에 소개민 수용소로 이거하였다. 소개민 수용소는 '미군'으로 대표되는 UNCACK 거제도팀에서 건축하였다. 장승포에 39동, 일운면에 51동, 연초면에 39동이 건설되었다. 건축 자재와 비용 역시 '유엔'에서 부담하였다.[21] 소개를 경험했던 주민들의 기억 속 미군은 자신들을 마을에서 강제로 쫓아내고 집들을 불태웠던 '파괴자'였지만, 소개민 수용소를 지어주고 식량과 구호물자를 베풀어 주었던 '고마운' 미군이었다.

---

19 UNCACK 거제도 팀의 보고에 따르면, 미공보원(Unites States Information Service)을 통해 1951년 2월 한 달 동안 거제 전역에 15편의 영화를 상영하였으며 관람 인원은 총 8,350명이었다. 영화제목은 '자유뉴스', '스페셜 뉴스', '한국의 산업' 및 '수용소의 청소년' 등이었다. 영화와 함께 주간만화, 사진 등이 배포되었으며, 주간 뉴스와 미국 대통령의 메시지가 거제도 각 면에 방송되었다(거제문화원향토사연구소 2016: 230).

20 UNCACK 거제도 팀과 별도로 '거제도 합동구호위원회'가 활동하고 있었다. 합동구호위원회는 피난민 구호로 결성된 단체였다. 북한 피난민 출신 위원장을 포함하여 총 8명의 위원으로 구성되었다(거제문화원향토사연구소 2016a: 155).

21 『경향신문』 1952. 06. 14.

"그때 당시 초콜릿 한 개씩 얻어먹고. 미군들에게. 지금의 자일리톨 있지요. 그때 당시 자일리톨처럼 생긴 껌이 있데요. 미군들이 주데요. 그때는 우리나라에 껌이 그렇게 안 생겼거든요. 그런데 그것은 딱 씹으면, 겉이 바삭하면서, 깨지면서 달콤한 맛이, 나중에 박하 맛이고 그런 껌이였거든요. 그 껌이 너무 맛있었거든요. 초콜릿도 요렇게 네모 난 그런 것도 가끔 얻어먹고."(이형연, 여, 1944년생, 거제 연초 다공리 출신).

거제 연초면에 설치되었던 소개민 수용소 부근에는 미군들이 다니는 교회가 있었다. 교회에서 아이들에게 껌이나 초콜릿 등을 나누어 주었다. 껌이나 초콜릿 등은 이전에는 맛보지 못했던 기호품이었다. 미군들이 다니는 교회를 통해 소개민들에게 구호물자가 보급되었으며, 통조림과 같은 군용식품도 나눠주었다고 한다. 동네 이장 혹은 반장을 통해 배분되었다. 물품 상자 안에는 주로 신발과 의복 등이 많았다. 위 구술자는 구호물품으로 받았던 '사지' 바지를 교복으로 입고 다녔다고 하였다. 까만색 '사지' 바지는 앉아도 구겨지지 않고, 무릎도 나오지 않았을 뿐 아니라 질감도 아주 좋았다고 기억하였다. 미군과 미국 사람들은 복지시설을 통해 전쟁고아들을 지원하였다.[22] 1953년 3월 1

용초도 포로수용소 교회

아이들에게 과자를 나눠주는 미군

22 『동아일보』 1953.02.07.

일 기준으로 거제도에는 6개의 복지시설이 있었으며, 각 시설에는 47~75명까지 수용되어 있었다(거제문화원향토사연구소 2016a: 236-23).

미군들이 거리에 보이면 아이들은 '기브미', '기브미'라는 말을 반복하면서 뒤를 따랐다. 미군들은 호주머니에서 껌이나 초콜릿을 꺼내 주기도 하였다. 이처럼 남자아이들은 미군들을 따라다니며 초콜릿을 달라고 졸라서 초콜릿을 얻어먹었다. 반면 어린 소녀들은 카메라를 들고 다니는 미군들이 자신들을 세워놓고 사진을 찍은 다음 껌이나 초콜릿을 주었다고 기억하였다. 가족과 함께 소개민 수용소에서 살았던 한 구술자는 당시 15살이었지만 체구가 작았다. 어느 날 아이를 업고 바깥에 나갔다가 미국 사람을 만났다. 잔뜩 겁에 질려 있던 그녀를 미군이 머리를 만졌다. 겁에 질려 있던 터에 서양 사람이 머리까지 만지자 자지러지듯이 요란하게 울음을 터트렸다고 한다. 한국인 통역이 다가와서는 미국 사람이 귀여워서 머리를 쓰다듬어 주었다고 말했다. 그 미국 사람이 울고 있는 그녀에게 과자와 초콜릿을 주면서 달래주었다고 한다. 초콜릿의 단맛은 무서운 미군의 이미지를 바꾸어 놓았을 정도로 유혹적이었다.

미군은 마을 인근을 돌아다니며 총과 폭발물을 이용하여 심심풀이로 조류와 어류를 사냥하기도 하였다. 봉암도 포로수용소에 근무했던 미군들은 휴일이 되면 포로수용소 인근 봉암 마을로 건너와 마을 앞 소나무 숲에 내려앉는 까치와 까마귀를 향해 총을 쏘기도 하였다. 간혹 바닷가에서 오리를 사냥하기도 하였다. 당시 미군이 사용했던 총은 M1이었으며, 그들의 사격 솜씨가 좋았다고 기억하였다. 한 구술자는 어린 시절 봉암 마을 해변에서 바다오리를 사냥했던 젊은 군인이 파란 눈에 하얀 이틀을 드러내고 웃는 모습이 무서워 도망을 쳤던 기억을 되살렸다.

> "미군 그 군인들이 이 부락에 넘어 와가꼬 여 큰 소나무들 있죠. 소나무에 앉아 있는 까치나 까마귀나 이런 걸 총으로 쏘는데 어떤 미군 아저씨는 총을 참 잘 쏘는 데... 참 잘 쐈어요. 요만한 걸 가지고 쐈는데... 그리하고 인자 바닷가에 그때만 해도 우리가 조그만할 때, 오리가 많이 있었어요. 요즘보다 오리떼가 많이 다녔는데, 그 앉아서 총을 쐈는데... 사격률이 참 좋았어요.... 우리, 조그마 한게 우리 놀라게 한다고, 이틀.... 허연 이틀을 드러내고 우리는 깜짝 놀랐

어요. 눈도 파랗고.. 엄청 놀랬는데... 도망가고 그런 일이 있었고..."(김무영, 남, 1942년생, 한산 봉암 출신).

미군들은 종종 봉암도 포로수용소 서북쪽의 입정포 마을 앞바다까지 보트를 타고 와서는 '던지기'를 하였다고 한다. '던지기'는 수류탄이나 다이너마이트 같은 폭발물을 이용하여 물고기를 잡는 방식이다. 숭어처럼 떼를 지어 몰려다니는 물고기의 무리 위에 폭발물을 던져서는 일시에 수백 혹은 수천 마리를 포획한다. 포로수용소에 근무하던 미군들은 심심풀이로 바다에 나와서는 사냥하듯이 물고기를 떼죽음으로 몰았다. 미군 중에는 '검둥이'들도 있었다고 기억하였다. 마을 사람들에게 '검둥이' 미군은 '괴물'과 같은 이방인이었다. 미군들이 '던지기'를 하고 돌아간 다음에는 바닷가에는 죽은 숭어들이 떼로 밀려들었다고 한다. 주민들에게 물고기는 먹기 위해 잡는 것이었지, 심심풀이로 살상하는 사냥감이 아니었다. 사냥감으로 학살된 숭어 떼는 마을 사람들에게 식량이 되었다.

미군들의 일상은 낯신 물건들과 어우러져 각인되어 있었다. 특히 신문을 보면서 앉아서 볼일을 보는 광경은 마을 어린이들의 눈에는 신기한 모습으로 남아 있었다. 서양식 좌변기의 모습은 물건 그 자체보다 신문을 읽으면서 앉아서 용변을 보는 용도에 더 관심이 집중되었다. 양변기는 미군과 함께 들어온 현대적 물건이었지만, 별도의 관심을 받지 못했던 기억의 장소이다. 이런 현상은 양변기와 관련된 개인적인 체험이 없었기 때문이라고 하겠다.

"그리고 화장실도 바로 노천이여. 화장실도 노천인데, 의자 같은 거를 앉아서 신문을 보면서 용변을 하는 거야. 대변을 보는거야. 처음 봤거든. 앉아서, 쭈그리고 앉은 게 아니고, 이렇게 앉아가지고 변소에서, 야외에서... '이야 저게 뭐꼬'. 똥을 누는데, 말하자면, 의자에 앉아서 신문을 보면서 대변을 하고 그러드라고..."(강기재, 남, 1943년생, 한산 추원 출신).

주민들은 미군을 통해 이전까지 보지 못했던 신기하고 낯선 물건들을 접할 수 있었다. 이국적인 문화를 접하기 힘들었던 섬 지역에서 미군은 새로운 문물을 엿볼 수 있었던 유일한 창구였다. 배고픔에 시달렸던 주민들과 달리 신문을 보면서 느긋하게 용변을 보고 있던 미군들은 다른 세계에 살고 있었다. 인간에게 먹는 문제는 싸는 문제와 맞닿아 있다. 현재 아파트에 거주하고 있는 구술자의 기억 속의 양변기는 과거가 아닌 현재를 연상시키는 기표이기도 하다. 먹는 문제가 최대 관심사였던 과거와 달리 이제는 느긋하게 양변기에 앉아서 용변을 보면서 신문을 읽을 수 있는 현재의 모습이 겹쳐 있다. 여기에서 양변기는 그 기능과 미군과의 연관성보다는 현재의 삶을 반추하는 자료로 소환되고 있다. 한마디로 한국전쟁기 미군은 '부자나라' 미국과 미국 사람을 상징하는 존재였다.

5. 점령군이었던 미군

미군은 포로수용소와 함께 들어왔던 이방인이었다. 미군이 건설했던 포로수용소는 포로수용소가 설치되었던 장소뿐만 아니란 인접한 지역에도 강력한 영향을 미쳤다. 소개민들은 가족이 해체되거나 이산되었으며, 식량 배급이라는 경제적 위협 앞에서 소개민 수용소에 비자발적으로 신체를 구속하게 되었다. 비 소개민들 역시 친인척으로서의 의무감과 자연적 일상이 비자연적 일상으로 전환되는 과정에서 낯선 경험을 하게 되었다. 포로수용소를 매개로 한 소개의 경험은 이산, 이동, 귀환으로 이어지는 과정이었다. 강제로 소개된 사람들은 미군의 어마어마한 힘에 눌려 아무런 저항도 하지 못했다. 힘으로 마을과 집을 허물어 버리고 자신들을 몰아낸 미군은 점령군이나 마찬가지였다.

점령군 미군은 환대의 권리를 한껏 누렸다. 이들에 대한 환대는 성원권 획득과는 아무런 관계가 없었다. 미군은 한국인으로서의 법적 지위를 획득하려거나 소속감과 같은 연대 의식이 없었다. 단지 한국인의 환대 속에서 마치 사회적 성원권이 있는 것처럼 받아들여졌을 뿐이었다. 법적 지위와 관계없이 미군은 어느 곳이나 출입할 수 있었으며 누구와도 만날 수 있었다. 이와 같은 권리는 미군이었기에 가능했다. 전쟁 시기 미군은 무소불위의 이방인이었다. 미군이라는 지위와 신분은 차별과 차이의 상징이었다. 미군은 얼굴과 이름이, 언어와 행동거지가 지역민들과 완전히 달랐다. 법적 지위와 무관하게 미군은 어느 곳에서든 점령군으로서의 신분이 인정되었다. 미군이라는 신분은 모든 곳을 자유롭게 오갈 수 있는 식별 장치였다.

하지만 같은 미군이라도 피부색에 따라 달리 대우받았다. 피부색은 미군을 가르는 기호였다. 한국에 진주한 미군들은 미국 본토에서 백인과 흑인을 차별하기 위해 제정되었던 '짐 크로우Jim Crow' 법령을 따랐다.[23] 즉 한국에서도 흑인과 백인은 일상의 거의 모든 영역에서 분리되어야 했다. 흑인 병사와 백인 병사는 드나드는 술집은 물론 상대하는 양공주도 서로 달랐다. 흑인 병사를 상대하던 양공주는 백인 병사를 상대할 수 없었다. 피부색에 따른 이용 업소의 구분과 양공주의 분리는 불문율이었다. 이런 규율이 무시되거나 깨어지면 업주와 양공주는 여러 형태로 제재를 당했다. 한국인 업주와 양공주는 물리적으로 방해를 받거나, 심한 경우에는 폭행을 당하기도 하였다(변화영 2014: 299).

지역민에게도 흑인은 백인과 서로 다른 외국인이었다. 지역민의 눈에 비친 미군은 '백인'과 '깜둥이' 두 부류였다. 여기에서 '깜둥이'라는 기호는 차별과 멸시를 정당화하는 기제로 사용되었다. 깜둥이라는 말은 '냄새난다'거나 '더럽다'는 말과 어우러져 발화되었다. 흑인이 더럽다는 인식은 분류의 문제가 아니라 인식의 문제였다.[24] 계급으로 서열화되어 있는 군대였지만, 막사 안에서는 백인과 흑인은 분리되었다. 깨끗한 백인과 더러운 흑인은 공간적 격리로 표면화되었다. 미군 내부의 인종차별은 지역민에게도 투사되었다.

> "확실히 우리 한국 사람들하고 차이가 있는 게 뭐냐면, 우리 한국 사람들은 계급이 항상 그 뭐, 근무할 때는 계급이 상당히 있어도, 천막에 딱 들어 온 께는 인종차별을 딱 해요. 백인은

---

23 짐 크로우 법령(1876~1965)은 미국 남부 11개주 주에서 제정한 공공장소에서의 흑백 분리를 강제한 법안이다. '짐 크로우'는 이름은 당시 쇼 프로그램에 자주 등장했던 흑인 캐릭터로, 흑인에 대한 편견을 반영하여 매우 멍청하고 덜렁거리는 인물로 묘사되었다. 이 법안은 중서부에서는 법령으로 도입되지는 않았지만, 흑인이 백인들의 주거지에 거주하는 것을 암묵적으로 거부하는 관행이 북부에서도 빈번하였다. 스포츠에도 반영되어 메이저 리그의 흑인 선수 진출 금지가 관행이었다. 1964년 미국 연방 민권법이 제정되면서 모든 인종차별 법안은 무효화되었다.

24 1960년대까지 미국 남부에서는 흑인은 병균을 옮김으로 화장실을 따로 써야 한다고 믿음이 있었다(스토킷 2011: 22).

백인대로 다 자고, 또 깜딩이 저 사람들은 말이지 옆에 냄새가 많이 누렁내가 납니다. 암내 많고 머리가 꼬질꼬질하니 깜딩이는 머리가 전부 꼬시라져 가지고 빠집니다. 그러니까 옆에 잠을 자도 가까이 안가. 천대를 하고. 계급은 깜딩이가 높은데 딱 내무반 들어와서는 완전히 인종차별이… 깜딩이는 한쪽에서 자고, 백인은 백인대로 자고 그라데예."(윤충렬, 남, 1932년생, 거제 상문 출신).

당시 미군 내부에서는 인종이 계급보다 우위에 있었다고 할 수 있다. 계급으로 위계화된 군대였지만, 흑인의 '더러움'은 계급과 제복으로도 가리거나 덜어낼 수 없는 영역이었다. 흑인의 피부색과 외양은 일종의 사회적 낙인이었다. '더럽다'는 말은 흑인에 대한 혐오와 두려움을 담고 있었다. 포로수용소 바깥에서 미군들이 사고를 일으켰지만, 이야기의 초점은 '껌둥이'였다. 지역민들이 기억하는 미군의 행패는 껌둥이들이 술에 취해 양공주들과 다투고 총기를 난사했다는 대목이 각인되어 있었다(이승철 2018: 193).

미군들은 한국인 노무자를 다룰 때도 동료가 아닌 노예처럼 취급하였다. 그들에게 한국인 노무자는 미성숙하고 열등한 존재였다. 미군 부대에서 한국인 노무자는 온전한 인격체로 인정받지 못했다. 어느 날 배가 고팠던 노무자 중 한 명이 미군 식당에 들어가 몰래 음식을 훔쳐서 먹다가 미군에게 발각되었다. 미군의 징벌은 남은 음식을 배가 터지도록 먹게 한 다음 복싱하듯이 신체를 마구 때렸다. 어떤 규정이나 절차도 없이 사적인 제재를 했었다. 전쟁 당시 미군 부대에서 한국인 노무자는 비인격체나 마찬가지였다. 미군 부대에 근무했던 한국인 노무자는 특정한 조건 아래에서만 성원권이 부과되는 불완전한 위치에 있었다. 즉 부속품이나 마찬가지였던 노무자의 성원권은 언제든지 박탈될 수 있었다.

"헌병들이 취조하는 것을 보았다. 한국 사람들이 못살아서 식당에 들어가서 도둑질하다가 들키었다. 그 많은 것을 먹으라고 하는 데, 배가 터질 지경인데도 먹으라고 하니까, 그만큼 고통스러운 일이 없었다. 사람을 먹이어서 죽게 하는 것이지. 먹는 것이 욕심나서 훔쳤으니까 먹으라는 것이다. 그리고 사정없이 때린다. 복싱하는 식으로 마구 때리니까 골병드는 거지.

반쯤 죽이는 것이다. 사람 취급을 하지 않는 것을 볼 때, 우리 민족이 얼마나 서러움을 당했는지 모른다. 우리를 짐승 취급하듯 했다."(배종엽, 남, 1930년생, 거제 남은밖 출신).[25]

미군 내부에서 백인과 흑인이 평등하지 않았듯이, 미군과 한국인(노무자) 사이의 관계는 비대칭적 관계에 있었다. 인간에 대한 체벌은 의례적 폭력이라 할 수 있다. 의례적 폭력으로서의 체벌은 맞는 사람과 구경하는 사람을 포함한 행위자 모두에게 체벌의 의미를 전달한다. 신분과 지위가 불평등한 관계에서 체벌당하는 사람은 반항할 수 없다. 체벌당하는 사람이 반항하는 경우 체벌하는 사람은 이를 자신에 대한 모욕으로 간주한다. 체벌이 전달하는 의미는 유사한 사례가 발생하면 언제든지 체벌이 가해질 수 있다는 것이다. 즉 체벌을 통해 체벌당하는 사람의 신체는 온전히 그의 것이 아니라, 체벌하는 사람이 언제든 그의 신체를 전유할 수 있다는 가르침이다(김현경 2015: 130). 한마디로 신체적 폭력은 전근대적 신분 질서를 표상한다.

점령군이었던 미군은 '자선'에도 열심이었다. 자선은 되갚을 능력이 없는 사람에게 주어지는 선물이다. 따라서 자선이라는 행위는 암묵적으로 상대방에 대한 폄하가 내포되어 있다. 자선은 주고받는 호혜적인 행위가 아니라 일방적으로 베푸는 것이다. 미군은 엄밀한 의미에서 이 땅에 찾아온 '손님'이었다. 외국인인 미군이 자선이라는 행위를 통해 오히려 주인을 환대하였다. 자선은 순수한 의미에서 선물이 아니다. 선물은 주고받는 주체들 간의 상호 인정을 전제로 한다(김현경 2015: 196). 자선은 단순한 환대가 아니라 '가진 자'만이 할 수 있는 특권이다. 점령군처럼 들어왔던 미군은 주인이었던 한국인들을 환대하면서 주인보다 더 '주인 노릇'을 하였다. 자선을 받았던 사람들은 미군들에게 고마워하였다. 고마워한다는 감정과 행위는 도움받은 사실을 잊지 않는다는 의미이다. 자선 행위가 거듭될수록 주는 자와 받는 자의 불평등한 관계는 고착되었다.

포로수용소가 설치된 다음부터 기존의 마을은 금단의 땅이 되었다. 미군이 통제하고 있었던 포로수용소는 타국의 영토나 마찬가지였다. 미군의 허락 없이는 누구도 접근할

25 이승철(2018: 199).

수 없었다. 하지만 미군들은 원주민들이 살고 있는 마을을 무단으로 침입하거나 총을 쏘면서 유희를 즐겼다. 그러면서도 어린아이들에게 초콜릿이나 껌을 주는 '자상한' 모습을 보이기도 하였다. 이처럼 섬 주민들이 조우했던 미군의 모습은 단순히 친미 혹은 반미의 대상으로 구분하기에는 너무 이질적이고 복잡한 이미지로 남아 있다. 미군과 주민들 사이의 관계는 다층적이고 중층적이어서 단순한 주권과 폭력 관계로 치환되지는 않는다. 한국전쟁기 미군과 섬 주민들 사이에는 제국주의, 인종, 젠더, 계층적 차이 등이 복합적으로 작동되고 있었다. 미군은 군사력뿐만 아니라 압도적인 신체와 풍부한 물자를 앞세워 포로수용소를 감시하고 관리하였다. 주민들의 기억 속 미군은 공포감을 주는 정복자이자 구원자의 이미지로 남아 있다. 또한 양공주를 찾아다니는 성에 굶주린 군인으로, 그리고 음식과 물품이 풍부했던 미국 사람으로 기억되고 있다. 즉 거제도와 한산도 주민들이 기억하는 미군의 모습은 복합적이고 중층적이었다.

제3부

포로들

제8장 거제도 포로수용소 이전: 포로 관리와 포로들의 신체
제9장 거제도 포로수용소 시기: 포로 교환와 이념투쟁
제10장 거제도 포로수용소 이후: 포로의 정치적 도구화

제3부 08

거제도 포로수용소 이전以前: 포로 관리와 포로들의 신체

1. 포로 경험자들의 이야기

한국전쟁기에 발생했던 포로 문제를 다룬 기존 연구들은 대개 포로협상, 유엔군 포로정책, 이승만의 반공포로석방, 미귀환 국군포로, 포로수용소 내의 갈등, 중립국행 포로, 중국지원군 포로 등에 집중되어 있다. 최근 미국, 중국, 러시아 등지에서 수집해 온 한국전쟁 관련 자료들을 다양하게 활용하면서 포로와 관련된 연구의 폭이 넓어지고 있다. 또한 한국전쟁기 포로들에 관한 연구는 다양한 분야에서 시도되었다. 하지만 포로와 포로수용소 연구는 포로수용소 내부의 폭력 경험을 반공 신화로 덮어버리거나 국제적 관계에서 일부의 입장만을 반영한 편향된 시각과 해석이 주류를 이루었다(김학재 2009: 47). 이런 경향은 1970년대 이전에 출간된 포로 경험자들의 수기에서 도드라지게 나타난다. 한국전쟁기 포로와 관련된 기록과 수기들은 전후에 드러난 사실과 다르거나 왜곡된 것 혹은 일부 과장된 내용이 많았다. 즉 포로 교환 직후 발간된 수기 혹은 자서전은 포로들 간의 갈등을 이념 대립으로 귀결시켰다는 한계를 안고 있다.

여기에서는 1980년대 이후 발간된 포로 경험자들의 자서전을 바탕으로 포로로서 겪었던 이야기를 분석하고자 한다.[1] 이들의 이야기는 국가적 차원의 공식적 담론에서 규정하는 포로의 정체성과 달리 개인들의 경험은 복합적이고 때로는 거대 담론과 상충적이었다는 사실을 드러내고 있다. 자서전 저자들은 포로로 생포된 이후 여러 경로를 거쳐 부산 포로수용소로 이송되었다가 거제도 포로수용소에 수용되었다. 송환거부 포로였던 저자들은 포로 분산 수용으로 육지부의 포로수용소에 수용되었다가 그곳에서 석방되었거나 중립국위원회가 관할했던 판문점 수용소까지 이송되어 '설득' 과정을 거쳐 대한민국 혹은 인도로 갔다. 자서전 집필자 10명 중 5명은 외국 시민권자였다. 이들 중 4명이 미국에 거주하고 있었으며, 1명은 인도에 살고 있었다.

생포된 포로

---

1 여기에서는 송환을 거부했던 '반공포로'와 중립국행 포로들의 자서전만을 다루고 있다. 따라서 북한에 억류되었던 국군포로와 유엔군 포로, 그리고 유엔군에 억류되었던 중국군 포로와 북으로 송환되었던 인민군 포로들의 이야기는 빠져 있다.

〈표 6〉 거제도 포로수용소 포로 경험자의 자서전[2]

이름(출생)	출생지/학력/포로 직전 신분	포로 이후 이동 경로	거제도 포로수용소	거제도 포로수용소 이후 경로	자서전 출판
박종은(1931)	황해해주/해주고교/인민군	길주 → 함흥 → 부산	73(반공청년단)	논산 → 부평 → 판문점 → 군산 · 옥구 반공청년회	1985
백응태(1930)	평북영변/?/인민군	왜관 → 부산거제리 → 대밭	77→83→76→73(반공청년단)	논산 → 판문점 → 국군장교[3] → 반공청년회	1987
김교갑(1934)	함남영흥/국민학교/인민군	수원 → 대구 → 부산	73→96(반공청년단)	부산가야 → 국군입대(1958)	1998
김태일(1931)	평양/의과대학/인민군	평양 → 부산서면 → 거제리	76→83	광주 사월산 → 미8군 통역관 겸 수사관 → 미국이주(1974)	2011[4]
송관호(1929)	강원이천/국민학교/인민군	원산 → 부산서면 → 가야	76 → 82	광주 상무대 → 국군입대(1954) → 미군부대 군속	2015
주영복(1924)	연변/김일성대학 혹은 모스코바대학(?)/인민군장교	인천 → 부산100수용소	66	부산 가야 → 영천 → 판문점 → 인도 → 브라질(1956) → 미국(1980)	1991[5]
현동화(1932)	함북청진/군관학교/인민군장교	서대문 → 부산 거제리	66	부산 거제리 → 영천 → 판문점 → 인도	2003
오세희(1930)	경북의성/서울대 재학/의용군	춘천 → 인천 → 부산동래 → 서면	65	영천 → 미국이주(1986)	2000
유경재(1931)	경북청도/중학교/학도병/인민군	대전 → 부산서면	63	영천 → 공군입대(1953)	2005
이무호(1930)	평남평원/체신전문학교/국군	부산거제리	62→65→?→93	마산 → 대구육군병원 → 미군부대 통역관 → 미국이주(1979)	2003

---

2 자서전에 출생 연도가 명기되어 있지 않은 박종은, 백응태, 오세희, 김태일은 자서전 내용을 미루어 기재하였다. 따라서 실제 출생 연도와 차이가 있을 수 있다.

3 KBS(1988.06.27.). 저자의 자서전에는 국군 장교로 임관했다는 사실은 적시되어 있지 않다.

4 저자의 영문판 자서전은 Lonesome Hero(2011)라는 제목으로 출판되었다. 영문판에는 저자의 성이 '한(T. I. Han)'으로 명기되어 있다. 영문판 '감사의 글'에 딸들의 이름이 'Judy Han'과 'Kathryn Han'으로 표기되어 있으며, 미국 상원의원(Harry Reid)의 추천 글에도 저자의 이름이 'Donald Han'으로 적혀 있다. 저자가 국문판에서 자신의 성을 '한'이 아닌 '김'으로 표기한 이유를 따로 설명하지 않았다. 국문판에는 감사의 글과 추천사가 실려 있지 않다.

5 주영복의 자서전은 1962년부터 1963년까지 총 60회에 걸쳐 『동아일보』에 연재되었던 "망향 - 중립국행 자원한 반공포로의 수기"를 재구성한 저서이다(임세화 2016: 83).

<표 6>에 제시된 포로 경험자들의 학력은 국민학교 졸업부터 대학 재학까지였다. 이들의 포로 이전 신분은 크게 북한 출신과 남한 출신으로 구분된다. 북한 출신은 인민군 사병 출신과 장교 출신으로 나누어진다. 자서전을 쓴 북한 출신 포로 경험자는 대개 '귀순' 포로였다. 이들은 자서전에서 자신이 북한군에 강제로 징집당했음을 강조하였다(박송은 1985; 백응태 1987; 김교갑 1998; 송관호 2015). 이와 달리 장교 출신 포로 경험자들은 전쟁에 대한 회의와 자유에 대한 갈망으로 '투항'했음을 밝히고 있다(주영복 1991; 현동화 2003). 북한 출신 포로 중에는 전쟁 직전 월남하여 '호림부대'[6]에 입대하여 군번을 받고 국군으로 편입되었지만, 전투 중 부상으로 후송하는 과정에서 포로로 잘못 분류된 사람도 있었다(이무호 2003). 남한 출신 포로 경험자 중 한 명은 의용군으로 징집되었다가 국군에게 붙잡혀 포로가 되었던 경우(오세희 2000)였고, 다른 한 명은 학도병으로 참전했다가 북한군에 포로로 잡혀 '해방전사'라는 이름으로 다시 전투에 투입되어 유엔군의 포로가 되었던 경우였다(유경재 2005).

포로 경험자들의 자서전은 기억을 통해 자신들의 삶에서 거대한 전환점이 되었던 포로 경험을 재구성한 결과물이다. 기억의 재구성은 공적 역사와는 다른 차원에서 기술된 개인들의 역사이자 자기 정체성을 구축하는 장이라고 할 수 있다. 자서전은 현재 살아 있는 사람이 과거의 자기 경험을 드러낸 글이다. 따라서 자서전을 기술했던 현재의 시점에서 과거에 존재했던 사람들의 목소리를 제대로 반영하지 못한다는 한계가 있다. 사라진 사람들의 목소리 부재는 포로수용소 내부의 갈등과 분쟁 양상을 구체적으로 살펴볼 수 없다는 것을 의미한다. 본 장에서는 포로들이 거제도 포로수용소에 수용되기 이전까지의 과정을 위의 자서전 내용을 줄기 삼아 추적하였다.

---

6 호림부대는 1948년 11월 25일 육군본부 정보국 직할 수색학교로 출발하였다. 1949년 2월 육군본부 정보국 호림부대로 창설되었다. 전쟁 이전 국군이 창설했던 본격적인 유격부대이다. 호림부대의 주축은 서북청년회로 구성되었다(윤정란 2014: 170; 조성훈 2003: 68-71).

2. 포로 '수집'에서 '수용'으로

한국전쟁 발발 직후 국제적십자사는 남북한에 전문을 보내 제네바협약에 명시된 포로에 대한 인도적 대우 원칙을 적용해 줄 것을 요청하였다. 한국 정부는 1950년 7월 3일 국제적십자사에 제네바협약 원칙을 수용할 것이라 통보하였다. 이승만 대통령도 제네바협약 준수를 약속하면서 포로에 대한 인도적 대우를 명령하였다. 국방부에서도 포로를 장교와 사병으로 구분하고 이들을 다시 공산주의자와 반공산주의자로 분류할 것을 지시하였다. 또한 반공주의자인 의용군이나 민간인억류자 등을 조속한 시일 내에 석방하고 포로의 감시와 교양을 국군 측이 담당할 것이라 하였다. 하지만 국군은 포로를 집결소에서 수용소로 이송하는 책임만 있었기에 국방부의 지침을 제대로 이행할 수 없었다. 현실적으로 국군의 포로 관리는 제네바협약을 준수할 것이라 천명했던 정부의 입장과는 거리가 멀었다.[7]

미국은 1955년 7월 14일 제네바협약을 비준하였다. 따라서 한국전쟁 당시 미군은 제네바협약을 준수해야 할 국제법적 의무는 없었지만, 1929년 제네바협약[8]과 1949년 제정된 제네바협약 제3조에 명시된 적군 포로 처리에 대한 원칙을 준수하도록 하였다(조성훈 2010a: 68-69). 미군의 제네바협약 준수와 포로에 대한 인도적 대우는 공산군 측의 유엔군 포로에 대한 보복 방지 및 공산 포로 우대 정책으로 북한인들의 호응을 얻으려는 목적에서 비롯되었다. 세부적으로는 포로 우대 정책으로 포로들의 전향 및 북한군의 투항, 나아가서는 북한 사회의 내부 붕괴 등을 의도하였다. 이와 같은 목적을 실현하기 위해 미군은 포로 교육 및 종교활동 지원 등과 같은 정책을 병행하였다.

한국전쟁 초기에는 포로 관리가 제대로 이루어지지 않았다.[9] 한국전쟁 중 최초로 포로수용소가 설치된 곳은 대전 형무소였다. 전쟁이 발발하고 12일 후인 7월 7일이었다.

---

7 대한민국에서 제네바협약은 1966년 7월 11일 국회 비준 동의를 거쳐, 1966년 8월 16일 발효되었다.

8 1929년 제네바협약의 공식 명칭은 〈1929년 7월 27일 제네바 전쟁 포로 대우에 대한 협약〉이다. 1931년 6월 19일 실효되었다. 이 협약은 1949년에 서명된 제3차 제네바협약의 선례가 되었다.

9 유엔군이 최초로 포로를 수용한 것은 1950년 7월 2일이었다(성강현 2021: 40).

이곳에 5명의 포로가 수용되면서 포로 관리가 시작되었다. 이후 전세가 불리해지자, 대전수용소는 7월 14일 대구 효성국민학교로 옮겨갔다. 효성국민학교에 제100포로수용소가 설치되었다가 다시 8월 1일 부산 해동중학교로 이동하였다. 해동중학교로 옮겼던 제100포로수용소는 8월 12일 부산 거제리巨提里에 있던 미8군 포로수용소에 통합되었다. 전쟁 포로의 효율적 관리를 위해 포로수용소 체제를 통합하면서 포로 관련 업무가 유엔으로 이관되었다(부산일보사 1985: 624). 포로 관리의 유엔군 이관 배경에는 한국군의 포로 관리 불신이 자리하고 있었다(조지프 굴든 1982: 198; 주영복 1991a: 89). 유엔군으로 이관된 포로 관리는 사실상 미군이 관장하였다. 북한군 포로들은 미8군 사령관의 통제 아래 있었다. 전선에서 생포된 포로들은 포로 집결소를 거쳐 부산 수용소로 옮겨졌다. 부산 수용소에 수용된 포로들에 대한 실질적인 통제와 관리는 미군이 담당하였다. 미군은 유엔사령부의 이름으로 휴전 이후까지 포로수용소를 관리하였다.

부산 포로수용소

인천상륙작전 이후 유엔군이 북상하고, 남쪽에서는 소탕 작전이 전개되면서 포로가 급격하게 늘어났다. 미군이 인천을 공격하면서 북한군은 후퇴로가 막혔다. 이때부터 전쟁포로들이 대규모로 발생하였다. 10월에는 104,000명에 달했고, 2개월 후에는 20,000명이 더 늘어났다. 전쟁포로들의 숫자는 150,000명으로 추산되었다. 1951년 말까지 포로의 90% 이상, 그리고 1951년 중순 무렵에는 97%를 미군이 통제하게 되었다(전갑생 2016: 100). 인천, 평양, 원산 등지에 임시방편으로 포로수용소가 설치되었으며, 부산에도 6개의 구역이 신설되었다. 1950년 10월 말 기준으로 부산에 63,000명, 인천에 33,000명, 평양에 21,000명의 포로가 있었다(마이어 & 브래드베리 2016: 109).

인천에 설치되었던 포로수용소는 1950년 9월 15일 제3 병참기지사령부의 인천기지사령부 내 전쟁포로수송수용소였다. 11월 8일 인천기지 포로수송수용소는 3개의 수용동에 32,107명이 수용되어 있었다. 제1수용소는 장교 및 여성 포로 10,060명과 의무실을 갖추고 있었고 제2수용소는 17개 천막에 2,380명이 수용되어 있었다. 10월 15일 개설된 제3수용소에는 19,667명이 수용되었다. 제3수용소는 서쪽으로 약 3㎞ 바깥에 있었다. 포로들은 대대와 연대로 조직되었다. 1개 수용동에는 포로 250명으로 편성되었고, 4개의 수용동을 1개 대대로, 3개 대대를 1개 연대로 편제되었다. 제1수용소는 7개 대대, 제2수용소는 1개 대대, 제3수용소는 20개 대대로 편성되었다(전갑생 2016a: 218).

전쟁 초기 포로수용소는 유엔군과 한국군이 각기 운영하고 있었다. 유엔군이 운영했던 포로수용소는 1950년 7월 24일 부산 거제리 일대에 설치했었던 '주한 미8군사령부 제1전쟁포로수용소(Eighth United States of Army in Korea Prisoner of War Camp)'였다. 약칭으로 'EUSAK POW Camp No 1'로 표기되었으며, '제1포로수용소(POW Enclose I)' 또는 '거제리포로수용소'로 불렸다(성강현 2021: 74). 제1포로수용소(거제리)는 2개의 수용소로 구성되어 있었다. 제1수용소에는 7개의 수용동과 제14야전병원이 있었다. 제1포로수용소의 제4수용소 및 제5수용소는 여자 포로들을 수용하였다. 제2포로수용소는 1950년 10월 27일 개소하였다. 1951년 11월 11일 금련산 인근에 제3보조수용소(Sub- Camp No. 3), 1950년 12월 가야리에 제4보조수용소(Sub-Camp No. 4), 1950년 10월 25일 동래 수영 대밭에 제5보조수용소(Sub-Camp No. 5)가 설치되었다(경상남도사 제5권 2020:

161-162). 포로들의 수기에는 공식적 명칭이 아닌 '거제리' '동래', '수영(대밭)', '가야' 포로수용소라는 이름이 언급되고 있다.

영등포 임시포로수용소

부산 포로소용소를 유엔군 제1포로수용소로 명명하면서, 기존의 인천 포로수용소는 제2포로수용소로 그리고 평양 포로수용소는 제3포로수용소로 지정하였다. 중국군이 개입하면서 평양 포로수용소와 인천 포로수용소는 각각 1950년 12월 1일과 12월 5일에 폐쇄되었다. 포로수용소 폐쇄와 함께 경비 병력도 부산으로 이동하였다. 전쟁 기간 내내 유지되었던 영등포, 춘천, 주문진 등의 임시 포로수용소에 수용되었던 포로들은 일정한 규모가 되면 부산 포로수용소로 이송되었다. 1950년 7월경 미군은 전쟁이 종료될 때까지 포로의 총수를 15,000명으로 예상하여 부산 포로수용소의 규모를 15,000명에서 2만 명 수준으로 대비하였다(조성훈 2010a: 76). 부산 포로수용소는 한국전쟁에서 발생한 모든 포로를 수용하고 관리하는 역할을 담당하였다. 포로를 관리하기 위해 한 · 미 간의 업무 협의가 이루어져 식량 지급과 경비는 한국군이, 시설과 보급, 포로 관리는 미군이 담당하게 되었다. 인천상륙작전 이후 포로가 증가하면서 관리 체계를 재조직할 필요성이 대두되었다. 1950년 9월 19일 부산군수사령부를 해체하고 제2군사령부(2nd Logistical Command)를 설치하였다.

전쟁포로는 생포되는 순간 기존의 소속 및 체계와 단절되어 아군의 관리 대상으로 전락하였다.[10] 포로들은 포로수용소에 수용되기 전부터 신체적으로 '순화'되고 정신적으로 자존감을 상실하였다. 생포된 포로들은 잠재적 적군이었으며, 이름도 없이 숫자로

---

10 사람은 사회라는 장소를 벗어나는 순간부터 사람으로서 지위를 상실한다(김현경 2015: 57).

관리되었다. 즉 포로는 비인격체나 마찬가지로 마치 물품처럼 숫자로 처리되었다. 포로는 사회적 성원권이 박탈된 존재였다. 사회적 성원권이 부재했기에 온전한 '사람'으로 인정받지 못했다. 포로는 말과 행동이 모두 통제되면서, 기존의 사회적 상호작용에서 배제되었다. 포로들의 신체는 오로지 순화와 관리의 대상으로 치부되었다. 전쟁 초기 포로는 포획물처럼 '수집'하여, 한곳에다 모아 두는 수준이었다.

포로를 수용하고 관리했던 시설은 포로수집소와 포로수용소가 있었다. 포로수집소는 포로의 심문 및 후송 준비를 위해 연대 또는 사단급 부대에 설치하였다. 반면 포로수용소는 후방 지역에 건립된 시설로 포로를 억류해 두는 곳이었다. 이곳에서 포로에 대한 행정 처리가 이루어졌다. 포로수용소는 다시 임시 포로수용소와 영구 포로수용소로 구분하였다. 임시 포로수용소는 포로수집소에서 수용된 포로들을 후방에 임시로 수용해 두었던 시설이었다. 즉 포로수집소와 영구 포로수용소의 중간 정도의 역할을 담당하였던 곳이라 할 수 있다. 전쟁 발발 이후 수원, 공주, 조치원, 영동, 춘천, 제천, 하양, 원주, 충주, 대전, 대구, 영천, 인천, 서울 마포, 평양, 함흥 등지에 포로수집소 혹은 임시 포로수용소가 설치 운영되었다(김행복 1996: 54).

포로수집소와 임시 포로수용소는 전쟁의 상황에 따라 수시로 개폐되거나 이동하였다. 전장에서 생포된 포로는 포로수집소 혹은 임시 포로수용소를 거쳐 영구 포로수용소로 옮겨졌다. 작전 지역 내의 군 시설을 포함하여 학교, 형무소, 공장 등을 징발하여 포로수용 시설로 사용하였다. 초기 포로수용소의 시설은 매우 열악하였다.

> "그들(미군)이 우리를 내려준 곳은 원산 형무소였다. 말로만 들었던 조그만 방 한 칸에 일곱 명씩 들여 보내졌다. 화장실 대용인 나무통 하나만 중간에 놓여져 있는 방은 일곱 명이 앉아 있을 수는 있었지만, 다리를 뻗고 누울 수는 없는 좁은 방이었다. 이제나 저제나 밥 한 덩어리라도 주려나 하고 모두들 기다렸지만, 물 한 모금 주지 않아 쪼그리고 앉아서 밤을 지새울 수밖에 없었다. 더욱 죽을 맛은 중간에 놓은 똥통에 엉덩이를 까고 앉아 대소변을 보게 되어 있다는 것이다."(문명철 1997: 75).

인천에서는 소년형무소를 포로수용소로 이용하였다. 수용할 수 있는 공간이 부족해지자 초과 인원을 소규모 텐트에 수용하다가 이후에는 파손된 공장 건물들을 징발하여 수용소로 삼았다. 전방에 설치된 수용소는 식사 배급이 불규칙했을 뿐 아니라 대부분은 동양식 식단이 아닌 서양식이었다. 위생시설은 원시적인 상태였다. 난방시설은 물론 수돗물조차 제대로 공급되지 않았다(전갑생 2020: 233). 급조된 시설에 수용 인원 과밀과 열악한 보급 수준에 더하여 포로 관리와 계획 또한 제대로 이루어지지 않았다. 왜냐하면 전쟁이 오래 지속되지 않을 것이라 예견되었기 때문이었다. 전쟁 초기에는 포로를 포획한 측은 물론 포로들 역시 수주일 내로 전쟁이 종결될 것이라고 여겼다.

1950년 10월 무렵 인천 소년형무소에 수용되었던 포로는 4,000명을 넘어섰다. 제1포로수용소와 제2포로수용소로 확장하였지만, 점점 포로의 수가 늘어나면서 혼잡해졌다. 초기에는 북한 출신이 압도적이었지만 점차 남한 출신 의용군 포로가 늘어났으며 북한군에 협력했던 민간인 포로도 200~300명이 있었다. 이곳에 수용되었던 포로는 낙오병, 도망병, 귀순병은 물론 심지어 민간인과 여성 포로까지 뒤섞여 있었다. 미군이 관리하고 있었던 인천 소년형무소에 국군 헌병들이 들어와 인민군 포로들을 구타하기도 하였다. 포로는 숫자로만 확인하였다.

> "호송대는 관리 당국에 인계하는 대로 물러가고 당국은 머릿수를 세서 정문 안에 통과시켰다. 여기서도 인계인수(引繼引受)는 가축처럼 머리 숫자만 확인할 뿐 명단 따위는 존재하지 않았다. 정문 내측에서는 30여 명의 여성포로들이 스프레이로 머리, 가슴, 겨드랑이, 후주춤 등에 DDT를 분무했다."(주영복 1991b: 101).

포로가 급증하자 인천 용현동 부근에 수용 인원 10,000명 규모의 제3포로수용소를 설치하였다. 하지만 시설이 협소하여 정문 밖 농장과 야산에 철조망을 치고 임시수용소를 하나 더 개설하였다. 이곳 '바깥 수용소'에는 4천여 명이 수용되었다. 새로 생긴 '바깥 수용소'에는 취사장이 없었다. 교도소 건물인 '안 수용소' 취사장에서 바깥 수용소 포로들 밥을 지어 급식하였다. 식사 때마다 바깥 포로수용소에서는 4,000여 명의 포로들이 정문 출입구로 모여들면서 북새통을 이루었다. 포로들을 열 명씩 줄을 지어 배식했지만, 맨 끝줄의 배식은 두 시간이 지나서야 차례가 왔다. 취사장에서는 교대로 일을 해도 하루 두 끼 밥을 배식할 수 없는 지경에 이르렀다. 경비대원들과 취사 대원들은 포로들에게 배급해야 할 식품으로 먼저 자신들의 배를 채웠다.

1950년 11월 8일 국제적십자사의 비에리 대표가 인천 유엔군 임시 포로수용소를 방문하였다. 당시 이곳에는 중공군 7명을 포함하여 공산군 포로 32,107명이 수용되어 있었다. 포로들은 모포, 닭털 침낭, 외투 등을 '충분하게' 보급받고 있었으며, 급식 상태는 한국군에게 지급되는 표준 정량과 동일하였다. 당시 포로 일인당 일일 급식 내용은 쌀 5홉(26온스), 보리 0.5홉, 어류 또는 통조림 육류 10명당 1파운드, 고추장 10명당 1파운드, 쌀가루 9명당 3파운드, 해조류 1인당 3가지, 담배 1인당 10본이었다. 여기에 신선한 부식을 구입할 수 있게끔 현금으로 부식비가 지급되었다. 인천 임시 포로수용소는 포로들이 자치적으로 중대, 대대 및 연대를 편성하도록 허용하였다. 포로 자치 조직이 포로들의 식사 대열을 통제하면서 소요나 혼란 없이 급식을 배분하였다. 포로수용소 내부에서는 유엔군 경비병의 개입 없이 모든 일은 자치 조직이 수행하였다(White 1986: 35-36).

> "한 줄은 밥, 한 줄은 국을 나눠주는데 취사대원이 한 사람씩 드럼통마다 붙어 있었다. 첫 번째 드럼통으로 다가선 포로에게 밥 한 주걱을 펴서 벌린 옷자락에 부어 주고, 몇 발자욱 떨어진 다음 드럼통으로 달려가니 취사대원은 옷자락의 밥 위에 한 국자씩 국을 사정없이 퍼부었다. 옷자락에서 흘러내리는 국물을 한 손으로 받아 입으로 가져가면서 뛰어가는 포로가 있는가 하면, 쓰고 있던 모자를 벗어 들고 밥과 국을 받아 모자에서 흘러내리는 국물을 쭉쭉 빨면서 뛰어가는 포로도 있었다."(오세희 2000: 101).

한국전쟁에 참여했던 미군 중 일부는 일본에서 주둔했었던 경험이 있었다. 이들은 간단한 일본말을 할 줄 알았다. 포로수용소에서 영어와 일본어를 할 줄 알았던 포로는 미군 경비대의 관심을 받았다. '한쪼'라는 말은 포로 대표자를 가리키는 대명사처럼 쓰였다. '한쪼'로 임명된 포로는 자체 경비대를 편성하고 취사대원을 선발함으로써 경비대와 취사장을 장악할 수 있었다(오세희 2000: 109). 경비대와 취사장은 포로수용소 권력의 핵심이었다.

인천 제3수용소에서는 급식, 숙소, 피복 지급, 점검, 작업 동원 등은 포로 대표부에서 관장하였다. 수용된 포로들은 대대와 중대로 편성되었다. 하나의 중대는 포로 200여 명으로 구성되었다. 포로들은 자체적으로 인원을 동원하여 취사장과 숙소를 건설하고 도로 작업, 제초 작업, 배식장 청소 작업 등을 하였다. 수용소에는 인민군 군관 출신 포로를 비롯하여 인민군 치하에서 갖가지 기구에서 일했던 좌익포로, 북한에서 반공분자로 감옥에 갇혀 있었던 중장년의 민간인들도 있었다. 전쟁 초기 포로수용소는 포로의 배경과 출신을 불문하고 모두 한곳에 모아 두는 수준이었다. 11월 초순 미군 CID(Criminal Investigation Division)[11]에서 수용소를 방문하여 전쟁범죄자 색출에 협조할 것을 요청하였다. 제3수용소에 수용된 포로는 2만 8천여 명에 이르렀다.

인천 포로수용소에는 헌병대가 수용소 내부에 주둔하지 않아 사실상 포로들의 관리는 방치 상태였다. 포로 중에서 힘과 완력이 센 세력이 포로수용소 내부의 주도권을 장악하였다. 수용소를 장악한 포로들은 주로 남한 출신들이었다. 포로수용소 바깥에는 가족을 찾아오는 민간인들이 늘어났다. 헌병들은 민간인 가족과 포로의 면담을 주선해 주는 대가로 사례비를 받았다. 취사장에서는 외부에서 반입한 술로 잔치가 벌어지기도 하였다. 취사장의 식품을 몰래 반출하고 수용소에서 필요한 물품들을 들여왔다. 헌병과 취사대가 한통속이 되었다.

1950년 11월 중공군의 대규모 공격이 시작되면서 전쟁의 양상이 크게 달라졌다. 전방에 설치되었던 수용소는 후방으로 이전되었고, 모든 전쟁 포로는 곧바로 부산으로 호송되었다. 11월 하순부터 인천 제3수용소의 포로들을 부산으로 이송하기 시작하였다. 하루에 1,000명에서 2,000명씩 열차 편으로 이송하였다. 마지막으로 12월 5일 포로 본부 요원 50명이 떠난 다음 제3수용소 시설은 소각되었다. 제1수용소 및 제2수용소에 수

11 미육군 범죄수사대(Department of the Army Criminal Investigation Division)의 약칭이다. 1941년 9월에 창설되었다.

용되었던 포로들은 선박을 이용하여 이송되었다(전갑생 2016a: 218).

부산으로 후송되는 과정에서도 포로들은 신체적 모욕과 정신적 모멸감을 견뎌야 했다. 인천 부두에서 철수하는 수송선에는 3,000명이 넘게 승선하였다. 마지막으로 철수하는 수송선에는 소년형무소에 별도로 수용되었던 장교 포로 600여 명, 여성 포로 60여 명, 상병 포로 50여 명을 비롯하여, 제2수용소, 부평수용소, 영등포수용소 및 여러 미군 부대에 흩어져 있었던 포로들이 승선하였다. 3,000여 명이 넘는 포로들이 LST 한 척에 짐짝처럼 구겨져 들어갔다(주영복 1991a: 193).

> "하루는 드럼통에 넣은 밥이 긴 밧줄에 매달려 갑판 위에서 내려왔다. 극도로 굶주린 포로들이 서로 먼저 먹으려고 함께 덤벼들어 아우성치는 동안 힘이 약한 포로들이 그들에게 짓밟혀 죽었다. 그렇게 드럼 밥통이 내려올 때마다 많은 사람이 밟혀 죽었다. 정확히 알 수는 없으나 3일 동안 백여 명은 족히 죽었을 것이다. 지휘계통이 없고 통솔하는 자가 없으니 그 배 안은 굶주린 자들의 무법천지였다. 자리가 워낙 좁아서 그 죽은 시체 위에 올라앉아 가는 자들도 있었다. 지옥이 따로 없었다."(김태일 2011: 62).

수송선에서는 두레박 줄에 밥통을 매달아 내려보냈다. 분배할 방법도 식기도 없었던 포로들은 맨손으로 먹으면서, 뒤에 있는 포로들에게는 밥을 뭉쳐 전달하였다. 서로 먹겠다고 다투다가 밥통이 엎어져 하야 밥알들이 흩어지면 바닥에 떨어진 밥 알갱이를 손으로 주워 먹었다. 물도 마찬가지였다. 줄에 매달려 내려온 물통은 포로 숫자에 비해 턱없이 부족하였을 뿐 아니라 물을 떠 마실 도구가 없어 마시는 양보다 흘리는 양이 많았다. 용변이 마려운 사람들은 나무판자를 걸쳐 놓은 드럼통 위에 올라가 해결하였다. LST가 출항하자 소변과 대변으로 가득 찬 드럼통이 이리저리 굴러다니면서 수송선 바닥은 순식간에 인분 바다가 되었다. 공기가 부족하고 인분 냄새와 땀 냄새가 가득한 선내에서 선상으로 올라가면 미군과 국군 헌병들이 총검을 휘두르며 안으로 밀어 넣었다.

> "밤이 깊어가니 기진맥진한 포로들이 서서히 쓰러지듯 그 자라에 앉았다. 정좌한 것이 아니

라 누구나 앞사람 어깨에 다리를 올려놓거나 다리를 엉덩이로 깔든가, 심지어 남의 사타구니에 머리를 박고 있는 포로도 있었다. 인간 수송이 아니라 인간과 동물의 중간, 또는 반(半) 동물의 운반이다.... 이런 운반도 있는가?"(주영복 1991a: 193).

인천에서 일본 석탄 운반선에 실려 3일간의 항해 끝에 부산 포로수용소에 수용되었다. 석탄 운반선이었던 수송선 화물칸 하나에 수천 명이 실렸다. 수천 명의 입김과 체온으로 화물칸은 산소가 부족하여 숨이 막힐 지경이었다. 물 한 모금도 마실 수 없었던 포로들은 갈증을 면하려 자기 오줌을 손으로 받아 마시기도 하였다. 부산항에 도착한 다음에는 도보로 포로수용소로 이동하였다. 12월 10일 군관 포로들은 위에다 철망을 친 트럭을 타고 부산 동래에 마련된 제100수용소에 배치되었다. 부산 서면 포로수용소는 철조망 한가운데에 포로들의 숙소로 사용할 천막이 있었다.

일부 포로들은 인천에서 기차로 부산까지 이송되었다. 인천 포로수용소에서 도보로 인천역에 도착한 포로 5백여 명을 8개 소대로 나누어 한 소대를 화물칸 한 칸에 할당하였다. 화물차 8칸의 지붕마다 칼빈소총을 든 헌병 1명이 배치되었다. 소대마다 안남비 밥과 멸치볶음, 그리고 식수가 담긴 드럼통 3개가 배분되었다. 이틀 동안 먹을 식량이었다. 화물열차에 탄 포로 소대는 자체적으로 소대장을 선발하여 포로를 통솔하였다.

"소대원에게 밥을 한꺼번에 전부 나누어 줄까, 아니면 끼니마다 조금씩 따로 나누어 줄까 의견을 물었다. 모두가 한꺼번에 나누어 달라고 했다. 드럼통의 밥을 칠십 명이 나누어 저마다 옷자락에 꽁꽁 뭉쳐 담으니 조그만 수박 덩어리 크기였다. 거기다 멸치볶음을 한 접시 정도 받아 들고는 이틀 동안 먹어야 할 밥이라고 알면서도 당장 먹어 치웠다. 좀 남겨 두었다 나중에 먹을 생각은 아예 하지 않았다. 있는 대로 물도 다 마시고 나니 빈 드럼 통만 남았다."(오세희 2000: 120).

포로를 실은 화물열차는 군용열차가 지나가는 정거장마다 멈추었다. 포로를 실은 열차가 멈추면 민간인들이 열차 주변으로 몰려들어 열차 안의 포로들과 물물교환을 하였다. 포로들이 가진 것은 군복밖에 없었다. 군복 상의 하나를 구겨서 창문 밖으로 건네주면 고구마 몇 개가 담긴 봉지를 넣어 주었다, 부산진역에 도착한 포로들은 미군에게 인계되었다.

3. 수용소에 구획된 포로들

포로수용소는 포로들을 수용동 규모에 맞추어 구획하였다. 포로들은 구획을 단위로 관리되고 통제되었다. 구획 안에는 다양한 부류의 사람들이 뒤섞여 있었다. 포로들을 구획하는 주된 이유는 감시였다. 포로수용소에서는 모든 포로가 그들에게 요구된 바를 따르는지 아닌지를 한눈에 감시할 수 있는 체계를 구축하였다. 이런 감시 체계 속에서 한 명의 위반 행위는 쉽게 파악되었고, 규칙을 준수하는 다른 이들과 확연히 구별되었다. 즉 소수의 인원으로 대규모의 포로들을 효율적으로 관리하기 위해 인원을 구획화하였던 것이다(고프먼 2018: 19). 다수의 포로와 소수의 경비대 사이에는 여러 형태의 분리가 존재하였다. 포로를 경비하는 연합군 특히 미군들은 스스로를 우월하고 정의롭다고 간주하였다. 미군은 포로수용소의 권위 체계에서 최상층부에 자리하였다. 미군은 누구나 포로들을 훈육하거나 통제할 권리가 있었으며, 실제로 물리적 제제가 다반사로 발생하였다. 처벌과 특혜가 포로수용소의 조직적 특징이었다.

부산 포로수용소에 도착한 포로들은 소대별로 편성되었다. 소대마다 천막 하나가 배정되었다. 이곳에서 처음으로 손가락 대신 밥그릇과 젓가락으로 식사를 할 수 있었다. 수용된 다음 날 임시 가설된 천막에서 포로 심문을 받았다. 포로가 된 이후 처음으로 관등성명과 나이, 주소를 카드에 기입하였다. 포로 심사관은 포로 중에서 미군이 심사원으로 지명한 자였다. 포로 심사는 포로가 된 장소와 날짜, 그리고 인민군인지 의용군인지를 확인하는 심사실, 머리를 깎는 곳, 증명사진을 찍는 곳, 포로 카드를 발급받는 곳으로 구분되어 있었다. 포로 심문을 마친 다음 걸어서 서면 포로수용소로 이동하였다. 포로들은 앞가슴에 이름과 포로 번호가 적힌 포로 카드를 달았다. 포로 카드를 발급받고

포로 인솔 모습(부산)

나서 머리부터 발끝까지 DDT로 소독시켰다. 포로들은 부산 포로수용소에 도착하자마자 DDT 가루로 신체 소독을 받았다. 당시 포로들의 몸과 옷에는 이가 득실거리고 있었다. 소독을 마친 포로들에게는 미군용 작업복이 주어졌다. 몸에 맞지 않는 미군용 작업복에는 'PW'라는 글귀가 새겨져 있었다. 'PW'가 새겨진 작업복을 입고 나서 포로들은 자신들이 '포로' 신세가 되었음을 새삼 확인하게 되었다.

부산 포로수용소는 천막이었다. 30평 남짓한 천막 한 동에 70~80명이 기거하였다. 천막 가운데 통로가 있고 양쪽에 가마니가 깔려 있었다. 통로를 사이에 두고 양쪽으로 나뉘어 잠을 자야 했지만 인원이 많아 제대로 다리조차 펼 수도 없었다. 바닥에 깔아 놓은 가마니는 찬 기운을 막아주지 못했다. 천막 숙소는 비좁고 추웠으며, 인원이 많아 발냄새가 지독하여 코를 막지 않고는 잠을 이루기 힘들었다. 출입구는 앞뒤 두 곳이었다. 머리를 두는 막사 안쪽에는 개인용 소지품을 두었다. 개인용 소지품은 대개 담요 한 장, 숟가락과 식기가 전부였다.

부산 포로수용소는 미군과 한국군이 철조망 바깥에서 경비만 담당하고 수용소 내부는 포로들이 자체적으로 구성한 조직과 기구가 담당하였다(현동화 2003: 71). 초기에는 장교와 사병으로 구분되었으며, 친공과 반공에 대한 구분은 없었다. 친공과 반공의 구분은 중공군이 개입하면서 드러나기 시작하였다. 포로들은 먼저 거제리 수용소에 갔다가 서면 수용소로 이동하거나, 서면 수용소에서 거제리 수용소로 이동하기도 하였다. 거제리 수용소와 서면 수용소 외에도 수영 수용소와 가야 수용소가 있었다. 수영 수용소는 대밭 수용소로도 불렸다. 부산 거제리 수용소에 수용되었던 포로들은 환자를 제외하고 전원 대밭 수용소로 이동하였다(백응태 1987: 68). 서면 포로수용소는 트럭이 드나들 수 있는 한 가운데 도로 양쪽에 대대별로 독립된 수용소가 있었다. 이중 철조망으로 외부와 격리된 수용소 정문은 미군이 감시하고 철조망 바깥 동남쪽 감시탑에서 국군 헌병이 포로들을 감시하였다. 국군 헌병들은 수용소에 접근하는 민간인들의 접근을 통제하였다. 수용소는 미군 관할이라 국군 헌병은 수용소 내부로 들어올 수 없었다(오세희 2000: 141).

서면 포로수용소 내부는 대대장과 경비대장이 주도권을 장악하였다. 대대장은 왼팔에 'CAPTAIN'과 '대대장'이 적힌 완장을 차고 있었고, 경비대장은 'GUARD' 및 '경비대장'이라는 글귀가 새겨진 완장을 차고 있었다. 대대는 중대와 소대로 편성되었으며, 포로 간부들은 인원 파악이 주 임무였다. 경비대장이 실질적으로 포로들을 통제하고 있었다. 경비대는 50여 명의 경비대원들로 구성되었으며, 경비대장 아래에 경비부관, 경비총무, 경비소대장, 경비분대장과 같은 직책이 있었다. 대대는 3개 중대로 구성되었으며, 각 중대는 6개 소대로 편성되었다. 각 소대에 천막 한 동이 배정되었다. 중대본부와 대대본부 천막이 따로 있었으며, 경비대원과 경비대장이 쓰는 천막이 별도로 있었다. 수용소 가장자리의 취사장은 여러 개의 천막을 판자로 이어 만들었다. 상수도 시설은 취사장에만 설치되어 있었다.

식사는 소대별로 배식하였다. 취사 당번이 취사장에 밥과 반찬을 한꺼번에 가져와서는 소대원들에게 한 그릇씩 나누어 주었다. 비록 짝이 맞지는 않았지만, 젓가락도 함께 나왔다. 저녁 식사 이후 점호까지는 자유시간이었다. 40명 용도의 천막에 70여 명이 기거하면서 잠자는 문제가 곤욕이었다. 빈 쌀가미를 잘라 한 겹으로 깔아 놓은 땅바닥에서 잠을 자야 했다. 공간이 비좁아 소대장을 제외한 소대원들은 통로 양쪽으로 30여 명씩 머리와 발이 어긋나는 자세로 잠을 자야 했다.

> "옆 사람끼리 머리와 발이 엇갈리게 눕지 않으면 자리가 비좁아 모두 누울 수가 없었다. 누어서 고개를 돌리면 옆 사람의 발 냄새가 얼마나 고약한지 독가스를 빨아들이는 기분이라 숨을 제대로 쉴 수가 없었다. 이 악취를 피하려고 머리맡으로 기어 올라가면 머리가 천막 밖으로 빠져나가 빗물이 막사 안으로 들어오지 못하게 쌓아 놓은 흙벽에 닿았다. 그 반대로 누워 자는 사람은 머리맡으로 조금 기어 올라가면 깊게 파놓은 통로에 머리가 빠져 버리는데 그런 생활에 익숙한 포로들은 군소리 없이 잘도 잠을 잤다."(오세희 2000: 146).

서면 포로수용소에서는 포로들에게 사역을 시켰다. 대대별 혹은 중대별로 사역을 나갔다. 주로 인근 야산에서 돌을 캐어 마포 자루에 담아 와서는 수용소 마당에 까는 일이었다. 영어를 할 줄 알고 일본말을 구사하면 통역으로 임명되었다. 통역은 사역이 면제되고 소대에서 특별 대우를 받았다. 포로수용소에는 미군에게서 보급품으로 받은 빨랫비누와 화장실 휴지가 넘쳐났다. 먹을 물도 부족했던 수용소에서 빨랫비누는 천막 가장자리나 수용소 내부의 흙벽을 문질러 흙이나 먼지가 옷에 붙지 못하게 하는 용도로 쓰였다(오세희 2000: 151). 겨울철이 되면서 천막 안에 전등이 가설되었다. 일반 포로들은 DDT 가루로 찌든 옷을 입고 있었지만, 포로 간부들은 미군 군복을 입고 있었다. 대대장과 경비대장은 순모로 만든 옷을 빳빳하게 다려 입고, 미군 군화를 신고 다녔다. 외양으로는 군인인지 포로인지 구분하기 어려웠다. 경비대원과 중대장은 미군 작업복을 입고 있어, 수용소 바깥의 국군보다 옷차림이 말쑥하였다.

날씨가 추워지면서 미군 보급품이 나오기 시작하였다. 담요를 비롯하여 미군 군복과 작업복이 포로들에게 지급되었다. 가끔 고급 파카를 비롯하여 내의, 자켓, 양말, 군화도 나왔다. 보급품은 포로 간부들이 먼저 고르고, 나머지가 일반 포로들에 배분되었다. 포로들은 부산항으로 나가 군수물자를 트럭에 옮겨 싣고 내리는 하역 작업에 동원되기도 하였다. 작업에 동원된 포로들은 민간인들과 물물교환을 하였다. 빨랫비누 한 장에 고춧가루 한 봉지를 받았다. 취사장에는 고춧가루가 지급되지 않았었다. 빨랫비누는 담배와 교환하기도 하였다. 서면 포로수용소에서는 의용군 출신이 주도권을 행사하였다. 인민군 출신 포로는 의용군 출신 포로들로부터 타박을 받았다. 의용군 출신 포로들은 바깥에서 빨랫비누 한 장에 담배 세 개비를 교환하고는 수용소로 돌아와서는 담배 한 개비를 빨랫비누 한 장과 바꾸는 장사를 하였다. 날이 가면서 인민군 포로 역시 의용군 포로들의 행동을 모방하기 시작하였다(오세희 2000: 159).

1950년 11월 하순 국제적십자사 비에리 대표가 부산의 유엔군 제1포로수용소를 방문하였다. 그의 공식 보고서에 따르면, 부산 제1포로수용소에서는 91,662명이 수용되어 있었다. 포로들에게는 1일 3식이 제공되고 매일 69톤의 쌀과 보리가 수용소로 운반되었다. 모든 포로가 두꺼운 외투와 잠바 또는 보온 내의를 지급받았고, 대다수는 두 가지를 모두 수령했다고 한다. 또한 양호한 의료 진료를 받고 있었으며, 처음 도착했을 때보다 건강 상태가 매우 양호해졌다고 보고하였다. 검열관이 소원수리를 실시한 결과 아무런 불만 사항도 접수되지 않았다고 하였다. 심지어 포로들이 자신의 운명에 만족하고 있는 듯하다고 피력하였다(White 1986: 41).

1951년 2월 22일 기준으로 부산 제1포로수용소에는 137,212명의 공산군 포로가 수용되어 있었다. 부산 제1포로수용소는 유엔이 관리 최대규모의 포로수용소였으며 병원 구역은 물론 일반 막사에도 기름 난로가 설치되어 있었다. 제3야전병원에서는 포로가 도착하는 즉시 X-선 검사를 실시한 결과 450명이 폐결핵 환자로 판명되었으며 매일 약 25명이 사망하고 있었다. 야전병원의 수용 조건이 열악해서가 아니라 대단히 위중한 상태에서 포로 환자가 병원에 후송되기 때문이라고 판단하였다. 제14야전병원에서는 전투 중 부상한 포로들이 대부분이었으며, 방한 장비가 부족한 동상 환자가 많았다고 한다(White 1986: 65-66). 서면 포로수용소에 수용되었던 포로 중에서 400명이 선발되어 거제리 포로수용소 신설 작업에 투입되었다. 신설되는 거제리 포로수용소에는 여자 포로막사, 미군 야전병원, 미군 식당, 한국군 식당 등이 갖추어져 있었다(박종은 1985: 52).

거제리 포로수용소는 인민군 장교 막사와 사병 막사가 구분되어 있었다. 장교 출신들은 수용소 안에서 책을 읽거나 마작이나 화투를 치면서 소일하였다. 반면 사병 출신 포로들은 수용소 내부의 잡무와 군수물자 운반에 동원되었다. 이곳에서 포로들은 모포, 바지, 양말 등의 보급품을 외부 민간인에게 돈을 받고 팔거나 다른 물건과 교환하였다. 특히 골든 배트, 러키 스트라이커, 카멜 등 미국 담배는 수용소 내에서 화폐를 대신하는 교환의 수단이었다. 일요일에는 선교사들이 예배를 집전하였으며 책을 반입해 주기도 하였다.

거제리 포로수용소에서는 안남미로 지은 밥이 주식이었다. 하지만 밥을 받아먹을 그릇이 없었다. 밥을 담요 귀퉁이에 받아서는 손으로 집어 먹었다. 어떤 포로들은 한 톨의 밥알이라도 흘릴세라 담요 위에 남은 밥알을 혀로 핥아먹기도 하였다. 담요는 추위를 막아주는 외투가 되기도 하고 식사용 용기로도 사용되었다. 초기 거제리 수용소는 별도의 급수 시설이 없었다. 수용소 뒷마을에서 흘러오는 개울물을 이용하여 밥을 지었다.

불순물을 걸러 내지 않은 개울물로 지은 밥에서는 구정물 냄새가 그대로 배어 있었다. 배가 고팠던 포로들은 구정물 냄새에도 밥을 먹기 바빴다. 1951년에 들어서면서 포로들에게 피복과 식기가 배급되었다. 그때까지 인민군 포로들은 여름에 입고 나온 옷으로 추위를 견디고 있었다. 식기가 지급되면서 밥을 담요에 받아 손으로 집어 먹지 않게 되었다. 미군들은 포로들에게 몸에도 맞지 않는 군복을 지급하면서, 포로들에게 DDT 가루를 뿌려 신체와 의복을 동시에 소독하였다(김태일 2011: 65-67). 온몸에 DDT 가루를 뿌린 다음 예방 주사를 접종하였다.

예방 접종을 마친 포로들에게 개인당 식기 하나와 담요 한 장이 배부되었다. 포로들은 개인 용구로 받은 담요와 식기를 들고 지정된 천막 수용소에 들어갔다. 천막 수용소는 1개 천막에 40명씩 수용하도록 설계되었지만, 포로들의 수가 급증하면서 무려 100명이 넘는 인구가 비좁은 천막에 수용되면서 아수라장이 되었다. 일부 포로들은 비좁은 천막을 벗어나 노천에서 잠을 자기도 하였다. 수용시설뿐만 아니라 식사가 가장 큰 문제였다. 부산 포로수용소는 원래 5천 명을 수용할 예정으로 설치되었지만, 점차 인원이 늘어나면서 1만 3천여 명에 달하는 포로들이 이곳에 수용되기에 이르렀다. 수용소 내부는 과다하게 늘어난 포로들로 혼잡하기 이를 데 없었다. 포로들의 식량이 5천 명분으로 배급되면서 식사량이 턱 없이 부족하게 되었다(박종은 1985: 50).

부산 포로수용소 배식 모습

DDT를 살포하는 모습

포로수용소에는 이질과 같은 전염병이 만연하였다. 이질에 걸린 포로 환자는 부산진 동북쪽에 있는 야전병원으로 후송되었다. 야전병원은 삶과 죽음의 경계가 가로지르는 공간이었다. 포로 환자에게 숨을 거둔 채 병상에 누워 있는 시체를 치우게 하고는 바로 그 침대를 사용하도록 하였다. 이질 환자에게는 별다른 조치 없이 하루 두 번 약을 주고 죽을 먹도록 하였다. 전염병이 발병하면서 야전병원에서는 하루에도 백여 명이 넘게 죽어 나갔다. 의료진과 의료 장비가 부족한 탓도 있었지만, 무엇보다 좁은 공간에 과다하게 포로를 수용하면서 위생 환경이 열악했던 탓이 컸다. 식사 때 깨워도 대답이 없으면 밤새 죽은 것이었다(송관호 2015: 130). 야전병원에서도 소리 소문도 없이 많은 환자가 죽었다. 비위생적인 환경 속에서 허약한 포로들은 유행성 감기, 이질, 폐렴, 장질부사와 같은 전염병으로 포로수용소에서 죽음을 맞이하였다.

4. 통제되었던 포로들의 신체

부산에 도착한 포로들은 각종 절차를 거처 수용소 시설에 수용되었다. 포로들은 입소 과정에서 신체적으로는 물론 정신적으로도 배제와 박탈 과정을 겪었다. 포로들은 기존 체계에서 누렸던 지위와 권위는 박탈당했다. 일련의 비하, 모멸, 조롱, 모독은 물론 물리적인 폭력이 다반사였다. 이런 과정에서 반항적인 포로들은 즉각적이고 가시적인 처벌을 받았다. 철조망으로 격리된 수용소 공간은 바깥 세계와 단절을 의미하는 동시에 자아 축소를 경험하게 하였다. 포로들은 출신 성분을 기록하는 카드를 작성하고, 포로 번호를 할당받고, 포로용 의복으로 갈아입고, 신체를 소독하고, 수용동과 텐트를 지정받으면서 기계적으로 '정리'되었다. 이런 과정을 거치면서 포로들은 수용소 당국이 통제하고 다스리는 '사물'로 처리되었다.

포로들은 출신에 따라 북한군 포로, 중국군 포로, 전 한국군 포로, 북한 및 남한 출신 민간인 포로 등으로 구별된다. 북한군 포로는 국군이나 유엔군에 투항 혹은 귀순하기도 하였지만 대다수는 전투 중에 포로로 붙잡혔다. 포로들은 발생 과정에서 투항자 혹은 귀순자로 구분하기도 한다. 귀순자들은 북한의 정치체계에 불만을 품고 있었던 사람들로 대개 지주 계급으로 교육 수준이 상대적으로 높았다(조성훈 2010a: 47). 남한 출신 포로들의 유형은 다양했다. 남한 출신 포로 중에는 자발적으로 북한군에 입대한 자, 북한군에 강제로 복무한 자, 한국군이 포로가 되어 강제로 북한군에 편입된 자, 국군 낙오병으로 있다가 실수로 포로로 억류된 자, 북한군일 가능성이 있다는 의심을 받아 체포된 민간인 등이 뒤섞여 있었다. 유엔군은 포로가 된 한국군과 낙오병 등을 제외한 나머지를 통틀어 '민간인 억류자'로 분류하였다.[12] 민간인 억류자 중에는 이전부터 좌익활동을 했거나 동조적이었던 자들이 자발적으로 인민군에 가담했던 사람들, 북한군이 점령하자 '인민위원회'나 '민주청년동맹' 등에 가입하여 활동하다 북한군이 물러나면서 사로잡힌 사람들, 남한지역에서 북한군에 의해 강제로 인민군에 편입된 사람들, 인천상륙작전 이후 북한 지역에서 치안대 활동하다 중공군의 개입으로 아군이 후퇴하면서 유엔군이 포로로 처리했던 사람들, 남쪽으로 피난을 가다가 유엔군에 잡혀 포로로 처리된 사람들이 혼재되어 있었다(조성훈 2010a: 54-62).

포로들은 이름 대신 번호로 식별되었으며, 삭발과 소독으로 외모 손상을 겪게 되었다. 수용소 안에서는 개인 소유물은 금지되었으며, 몸짓과 자세마저도 통제되었다. 수용소 입소와 동시에 포로들은 신체적 멸시와 모욕 과정을 거치면서 포로들은 점차 순화되어 갔다. 포로수용소는 포로들을 대규모로 수용했던 '총체적 기관'이었다.[13] 포로수용소의 관리자이자 감독자였던 미군의 입장에서 포로들은 감시하고 통제해야 했던 물리적 대상이었다. 포로수용소는 포로들을 인위적으로 구획하였다. 포로들은 구획 안에서 '간부'라는 특혜를 받았던 소수의 지배 세력과 다수의 피지배자로 구분되었다. 포로수용소에서 포로들은 출신 배경에 따라 '우리'와 '그들'로 분리되어 적대적 관계가 형성되었다. 이처럼 포로들 사이에서도 우리와 그들이 구분되면서, 한쪽은 다른 쪽을 두려워하

---

12 한국전쟁 당시 미군은 제네바협약 제4조의 포로 범주에 포함되지 않는 '적성 인물들'까지도 포로로 간주하면서 '민간인 억류자' 범주가 추가되었다.

13 고프만은 '총체적 기관(total institution)'을 "비슷한 상황에 놓인 다수의 개인이 상당 기간 바깥 사회와 단절된 채 거주하고 일하는 장소"라고 정의한다(고프만 2018: 11).

고 증오하였다. 구획된 포로들은 무리로 움직이고, 자고, 먹고 싸야 했다. 포로들은 먹고 자고 싸는 것을 통제당하면서 일순간에 비인격체로 전환되었다.

포로수용소 안에서 포로들의 일과는 오전 5시 30분에 기상하여 아침 식사를 하고 인원 점검을 하였다. 오전 7시부터 일과가 시작되었다. 오전 11시 30분에 점심을 먹고, 오후 1시부터 다시 작업에 투입되었다. 외부에 작업을 나갈 경우가 생기면 전원이 광장에 5열 종대로 모며 인원 점검을 하였다. 인원 점검을 하고 외부 작업에 필요한 인력을 차출하였다. 작업은 대개 수용소 내부에 깔 자갈과 돌을 인근 산에서 주워 마대에 담아 오는 일이었다. 간혹 보급 물자 운반이나 미군 부대에 작업을 나가기도 하였다. 오후 4시 반이면 모든 일과가 끝나고 5시 30분에 저녁 식사를 하였다. 저녁 식사는 오후 5시였다. 저녁 식사 이후에는 자유시간이었다. 자유시간에 체력 단련을 하거나 빨래 혹은 목욕을 하였다. 밤 8시 다시 인원 점검을 하고 10시에 취침하였다(송관호 2015: 143-144).

포로들의 시간은 아침, 점심, 저녁 식사 시간을 기준으로 구별되었다. 많은 인원이 순서대로 밥을 먹어야 했기에 먹는 시간보다 기다리는 시간이 더 길었다. 배식은 개인별 배식이 아니라 분대별 배식이었다. 포로수용소의 1개 분대는 10명으로 편성되었다. 분대별로 밥과 국을 받아와서는 분대장이 분대원들에게 배분하는 방식이었다. 통제와 규율이 전부인 일상에서 포로들의 관심사는 온종일 먹는 것에 쏠려 있었다. 포로들 사이에서는 종종 먹고 싶은 음식을 두고 과거의 경험이나 '환상'을 이야기하다 다툼으로 이어지기도 하였다. 포로들은 밥을 오랫동안 아껴가며 먹을 수 있는 궁리를 하다가 밥을 우의에다 싸놓고 손으로 이겨서 떡으로 만들어 먹었다. 찰기가 없는 안남미로 지은 밥을 짓이겨 쫄깃한 떡으로 만들었다. 이렇게 만든 떡을 '갑빠' 떡이라 불렀다.

> "포로는 하루 종일 음식을 그리며 끼를 기다리는 것이 일과다. 눈 떠서 눈 감을 때까지 배고프다. 모여 앉아도 화제는 음식이고 꿈을 꾸어도 먹는 꿈이다. 아마 배고픈 것이 정상적인 포로 또는 좋은 포로다. 만약 포로가 되어 잘 먹고 지냈다는 사람이 있다면 미군 식당에서 일했거나 착취한 포로다. 주먹밥 하나 때문에 죽어가던 포로가 살아나는 수가 있고 빵 한 쪽 쟁탈 때문에 귀중한 생명을 잃은 것이 바로 포로 사회다."(주영복 1991b: 40).

포로들은 드럼통을 반으로 잘라 그 위에 널빤지 두 개를 걸쳐 놓은 간이 화장실에서 용변을 처리하였다. 지붕이 없어 비가 오면 용변을 보면서 고스란히 비를 맞아야 했다(현동화 2003: 71). 서면 포로수용소의 화장실은 길게 구덩이를 파고 그 위에 판자를 덮은 구조였다. 옆으로 한 사람씩 앉을 수 있는 간격으로 판자에 구멍을 뚫어 여닫을 수 있는 누껑을 붙여 놓았다. 5십 명 이상이 한꺼번에 용변을 볼 수 있는 노천 변소였다(오세희 2000: 142-144). 거제리 포로수용소에서도 가장 불편했던 점은 화장실이었다. 화장실은 길게 웅덩이를 파놓고 그 위에 나무 사다리를 올려놓은 구조였다. 나무 사다리 위에 수십 명이 한꺼번에 올라가 용변을 보았다. 화장실을 지키는 감시원이 사다리에 올라선 포로들에게 '바지 벗어'하고 구령을 외치면 일제히 바지를 벗고 쭈그려 앉아 4~5분 사이에 용변을 보아야 했다. 감시원의 '일어 섯'하는 구령이 떨어지면서 당장 용변을 중지하고 일어서야 했다. 미처 용변을 처리하지 못한 포로들은 우물쭈물하다가 사정없이 몽둥이로 얻어맞았다(김태일 2011: 64-65).

포로들은 주기적으로 분뇨통을 메고 해안까지 운반하여 비렸다. 드럼통을 반으로 잘라 만든 분뇨통을 '하니바께스'라 불렀다. 두 명이 '하니바께스'를 목도로 메고 10여 리 떨어진 해안가 모래밭에 쏟아부어 버린 다음 바닷물로 통을 헹구었다. 포로수용소에 나온 분뇨를 버린 바닷가는 인분으로 가득찼다(김교갑 1998: 38). 수용소에서 포로들은 자신의 분뇨를 직접 치워야 했고, 수용소 설치 초기에는 집단으로 배변을 하기도 했다. 포로들은 더러운 분뇨를 비워야 하고, 바깥 사회에서는 하지 않았던 일들마저 강제로 해야 했다. 수용소에서 집단 배변과 분뇨 비우기는 신체 오염의 가장 근원적인 행위였으며 지극한 혐오의 대상이었다.

포로들은 바깥에서는 자기 뜻대로 행했던 사소한 활동들마저도 의무적으로 허락을 받거나 필요한 경우 요청을 해야 했다. 흡연, 화장실 사용, 편지쓰기, 휴식 등의 행위마저도 경비병 혹은 포로 간부들의 허락을 받아야만 하는 포로들은 복종적인 태도를 몸에 익히게 되었다. 포로들은 간부들의 감시와 제약에서 벗어나 자유로울 수가 없었다. 광범위하고 엄격한 방식으로 집행되는 권위와 규제에 직면한 포로들은 불안감에 벗어나지 못했다. 그럼에도 포로들은 규제와 감시의 틈바귀 속에서도 틈새를 찾아서 나름대로 경제적 행위를 하였다. 포로수용소 생활에 적응하면서 포로들은 금지된 수단으로 만족감을 얻는 체계적인 관행을 만들어 내었다.

포로수용소 안에서 포로들은 필요한 물건을 직접 만들었다. 구두 밑창을 갈아 바닥 쇠를 뜯어내어 칼을 만들기도 하고 반지나 수저를 만들었다. 옷을 만들어 입기도 하고 천막 끈을 풀어 실로 만들어 뜨개질로 양말을 만들기도 하였다. 암시장에서는 수용소 안에서 만든 물건들뿐만 아니라 외부에서 들어온 물건도 교환되었다. 비공식적 거래 행위는 포로들이 표면적으로 문제를 일으키지 않는 한 묵인되었다. 즉 경비병들의 지시와 통제와 지시에 복종한다는 자세를 표한 대가였다. 이와 같은 잠재적인 보상은 과거에는 당연시되었던 것들이었다. 수용소 생활이 길어지면서 포로들끼리 물품을 거래하는 체계적 관행이 나타났다. 비공식적 시장 체계를 통해 불법적인 소모품을 소유하거나 거래할 수 있는 포로는 선망의 대상이 되었다. 포로들은 대개 수용소 당국의 지침을 수용하면서 기회주의적으로 주어진 상황에서 신체적 혹은 심리적 손상을 입지 않고 시간을 보내는 방안을 강구하였다.

5. 철조망 안의 지배자들

포로들은 기존의 체제로부터 격리되어 포로수용소라는 시설에 수용되었다. 철조망 안에 갇혔던 포로들은 '재소자'처럼 관리되었다. 수용소 당국은 포로들을 '우리'가 아니라 잠재적인 '적군'으로 취급하였다. 즉 언제든지 우리에게 위협을 가할 수 있는 적대세력으로 치부하였다. 포로수용소에서 포로들의 생활은 동일한 공간에서 단일한 권위 아래에서 수행되었다. 포로의 일상적 활동은 다른 포로들과 긴밀한 관계 속에서 무리를 지어 이루어졌다. 일상의 활동은 사전에 계획되고 조정된 시간대를 따라 연속적으로 이어졌으며, 활동의 내용과 순서는 명시적인 규칙과 일군의 간부로 이루어진 체계에 따라 부여되었다.

포로수용소 당국은 포로들을 관리하고 통제할 인력을 선발하였다. 초기에는 경력과 신분을 불문하고 힘이 세고 체격이 건장한 사람들을 선착순으로 선발하였다. 신체검사를 통과한 지원 포로들은 외부 작업에 투입되었다. 심지어 포로 책임자로 자원하여 미군의 인정을 받으면 그대로 책임자가 되기도 하였다. 포로 책임자는 힘세고 담력이 큰 인민군 포로가 맡고, 통역은 주로 의용군 출신으로 미군과 영어로 의사소통이 가능한 포로가 선발되었다(백응태 1987: 70). 포로 통역관은 영어 가능자가 자발적으로 지원하기도 하고, CIC(Counter Intelligence Corps)[14]와 같은 미국 수사기관에서 심문 과정에서 선정되기도 하였다. 거제리 포로수용소에서 통역관의 업무는 포로들의 성명, 생년월일, 소속부대명 등을 영어로 번역하는 일이었다(김태일 2011: 70).

대밭 수용소가 신설되면서 거제리 수용소에서 포로들이 한꺼번에 대규모로 이동하였다. 신설 포로수용소에서는 소위 말하는 텃세가 작동하지 않았다. 목소리 크고 힘센 사람이 주도권을 차지하였다. 포로수용소에서 미군과 영어로 소통이 가능한 포로는 미

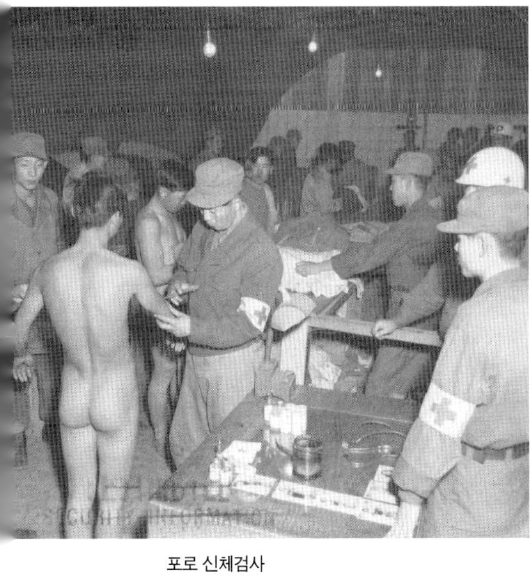

포로 신체검사

인적사항을 목에 걸고 있는 포로들

14 미 육군 방첩국(United States Army Counterintelligence, ACI)의 전신으로, 1945년 일본의 항복 선언 이후 한반도 38선 남쪽에 진주했던 미군 제24사단 산하 정보기관이었다. 당시 국내에서는 '특무대'라고 불렸다.

군과 친분 관계를 형성하면서 각종 특혜를 누렸다. 영어를 잘하는 사람을 앞세워 무리를 형성하였다. 신체 건장한 사람들을 감찰대원으로 임명하여 질서유지를 명분으로 포로수용소를 장악하였다. 미군은 포로 책임자를 통해 포로들을 관리 통제하였다. 하나의 포로수용소는 대대로, 수용동은 중대로 편성되었다. 중대장 아래에 소대장을 두고, 별도로 질서유지를 담당하는 감찰대원을 선발하였다. 포로 수가 급증하면서 중대의 규모가 커졌다. 애초 200명으로 편성되었던 중대의 규모는 2천5백 명까지 늘어났다(백응태 1987: 72).

부산 포로수용소에서는 힘이 세고 통솔력이 있거나 미군과 의사소통이 되는 남한 출신 포로들이 우두머리로 등장하였다. 북한 출신보다는 남한 출신들이 유리하였으며, 이념적으로는 반공포로를 포로수용소 당국이 선호하였다. 수용소 내부에서 공산포로와 반공포로 간에 다툼이 있었다. 하지만 초기 포로조직은 일반 포로들의 안위보다는 미군의 요구에 부응하고 수용소 내 이권 쟁탈에 중점을 두었다(유숙현 2008: 22). 부산 포로수용소에서는 사상이나 이념보다는 주먹이 센 사람이 득세하였다. 힘을 쓰는 사람 뒤에는 머리를 쓰는 사람들이 있었다. 부산 거제리 수용소에서 두각을 드러냈던 사람이 바로 이관순이었다. 이관순은 나중에 거제도 포로수용소에서 대한반공청년단 단장을 맡은 사람이다. 이관순은 당시 전범조사단에서 통역을 맡고 있었던 김선호 중위를 만난 다음 그의 정보원 혹은 '프락치'가 되었다. 1951년 4월 거제도 포로수용소로 이송되면서 정보원 100여 명은 제83수용소와 제82수용소에 각각 50여 명씩 배치되었다(김환균 2004: 180-181).

거제리 포로수용소 역시 남한 출신 포로들이 장악했다. 이들 대부분은 서울을 비롯한 도시지역 출신들로 주먹이 강한 자들이었다. 포로들이 부산 포로수용소에 수용되었을 무렵에는 전쟁이 곧 끝날 것과 같은 분위기였고, 포로수용소가 위치한 곳이 남한 땅이었기에 남한 출신들이 '텃세'처럼 우월한 위치에 있었다고 한다.[15] 수용소 내부에서 직책을 맡는 것을 '직업'이라 하였다(김환균 2004: 177). '직업'을 갖는다는 것은 권력을 갖는다는

15 반공포로 안병섭(일명 황세준)의 구술 내용(김환균 2004: 176).

것을 의미하였다. 직책을 맡고 있는 포로는 일상적인 작업 노동에서 제외되었다. 서면 수용소에서도 남한 출신 포로(의용군)들이 주도권을 장악하였다. 영어를 구사할 수 있는 자와 완력을 앞세운 자들이 득세하였다. 영어 구사자는 미군과의 친분을 바탕으로 주도권을 차지했다면, 완력이 강한 자들은 깡패 혹은 폭력단과 같이 힘으로 수용소 내부를 장악했다(주영복 1991b. 231). 포로수용소의 헤게모니 싸움은 이념이나 사상이 아니라 취사장 장악에 있었다. 포로들은 취사장을 장악하기 위해 '쿠데타'를 일으켜 지배 집단을 형성하였다. 포로 경비대는 흰 글씨로 '경비'라고 새긴 완장을 차고 다니면서 포로들 위에 군림하였다. 미군 관리 당국은 포로들이 자체적으로 질서를 유지한다고 보아 이들의 행위를 묵인하였다.

포로수용소 당국이 직면했던 가장 절실한 문제는 포로들과 의사소통할 수 있는 인력이었다. 전쟁 포로를 관리했던 미군은 거의 모두 한국어를 구사할 수 없었다. 매우 제한된 인원만 중국어와 일본어를 구사할 수 있었다. 한국 이름과 지명에 대한 무지로 급증하는 포로 처리가 불가능할 지경에 이르렀다(김명호 2014: 14). 포로수용소 당국은 포로들의 이름 식별은 물론 포로들의 숫자 파악도 어려운 상황이었다. 인원 파악은 광장에 집합한 포로들의 머릿수를 세는 것이 일반적이었다(이무호 2003: 290). 포로들은 수용소에서 가명을 사용하거나 신분을 바꿀 수 있었다. 이에 대한 해결책으로 영어를 할 줄 아는 포로를 통역관으로 지정하였다. 수용동마다 두었던 통역관 포로는 미군과의 친분을 무기로 엄청난 권력을 행사하였다. 수용소 당국은 통역관을 통해 포로들에게 지시 사항을 전달하고, 포로들의 요구 사항을 전달받았다.

전쟁이 발발하고 1년이 지난 다음까지도 포로 관리에 필요한 인력이 부족하였다. 포로 관리 인력보다는 전투 병력에 대한 요구가 절실했던 탓이었다.[16] 미군 경비인력은 대부분 수용소 업무 경험이 전혀 없었으며, 겨우 3주일 훈련 후 배치된 탓에 관리 수준이 낮았다. 한국군 역시 제대로 훈련을 받지 못하고 급조된 병력이 투입되었으며 장비마저

16 1951년 말 기준으로 포로 대 미군 경비병 비율은 188대 1, 한국군 경비 인원 비율은 33 대 1이었다. 권고된 경비 인력 비율은 20 대 11이었다(홍탁범 2020: 15).

열악하였다. 만성적인 인력 부족을 해결하기 위해 수용소 당국은 포로들로 하여금 자체 조직을 만들어 수용소 관리를 보조하게 하였다. 한 수용소의 최고 우두머리로 여단장(혹은 소장)을 필두로 그 아래에 대대장, 중대장, 소대장을 두어 군사 조직처럼 편제되었다. 개별 수용동을 단위로 포로 중에서 중대장, 대대장, 연대장, 배식부장, 포로감찰 대장과 같은 임위적인 직제를 만들었다. 포로 간부단은 인원 파악, 소지품 검사, 부역 동원 등 수용소 당국의 지시와 행정에 협조하였다. 간부들은 개별 막사를 사용하고 일반 포로보다 많은 배급량을 지급받았으며, 각종 부역 동원에서 제외되는 특권을 누렸다. 간부 중에서도 포로감찰대의 영향력이 가장 컸다. 포로감찰 대장은 사실상 포로수용소의 최고 권력자였다(Meyers & Bradbury 1968: 245-246).

> "포로 간부들이 정해지는 과정을 보면 완력깨나 쓰며 조직을 가지고 약삭빠르면서 영어를 몇 마디 지껄일 줄 알면 쉽사리 간부가 될 수 있었다."(김교갑 1998: 38).

포로 경비대는 수용소 당국의 관리 인력 부족으로 만들어진 위임조직이었다. 포로들의 자체 조직으로 구성되었으며, 주요 업무는 미군을 도와 수용소 출입문을 관리하고 경계 업무를 보조하며 보급품을 개별 수용동까지 전달하는 것이었다. 하지만 실질적으로 수용소 내부의 하급 단위 우두머리를 임명하는 등 권한이 막강하였을 뿐 아니라 포로들 사이에 정보를 수집하여 개별 포로를 취조하기도 하였다. 경비대는 포로들에게 의무적으로 부여되는 노역에서 제외되었으며 일반포로들보다 더 많은 양의 음식을 배급받았다. 힘이 세고 조직에 맹목적으로 충성을 다하는 조직원이 경비대를 맡았다(유숙현 2008: 24-25). 취사반은 배고픔을 해결할 수 있어 누구나 선호하는 업무였다. 취사반을 장악함으로써 조직원들에게 동기 부여를 할 수 있었다. 취사장 근무는 포로가 차지할 수 있는 요직 중의 요직이었다. 격리된 공간에서 항상 먹는 생각에 골몰했던 포로들에게 마음껏 먹을 수 있었던 취사장은 누구나 선망하는 자리였다. 수용소별로 설치되었던 취사장에는 200여 명이 주야 2교대로 근무하였다. 취사반의 직책은 다양했다. 취사반에는 통조림, 고기, 누룽지 등 먹거리가 풍족하여 포로수용소 내부에서도 '별천지'였다.

포로 자치대는 영어로 'Compound Monitor'라 하였다. 영어의 첫 글자를 따서 'CM'이라 불렀다. 자치 대원들은 검은 천에 흰색으로 'CM'이라 적힌 완장을 차고 다녔다. 겉모습만으로는 국군 헌병과 비슷한 차림이었다(이무호 2003: 285). 피지배자에서 지배층으로 바뀐 포로 간부들은 가용한 자원을 활용하여 가능한 많은 이권과 권력을 차지하려 노력하였다. 포로 간부로 '임명'된 다음에는 수용소 당국에서 시키는 모든 일을 다할 수 있다는 자세를 보여줌으로써 당국의 관심을 놓치지 않으려 분투하였다. 군인과 같은 복장을 하고 완장을 찬 일부 포로 간부들은 수용소 당국의 충실한 '조수' 역할을 자처하였다. 이들은 경비병들보다 더 가혹하고 악랄하게 다른 포로들을 다스리기도 하였다. 포로수용소 설치 초기 구획으로 구분된 공간 내부의 포로들은 집단이 아니라 무리였다. 무리 안에서는 동료의식이 부재하였으며, 힘과 권모술수로 수용소 내부의 혜택을 더 많이 누리려는 '간부'들과 그렇지 못한 포로들로 구분되었다. 포로수용소 안에 우월한 지위와 이권을 차지했던 특권층이 형성되었다. 특권층 간의 자리다툼은 이념투쟁과 연계되면서 더욱 격화되었다. 포로들 간의 이념투쟁 이면에는 외부 세력의 개입이 있었다. 동류의식이 부재했던 구획 안에서 서서히 이념에 따라 패거리가 형성되었다.

6. 거제도로 이송

부산 포로수용소는 늘어나는 포로를 수용하기에는 역부족이었다. 포로의 수가 갑작스레 증가하면서 포로의 수용과 관리에서 문제가 발생하기 시작하였다. 17만 명에 이르는 포로로 부산 시내는 이미 포화 상태가 되었다. 부산으로 몰려든 수많은 피난민으로 말미암아 도시의 기능은 이미 한계 상태를 넘어서고 있었다. 중국군이 개입하면서 부산으로 들어오는 피난민 숫자도 기하급수적으로 늘어났다. 1949년 5월 기준으로 부산의 인구는 473,619명이었으나, 1950년 12월 말에는 1,023,099명으로 두 배 이상 증가하였다. 실제 유동 인구를 포함하면 1950년 말 부산의 인구는 120만 명 이상이었다고 추정하였다(성강현 2021: 89). 인천상륙작전 이전까지는 기천 명에 불과했던 포로 숫자가 9월 말에는 2만 3천 명을 넘어섰으며, 중공군이 개입한 이후 급속도로 늘어나다가 11월 중순에는 무려 10만 명을 상회하였다(부산일보사 1985: 624).

부산의 도시 기능이 마비 상태에 이르자 포로수용소를 이전하는 방안이 대두되었다. 임시수도 부산에 각종 정부 기관과 군 시설, 그리고 피난민들이 밀집하자 유엔군 사령부는 포로수용소 이전을 검토하였다. 포로의 숫자도 많았지만, 포로수용소와 민간인 가옥이 인접해 있어 포로들의 소요 사태를 염려하지 않을 수 없었다. 당시 포로수용소에서는 상하수도 시설, 오물처리 등 여러 가지 문제점이 발생하고 있었다. 전쟁이 장기화 조짐을 보이자 미8군은 서둘러 포로수용소를 거제도로 옮기기로 하고, 거제도에 한국군과 미군 선발대를 파견하면서 본격적인 포로수용소 이전 준비작업에 돌입하였다. 1950년 11월 27일 거제도에 포로수용소를 신설하는 계획이 마련되면서 부산에 있던 포로수용소는 규모가 축소되었다.

1951년 5월 말까지 유엔군 관할 아래 있었던 공산권 포로 154,734명 중 115,884명이 거제도로 이송되었으며, 6월 말까지는 14만 이상의 포로가 거제도 포로수용소에 수용되었다. 거제도로 포로들이 이송되면서 부산의 포로수용소에는 7,000명에서 10,000명 정도의 포로들이 남게 되었다. 포로 대부분이 거제도 포로수용소로 이송되면서, 포로수용소의 명칭 또한 변경되었다. '제1포로수용소'라는 명칭은 거제도 포로수용소에 이관되었으며, 거제도 포로수용소가 최대 규모의 포로수용소가 되었다. 부산에 설치되었던 포로수용소가 거제도 포로수용소의 보조적인 위치로 전환되면서, 제10구역(Enclosure No. 10)으로 재지정되었다(성강현 2021: 91; 조성훈 2010a: 78). 부산 포로수용소는 제14야전병원의 통제를 받게 되었다.

제3부 09

거제도 포로수용소 시기: 포로 교환와 이념투쟁

1. 대립의 공간

거제도 포로수용소는 직접적인 전투가 벌어지는 전장이 아니었음에도 '전쟁터'로 변해갔다(Poles 1997: 57). 포로들 간의 적대적인 싸움은 일정 부분 포로수용소 당국의 정책에서 비롯되었다. 유엔과 공산 측 간의 휴전 협상에서 포로 문제를 유리하게 끌어가기 위해 거제도 포로수용소 당국은 무리한 정책을 강제적으로 시행하려 하였다. 포로수용소 당국의 정책에 반발하여 포로들의 거부와 저항이 지속되었다. 포로수용소 당국은 이를 무력으로 강제 진압하였다. 포로들에 대한 발포와 무력 사용은 기본적으로 포로의 처우에 대한 제네바 협약 위반이었다. 하지만 포로수용소에서 발생했던 사건 대부분은 '전쟁 상황'이라는 주장으로 타당화되었으며, 일상의 '평범한 사건'으로 처리되었다. 이처럼 포로수용소는 전쟁과 일상의 경계가 모호하고 유동적인 공간이었다(김학재 2010c: 142).

거제도 포로수용소는 정상적인 법질서가 작동을 멈춘 '예외 상태'가 상시적이었던 공간이었다(장세진 2016: 19). 포로수용소에서 애초 포로들은 아군인지 적군인지 분명하지 않은 상태로 난민처럼 생활하였다(오세희 2000: 216). 하지만 점차 극한 상황이 일상처럼 반복되면서 '적'과 '동지'로 나누어진 패거리들 간의 대립과 충돌이 가시화되었다. 포로수용소 내부에서 적과 동지로 포로들이 구별되기 시작한 것은 포로 심사와 맞물려 있다. 포로 심사는 '반도'와 '폭도'의 무리로부터 대한민국 '국민'을 구별하려는 일종의 사상 심사였다(김학재 2015: 374).

거제도 포로수용소는 60, 70, 80, 90 단위로 설치되었다. 여기에 한국군 제32, 제33 경비대대와 미군 경비대의 숙소, 급수장, 제64 야전병원, 보급창고 등의 시설이 세워졌다(백응태 1987: 80). 초기 거제도 포로수용소는 미8군 제2군수사령부에서 관할하였다. 이후 1952년 8월 1일부터 포로수용소 사령부가 설립되어 관리를 도맡았다. 거제도 포로수용소에서는 포로들을 북한 인민군, 중국군, 남한 출신 의용군(북한군), 민간인 억류자 등 크게 네 부류로 구분하여 수용하였다(성강현 2016: 204). 거제도 포로수용소로 이송되어 온 포로들의 출신 배경과 성향은 제각각이었다. 포로 중에는 피난민도 섞여 있었다. 의용군 중에는 자발적으로 북한군에 입대했던 사람들과 강제로 의용군으로 입대했던 사람도 있었다. 하지만 유엔군 측에서는 의용군을 따로 구분하지 않고 이들을 모두 민간인으로 취급하여 피난민과 기타 부류의 포로와 함께 '민간인억류자(Civilian Internee)'로 분류하였다.[1] 1952년 3월 31일 기준으로 거제도 포로수용소에는 157,463명의 포로가 수용되어 있었다.[2] 거제도 포로수용소의 포로들은 세부적으로 중국군 포로 17,684명, 북한군 포로 89,845명, 남한출신 포로 13,804명, 민간인억류자 36,130명이었다(김보영 2013: 190). 이들과 함께 포로수용소 주변에서 장사를 하거나 몸을 파는 사람들이 늘어나면서 거제도는 거대한 초현실적인 포로들의 도시가 변해갔다.

거제도 포로수용소에서 포로들은 관리 당국이 정한 기준과 규칙에 따라 움직였다. 아침 5시 30분에 기상하여 아침 식사를 하였다. 6시 30분에 전원이 집합하여 점호를 마치고, 7시부터 오전 일과가 시작되었다. 11시 30분부터 점심 식사 시간이었다. 오후 1시에

---

1 유엔군 측에서는 자발성 혹은 강제성을 불문하고 주소지를 기준으로 '남한출신 의용군'을 민간인억류자로 분류하였다(김보영 2013: 182-183).

2 거제도 포로수용소와 더불어 부산 지구 병원수용소에도 포로 12,558명이 수용되어 있었다.

거제도 포로수용소

작업 인원을 점검하고 오후 일과를 시작하여 4시에 종료하였다. 오후 5시에 저녁 식사 시간이었다. 식사 이후 자유시간이 주어졌다. 8시에 소대별로 점호를 한 다음 취침에 들어갔다(전갑생 2010: 113). 포로들은 저녁 8시부터 다음날 4시까지는 지정된 숙사 건물을 벗어나지 못하도록 하였다. 화장실 출입이나 아침 식사 준비를 위한 취사원의 이동은 허용되었다. 환자가 발생하면 유엔 경비원이 인솔하여 숙사 바깥으로 나갈 수 있었다. 포로들은 오전 6시부터 오후 6시까지는 수용소 내부에서 노래를 부르는 것이 허용되었지만, 그 외 시간 및 작업장에서는 노래가 금지되었다. 또한 깃발이나 군기 등 표시물을 게양하거나 진열하는 것이 금지되었고 군사훈련도 마찬가지로 금지되었다(유숙현 2008: 13-14).

거제도 포로수용소는 외견상으로는 높은 감시탑과 철조망으로 격리된 공간 속에서 삼엄한 경비와 함께 지속적인 인원 점검과 세세한 사항까지 검열하는 수용기관이었다. 하지만 내부적으로는 여러 문제가 누적되어 있었다. 수용동은 철조망으로 격리되었지만, 일부 수용동은 다른 수용동과 정보 전달이 가능할 정도로 가까웠다. 철조망 사이로 포로들과 장사꾼들이 다양한 군사 비품과 음식물 교환은 물론 성매매가 이루어지기도 하였다. 초기 거제도 포로수용소는 혼란했을 뿐 아니라 질서가 잡혀 있지 않았다. 포로수용소는 1949년 제네바 협정과 군법에 따라 운영되어야 했지만, 미군들은 수용소 업무를 감당하려는 의지도 없었고 능력도 부족하였다. 언어 장벽과 수용소 경비에 필요한 훈련 부족으로 포로수용소의 혼란 상태가 가중되었다. 포로의 정확한 이름과 인적 사항은 물론 포로들의 숫자까지도 불확실한 상태였다. 거제도 포로수용소가 설치되고 처음 12개월 동안 재임했던 소장이 14명에 이르렀을 정도로 무질서했다. 게다가 2,000명이 넘는 미군 중에서 겨우 40명 정도만이 포로수용소 경비 업무를 담당할 수 있는 수준이었다(Robin 2001: 145). 미군 1명이 188명의 포로를 관리하는 체제였다(김학재 2015: 393).

과도한 경비 업무와 자격 미달의 미군들에게 수용소 내부 통제는 불가능한 상태나 마찬가지였다. 미군의 묵인과 방조 아래서 포로들은 수용소 내부 문제를 해결하기 위해 자치 조직을 구성하였다. 미군은 수용소 내부에 약간의 자치권을 부여하면 포로들 간의 갈등을 어느 정도 해소할 수 있을 것이라 예상하였다. 하지만 포로수용소 내부의 갈등과 다툼은 끊이질 않았다. 개별 수용동의 주도권을 차지하기 위해 패거리를 형성하여 구타와 고문은 물론 처형까지 하면서 상대편을 억압하였다. 수용동끼리는 투석전이 벌어지고, 작업장에서 패거리들끼리 싸움이 일어났으며 심지어 경비원과도 충돌이 빈번하게 발생하였다. 한국전쟁을 민주주의와 전제주의 간의 갈등으로 해석하였던 미군은 수용소 내부의 다툼 역시 여기에서 비롯되었다고 판단하였다. 수용동 지도자들 역시 수용소 당국에 자신들을 친 민주주의 혹은 친 공산주의자라고 언명했지만, 실제로 패거리들 간의 다툼은 이런 구별과는 거의 관계가 없었다. 초기 포로수용소 내부의 물리적 충돌은 이데올로기가 아닌 이권 다툼에서 비롯되었다. 개별 수용동의 주도권을 장악하여 충분한 음식과 상대적으로 나은 생활환경 등과 같은 특혜를 차지하기 위한 싸움이었다(Meyer & Bradbury 1968).

2. 포로 재교육 프로그램

미군은 포로들이 지도자의 명령에 무조건 복종하고 죽음마저도 불사하는 '동양 공산주의(Oriental Communist)' 혹은 '마르크스주의 골수분자(Hard Marxist)'로 인식하였다(White 1957: 236). 포로들을 서구의 기준으로 인도적 대우를 해야 할 대상이 아닌 동양의 '야만적' 존재로 치부하였다.[3] 미군은 포로들을 인종주의 시선으로 폄하하고, 반공주의라는 이념적 잣대로 적대시했다. 미군에게 포로들은 신체적 순화와 더불어 심리적으로 '교화(indoctrination)'되어야 할 대상이었다(고바야시 소메이 2012: 229). 미군은 심리전의 일환으로 자본주의 국가의 도덕적 및 물질적 우수성을 전파하려는 목적에서 포로 교육 프로그램을 시행하였다. 즉 포로수용소 당국에서는 포로 교육을 명목으로 사상 공작을 시도하였다.

거제도 포로수용소에서 미군은 자유 진영의 우수성을 입증하기 위해 공산권 포로를 상대로 일종의 '전향교육'을 전개해 나갔다(Vetter 1965: 99). 포로 재교육은 민주주의의 우수함을 설파하고 공산주의에 대한 불신을 조장하여 유엔군에게 유리하도록 하려는 목적을 담고 있었다. 소련을 제국주의적 잔재 세력이며 세계평화를 방해하는 국가라고 선전하고, 미국은 풍요의 상징이며 그 풍요를 실현할 수 있는 제도가 바로 민주주의라고 강조하였다(고바야시 소메이 2012: 239-240). 미군은 포로들을 공산주의에 매몰되어 있는 야만적 동양인으로 간주하고, 이들의 '미국화 교육'을 일

포로 교육

3 한국전쟁 당시 미군은 적들을 마치 '원숭이'처럼 취급하였으며, 전쟁포로들을 인종 차별적 차원에서 다루었다(김진아 1993: 119).

종의 종교적 사명으로 받아들였다(Tovy 2011). 즉, 미군이 주도했던 포로 교육 프로그램은 궁극적으로 포로들을 미국식 자유주의의 주체로 재교육하려는 의도를 담고 있었다(이상호 2020).

미군의 전쟁포로에 대한 교육은 1950년 11월부터 시작되었다.[4] 미군은 연령, 교육, 정치 분야 및 직업별로 500명을 선발하여, 이들을 영등포에 집결시켜 놓고 교육을 실시하였다. 교재로는 미공보원에서 제공한 주간 뉴스의 번역판과 「미국」이라는 잡지를 활용하였다. 이와 더불어 일본에서 민주주의 해설 자료로 활용했던 뉴스 영화를 도입하였다. 종교활동에 대한 설문조사를 실시하여, 포로들이 기독교 미사에 참석할 수 있도록 하였다. 또한 대표자들을 선발하여 공산군으로 끌려오게 된 경위와 공산주의에 대한 자신들의 소감을 피력하도록 하였다. 이와 같은 실험적인 포로 교육 프로그램은 1951년 1월 포로 숫자가 급증하면서 겨우 1개월 만에 중단되었다(White 1986: 39).

영등포에서 시험적으로 실시했던 포로 교육 프로그램은 맥아더 장군의 지시로 1951년 4월 거제도 포로수용소에서 재개되었다(White 1986: 124). 1951년 4월 3일 유엔군 민간정보교육국(Civilian Information & Education Division, 이하 CIE)이 설립되었다. 1951년 4월 23일 유엔군 사령부는 CIE에 포로 교육과 관련된 지침을 내렸다. 이 지침에 따라 CIE의 포로 교육 목표가 설정되었다. 다음은 유엔군 사령부에서 CIE에 내린 지침 내용이다.

a. 유엔의 정치, 사회, 경제적 목표와 활동에 대한 포로들의 이해와 공감을 증진시키기 위함.

b. 포로들이 수용소에서의 활동들을 통해 집단 내의 민주적 절차와 그 방법에 대해 이해할 수

---

4 전쟁포로 재교육의 실질적 책임자는 오스본(Monta L. Osborne, 1912~1990)이었다. 그는 1940년 교육학 학사를 취득하고 중학교 교사로 일하다 1941년 미육군에 입대하였다. 1945년 중국 곤명에서 미군 심리전 요원으로 근무하였으며, 종전 이후에도 중국에 잔류하면서 일본인 군인과 민간인을 재교육하는 업무를 계속하였다. 1946년 미군 민간정보교육국에 채용되어 전후 일본 교육개혁 업무를 담당하였다. 1950년 한국전쟁 발발 이후 전쟁포로를 교육하는 프로그램을 입안하고 시행을 주도하였다. 포로 교육의 공로를 인정받아 오스본은 1956년에는 미육군성과 미국방부 그리고 한국 정부에서, 1964년에는 중화민국으로부터 훈장을 받았다(고바야시 소메이 2018). 한국전쟁 이후 오스본은 일본 오키나와, 베트남, 그리고 미국 본토에서 심리전 업무를 계속하였다.

있도록 하기 위함.

c. 포로들이 향후 그들의 국가 재건설에 참여할 수 있도록 직업적 · 기술적 능력을 증진시키기 위함. 동시에 이러한 능력 증진을 통해 수용소 생활 개선에 기여하기 위함.

d. 독립되고 통일된 한국 건설에 북한인 포로들이 참여하기 위해 필요한 지식, 이해, 그리고 태도를 기를 수 있도록 하기 위함.

e. 북한인 포로들을 유엔의 목표와 활동에 대해 북한인들을 재교육하기 위한 핵심세포로서 훈련시키기 위함. (최혜린 2017a: 48).

유엔군 사령부에서 내린 지침은 포로들의 민주적 자질과 기술적 능력을 증진시킨다는 명분을 포함하고 있지만, 유엔의 정치, 사회, 경제적 목표와 활동에 포로들을 동참시킨다는 정치적 목적과 북한인들을 재교육하여 핵심 세포로 육성한다는 의도가 내포되어 있었다. 미군 측에서는 포로 교육 프로그램을 통해 포로들을 반공주의자로 활용할 것을 지시하였다. 거제도 포로수용소에서의 포로 교육은 '철조망 속의 문화냉전'(고바야시 소메이 2012: 226)으로 시작되었다.

CIE 조직은 집행본부 아래에 교재출판부와 야전작전부를 두었다. 일본 도쿄에 있었던 교재출판부는 한국어과와 중국어과로 구성되었다. 한국에 설치했던 야전작전부는 교육계획과, 평가과, 행정과로 편성되었다. 야전작전부의 인원은 1952년 2월 말 기준으로 482명으로, 교육계획과 247명, 평가과 67명, 행정과 150명으로 편성되어 있었다. 포로 교육을 담당했던 교육계획과는 미국인뿐만 아니라 한국인 요원도 참여하였다. 미8군에서 승인했던 한국인 요원은 총 261명으로 교육감독관 28명, 교육분석관 56명, 사회과목 교사 56명, 직업훈련교육 감독관 28명, 문자해독강좌 감독관 6명, 여가와 체육활동 감독관 각각 2명, 라디오 전문가 8명 등이었다. 중국인 요원은 교육계획과에 17명, 평가과에 22명이 근무하였다(조성훈 1995: 243).

1951년 6월 1일 제63수용소의 포로 7,500명을 대상으로 CIE 프로그램에 따른 공식 교육이 시행되었다. 제63수용소를 시작으로 점차 확대되어 1952년 초에는 거제도 포로수용소 대부분의 수용동에서 포로 교육이 실시되었다. 하지만 포로 교육 프로그램을 전면적으로 실시하는 데는 몇 가지 문제가 있었다. 첫째는 교육 가능한 인력 부족이었다. 현장에서 직접 프로그램을 운영할 수 있는 한국인 및 중국인 요원을 충원하는 데 어려움을 겪었다. 인력 부족 문제는 거제도의 열악한 생활 조건 및 낮은 임금 수준과 맞물려 수준 높은 인력을 충원하는데 어려움이 가중되었다. CIE는 부족한 인력은 포로를 활용하면서 타개하였다. 둘째는 포로들의 낮은 문화적, 사회적, 정치적 및 경제적 이해도였다. 또한 포로들을 친공과 반공 혹은 민간인과 비민간인으로 구분하기 어려웠던 것도 문제였다(Benard et al 2011: 17-18).

포로 중에서 CIE 프로그램에 교수 요원으로 동원되었던 포로들은 2,300여 명에 달했다(최혜린 2017b: 242). 제73수용소에서는 CIE 학교의 교장을 포로였던 홍용목이 맡았고, 서무과장은 반공포로 한은송이 임명되었다. 이들의 주선으로 포로 학교의 교원은 기독교 신자, 조선민주당원, 청우당원 등 우익 포로들로 충원되었다(부산일보사 1985: 647). 실제 교육은 민간인 강사가 주도하였다. 미군 장교는 민간인 교사 혹은 포로 교사에게 교육의 개요를 설명하고 통역을 통해 수업을 참관하였다. 포로 교육에는 교사 인력뿐만 아니라 포로 간부들의 협조가 필수적이었다. 포로들의 교육장 이동을 포함하여 연극 및 체육활동과 같은 단체 활동의 조직 및 평가에도 포로 간부들이 간여하였다. 포로 교육 프로그램에 포로 간부들이 개입하면서 수용동에 따라 포로 교육 참석이 반강제적으로 이루어지기도 하였다. 포로 교육이 강제성을 띠게 되면서 친공포로들 사이에서 반발이 일어났다(최혜련 2017a: 65-66). 친공 성향 강했던 제60수용소와 민간인 억류자가 수용되었던 제61수용소, 그리고 북한군 포로가 다수였던 제71수용소에서는 오리엔테이션과 같은 이념 교육은 시행되지 못했다. 북한군 장교 수용소였던 제66수용소에서는 아예 포로 교육 자체를 실시하지 못했다

CIE 교원

(조성훈 1995: 246).

> "수용소 안에서는 유엔민간공보처(CIE)에서 발행한 『민주주의란 무엇인가』라는 책을 가지고 강의를 하였다. 나는 여기에서 서구와 일본, 미국과 남미 등 여러 나라의 제도와 생활 등에 관해서 배웠는데 재미있었다. 그러나 공산주의자들은 자기네의 사상을 전환시키려는 쇄뇌공작이라고 반대하며 이 교육을 거부했다. 이러한 이유로 이 교육은 중도에 중지되었다."(송관호 2015: 159).

미군의 포로 교육 구상에 따라 CIE가 실시했던 교육 프로그램은 포로들의 일상생활 전 영역을 포괄하였다. 포로 교육의 내용은 포로들을 반공주의적 태도로 변화시키려는 목표를 지향하고 있었으며, 수용소 내 모든 포로를 대상으로 실시되었다(최혜린 2017b: 235). 교육 과목은 크게 공식 오리엔테이션, 문자해독 강좌, 직업훈련, 농업훈련, 보건위생, 여가활동 등으로 구성되었다. 교육 프로그램과 함께 라디오 방송과 도서관 및 보이스카우트 같은 청소년 조직을 운영하였다(Benard 2011: 23). 1951년 12월 21일 기준으로 교육 시간은 주별로 오리엔테이션 6.1시간, 일반교육 3.7시간, 직업교육 2.1시간, 체육시간 7.0시간, 여가활동 2.3시간, 도서관과 전시활동 0.9시간 등 총 22.1시간으로 편성되어 있었다(조성훈 1995: 247). 오리엔테이션에 가장 많은 시간을 배분했다는 사실에서 미군은 포로들의 이념 교육에 초점을 두고 있었음을 짐작할 수 있다. 오리엔테이션 수업은 30주 동안 6가지 주제를 차례대로 배우게끔 구성되어 있었다. 세부적으로 살펴보면, 전쟁의 배경, 민주주의와 전체주의, 자유세계 국가 사람들의 생활상, 한국과 세계, 한국의 부흥, 집단활동에서의 지도력과 기술 개발하기 등이 포함되었다(이상호 2010: 432). 당시 교재로 사용되었던 자료 대부분은 민주주의의 우수성과 반공주의 강화를 목적으로 제작된 것들이었다.

미군이 포로 재교육 프로그램 중에서 중점을 두었던 사업은 문해 교육이었다. 당시 포로 중에 문맹자가 많았다는 현실이 반영된 결과였다. 중국인 포로 43%가 완전 문맹자였던 반면 한국인 포로의 3분의 2는 문자 해독이 가능한 수준이었다. 한국인 포로들은 대개 일본어와 한국어를 해독할 수 있었다(Hansen 1957: 55-56). 문맹자 퇴치를 위해 포로수용소 당국에서는 성인 포로들을 교사로 채용하여 중등교육을 이수하지 못한 18세 이하 포로들에게 초등교육을 실시하였다. 1945년까지 일본어로 교육을 받았던 성인포로 중에 한국어를 가르칠 수 있는 유능한 교사를 물색하기가 쉽지 않았다. 한글교육 기본 교재로는 라오박(Frank Laubach)의 저서 『읽기 쓰기의 초보』 번역판을 사용하였다.[5] 1951년 12월 28일 기준으로 9,704명이 등록했을 정도로 문자 해독 강좌에는 포로들이 적극 참여했었다(조성훈 1995: 247). 문해 교육 프로그램이 성황리에 진행되면서 다른 재교육 프로그램에도 영향을 미쳤다.

포로 재교육 프로그램 중에서 가장 많은 호기심을 끌어냈던 분야는 농사였다. 농민 출신이 많았던 공산군 포로들은 농사짓는 일에 모두 열심이었다. 포로수용소의 여유 공간에 감자, 토마토, 양배추, 양파, 무, 참외 등이 경작되었다. 각 수용동의 포로들에게 담당 구역을 경작하게 하고 재배한 작물은 수용동의 공동 소유로 하였다. '대민홍보교육계획'이라는 포로 교육 프로그램은 수용소 내부 지휘관들 사이에서도 이견이 많았다. 농사일에 참여하지 않은 포로들은 미역을 따거나 낚시를 하려고 해변으로 몰려가기도 하였다. 하지만 해변을 나갔던 포로 중 일부는 포로수용소를 탈출하여 남지나해로 나간 경우도 있었다(White 1986: 126).

포로 재교육 프로그램 중에서도 직업교육은 영농 분야를 비롯하여 대장장이, 양철공, 재단공, 주물공, 목수 등 기능공 양성에서 두드러졌다. 나이 많고 숙련된 기능공들은 별도의 막사에 수용되었다. 이들이 수용되었던 막사는 비공식적으로 '아버지 막사'로 불렸다. 기능공들은 이곳에서 빈 드럼을 이용하여 난로를 제작하고 포탄 상자나 맥주캔으로 혁대 장식품과 같은 기념품을 만들었다. 재단공들은 미군 작업복을 한국인 체격에 맞게 산뜻하게 개조하였다. 미군용 군화도 한국인의 발에 맞도록 축소시켰다. 기능공들은 미

---

5 라오박의 교재는 3단계로, '읽고 쓰기 입문(Literacy Primer)', '초급 언어 독본(First Language Reader)', '중급 언어 독본(Second Language Reader)'로 구분되어 있었다. 단계별 교재를 적절한 속도로 읽고 이해하면서 쓸 수 있어야 해당 교육과정을 통과한 것으로 인정되었다(Hansen 1957: 58).

국 유명회사의 일용품 안내서를 보고 안내서에 수록된 가구류와 연장, 서류 상자 등 각종 비품과 용품을 모방 제작하였다. 포로 화가들은 화장지를 다양한 색깔로 착색하여 정교하게 만든 조화를 예배당 여백에 그려 붙이기도 하였다. 인형 기술공이 만든 인형으로 꼭두각시놀이를 연출하기도 하였으며, 양철공들이 제작한 여러 악기를 이용하여 즉흥석으로 연주하기도 하였다. 반공포로 막사에서는 미군이 쓰다 버린 고물 악기 또는 국제적십자사에서 지급한 악기로 자체 악단을 구성하기도 하였다(White 1986: 129-130).

미군 당국은 포로 교육을 효율적으로 지원하기 위해 각 수용소에 조명시설과 확성기 장치를 갖춘 무대 시설을 설치하였다. 주간에는 강의실로 야간에는 연극무대로 활용하였다(White 1986: 127). 반공포로들은 수용소 내 오락실로 배정된 공간을 예배당으로 사용하였다. 상업영화, 기록영화를 상영하고 중국과 한국의 고대 민요를 방송하였다. 또한 한국의 KBS 또는 중국어로 방송된 〈미국의 소리〉 등 다양한 프로그램도 방송하였다. 라디오 방송과 영화 상영을 오리엔테이션, 문자해득, 직업훈련, 보건위생, 여가활동 등을 보조하는 장치로 삼았다.

포로수용소 내부에서 재교육 시설은 반공포로들의 거점으로 이용되었다(중앙일보사 1973b: 90; 부산일보사 1985: 647). CIE 학교는 반공청년단의 실질적인 사무실 구실을 하였다. 반공포로 중 일부가 CIE 학교 교사로 활동하였다. 이들은 반공청년단 본부로부터 지령을 받았다. 문맹 퇴치를 명분으로 내세웠지만 은밀하게 좌익 포로들을 색출하고 우익 포로들을 포섭하였다(백응태 1987: 117-118). 포로 교사들은 업무가 끝나면 일반 포로들과 같은 수용동에 머물렀다. 일부 수용동에서는 포로 교사들이 '구타의 대상'이었을 뿐 아니라 친공포로수용소로 이송될지도 모른다는 두려움 속에서 생활하기도 하였다(창청 2017: 243).

CIE 프로그램에 따른 포로 교육은 포로들 간에 이념 대립과 갈등을 부추겼다. CIE 교육이 여러 수용소로 확산되자 친공포로들은 조직적으로 반발하기 시작하였다. 사상교육에 반대했던 친공포로들은 수용소 당국에 저항하였다(주영복 1991b: 255-256). 친공포로와 반공포로 간의 대립과 갈등은 서로를 증오하면서 학살로 이어졌고, 작은 학살은 더 큰 학살로 반복 재생되었다. 포로 교육의 수용과 거부로 좌우충돌이 본격화되었다. 친공포로와 반공포로가 서로 헤게모니를 장악하려 상대방에게 폭력, 고문, 살인을 저지르면서 수용소는 아비규환의 현장이 되어갔다. 특정 이념에 경도된 패거리가 한 수용소를 장악하면 그 수용소 내부의 다른 패거리들을 공공연하게 숙청하는 과정이 반복되었다(장세진 2016: 31).

1952년 4월 초순 송환 희망 의사를 기준으로 포로의 분리, 분산 수용이 시작되었다. 포로 심사를 계기로 친공포로들의 저항과 폭력은 점점 고조되었다. 친공포로들의 폭력적 저항의 배경에는 포로 교육 프로그램이 있었다(이상호 2010: 423). 포로의 자원송환 원칙과 포로 교육 프로그램은 친공포로들이 가장 반발했던 정책이었다. 친공포로들은 유엔군 측이 포로 교육 프로그램을 통해 반공 이데올로기를 주입한다고 생각했다. 1952년 5월 7일 돗드 소장 납치 사건 발생하면서, 친공포로들의 반발은 극에 달하였다. 거제도 포로수용소에서의 포로 재교육 프로그램은 5월 9일부터 라디오 방송을 제외하고 전부 중지되었다(고바야시 소메이 2012: 245). 1952년 6월 이후 육지부의 포로수용소에 분산 수용된 송환거부 포로들을 대상으로 포로 교육 프로그램이 재개되었다. 하지만 CIE 실무요원들의 숫자는 대폭 축소되었다. 포로 분산 수용 이후 포로 교육은 석방 후의 생활과 문화에 적응하는 데 초점이 맞추어졌다.[6]

3. 포로수용소 내 기독교 선교

한국전쟁 발발 이후 맥아더를 비롯한 미군 당국은 포로들에게 '자유'가 주어지면, 반공산주의자로 바뀔 것이라 믿었다. 이와 같은 주장을 입증하기 위해 포로들을 재교육하려는 프로그램이 입안되었다. 재교육의 요지는 포로들에게 새로운 정보와 종교적 서비스를 제공하는 것이었다. 극동 사령부에서는 미 장로교 소속의 선교사였던 케르William

---

6 포로 분산 이후 교육 과목은 신체단련, 여가활동, 직업훈련 등에 집중되었으며, 여기에 더하여 친민주주의적 태도와 가치를 함양하는 오리엔테이션 프로그램이 있었다(조성훈 1995: 252-253).

C. Kerr 박사와 루츠Dexter Lutz 박사를 초빙하여 포로 재교육 프로그램을 조직하도록 하였다. 프로그램 준비는 일본 도쿄에서 시작되었다. 1950년 8월 영등포에서 실시했던 포로 재교육 시범 사업 프로그램에는 개신교와 가톨릭 종교활동이 포함되어 있었다. 종교활동은 쇼William Shaw 목사와 캐롤George M. Carroll 신부가 담당하였다(Haga 2007: 474).

포로 선교

거제도 포로수용소에서 포로 재교육이 시작되면서 본격적으로 선교활동이 이루어졌다. 당시 미군이 CIE 교육과 함께 포로들을 교화하려 했던 또 다른 시도가 바로 기독교 선교였다(Meyers & Bradbury 1968: 249). CIE 프로그램에서도 종교가 중요한 역할을 하였을 뿐 아니라 재교육 프로그램의 담당사 내부분이 선교사였다. 케르 박사는 도쿄에서 CIE 프로그램의 준비 과정을 총괄하였으며, 루츠 박사는 한국에서 농업교육 분야를 담당하였다. 겉으로 포로 재교육 프로그램은 종교와 무관했지만, 사실상 두 영역은 밀접하게 연관되어 있었다(Haga 2007: 475). CIE 교육을 담당했던 미군 장교들은 민주주의와 기독교 신앙을 한 묶음으로 인식하였다. 심지어 기독교로의 개종을 CIE 교육 성공의 척도로 간주하기도 하였다(Robin 2001: 157).

한국전쟁기 부산과 거제도 포로수용소에서 선교활동을 했었던 외국인 선교사로는 힐Harry J. Hill(한국명 허일),[7] 캠밸A. Campbell,[8] 보켈Harold Voelkel(한국명 옥호열),[9] 텔마지

---

7 미국 북장로교 소속으로 1017년 서울에서 선교활동을 시작하였다. 1941년 일제에 의해 강제 송환되었다가 1947년 재 내한하였다. 1950년 8월 포로를 대상으로 선교활동을 전개하였다. 1961년 미국으로 귀국하였다.

8 미국 북장로교 소속 선교사로 제5공군 소속 포로 심문관으로 한 달 동안 재직하면서 포로 선교에 관심을 두었다.

9 여러 문헌에는 '보켈(Voekel)'로 표기되고 있어 본문에서도 보켈로 표기하였다. 보켈(1898~1984)은 일제 강점기인 1929년 처음 한반도에 선교사로 파송되었다. 1941년 일본군의 진주만 기습으로 귀국했다가 1946년 다시 한국으로 들어왔다. 1950년 전쟁 발발 이후에는 군목 신분으로 전쟁포로를 사역 활동을 하였

John. E. Talmage(한국명 타요한),[10] 커밍Bruce A. Comming(한국명 김아열),[11] 디캠프E. Otto Decamp(한국명 감의도)[12] 등이 있었다(김시규 2018: 37). 이들과 함께 한국인 사역자들도 포로 선교활동을 하였다. 전쟁 초기 미군은 한국어를 통역할 수 있는 전문가가 거의 없었다. 전쟁 발발 이후 처음 2개월 동안 미군은 대구와 부산에 피난 왔던 선교사들에게 의존하였다. 선교사 중에서도 2차 세계대전 이전 북한에서 선교활동을 했었던 힐 목사는 미군에게 유용한 정보를 제공하였다. 미군은 포로를 심문하여 얻은 정보의 신뢰도를 힐 목사를 통해 확인하였다. 힐 목사는 포로들과 이야기를 나누는 것은 물론 포로들에게 설교할 수 있는 특권을 부여받았다.[13] 부산에서는 킨슬러Francis Kinsler 목사와 린톤William Linton 목사가 미군을 도왔다. 이들은 동래 수용소에서 포로들을 대상으로 설교를 하였다(Haga 2007: 470-471).

1950년 8월 초 도쿄의 극동군 사령부에서는 도움을 줄 만한 선교사 명단을 작성하였다. 2차 세계대전 이전 북한에서 선교활동을 했었던 쇼 목사와 보켈 목사는 군목으로 임명되었으며 한국군과 포로들을 위해 목회를 하도록 하였다. 보켈은 한국전쟁 발발 이후 군목으로 인천에 배치되었다. 그는 미군의 후원으로 북한 포로를 대상으로 선교활동을 했던 대표적인 목회자였다. 보켈은 포로수용소에 초심자를 위한 성경학교를 설치하고 포로들을 대상으로 수백 번에 걸쳐 대중 강연을 하면서 기독교를 전파하였다. 보켈 목사는 유창한 북한 사투리로 설교하면서 포로들 사이에 인기가 높았다. 그의 설교는 포로들에게 정신적 안정을 주었지만, 반공산주의적 내용이 포함되어 있었다. 한편 8월 말경에

다(마은지 2020). 1961년 한국 정부에서 복지 훈장을 수여하였으며, 1976년에는 한국 참전용사협회의 평화대사상을 수상하였다.

10 1912년 전남 담양에서 출생하였다. 부친(Jhon Van Talmage)이 선교사였다. 미군 군목 신분으로 1950년 중순부터 포로수용소에서 선교활동을 하였다. 이후 한남대 총장을 역임하였다. 형제자매가 한국에서 선교사업을 하였다.

11 미국 남장로교 소속 선교사로 전쟁 당시 미군의 군목으로 근무하였다. 광주에서 포로를 대상으로 선교활동을 했다.

12 디캠프(1911~2001)는 미국 북장로교 소속으로 1917년부터 1941년까지, 그리고 1946년부터 1976년까지 한국에서 선교활동을 하였다.

13 힐은 군인도 군목도 아닌 신분이었기에 포로와 관련된 그의 업적은 군사 기록에는 남아 있지 않다. 힐 선교사 남긴 편지글에 따르면, 당시 선교사들은 포로들에게 자유로이 접근할 수 있었다(Haga 2007: 471).

부산에 도착한 쇼 목사는 스위스 적십자와 함께 포로들을 심문하고 통역하는 임무를 부여받고 포로수용소에 배치되었다. 쇼 목사는 서울에 머물면서 인천 포로수용소를 자주 방문하였다(Haga 2007: 477).

보켈 목사

포로를 대상으로 본격적인 선교활동이 이루어졌던 곳은 부산 포로수용소였다. 포로들은 자신들의 종교와 신념에 따라 기독교, 천주교, 불교, 천도교 등의 신앙 활동을 하였다. 포로수용소 당국은 기독교에 대해서 매우 우호적이었다. 부산 포로수용소에서는 유엔군에 포로로 붙잡힌 임한상 목사가 활동하였다. 임한상 목사는 부산 포로수용소 당국에서 내어준 별도의 천막을 교회로 사용하면서 성경 공부 모임을 주도하였다. 그가 주도했던 1950년 12월 25일 포로수용소의 크리스마스 집회에 4,000여 명의 포로들이 운집하였다. 보켈 목사가 부산에 도착하기 전이었다. 미군 당국과 선교단체에서는 임한상 목사에게 성경, 찬송가 책, 소책자 등을 제공하였다. 미국 선교사를 중심으로 진행되었던 포로 선교가 반공교육의 일환이 될 수 있다고 여겨 기독교 선교에 많은 편의를 제공하였다.

포로수용소 외부에서는 1950년 8월부터 미국 북장로교회 선교사였던 힐 일행이 포로 선교를 시작하였다. 1950년 9월에는 일본에서 보켈이 군목 신분으로 인천에서 5만여 포로들을 대상으로 전도 활동을 하였다. 그는 북진하는 미군을 따라 평양, 함흥, 흥남, 원산까지 진출하면서 가는 곳마다 선교활동을 하였다. 보켈은 1950년 12월 흥남에서 피난민들과 함께 남한으로 철수하여 부산과 거제도 지역에서 선교활동을 이어나갔다(이종만 2010). 부산에서는 1950년 12월 남장로회 선교사 텔마지와 커밍이 미군 군목 신분으로 포로를 대상으로 선교활동을 시작하였다. 텔마지는 한국인 박지서 목사와 함께 1951년 1월 20일 동래 남수용소 안에 천막 교회를 설립하였다. 수용소 내부에 설립된 천막 교회의 직원 대부분은 이북 출신 포로였다(강신정 1982: 898).

1951년 3월부터 1952년 6월까지 보켈은 거제도 포로수용소에서 종교활동 조직을 전담하였다. 전라도 지역에서 선교활동을 하고 있었던 탤마지와 커밍 목사 역시 거제도 포로수용소로 배치되었다(Haga 2007: 478). 거제도 포로수용소의 모든 수용동에는 천막 교회가 설치되었다. 보켈이 선교활동을 할 무렵 거제도 포로수용소에는 포로 147,000여 명 중 3,000여 명의 개신교도와 1,000여 명의 천주교 신자가 있었다(Haga 2007: 478). 포로들이 부산에서 거제도로 이송되면서 동래 남수용소 교회 직원들도 포로를 따라 이동하여 거제도 포로수용소 제73수용소에 수용되어 선교 활동을 이어갔다. 이후 여러 수용소에 천막 교회가 설립되었다. 텔마지는 수용소별로 교회 직원을 파송하여 전도 사업을 지원하였다. 개별 천막 교회는 자치적인 조직을 갖추고 새벽 기도회를 주도하였다. 천막 교회가 증가하면서 외국인 선교사 및 한국인 목회자 수도 대폭 증강되었다. 유엔사령부에서는 포로수용소와 가까운 곳에 목회자들을 위해 천막숙소를 마련해 주었다. 목회자들은 포로수용소 내부 천막 교회 직원들을 만나 지원하고 집회를 인도하였다. 간혹 포로수용소의 광장에서 비신도들을 대상으로 대중집회를 하기도 하였다(강신정 1990: 156-157). 하지만 포로수용소에서의 대중집회는 공산 포로들의 방해로 유혈사태가 발생하기도 하였다.

포로수용소 안에는 선교를 위한 별도의 천막과 시설이 설치되었으며, 포로 교육을 위한 학교 시설이 일요일에는 예배당으로 사용되었다. 포로수용소에서 기독교 선교는 포로들에게 반공 이데올로기를 설파하고 주입하는 주요 통로였다(Meyers & Bradbury 1968: 249). 포로들을 대상으로 한 기독교 선교는 외국인 선교사, 민간인 사역자, 포로 사역자의 상호 협력으로 이루어졌다. 거제도 포로수용소에서 목회자들은 선교활동의 일환으로 영화를 상영하기도 하고, 성경 필사를 위한 사경회를 개최하기도 하였다(거제기독교백주년역사편찬위원회 1999: 353-354). 사경회를 바탕으로 포로수용소 안에 성경학교가 만들어졌다. 1951년 5월 제81수용소에 첫 성경학교가 조직되었다. 성경학교에서 가르쳤던 교과목은 성경 이외에도 한글, 영어, 음악, 요리문답 등이 포함되어 있었다. 학습 기간은 3개월을 1학기로 하여 1년 4학기 제로 운영되었다(김승태 2004: 53). 1951년 7월 제65수용소에 개신교 교회가 설치되었다. 신자들이 300명으로 증가하면서 천막 교회도 두 개로 늘어났다. 제65수용소의 엄동식Yum Dong Sik 집사와 기독교도들이 제69수용소로 이송되어 그곳에도 교회를 설립하였다. 12월에는 박인완Park In Whan과 다른 교도들이 제95수용소에 교회를 설립하고, 윤치덕Yun Chi Duck과 교도 한 명이 새로 설립된 제62수용소 교회로 이동하였다. 개신교회는 주일학교, 주일예배 및 수요일 집회와 함께 수요일과 일요일을 제외하고 매일 저녁 성경 공부 모임을 주도하였다. 성경 공부는 5명의 교회 사역자와 250 명의 학생들이 참여하였다. 한국인 선교사 김아열Kim Ah Ryol이 매주 목요일 오후 80여 명의 학생들을 대상으로 영어 성경반을 운영하였다(Hansen 1957: 76-77).

거제도 포로수용소의 가톨릭 성당은 1951년 9월에 처음 설립되었다. 메리놀회 파디Pardy[14] 신부가 61, 62, 63 및 64 수용소의 신자들을 제65수용소에 모아 미사를 집전하였다. 제65수용소에서는 친공포로들의 감시에서 벗어나 자유롭게 종교활동을 할 수 있었다. 이곳에 126명의 가톨릭 신자가 모였으며, 260여 명의 개종자가 생겨났다. 가톨릭 성당은 매주 일요일 미사와 성경학교를 열었으며, 80여 명의 신자들이 매일 아침저녁으로 기도 모임을 가졌다. 신자들은 매일 두 시간씩 성경 독해 모임을 했으며, 매일 한 시간씩 일반상식 공부를 하고, 일주일에 세 번씩 찬송가를 연습하였다. 크리스마스에는 신자들에게 《레 미제라블》[15]을 발췌 각색하여 《부활》이라는 제목으로 연극을 공연하기도 하였다. 가톨릭 성당에서도 자체적으로 선교 프로그램을 운영하였다. 김영일Kim Young Il과 3명의 신자가 제63수용소에서, 김관옥Kim Kwan Ok과 5명이 제64수용소에서, 그리고 신상철Shin Sang Chul과 3명이 제68수용소에서 선교활동을 하였다(Hansen 1957: 77). 1951년 말 제62수용소에는 천막 교회가 두 개나 있었다고 한다. 교회마다 풍금이 비치되어 있었다. 천주교회에서 미사는 라틴어로 진행하였다.

---

14 메리놀회 외방전교회 선교사였던 파디(James Pardy, 1893~1983, 한국명 파지) 신부는 1932년 한국에 입국하여 평북 비현본당 보좌신부를 거쳐 1934년 평부 의주본당 주임신부를 역임하였다. 1941년 일제 체포되어 6개월간 옥고를 치른 뒤 강제 추방되었다. 이후 미 육군에 입대하여 유럽에서 군종신부로 사목하였다. 1950년 한국전쟁이 발발하자 군종신부로 한국에 입국하여 1953년까지 거제도와 마산의 포로수용소에서 사목하였다.

15 《레 미제라블》은 1862년 프랑스의 작가 빅토르 위고가 쓴 소설이다. 제목인 《레 미제라블》은 '불쌍한 사람들'이라는 의미이며, 한국에서는 《장발장》으로 소개되었다.

> "취사장 뒤쪽으로는 십자가가 달리 천막이 두 개 있었다. 하나는 천주교회의 공소(신부가 상주하지 않는 성당), 다른 하나는 개신교의 예배당 구실을 했다. 각 교회에는 2~3명의 포로가 상주하면서 아침저녁으로 기도 모임을 주관했고, 주일마다 신부님이나 목사님이 오셔서 미사도 드리고 예배도 보곤 했다. 나는 날마다 천주교회 나가서 다른 신자들과 함께 만과(저녁기도)와 조과(아침기도)를 바치기도 하고 교리 공부도 하고 성가 연습도 하곤 했다."(이무호 2003: 288).

이와 같은 다각적인 선교활동으로 거제도 포로수용소에서 기독교 신자가 대폭 증가하였다. 1952년 4월 기준으로 기독교 신자가 15,012명이었다. 교인 수와 함께 천막 교회도 늘어났다. 천막 교회는 한때 22개까지 늘어났다가 1951년 9월 폭동 이후 15개로 줄었다. 교회마다 회장, 부회장, 총무, 서기, 전도부장, 체육부장, 음악부장, 사교부장 등 자치 조직을 두고 있었다. 선교활동은 기독교 정신에 바탕을 둔 인간적 교육이라는 측면과 공산주의적 사상을 박멸한다는 이중적인 목적을 담고 있었다(거제기독교백주년역사편찬위원회 1999: 352-355). 포로들 사이에서 기독교도 혹은 기독교로의 개종은 반공포로임을 드러내는 표지標識로 받아들여졌다.

포로수용소에서 기독교를 전파했던 선교사들은 포로들에게 민주주의 사상을 전파하고 공산주의 사상을 배격하도록 교화하였다. 외국인 선교사들은 기독교 선교활동에 필요한 물적 자원과 재정을 지원하였다. 아울러《왕 중 왕》,《창조주》등과 같은 영화를 제작하여 포로들에게 상영하면서 공공연하게 민주주의를 고무시키면서 반공을 부추겼다. 이런 행위는 친공포로들의 반발을 불러왔다. 기독교인이 되는 것이 친공포로와 반공포로를 가르는 기준이 되면서, 반공포로를 보호하는 일이 군목들의 주요 업무가 되었다(이종만 2010: 231). 1951년 9월 중순 선교사 보켈의 주선으로 천주교 신자 50여 명, 기독교 신자 100여 명이 제82수용소로 이송되었다. 이들은 제82수용소에서 별도로 구성된 '신자소대'로 편성되었다. 포로 교육에 협조적이었던 제82수용소는 포로 심사에도 적극적이었다. 1952년 3월 25일 포로 심사가 제일 먼저 시작된 곳이 바로 제82수용소였다(송관호 2015: 164).

포로수용소 교회의 목사들은 반공포로들을 적극적으로 지원하였다. 수용소 교회의 목사와 집사들을 통해 반공청년단에게 필요한 물품을 구해주거나 연락업무를 대신하기도 하였다. 또한 교회 건물을 반공포로들의 모임 장소로 내어주기도 하였다. 포로수용소 교회의 강신정 목사는 반공청년단이 이승만 대통령에게 보내는 석방 탄원서를 전달하였다(중앙일보사 1973b: 89). 보켈 목사는 반공청년단이 요청했던 물감, 먹, 종이 등을 구해주었으며, 위험에 처한 반공포로에게 사전 정보를 제공하여 피신하도록 돕기도 하였다(백응태 1987: 144-150). 파디 신부는 친공포로들이 장악했던 제62수용소에서 천주교 신자 50여 명을 제65수용소로 이동할 수 있도록 주선하였다(이무호 2003: 291-292).

기독교 선교단체와 반공청년단 간의 밀접한 관계는 공산포로들의 불만을 불러일으켰을 뿐 아니라 수용소 내부에서 긴장을 초래하였다. 이런 상황을 우려한 국제적십자사에서는 종교활동에 정치적 요소를 개입시키지 말라고 권고하기도 하였다(김승태 2004: 48). 미군은 기독교 선교의 영향으로 포로 60,000여 명이 북한군 포로들이 북한으로 돌아가지 않고 남한에 남았다고 분석하고 있다. 160명 이상의 포로가 성직자가 되었으며, 이들은 남한에서 목사로, 성경학교 교사로, 신학교 교수로 그리고 군목으로 활동하였다. 유엔에서는 불교 선교사도 파견했지만, 포로 대부분은 기독교를 선택하였다. 거제도 포로수용소 안에서 친공포로와 반공포로 간의 충돌이 격렬해지면서, 포로 기독교인들은 친공포로들로부터 생명의 위협을 받았다. 이들은 혈서를 써서 보켈에게 보내면서 기독교를 위해 죽음을 불사하겠다고 다짐하였다. 보켈에게 보낸 혈서 중 하나는 빌리 그레이엄Billy Graham[16]을 통해 미국 대통령에게 전달되었다(U.S. Army Chaplains Center and School 1992: 4).

16 빌리 그레이엄(1918~2018)은 미국 남침례교 목사로 아이젠하워 대통령 이후 트럼프 대통령 시절까지 역대 미국 대통령들의 영적인 조언자였다. 그는 세계 185개국에서 400번이 넘는 전도집회를 하였다. 그는 1952년 한국전쟁 때 처음 한국을 방문하였다. 부산과 대구, 서울에서 한국인을 위한 집회를 열었고, 미 장병을 위문하고 성탄 메시지를 전하였다. 이후 1958년, 1973년 그리고 1984년에도 한국을 방문하였으며, 1992년과 1994년에는 북한을 방문하였다.

4. 전범조사단과 반공청년단

초기 거제도 포로수용소에서는 '친공'과 '반공'의 구별이 무의미했을 정도로 이념에 따른 포로들의 세력화가 미미했지만, 1951년 여름 이후 두 진영 간의 갈등이 표면화되었다. 포로들의 조직화는 외부에서 잠입한 소위 '첩보원' 혹은 '정보원'의 공작이 있었다(전갑생 2010: 162). 포로수용소에 수용된 전쟁포로를 정보원 혹은 첩보원으로 활용했다는 사실은 한국전쟁에서 심리전 및 정보전이 중요했었다는 점을 보여준다.

유엔군은 포로들을 중요한 '정보원'으로 취급하였다(김학재 2009: 64). 유엔군은 포로 정보원을 통해 한편으로는 적 부대의 위치와 작전, 사기 등 중요한 군사정보를 확보했으며, 다른 한편으로는 포로들의 정치적 성향과 활동 전력 등의 정보를 파악하였다. 중요 포로 정보원은 체계적인 심문과 사상 검증을 통과해야 했다. 포로수용소에서 정보원을 발굴하고 조직적으로 관리했던 기구는 미8군의 한국전쟁범죄조사단(War Crimes Division in Korea, 이하, 전범조사단)이었다. 대한민국 정부에서도 포로들을 포섭 전향하기 위해 '민족사상이 철저한 자'를 거제도 포로수용소에 프락치로 잠입시켰다.[17]

미8군 법무과와 한국병참관구(Korean Communication Zone)가 관할했던 전범조사단은 1950년 10월 설립되어 1954년 5월까지 운영되었다.[18] 전범조사단은 대령을 단장으로 26명의 장교와 1명의 준위, 35명의 사병으로 꾸려져 서울에 배치되었으며, 한국전쟁 시기에 발생했던 모든 전쟁범죄를 조사할 수 있는 권한이 부여되었다. 전범조사단은 전쟁 기간 북한군과 중국군이 저질렀다고 여겨지는 잔학행위를 조사하고, 사건 기록을 목록화하였다(양정심 2010: 402). 1950년 12월 초순 부산으로 재배치되면서, 장교 27명, 사병 16명, 군무원 2명이 보충되었다. 장교 27명 중 2명은 대한민국 육군이었다. 초기 전범조

---

17 법무장관이 국무총리실에 보고한 1951년 7월 23일 〈거제도포로수용소 포로동향에 관한 건〉에 "수용소에 공작원을 파견할 것'이라는 대책 및 8월 17일 〈거제도포로수용소 실황조사보고의 건〉에 "수용소 내에 민족사상이 철저한 자를 프락치로 침입시킬 것'라 대비책이 적시되어 있다(전갑생 2010).

18 'War Crimes Division'은 '전쟁범죄조사부', '전범조사국', '전범조사과' 등으로 번역되기도 한다(최혜린 2017).

사단은 행정 부서, 조사 · 체포 부서, 재판 부서로 구성되어 있었다.

1951년 1월부터 유엔군은 부산 수용소에 조사팀을 파견하여 '전쟁범죄'와 관련된 행동을 조사하기 시작하였다. 부산에 재배치된 전범조사단의 조사 · 체포 부서는 분석 · 편집 분과, 전쟁포로 분과, 사건 분과, 특수정보 분과로 나누어졌다(최혜린 2017: 204). 전쟁포로 분과에는 장교와 통역가로 구성된 심문팀이 4개 혹은 5개 있었다. 현장 심문팀은 적군 전쟁포로를 심문하는 업무를 담당하였다. 전범조사단의 업무는 전쟁범죄와 관련된 정보 수집과 함께 수용소 내부에 첩보 조직과 정보원을 확보하는 방향으로 확대되었다. 전범조사단은 포로들을 정보원으로 확보하고, 이들을 통해 좌익 지도자를 파악하고 견제하였다. 1951년 6월 무렵에는 모든 수용동에 정보원을 둘 정도로 연망을 확대하였다. 남한 출신 '한쪼'들과 치안부장들이 중요 정보원이었다(김학재 2015: 396).

포로들이 부산에서 거제도로 이송됨에 따라 1951년 2월부터 전범조사단도 거제도로 이동하여 그곳에서 전쟁포로를 조사하고 심문하였다.[19] 전쟁포로 분과의 현장 심문팀은 수천 명의 포로들을 심문하여 전쟁범죄 용의자로 추정되는 포로들을 격리 수용하였다. 현장 심문 팀과 함께 포로들을 조사했던 분과는 특수정보 분과였다. 특수정보 분과의 주 임무는 전범을 색출하기 위해 수용소 내부에서 첩보를 수집하는 것이었다. 장교 1명, 육군 문관 1명, 사명 1명으로 구성되었다. 유엔군에 호의적인 북한군이나 중국군을 활용하여 포로수용소 내부에 소위 '정보원' 시스템을 구축하여 정보를 수집하였다. 하지만 정보원 일부가 다른 포로들에게 발각되면서 1952년 1월 포로들을 이용한 정보 수집 작업이 중단되었다. 한편, 조사 · 체포 부서의 분석 · 편집 분과는 포로 조사와 심문을 통해 입수한 가혹행위 정보 분석 및 편집을 담당하였으며, 사건 분과는 전쟁범죄 행위자의 기소 및 재판을 대비하여 현장조사와 증거 수집을 담당하였다(최혜린 2017: 205). 거제도에서의 전범조사단 활동은 전범조사단이 1952년 4월 26일 대구로 이동하면서 사실상 종료되었다. 하지만 전쟁이 끝난 1954년까지 전범조사단은 조사된 사건의 목록화 작업

19 유엔군 포로수용소에서는 전범조사단뿐만 아니라 수용소 정보부(S-2), 704방첩대 지대(704 Counter Intelligence Corps Detachment)가 활동하고 있었다(최혜린 2017: 211-212).

을 하였다(양정심 2010: 407-408).

전범조사단의 전쟁포로 분과는 전범을 색출하기 위해 포로수용소 내에서 정보원을 적극 활용하였다. 부산 포로수용소에서는 남한 출신 포로들과 북한 출신 포로들이 뒤섞여 있었다. 이들 중에서 영어에 능통한 남한 출신 포로들이 포로 간부단에 임명되는 경우가 많았다. 전쟁 초기 북한군으로 강제 편입되었던 의용군 출신 포로들이 주로 간부직을 차지하였다. 이들 대부분은 이념적으로 반공주의 성향이었으며, 포로수용소 내부에서 정보원으로 활동하였다(중앙일보사 1973b: 84-85). 부산 수용소 시절에 포로감찰대의 협조를 받아 정보원 시스템을 구축한 한국인 장교가 바로 김선호 중위였다. 전범조사단에 배속되어 있었던 그는 부산 포로수용소의 제3구역을 담당하였다(최혜린 2007: 26). 부산 수용소에서 이관순, 한광호 등 우익 성향의 포로들이 전범조사단 김선호 중위의 정보원으로 활동하였다.[20]

거제도 포로수용소로 포로들이 이송되면서 수용소 관리 체계가 변동되었다. 수용소 관리체계의 변동 및 포로들의 수용소 재배치는 부산 수용소에서 구축되었던 정보원 시스템의 붕괴를 의미하였다. 전범조사단에서는 새로 설치된 수용동에 조직적으로 정보원을 배치시켜 부산에서 거제도로 이송되면서 붕괴되었던 정보원 시스템을 재구축하고자 하였다. 1951년 6월 무렵에는 거의 모든 수용소에 1명 이상의 정보원을 두고 인민군 장교, 공산당원, 정치보위부 장교 등을 파악하고는 명단을 작성하였다. 전범조사단의 김선호는 작성된 명단을 토대로 포로들을 심문하고 범법자를 색출하여 다른 수용소로 이송시켰다(김학재 2010c: 151). 하지만 북한 출신 포로 대표가 장악하고 있었던 수용동에서는 새로 구축된 정보원 시스템이 원활하게 작동되지 못하였다.

포로들이 부산에서 거제도로 이송되면서 포로 대표 선출이 본격화되었다. 제네바 협약에 따라 각 수용동에서는 자체적으로 포로 대표를 선출하게 되었다(오세희 2000: 218-225). 초기 거제도 포로수용소에서 포로 대표 선출을 둘러싼 싸움은 이념전쟁보다는 수용소 내부의 주도권 쟁탈에서 비롯되었다. 평안도 출신이 여단장이 되면서 평안도 출

---

20 1999년 한광호의 구술 내용(이승철 2019: 259).

신들이 수용소의 권력을 차지하고, 황해도 출신이 여단장을 맡으면 황해도 세력이 득세하는 모양새였다. 거제도 수용소에서 초기 쿠데타는 수용소를 장악하고 있던 평안도 출신 간부들을 몰아내고 황해도 출신들이 권력을 차지하는 것이었다. 쿠데타의 명분도 포로들의 처우와 복지처럼 포로 개개인들에게 민감한 사항을 기치로 내세웠다(김환균 2004: 185). 김선호 중위는 우수한 정보원을 포로 간부로 임명하도록 추천하면서 포로 행정에 개입하기도 하였다. 거제도 포로수용소에서 반공청년단을 조직했던 이관순도 정보원 출신이었다. 그는 부산 포로수용소에서 김선호의 추천으로 감찰대원으로 임명되었다(최혜린 2007: 216).[21]

> "반공포로들이 조직적인 활동을 펴나가기 시작한 것은 50년 11월 내가 부산 수영 제1포로수용소에서 미군 전범조사처의 통역장교 김선호 중위(현 미 미들테네시주립대 교수)의 도움을 받아 감찰대 부대장으로 활약하면서부터입니다. 전범조사를 받는 도중 김중위가 나의 민주당원증을 보더니 절대 신임, 미군한테 얘기를 해서 감찰대원을 시켜줍니다. 당시 수용소 인의 자치를 위한 모든 포로 간부직은 거의 영어를 할 줄 아는 남한출신 의용군 포로들이 독점하고 있는 실정이었어요. 나는 김중위의 도움을 받아가며 곧 수용소 감찰대의 실권을 잡게 됐고 반공동지들을 규합하기 시작했습니다."(이관순, 남, 1921년생, 포로수용소 내 대한반공청년단장 역임).[22]

거제도 포로수용소에서도 전범조사단은 포로 대표단 임명에 적극적으로 개입하여 수용소 내 권력 지형을 바꾸려 하였다. 그 예로 1951년 7월 제83수용소에서 반공포로 세력들이 친공포로 간부단을 무력화시키는 데 일조하였다. 1951년 9월에는 제78수용소의 간부단을 적법한 절차 없이 다른 수용동으로 이동시키고 새로 간부단을 구성하려다 포로들의 반발에 직면하기도 하였다(Bradbury 1968: 264-266). 제78수용소의 주도권이

---

21 문화방송 시사교양국, 『MBC 스페셜 이제는 말할 수 있다』, 특집 3부작 한국전쟁과 포로 자료집, 2004.
22 중앙일보사(1973b: 84-85).

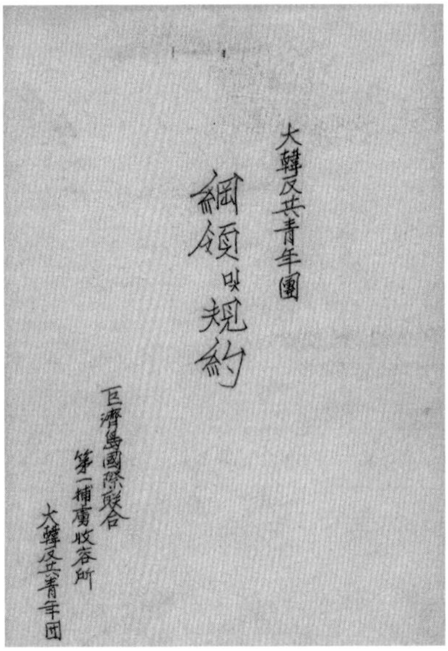

대한반공청년단 강령

좌익으로 넘어갔다가 전범조사단의 협력으로 좌익 간부 14명을 제76수용소로 추방하면서 우익 수용소로 전환되었지만, 다시 친공 수용소로 바뀌었다(주영복 1991b: 264). 김선호는 자신이 신뢰하는 반공주의자로 하여금 제78수용소의 통제권을 장악하게 하여 우익 수용소로 전환하고자 하였다. 하지만 제76수용소로 추방된 포로들 가운에 영어를 잘 구사하고 담당 미군과 친분이 있었던 포로가 모든 사실을 미군에게 알렸다. 구역 사령관이 개입하여 친공 지도자 14명을 제78수용소로 복귀시키면서 친공포로수용소로 되돌아갔다. 제78수용소는 4월 포로 심사를 거부했었던 곳이었다(김학재 2015: 405-406).

제83수용소는 북한군 포로가 수용되어 있었다. 처음에는 친공 성향의 포로들이 주도권을 잡고 있었다. 전범조사단의 김선호 중위의 도움을 받아 우익 포로들이 '친공포로' 48명을 처단하고 수용소를 장악하였다. 포로수용소에서 발생했던 최초의 '쿠데타'였다(김환균 2004: 183). 반공포로들이 포로수용소를 장악하면 태극기가 올라가고, 친공포로들이 장악하면 인민기가 올라가는 판국이었다. '몽둥이 쿠데타'를 통해 제83수용소를 장악한 이관순은 여단장과 감찰대장 두 자리를 차지하였다. 제83수용소를 차지한 주축 세력은 평안도 출신 포로들이었다(김태일 2011: 84). 포로수용소의 권력을 차지한 이들은 '반공'의 이름으로 공포 분위기를 조성하면서 자리와 권력을 유지하였다. 반공포로들은 제83수용소에서 일으켰던 방식으로 여러 수용소에서 '몽둥이 쿠데타'를 일으켜 친공포로수용소를 반공 포로수용소로 전환시켰다. 반공포로들은 수용소 내부에서 텐트를 지탱하는 줄을 뜯어 밧줄을 만들고, 드럼통을 잘라 칼을 만들었다. 무기를 만드는 데 필요한 도구는 김선호 중위를 통해 조달하였다고 한다.[23]

포로감찰단은 전범조사단에서 용의자 색출을 위해 조직했던 정보원들을 관리하였다. 포로수용소 내부에서 포로 감찰은 경찰과 유사한 역할을 했다. 포로감찰단은 준공식적 기관이나 마찬가지로, 대장 임명은 수용소 소장이 승인을 거쳐야 했다. 감찰대장은 임의로 감찰 대원을 선발하여 사실상 사조직처럼 움직였다. 감찰대장은 별도의 막사에 기거하였으며, 팔에 완장을 차고 있어 일반 포로들과 구별되었다. 각 수용동에 배치된 반공포로들은 감찰대를 통해 전쟁범죄 용의자를 색출하여 전범조사단에 보고하였다(김학재 2015: 396). 감찰단은 자의적으로 포로를 체포하고 심문하였으며, 친공포로로 지목된 포로를 전범조사단의 힘을 빌어 다른 수용소로 보내기도 하였다.

포로수용소 당국에서 포로들에게 빨간 옷을 지급했다가 거부 투쟁이 발생한 다음부터 거제도 포로수용소 내부에서는 좌익과 우익으로 나뉘어 싸움이 일어나기 시작했다. 포로수용소 내부에는 이념적 성향에 따라 두 개의 조직이 결성되었다. '해방동맹'이라는 이름의 친공포로들의 조직과 '대한반공청년단(이하 반공청년단)'이라는 반공포로 조직이 그것이었다.

> "하루는 76포로수용소 포로 전원을 광장으로 모이라고 하더니 현재 입은 옷을 벗으라고 한 후 빨간색 옷을 한 벌씩 주었다. 처음에는 모두들 주는 대로 입고 들어왔으나 나중에는 기분이 몹시 상했다. 어떤 사람이 먼저 '나는 이런 옷은 안 입어!'하고 소리 지르며 옷을 훌훌 벗어 마당에 내던졌다. 그러자 나머지 사람들도 너도나도 뒤질세라 한 사람도 빠짐없이 빨간 옷을 다 벗어 던졌다. 1만 2천 명이 넘는 사람이 모두 옷을 벗어 던지니 천막 밖에는 옷이 산더미처럼 쌓였다. 다음날 미군들이 옷을 모두 실어 갔다. 수용소 안에서 우리 모두가 속옷도 없이 알몸이 되어 홀딱 벗고 지냈다."(송관호 2015: 154-155).

빨간 옷을 거부하고 알몸이 된 포로들은 수용소 안에서 빈둥거리며 시간을 보냈다. 알몸이었기에 수용소 바깥으로 작업에 동원되지도 않고 그저 밥을 먹고 노는 것이 일과였다. 다른 옷을 달라고 했지만 주지를 않았다. 포로들은 반미 구호를 외치며, 〈장백산

---

23 반공포로 안병섭(일명 황세준)의 구술 내용(김환균 2004: 184).

붉은 깃발>과 같은 노래를 불렀다. 하지만 중공군 포로들은 미군이 배급한 붉은 옷을 입고 다녔다(주영복 1991b: 272). 날씨에 상관없이 알몸을 지내다 무료하면 포로들끼리 불알 잡기 놀이를 하였다. 포로들은 알몸으로 돌아다니거나 단체로 노래를 부르면서 수용소 당국을 당황케 하였다. 알몸 투쟁 이전부터 포로수용소 내부에는 좌익과 우익으로 나누어져 지하 조직이 움직이고 있었다. 알몸 투쟁으로 연대의 힘을 경험했던 포로들은 기존의 조직을 강화하기 시작하였다. 집단적인 저항의 경험은 수용소 내부의 특혜 체계를 통해 새로운 전술로 발전하였다.

중공군의 참전으로 전쟁이 장기화될 조짐을 보이자, 공산포로들은 자체적으로 조직을 형성하기 시작하였다. 1951년 5월 무렵 제92호 막사에 일명 '용광로'로 불렸던 해방동맹이 '조선노동당 거제지부'로 결성되었다. 해방동맹은 하부 조직으로 군사행동부, 정치보위부, 내무부, 민청행동결사대, 당간부학교, 인민재판소 등이 편성되었다. 해방동맹은 수용소 내부에 여러 소집단을 형성하고 개별 집단마다 대변인을 두어 소통 장치를 마련하였다(송효순 1973: 44).[24] 해방동맹은 별도로 정치위원회를 두고, 정치보위과(제1과), 조직기획과(제2과), 경비과(제3과), 선동과(제4과)로 업무를 분장하였다. 그리고 각 수용동마다 행정위원회와 인민재판소를 설치하였다(전갑생 2007: 105). 정치위원장은 북한의 실력자였던 박상현(일명 박사현)이었다. 그는 제77수용소에서 해방동맹을 실질적으로 운영하였다. 해방동맹은 포로조직에 입법, 사법, 행정을 담당하는 부서를 두어 수용소 내 질서를 확립하였다. 해방동맹은 겉으로는 경비대의 권력과 기능을 통제하면서 민주적 조직체로 운영하였지만, 실제로는 내부 단속과 보안에 집중하였다(Meyers & Bradbury 1968: 302). 해방동맹은 수용소 내에서 지하신문인 《돌진》과 조선민주동맹 주간지 《전진》 등의 유인물을 제작 배포하여 조직원들에게 사상교육을 전개하였다(전갑생 2007: 106). 해방동맹은 반공포로들의 활동에 맞서 조직적으로 반격에 나섰다(정찬대 2019b: 523). 인민군 포로들은 수용소마다 중대, 소대를 편성하여 조직적인 생활을 하였

24 송효순(1925~2002)은 육군 준장으로 예편하여 제9대 국회의원(1973~1979)을 지냈다. 1953년 6월 18일 육군 헌병 부사령관 재직 시 헌병 총사령관 원용덕의 명으로 포로 석방을 추진하였다.

다. 초기 거제도 포로수용소는 거의 인민군 포로들이 장악했었다고 한다.[25]

1951년 8월 7일 거제도 포로수용소 내부에서 북한 출신 우익 포로들을 중심으로 대한반공청년단이 결성되었다. 수용소별로 반공포로 대표들이 모여 최고 의결기구로 최고간부회의를 두기로 하였다. 당시 모였던 포로 대표들은 제83수용소의 이관순, 한광호, 제82수용소의 유지훈, 신윤섭, 제81수용소의 서의섭, 제74수용소의 이찬영, 문중호, 제91수용소의 이동창, 박을래 등이었다. 최고간부회의에서 조직의 명칭을 '대한반공청년단'으로 결정하였다.[26] 반공청년단의 집행부는 단장 이관순(평남), 부단장 서의섭(강원), 비서장 한광호(평북), 총무부장 신윤섭(평남), 조직부장 이동창(평남), 훈육부장 이찬영(평남), 연락부장 백응태(평북) 등으로 꾸려졌다(백응태 1987: 105-107).[27] 반공청년단은 창단 이후 조직을 확대하여 제81, 제82, 제83수용소까지 반공포로 수용소로 만들었다.

반공청년단 결성에는 유엔군 사령부 전범조사단에 근무했던 김선호 중위의 도움이 컸다(김태일 2011: 81; 백응태 1987: 95). 한마디로 전범조사단은 반공청년단의 실질적인 배후 세력이었다. 전범조사단은 한편으로는 반공청년단 조직을 지원하고 다른 한편으로는 친공포로들을 소환하여 폭력을 행사하면서 세력을 와해시켰다. 친공포로 색출과 소환은 반공청년단이 제공한 정보로 실행되었다. 전범조사단 사무실은 반공청년단의 모임 장소이기도 하였다. 반공청년단 간부들은 이곳에서 한 달에 한 번씩 정기 모임을 가졌다. 반공청년단은 단증을 만들어 단원들에게 교부하였다. 단증 1번은 전범조사단의 오가와 대위, 2번은 김 모 대위, 3번이 김선호 중위였다. 4번은 건너뛰고, 5번이 이관순 단장이었다. 즉 반공청년단 단원 1번부터 3번이 전범조사단 군인들이었다(김환균 2004: 198).

---

25 이창근(1930년생, 함북 명천 출신)의 구술 내용(김명희 2006: 113-114). 구술자는 1946년 중국 인민해방군에 자원입대하여 1949년 7월까지 복무하였다. 1949년 7월 중국 방호산 부대에서 인민군 6사단으로 편재되어 한국전쟁에 투입되었다. 경상남도 함안 인근에서 미군에게 체포되어 부산 서면 포로수용소를 거쳐 거제도 포로수용소에 수용되었다. 거제도 포로수용소에서 5개월 만에 탈출하여 경남도당 예하 부대에서 빨치산으로 활동하다가 다시 미군에게 체포되어 18년간 장기수로 복역하였다.

26 대한반공청년단 강령규약 초안에 명기된 이름은 '대한(서북)반공청년단'이었다(백응태 1987: 498).

27 반공청년단의 조직 체계는 단장, 부단장, 비서장, 경비대로 구성되었으며, 하부 조직으로 조직부, 선전부, 훈육부, 총무부, 연락부, 예술부, 교육부, 종교부, 위생부, 공급부, 작업부를 두고, 각 수용소에 대대, 중대, 소대를 편성하였다고 한다(송효순 1973: 52-53).

반공청년단은 유엔군과 한국군의 비호를 받으며 활동하였기에 상대적으로 해방동맹보다 조직 구성과 운영에서 유리하였다. 유엔군 전범조사단은 전쟁범죄를 저지른 포로를 조사하고 적발하는 일을 담당하는 부서였다. 반공청년단은 전범자를 가려낸다는 구실로 친공포로들을 색출하여 이들을 전범조사단의 김선호 중위에게 넘기기도 하였다.[28] 전범조사단은 포로를 이송할 수 있는 권한이 있었다. 전범조사단에 공산포로 명단이 제출되면, 이를 근거로 공산포로를 다른 수용소로 보내버렸다. 이런 방식으로 반공청년단은 해방동맹의 우두머리를 축출한 다음 수용소의 주도권을 장악하였다(중앙일보사 1973b: 88-89). 반공청년단의 조직 기반 중 하나가 기독교 단체였다. 기독교 단체들은 반공포로들과 밀접한 관계를 맺고 있었다. 일부 선교사들은 선교활동을 구실로 반공포로들에게 필요한 물품을 구해다 주거나 연락 업무를 대신하였다. 심지어 수용소 내 교회를 반공포로들의 모임 장소로 내어주기도 하였다(유숙현 2008: 26).

5. 폭력의 일상화

거제도 포로수용소의 포로들은 이념적으로 균질적인 집단이 아니었다. 포로협상이 진행되면서 포로들은 자신이 소속될 '국가'를 선택해야만 했다. 포로 심사 과정에서 포로들은 '반공포로'와 '친공포로'로 구분되었다. 포로 개인의 이념적 성향에 따른 선택이 아니라 각 수용소의 헤게모니를 장악하고 지배 집단의 성향에 좌우된 바가 컸다. 반공포

28 김선호는 거제도 포로수용소에서의 활동을 근거로 1977년 1월 보국훈장 천수장을 받았다. 보국훈장 수여 이유는 "6.25 당시 육군 중위로 유엔군사령부 전쟁 범죄자 조사과에 근무(50.12.~53.6.)하면서 거제도 포로수용소에 반공청년단을 조직하여 공산포로 조직을 분쇄함으로써 국가안전보장에 크게 기여하였으므로 서훈코자 함"이라 기술되어 있다. 1954년 9월 한국전쟁 당시 포로 심리전에 투입되었던 브래드버리(William C. Bradbury) 교수의 추천으로 미국 시카고 대학에서 유학하였다(『매일경제』 1983.09.08.). 훈장 수여 당시 경희대학교 교수로 재직하고 있었다. 참고로 보국훈장은 통일장(1등급), 국선장(2등급), 천수장(3등급), 삼일장(4등급), 광복장(5등급)으로 나누어지며, 국가 안전보장에 뚜렷한 공을 세운 자에게 수여한다.

로들은 이념적 결백과 정체성을 증명하기 위해 '친공' 혐의자를 색출하여 폭력을 가하기도 하였다.

반공청년단과 해방동맹은 수용소 내 주도권을 장악하기 위해 한편으로는 조직원을 확장하고, 다른 한편으로는 서로를 견제하면서 폭력과 갈등을 부추겼다. 포로들에게 가장 영향력이 컸던 조직은 경비대와 취사반이었다. 해방동맹과 반공청년난은 경비대와 취사반을 장악하기 위해 치열하게 다투었다. 수용소 내부에서 조직원들끼리 서로 죽고 죽이는 유혈극이 자주 발생하였다. 반공포로의 일부는 미군과 국군 경비대의 도움을 받아 친공포로를 고문하거나 살상하였다. 반면 친공포로들은 인민재판의 이름으로 비밀리에 반공포로들을 처형하였다. 이처럼 당시 거제도 포로수용소는 포로들에게 안전한 공간이 아니었다.

개별 수용소 안에서 우익이 주도권을 장악하면 우익 수용소가 되고, 좌익이 득세하면 좌익 수용소로 바뀌었다(김택수 1992: 116-117). 좌익이 주도권을 잡은 수용소에서는 기독교 신자, 지주계급, 반공 사상을 가진 자는 폭행과 감금의 대상이 되었다. 하룻밤에도 수십 명이 각목이나 삽, 곡괭이로 맞아 죽었다. 시신은 수용소 바닥을 파고 묻었다(송관호 2015: 158). 반공포로들은 송환되지 않기 위해, 그리고 친공포로는 송환 이후 '포로'였다는 오명을 벗기 위해 적극적으로 투쟁해야 했다. 일반적인 투쟁 방법은 깃발 게양과 노래 부르기였다. 수용소를 지배하는 세력에 따라 게양하는 깃발이 달라졌다. 친공포로가 지배하는 수용소에서는 인공기가 올라가고, 반공포로가 수용소의 주도권을 장악하면 태극기가 게양되었다. 깃발 투쟁은 처절한 싸움의 결과였다. 깃발 게양은 외부적으로는 수용소의 실세가 어느 쪽인지 알 수 있게 하고, 내부적으로는 개별 포로에게 심리적 안정과 긴장을 초래하였다. 친공포로들은 '인터내셔널가'와 '김일성가'를 부르면서 상대를 제압하려 했다. 반면 반공포로들은 '애국가'와 '반공청년단가'로 친공포로들에게 대응하였다(Mayers & Bradbury 1968: 311). 노래 투쟁은 종종 집단 패싸움으로 번지기도 하였다.

반공포로와 친공포로 간의 패거리 싸움은 1951년 9월 17일 발생했던 소위 '9.17 폭동'으로 극도에 달했다. 친공포로들의 주도 아래 제76, 제77, 제78, 그리고 제85 수용소에서 동시다발적으로 반공포로를 색출하여 살해하는 사건이 일어났다. 친공포로들의 배후에는 '해방동맹'이 있었다. 해방동맹은 제77수용소에 본부를 두고 있었다(성강현 2016: 206). 이후에도 포로 심사 및 포로 분산 정책을 두고 여러 차례 '폭동'이 일어났다. 거제도 포로수용소에서 발생했던 대규모 유혈 폭동 사건은 수용소 당국의 강제 분류 심사와 이를 거부하는 포로들의 저항에서 비롯되었다(유숙현 2008: 30). 포로들 간의 크고 작은 충돌과 갈등은 해방동맹과 반공청년단 간의 이념투쟁으로 이어지면서 학살과 보복 학살로 증폭되었다. 친공포로들은 돌을 던지거나 곤봉을 휘두르는 무력시위와 함께 인민재판 형식을 빌어 반공포로들에게 반격하였다. 인민재판은 특 · 1 · 2 · 3 · 4급으로 구분되었다. 특급은 돌이나 곤봉으로 사형, 1급은 몽둥이 구타 500대, 2급은 400대, 3급은 300대, 4급은 100대였다. 시체는 수용소 안의 땅바닥에 묻어 버리거나 토막을 내서 화장실에 넣은 뒤 분뇨통을 이용하여 외부로 반출했다(전갑생 2007: 106).

이념전쟁이 가열되면서 각 진영에서는 배신자 차단에 주력하였다. 배신자를 막기 위해 혈서 쓰기, 문신 새기기 등과 같은 집단적 행동으로 내적 단결을 도모하고 배신자 색출에 주력하였다. 포로 심사에서 북으로의 송환을 거부하도록 신체에 '멸공滅共', '반공反共', '북진통일', '대한민국' 등과 같은 글귀나 태극기 혹은 무궁화 문양을 새겼다. 문신을 새긴 사람은 북으로 갈 수 없을 것이라는 판단에서였다. 실제로 몸에 새긴 문신 때문에 북으로 가면 처벌을 받을 것이라 우려하여 혹은 수용소 안에서 조성된 공포 분위기가 무서워 북으로 가진 못한 포로들도 있었다고 한다(김태일 2011: 77). 반공포로가 득세한 수용소에서는 친공포로를 '공산주의자'라고 죽였고, 친공포로들이 주도권을 장악했던 수용소에서는 반공포로를 '반공주의자'라는 낙인을 붙여 죽였다. 서로가 '배신자' 색출에 혈안이 되었다(정찬대 2019b: 523).

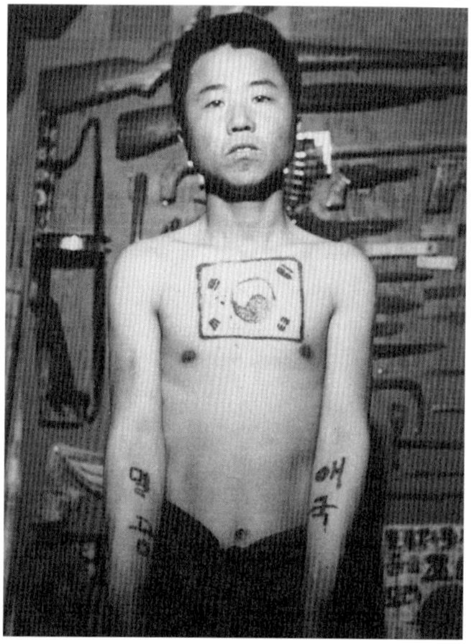

문신으로 새겨진 이념투쟁

포로수용소 내부에서 처벌과 특혜는 공간

적 특화로 나타났다. 반공포로에게 친공포로 수용소는 악명 높은 처벌 공간이었다. 수용소 내부에는 은밀하게 지하 감옥을 만들어 놓기도 하였다. 반면 포로 간부들은 별도의 천막에 기거하면서 특식과 특권을 만끽하였다. 포로수용소에서 처벌과 특혜는 동전의 양면과 같이 어우러져 있었다. 통치 체계를 작동시키는 미군 정보 당국 및 김선호 중위의 권위는 긍정적인 권력과 부정적인 권리 양쪽 모두에 의해 주동되었다. 반공청년단 간부들에게는 좋은 대우는 물론 술이나 시계와 같은 사치품, 일반 포로보다 더 넓은 사적 공간, 비공식적으로 다른 수용소 이동하기, 의사나 목사와 같은 외부 인력에 대한 접근 기회, 사적인 친절과 존중 등과 같은 유무형으로 중요한 것들을 누릴 수 있는 기회가 제공되었다. 반면 친공포로들은 처벌을 받았다. 모든 특혜로부터 제외되었으며 심리적으로 학대를 받았다. 때로는 가혹한 신체적 처벌과 위협, 조건이 안 좋은 다른 수용동으로의 이송 등이 있었다.

반공포로가 장악했던 제65수용소에서는 친공포로들을 색출하여 자체적으로 만든 '영창'에 수용하였다. 친공포로를 발본색원한다는 명목 아래 자치대의 월권과 행패가 만연하였다. 영창에는 친공으로 지목된 포로들뿐만 아니라 주도권 쟁탈 공작에서 발각된 포로들도 감금되었다. 영창에 수감된 '죄수'들은 2열 횡대로 부동자세로 앉아 있어만 했다. 대화도 용납되지 않았으며 수시로 '무릎 꿇기', '까치 다리로 서 있기', '양손을 무릎 위에 고정하고 허리 펴고 앉아 있기'와 같은 체벌이 가해졌다. 배식과 화장실 출입도 철저히 통제되었다. 자치대원들은 '경찰봉'과 같은 막대기를 하나씩 들고 다니면서 폭행을 저지하거나 친공포로를 색출하는 데 사용하였다(이무호 2003: 293-294). 송환 희망 포로들은 가족을 찾아 북한이나 중국으로 돌아가려 한다는 이유로 적잖은 포로들이 '공산주의 광신자'로 분류되었다.

친공포로수용소에서 반공 포로수용소로 옮겨가는 방법은 세 가지가 있었다. 첫째는 병원에 입원하여 다른 수용소로 옮겨가는 것이었다. 둘째는 수용소 안이나 바깥의 힘 있는 조력자의 도움을 받는 것이었다(현동화 2003: 86). 이런 방법을 동원할 수 없었던 포로들은 외부의 도움 없이 직접 철조망을 넘어 다른 수용소로 탈출하는 것이었다(백응태 1987: 82). 철조망을 넘어 탈출하다가 좌익 세력에게 붙잡혀 죽임을 당하거나 경비대가

쏜 총에 맞아 사망하기도 하였다. 생과 사의 결정은 경비대의 손에 달려 있었다. 생사를 가름하는 순간은 영어 몇 마디로 갈리기도 하였다. 목숨을 걸고 철조망을 넘어 탈출한 포로들은 심문 과정을 거쳐 격리수용소에 임시로 수용되거나 다른 수용소로 옮겨갔다.

미군과 친분이 있었던 포로는 미군의 도움으로 친공포로수용소에서 반공 포로수용소로 '탈출'하기도 하였다. 공산 포로들이 주도권을 장악했던 제76수용소에 수용되었던 김태일은 부산 수용소 시절에 친분을 맺었던 미군 중사의 도움으로 동료 100여 명과 함께 제83수용소로 이동할 할 수 있었다(김태일 2011: 75). 제76포로수용소의 반공포로들은 전범수사과 김선호 중위의 도움으로 제73포로수용소로 이동하였다(백응태 1987: 111). 제76수용소는 친공포로들의 투쟁조직인 '해방동맹 중앙본부'가 있었던 곳이었다. 포로수용소에서 교회는 반공포로들의 집결처이자 도피처였다. 기독교 신자들은 미군 목사나 신부의 도움을 받아 친공포로수용소를 탈출하기도 하였다. 천주교 신자였던 이무호는 친공포로들이 주도권을 장악했던 제62수용소에서 제65수용소로 이동했다. 좌익 수용소에서 우익 수용소로의 이동에는 미국인 선교사의 도움이 있었다(송관호 2015: 159-160).

거제도 포로수용소에서 소위 '반공'과 '친공'으로 결집된 반공청년단과 해방동맹이 서로 죽고 죽였던 유혈 사태는 이념적 대립의 산물만은 아니었다. 포로수용소 내부의 이념전쟁은 한 조직에 자신의 정체성을 기탁할 수밖에 없었던 포로들의 상황과 권력에 의지하고자 했던 주체들의 욕망과도 연계되어 있었다. 포로들의 친공/반공 선택 이면에는 개인적 욕망과 갈등, 그리고 수많은 요인 간의 경합이 있었다. 여기에 포로수용소 당국의 포로 재교육 프로그램과 전범조사단의 노골적인 개입도 일정 부분 작용하였다. 살인적 폭력에 맞서 살아남기 위해 스스로 혹은 강압적으로 폭력의 수행자가 되었던 포로들을 이념적 잣대로만 재단하기에는 무리가 있다. 포로 경험자들의 서사는 포로가 단순히 '이념전쟁'의 도구가 아니었음을 스스로 드러내 보여주고 있다.

6. 포로 분산

1952년 4월 8일부터 거제도 포로수용소의 포로들을 이념적 성향에 따라 분리 분산하는 작전을 단행하였다. 포로 분산 작전은 재심사 과정에서 전격적으로 이루어졌다. 재심사가 진행 중이었음에도 포로 분산 작전이 시작된 것은 포로수용소 내부에서 친공포로와 반공포로 사이에 갈등이 심화되었기 때문이었다. 1952년 3월 31일 현재 거제도 포로수용소에는 포로와 민간인 억류자를 포함하여 총 157,463명이 수용되어 있었다(김보영 2013: 190).

'산개작전(Operation Scatter)'이라 불린 포로 심사 및 분리 작전은 1952년 4월 8일부터 시작되었다. 하지만 포로 심사 과정은 순조롭지 않았다. 포로 심사에 반대하는 북한군 포로들이 폭동을 일으키기도 하였다. 포로 심사는 반공포로 수용소부터 진행하였다. 심사 결과 송환거부 포로들이 예상보다 많았다. 1952년 4월 19일 현재 거제도 포로수용소에서 북한출신 포로 59%, 남한출신 포로 75%, 중국군 포로 80%, 민간인 억류자 87%가 송환을 거부를 표명하였다(김보영 2013: 192). 심사 결과를 바탕으로 1952년 4월 19일부터 5월 1일까지 13일 동안 포로 산개 작전에 돌입하였다. 산개작전의 핵심은 송환을 희망하는 포로와 송환을 거부하는 포로를 분리하는 것이었다.

1952년 5월 7일 거제도 포로수용소장이 제76수용소에 납치 감금되는 사건이 발생하였다. 돗드 소장 납치 사건 이후 거제도 포로수용소의 포로 정책은 새로운 국면으로 전환되었다. 미군은 병력을 증강하여 무력으로 포로들을 분산 수용하였다. 송환을 희망했던 친공포로들은 거제도 및 인근의 섬 지역에 설치된 수용소로 강제 이송되었으며, 반면 송환을 거부했던 반공포로들은 육지부에 마련된 수용소로 옮겨졌다. 이로써 친공포로와 반공포로가 공간적으로 분리되었으며, 반공청년단과 해방동맹 간의 극심한 이념전쟁도 일단 중지되었다.

이념적 성향에 따라 포로들을 수용소별로 분산하는 작전이 완료되자 유엔군 측에서는 '소산(Breakup)' 작전에 돌입하였다. 1952년 5월부터 7월까지 3개월 동안 실시된 소산 작전은 수용동의 규모를 세분화하고 소규모화하는 작업이었다. 기존의 수용소는 5,000

~6,000명 규모로 수용되어 있었으며, 포로들을 점검하기 위해 수용동 안으로 접근하는 것이 차단되어 있었다. 새로 만든 수용소는 500명을 수용할 수 있는 4~8개의 작은 수용동으로 구성되었다. 새 수용소 건설은 5월부터 시작되었지만, 실제로는 6월 10일부터 포로들을 수용하였다. 1952년 6월 4일 친공 세력들이 장악하고 있었던 거제도 포로수용소의 60, 85, 96 수용소를 무력으로 진압하였다. 6월 10일에는 탱크를 동원하여 악명 높았던 제76수용소를 진압하자 제73수용소 및 제77수용소에 있던 포로들이 순순히 이동 명령에 따랐다. 1952년 9월 8일 기준으로 거제도 포로수용소에는 44,149명만 남게 되었다(거제문화원향토사연구소 2015: 134).

송환을 희망했던 포로들은 거제도 포로수용소를 비롯하여 저구리 포로수용소, 용초도 포로수용소 및 봉암도 포로수용소에 분산되었다. 부산 동래 포로수용소에 수용되어 있었던 환자 포로 중에서 송환을 희망했던 여자 포로들은 부산에서 거제도로 이송되었다. 반면 송환을 거부했던 포로들은 광주, 논산, 마산, 영천, 부산 등 주로 육지의 포로수용소에 분산 수용되었다. 중국군 출신 포로 중에서 송환 거부자는 제주도 모슬포의 제13 포로수용소와 제주시의 제21 포로수용소로 보내졌다(김행복 1996: 69). 포로 분산 이후에도 거제도 포로수용소에서는 포로들의 시위와 소요가 끊이질 않았다. 1952년 10월 28일 거제도 포로수용소 4개소에서 인민군 포로가 집단 시위를 하다가 18명이 부상당하였다.[29] 1952년 12월 10일에도 소요 사태가 발생하였다.[30]

---

29 『민주신보』 1952. 11. 02.

30 『조선일보』 1952. 12. 16.

제3부 10

거제도 포로수용소 이후以後: 포로의 정치적 도구화

1. 정치와 포로

전쟁의 와중에 시작되었던 휴전협상과 포로 처리는 또 다른 전쟁이었다. 인도주의를 내세운 유엔군의 자원송환 원칙은 전쟁을 지속시킨 원인으로 작동되었으며, 포로수용소에 갇힌 포로들의 신체는 국제적 이해관계가 충돌하는 이데올로기의 전장이 되었다(김학재 2009: 49). 1951년 12월 판문점에서 포로협상이 시작될 무렵 전쟁포로 대부분은 거제도 포로수용소에 수용되어 있었다. 포로협상 과정에서 유엔군 측이 자원송환 원칙을 제기하면서 포로 문제는 전쟁을 장기전으로 내몰았다. 포로송환 문제는 한국전쟁을 무력 전쟁이 아닌 이념전쟁의 양상으로 바꾸어 놓았다. 포로협상은 결국 자원송환 원칙에 따라 포로의 송환 여부가 결정되었다. 포로 교환에 앞서 유엔군 측에서는 포로를 심사하고 분류하고 분리 수용하였다.

유엔군이 관할했던 포로수용소에 수용되었던 남한 출신 의용군 혹은 민간인 억류자들은 자신들이 '포로 아닌 포로' 혹은 '억울하게 포로 생활'을 했음을 호소하였다(김환균 2004: 174). 인민군으로 참전했던 포로들도 자신들이 강제징집, 탈영, 투항했음을 주장하면서 '포로'가 아니라는 주장하였다. 포로협상이 진행되면서 포로들은 돌려보내야 할 적군에서 포섭해야 정치범으로 바뀌었다. 남한 출신 북한군 포로들은 '민간인 억류자'로 재분류되었으며, 북으로의 송환을 거부하는 인민군 포로들은 '반공포로'라는 이름으로 불리게 되었다(김학재 2009: 79). 민간인 억류자 및 반공포로들은 석방 이후 '반공애국포로'가 되었으며, 국군이나 경찰에 투신하여 대한의 떳떳한 아들임을 증명하여야 했다. 송환거부 포로들은 판문점에서 '설득' 과정을 거쳐야 했다. 유엔 측과 공산 측은 '설득' 작업을 이념적 대립의 장으로 삼았다. 판문점의 중립국 수용소에 수용되었던 반공포로들은 대한민국 정부의 헌병사령부와 밀접하게 연계되어 있었다. 반공포로들은 공산 측의 설득 작업을 계획적으로 거부하면서 북한으로의 송환 희망자를 철저히 차단하였다. 송환 의사를 드러내거나 중립국 행을 선택하는 포로들을 '배신자'로 취급하였다. 판문점은 또 다른 '전장'이었다.

전후 반공포로는 대한민국의 정당성 혹은 우월성을 옹호하는 주요 근거로 활용되었다. 하지만 이들은 정부의 공식적인 전쟁 기념의 대상이 아니었다. 반공포로가 대한민국의 '적'이었다는 과거는 쉽게 지워지지 않았다. 반공포로가 대한민국의 국민이 되기 위해서는 '갱생'의 과정을 거쳐야 했다. 석방되기 이전에는 문신과 혈서로, 석방 이후에는 군입대를 통해 지속적으로 존재 증명을 해야 했다. 일련의 존재 증명 과정을 거쳐 반공포로는 대한민국의 국민이 되었다. 반공포로 석방 이후 휴전반대 운동이 계속되었다. 석방된 반공포로들은 휴전반대 운동과 반공 투쟁을 지속함으로써 '반공'이라는 정체성을 획득할 수 있었다. 휴전반대 운동의 정점에는 이승만 대통령이 있었다. 그는 휴전반대 운동을 한편으로는 한미교섭의 수단으로 삼았으며, 다른 한편으로는 자신의 존재감을 부각시키는 유용한 수단으로 활용하였다. 하지만 반공포로 석방 이후 대한민국 정부는 이들을 기리는 어떤 기념비나 기념물도 제작하지 않았다(이동헌 2006: 198).

2. 송환거부 포로 분산 수용

포로 심사 이후 송환을 거부했던 포로들은 육지부에 마련된 수용소로 이송되었다. 송환 거부자 중에서 북한 출신 포로들은 제11포로수용소(부산), 제15포로수용소(광주), 제16포로수용소(논산)로 이송되었다. 북한군 장교 출신 포로들은 부산 가야 제1수용소로 이송되었다. 남한 출신 송환거부 포로는 제12포로수용소(마산)로 보내졌고, 민간인 억류자들은 제14포로수용소(영천)로 이송되었다. 송환 거부 한국인 환자 포로들은 부산 동래에 있었던 제10포로수용소의 부설 수용소로 이송되었다.

1952년 6월 송환거부 포로 중 일부가 거제도 포로수용소를 떠나 광주로 이송되었다. 1진과 2진으로 나누어 출발하였다. 평안도 출신이 많았던 제81수용소 포로들이 1진으로 먼저 떠났다. 2진으로 출발했던 제82수용소의 포로들은 함경도 출신이 절반이었고 나머지는 황해도와 강원도 출신이었다. 거제도 포로수용소를 나와 부두가 있는 고현으로 가서 하룻밤을 지낸 다음 그곳에서 LST로 여수까지 이동하였다. 여수에서 기차를 타고 광주 송정리 역으로 이동하였다. 송정리역에서 상무대까지는 걸어갔다. 포로수용소는 상무대 비행장 옆에 있었다.[1]

상무대 포로수용소는 송환거부 포로들을 분산 수용하기 위해 1952년 4월에 만들어졌다. 상무대 포로수용소는 인원이 증가하면서 공군탄약고(광주 서구 금호동)와 사월산(광주 서구 벽진동) 인근에 분산 수용되었다(정찬대 2019a: 3-5). 1952년 8월부터 사월산 수용소에 500명씩 소단위로 수용되었다. 상무대 경내에 있던 수용소는 제1수용소가 되었고 사월산 인근 수용소는 제2수용소가 되었다. 금호동의 공군탄약고 자리에 설치된 포로수용소는 제3수용소였다. 제1수용소에는 3,700여 명, 제2수용소 3,700여 명, 제3수용소에 3,100여 명이 수용되었다(정찬대 2019b: 528).

거제도 포로수용소에서 제82수용소는 포로 심문 당시 6천 명 중 4천 명이 북으로 송환을 희망하였다. 송환 희망자가 나가고 송환 거부자 2천 명이 남았다. 포로수용소의 인원

---

1 광주에는 성격이 다른 두 개의 포로수용소가 있었다. 하나는 광주중앙포로수용소(광주 동구 서석동)이고, 다른 하나는 광주상무대포로수용소(광주 서구 치평동)였다. 중앙포로수용소에는 빨치산으로 활동하다 체포된 포로를 수용하기 위해 1951년 6월에 설치되었다. 상무대포로수용소는 거제도 포로수용소에서 송환거부 포로들을 분산 수용하기 위해 1952년 4월에 만들어졌다. 상무대포로수용소는 수용 인원이 증가하면서 공군탄약고(광주 서구 금호동)와 사월산(광주 서구 벽진동) 인근에 분산되었다(정찬대 2019a: 3-5).

광주 포로수용소

논산 포로수용소

이 줄면서 반공포로들 사이에서 포로수용소의 주도권을 두고 다툼이 발생하였다. 매일같이 주먹싸움이 일어났다. 수용인원에 비하여 감투가 줄어들었기 때문이었다. 경비원을 비롯하여 간부 자리를 3분의 1로 줄여야 하는데 서로 자리를 내놓지 않으려 싸움이 일어났다. 주도권 쟁탈은 평안도와 함경도 출신 간부들이 주도하였다.

"감투의 숫자가 많다 보니 조직의 말단 노무원으로 있는 우리들 급식의 질이 형편없이 나빴고 우리들은 항상 배고픔에 시달려야 했다. 하루속히 석방하든가 아니면 국군의 통제 하에 덥밥쟁이들을 몰아내든가 해야지, 좀 더 잘 먹고 편히 살아보려고 북한으로의 송환을 거부하고 남쪽을 선택한 우리들에게는 이만저만 실망스러운 게 아니었다."(김태일 2011: 106).

거제도 포로수용소를 떠나 상무대 포로수용소에 먼저 도착한 제81수용소 포로들이 간부 행세를 하였다. 하지만 곧이어 주도권을 두고 다툼이 일어났다. 거제도에서는 좌익 세력을 물리치기 위해 한데 뭉쳤던 반공포로들이었지만, 사월산 포로수용소에서는

마산 포로수용소

부평 포로수용소

지위와 밥그릇을 위해 서로 싸우게 되었다. 거제도 포로수용소에서 간부를 했던 포로들은 사월산 포로수용소에 와서도 주도권을 놓지 않으려 하였다. 이곳에서도 곤봉 쿠데타가 발생하였다.

상무대 포로수용소에서 포로들은 제초작업, 도로정비, 철조망 보수 등과 같은 작업에 동원되었다. 포로들은 흙으로 벽돌을 만들거나 가끔 송정리, 함평, 담양 등지로 작업을 나가기도 하였다. 흉년이었던 그해는 포로들에게 밥을 얻어먹는 민간인이 있었을 정도로 살기가 힘들었다. 심지어 미처 자라지도 않은 보리 순을 잘라먹기도 하였다(송관호 2015: 190). 포로들이 외부 작업을 나갈 때면 주변에는 떡 장사와 군복 장사들이 포로 숫자만큼이나 많이 몰려들었다. 신품 반 코트 한 벌에 인절미 30개씩 바꾸었다. 외부로 작업을 나가는 사람들은 주로 포로 간부들이었다. 이들은 더운 날씨에도 두꺼운 반코트를 입고 작업장으로 나갔다. 간부들은 반코트 한 벌에 5천 원을 받고 팔았다. 2개월간 외부 작업을 나가면 거의 모든 피복이 외부로 유출되었다. 9월에 지급했던 반코트가 단 한 벌도 남아 있지 않을 정도였다. 광주와 인근 지역에서는 심지어 지게꾼까지 미군용 반코트를 염색한 옷을 입고 다녔을 정도였다. 날씨가 추워지면서 감기 환자가 속출하기 시작하였다. 미군 헌병대장과 한국군 경비대 책임자들은 관리 불충분으로 교체되었다.

초기 사월산 포로수용소에는 난방시설과 전등 시설이 없었다. 포로들은 포장 상자를 오려 화투장을 만들어 그것으로 도박을 하였다. 도박 자금은 담배였다. 성탄절을 앞두고 일 인당 하루에 열 개비씩 공급되었다. 담배와 취사장 누룽지를 바꿔 먹기도 하였다. 수용인원이 줄어들고 친공포로들이 없어진 사월산 포로수용소에서는 반공청년단 간부들의 위세가 많이 약해졌다.

> "한 수용소에 6천 명 이상 수용하던 거제도 수용소에서 반공 구호를 치켜들고 약한 자를 억압하던 반공 간부들도 5백 명 단위로 분산된 수용소 내에선 힘을 발휘할 수가 없었다. 반공도 상대가 있어야 반공이지 상대가 없는 이곳은 거제도와는 전혀 달랐다. 반공을 앞세워 좋은 보직에서 덥밥 먹고 떵떵거리며 일반 소대원들을 억압하며, 온갖 고문을 가하며, 담요와 도꾸리 셔츠를 마음대로 외부 상인들에게 팔아 자기 배를 채우던 시절은 멀리 뜬 구름처럼 사라졌다. 이빨 빠진 호랑이 신세로 변한 이들에게서 거제도에서의 위용은 전혀 찾아 볼 수없었다."(김태일 2011: 118-119).

송환거부 포로 중에서 일부는 논산으로 이송되었다. 논산 연무읍에 건설된 제16포로수용소에 11,038명이 수용되었다. 논산 포로수용소에서 포로들은 중노동에 동원되었다. 신설 포로수용소 정지 작업을 핑계로 국군 제2훈련소 건설 작업에 동원되었다. 이곳에서의 식사는 거제도 포로수용소보다 나빴다. 포로들은 철조망 바깥으로 작업을 나갈 때는 옷을 몰래 가지고 나가서는 민간인들의 음식과 바꾸어 먹었다. 음식을 사고 남은 돈으로 술을 사다가 저녁에 나누어 마시기도 하였다. 일부 포로들은 술에 취해 고래고래 소리를 지르다가 울기도 하였다. 반공포로 수용소로 분산 수용되었지만, 여전히 포로 신분이었다. 당시 논산 포로수용소에는 2개의 수용소가 있었다. 한 개 수용소에 5,000명이 넘게 수용되어 있었다. 수용소 당국에서는 급수차를 동원하여 식수를 실어 왔다. 급수차로 실어 온 물로는 식수난을 해결하기 어려웠다. 7월 무렵 제3수용소 신설 공사가 시작되어 10월 중순에 완공되었다. 포로들의 분산 수용은 11월 중에 완료되었다. 포로 분산 작전 시작 5개월 만에 모든 수용소에서 500명 단위로 포로들이 재배치되었다(백응태 1987: 224).

수용해야 할 인원에 비해 수용시설이 부족해지자, 1953년 3월 부평에 주둔하고 있던 미군 부대 안에 제10포로수용소가 신설되었다. 부평 포로수용소는 광주 상무대 포로수용소와 논산 포로수용소 등지에서 차출된 숙련공 포로들을 수용하였다. 부평 포로수용소는 미군 기지 한가운데 위치하여 미군의 감시를 2중으로 받았다. 1953년 5월 2일 기준으로 부평 포로수용소에 수용된 포로는 상무대 포로수용소에서 이송된 포로 50명, 논산 포로수용소에서 이송된 200명을 포함하여 996명이었다. 이후 포로들의 숫자가 늘어나면서 1953년 5월 27일 기준으로 1,491명이었다(전갑생 2016a: 220). 부평 포로수용소에서도 포로들은 대대, 중대 단위로 편성되었다(박종은 1985: 202). 포로들은 포로 막사를 세우는 일과 부평기지 건설 및 병참 수송 노역에 동원되었다.

포로들은 분산 수용된 이후에도 이런저런 경로를 통해 수용소를 옮겨살 수 있었다. 일부는 목사나 신부의 도움을 받아 한 수용소에서 다른 수용소로 이동하기도 하였다. 대개는 꾀병을 핑계로 일단 병원으로 이송된 다음, 그 병원에서 수용소의 소재지를 변경하여 다른 수용소로 옮겨가는 방법을 선택하였다.

> "포로가 수용소 밖으로 나갈 수 있는 방법은 환자가 되어 병원에 입원하는 길 밖에는 없었다. 일단 환자로 위장을 하여 거제(리)병원으로 가서, 거기서 카드(신분증)의 소재지를 변경하여 퇴원할 때 중앙단이 있는 가야 수용소로 옮겨가야 하는 것이다."(백응태 1987: 233).

한편, 거제도 포로수용소의 제83수용소에 있었던 반공청년단 총본부와 중앙위원회가 가야 제1포로수용소로 이전하였다. 가야 제1포로수용소에 반공청년단 총본부와 중앙위원회가 자리를 잡으면서, 가야 제1포로수용소 반공청년단 지부와 수용소의 주도권을 두고 갈등이 일어났다. 갈등과 불화는 곧이어 폭력 사태로 이어졌다. 가야 지부의 습격으로 중앙위원회 간부들이 철망을 넘어가서 수용소 관리 당국에 보호를 요청하는 사태가 벌어졌다(주영복 1991b: 334-335).

포로 분산 수용 이후 반공청년단은 대한민국 국회와 국방부 및 이승만 대통령에게 혈서로 쓴 진정서를 보냈다. 혈서는 대개 반공포로들을 당장 석방시켜 북진 통일 대열에 참여하게 해 달라는 내용이었다. 반공포로들은 수시로 '결사 멸공'이라는 머리띠를 두르고 '우리를 석방시켜 달라', '우리를 멸공 전선에 보내달라', '반공청년에게 남과 북이 따로 있을 수 없다. 우리도 즉각 석방하라'는 구호를 외쳤다. 외부로 작업을 나갈 때는 '멸공 통일' 혹은 '결사 반공'이라 쓴 허리띠를 차거나 태극기를 들고 나갔다. 반공포로들은 국가에 충성을 맹세하는 혈서를 쓰고 국군에 입대시켜 줄 것을 호소하였다.

> "거제도에서 부산 가야 수용소에 이동된 후의 1년 2개월 동안은 한마디로 말해서 데모와 혈서와 탄원서로 보낸 세월이라고 할 수 있다."(김교갑 1998: 76).

포로 분산 수용 이후에도 반공청년단 간부들은 일반 포로들은 꿈도 꾸지 못할 특혜를 누리고 있었다. 포로수용소를 자유롭게 드나드는 것은 물론 수용소 안에서 양주(조니워커)나 고량주(백양배갈) 등의 고급술을 마시며 단합을 과시하기도 하였다. 심지어 경비대의 도움으로 수용소를 빠져나가 인근 명승지를 구경하기도 하고, 포로수용소에서 탈출할 기회가 주어지기도 하였다(백응태 1987: 266).

3. 민간인 억류자 석방

전쟁 발발 이후 여러 차례 전세 변동과 전선 이동, 무원칙적 포로 수집으로 포로의 숫자가 엄청나게 증가하였다. 기하급수적으로 늘어나는 북한군 포로 중에는 북한 정규군뿐만 아니라 남한에서 징용된 의용군을 비롯하여 전선에서 벗어나려 피난길에 나섰던 피난민들까지 뒤섞여 있었다. 전투지역에서 민간인 복장을 한 북한군은 유엔군으로 하여금 정규군과 민간인의 구별을 어렵게 하였고, 의사소통이 이루어지지 않아 의용군이나 국군 낙오병마저 포로로 간주되었다. 인천상륙작전 이후 포로와 민간인이 마구잡이로 휩쓸려 들어오면서 전투지역 내에서 장사를 했던 일행을 포함하여 임산부와 어린아이들까지 포로수용소에 수용되었다(조성훈 1996: 287).

석방된 남한 출신 의용군 포로

유엔 측은 군사적 물리적으로 포로의 관리와 처리가 큰 부담이 되었다. 한국전쟁 발발 직후 민간인 억류자 석방이라는 방안이 제기되었다. 1950년 10월 맥아더는 미 제8군 사령관에게 원 거주지가 38도선 남쪽이고 신분 확인이 완료된 포로는 한국 정부의 신원 보증을 거쳐 즉시 석방할 것을 고려하라고 지시하였다. 미8군의 요청에 따라 한국 정부에서는 1950년 11월 국방부에 포로심사위원회 설치를 의결하고, 대통령령 제486호 포로심사위원회 규정이 발표되었다(이선우 2014: 270). 포로심사위원회는 1950년 11월 17일부터 1951년 4월 17일까지 5개월에 걸쳐 석방 여부를 결정하기 위한 심사를 시행하였다(한국전란 1년지 C66-67). 심사 이후 한국 정부는 유엔 측에 '남한 출신 의용군' 포로들의 석방을 요구하였지만, 미군 측의 사정으로 쉽사리 석방되지 않았다.

한국전쟁 당시 유엔군은 민간인 억류자의 범주를 다음과 같이 5가지 유형으로 재분류하였다. 1) 민간인 신분에서 자발적으로 북한군에 가담한 자, 2) 민간인 중에서 북한군에 강제로 복무한 자, 3) 한국군이 포로가 되어 강제로 북한군에 복무한 자, 4) 한국군이 낙오되어 실수로 억류된 자, 5) 미군 보급창고에서 먹을 것을 훔친 자들과 민간인 복장으로 위장한 북한군 혐의자 등이다. 극동군 사령부에서는 2)와 5)의 경우에만 민간인 억류자로 분류 가능하다고 판단하였다. 그러나 유엔군 측에서는 남한 출신이라는 소재지를 기준으로 1)의 경우도 민간인 억류자로 분류하였다(조성훈 1996: 285-286).

휴전 협상이 진행되면서 유엔 측은 자원송환 원칙을 내걸고 특정 범주의 포로들을 명단에서 삭제하고 민간인 억류자로 명명하여, 이들을 석방하려는 조치를 강구하였다. 포로 석방을 앞두고 미국 측에서는 유엔군이 관리하는 포로의 숫자를 줄임으로써 군사적 부담을 줄이고, 한국 측에서는 석방된 포로들을 잠재적 경제적, 군사적 자원으로 활용하려 의도하였다(김학재 2015: 375). 한국 정부는 유엔 측에 '민간인 억류자' 혹은 '남한 출신 의용군'을 '적의 희생자'들이라 주장하면서 비공산주의자로 분류된 포로들을 인적 자원으로 활용할 수 있다는 점을 강조하며 이들의 석방을 요구하였다. 한국 정부의 민간인 포로 석방 이면에는 14만 명에 달하는 포로들의 급식 조달 문제가 있었다. 당시 포로 관리는 유엔군이 관할하였지만, 포로들의 급식은 한국 정부가 담당하였다. 한국 정부의 지속적인 남한 출신 포로 석방 요구에 유엔군 사령부는 1951년 가을부터 이들을 재심사하여 석방한다는 계획을 구상하였다.

1951년 7월 정전 협상이 시작되면서부터 상황이 급변하였다. 미군 측에서는 정전 협상 타결 이전에 특정한 포로들을 '민간인 억류자'로 분류하여 전체 포로의 숫자를 줄이고자 하였다. 1951년 10월 25일 미군 사령부는 남한 출신 포로의 석방 계획을 진행하였다. 남한 출신 포로의 재분류는 포로협상에서 일대일 교환을 염두에 두고, 미리 교환 대상에서 제외하려는 속셈에서 비롯되었다(이선우 2014: 278). 1951년 11월부터 민간인 억류자 재분류 작업이 시작되었다. 재분류는 빠르게 진행되었다. 사실상 남한 출신 포로들을 민간인 억류자로 명칭을 변경하는 서류 작업이었다. 기존의 기본 정보 양식에 '민간인 억류자(Civilian Internee)'라고 쓰인 도장을 찍는 것으로 정리되었다. 'PW'가 적힌 옷 대신 'CI'라고 적힌 옷으로 갈아입고, 수용소도 'CI'로 표시되었다. 하지만 포로(PW)에서 민간인 억류자(CI)로 명칭만 바뀌었을 뿐 이들의 권리와 특권, 징계와 형벌은 포로와 동일하게 유지되었다(이선우 2014: 280). 포로협상과 동시에 민간인 억류자 재심사가 진행되었다. 1951년 12월 말부터 이듬해 2월 말까지 총 39,617명이 재심사를 받았다.[2] 민간인 억류자 재심사는 한국 정부와 포로심사위원회에서 1차로 걸러내고 재분류된 37,500명 중

---

2 민간인 억류자 명단은 작성 시기에 따라 차이가 있다. 1951년 11월 30일 37,500명의 최종 명단이 만들어져 국제적십자에 통보되었다(이선우 2024a: 280).

에서 다시 결격자를 심사하는 작업이었다.[3]

민간인 억류자들은 포로 분산 이전 거제도 포로수용소의 제6구역에 수용되어 있었다(조성훈 1996: 289). 거제도 포로수용소에서 민간인 억류자들은 이념에 따라 분리 수용된 것이 아니라 뒤섞여 있었다.[4] 이들 중 제62수용소에서 재심사를 거부하기 시작하였다. 1952년 2월 18일 제62수용소의 민간인 억류자들의 대규모 폭력 사건이 발생하였다. '2.18' 사태를 두고 공산 측에서는 유엔 측을 향해 크게 분노하면서 정전 협상은 답보상태로 이어졌다. 우여곡절 끝에 재심사가 재개되어 1952년 4월 초에 완료되었다. 하지만 좌익계 민간인 억류자들은 심사에 반발하여 제62수용소와 제66수용소는 1952년 4월까지 심사가 이루어지지 못했다.

민간인 억류자 재심사 결과 예상과 달리 송환을 요청하는 민간인 억류자가 증가하면서 대책이 필요하게 되었다. 수용소 당국에서는 재심사가 끝난 민간인 억류자들을 하루 빨리 석방할 필요가 있다고 판단하였다. 포로수용소 당국에서 송환 희망자와 거부자를 분리 분산 수용하면서 민간인 억류자는 공식적으로 3번째 심사를 거치게 되었다. 재분류된 심사 결과에 따라 1952년 4월 19일부터 5월 1일까지 민간인 억류자 중 송환 거부자 총 27,776명은 영천 수용소로 이송되었고, 2,700명은 부산 병원 수용소로 이송되었다. 반면 심사를 거부했던 민간인 억류자 약 1만 명은 7월 9일부터 17일까지 봉암도 포로수용소로 이송되었다(조성훈 1996: 294-295).

송환을 거부했던 민간인 억류자 10,988명은 포로 심사 며칠 뒤에 미 해군 LST에 실려 마산 포로수용소로 이송되었다. 마산 포로수용소에서 도착하자마자 그들에게는 새 옷이 지급되었다. 새로 받았던 옷에는 'PW'가 아닌 'CI'라는 글자가 찍혀 있었다(이무호 2003: 302). 마산 수용소에 배치된 포로들은 남한 출신으로 강제로 인민 의용군에 끌려갔던 사람, 유엔군의 포로가 된 국군 낙오병, 또는 억울하게 끌려온 민간인 등이 포함되어

---

3 한국 정부의 포로심사위원회에서 석방 대상자로 분류했던 41,000명 가운데 33,154명을 민간인 억류자로 재분류하였다(김학재 2015: 381).

4 민간인 억류자들은 제61수용소에 771명, 제62 6,536명, 제63 7,058명, 제64 6,810명, 제65 5,240명, 제68 4,090명, 제69 5,399명, 제71 80명, 제84 8,200명 등이었다(조성훈 1996: 289).

있었다. 이들은 통칭하여 '민간인 억류자'로 분류하였다.

민간인 억류자 중에서 1,500명은 영천 수용소에 분산 수용되었다. 이들은 거제도에서 LST 두 척에 실려 부산항에 도착하였다. 부산항에서 걸어서 부산역으로 갔다. 부산역에서 화물차를 타고 경북 영천역에 도착하였다(오세희 2000: 280). 영천 민간인 억류자 수용소는 두 곳이었으며, 한 수용소에 700~ 800씩 배치되었다. 민간인 억류자 수용소는 취사에 필요한 식료품과 제반 기구와 시설이 모두 갖추어져 있었다. 일상생활에 필요한 용품도 부족하지 않았다. 경비대의 업무도 수용소 안의 소요나 폭동이 아닌 수용소 바깥 단속에 주안점을 두고 있었다. 민간인들의 접근을 막는 것이 경비대의 주요 임무였다. 새로 만들어진 수용소이기에 장마에 대비하여 마당을 정비할 필요가 있었지만, 민간인 억류자들은 누구 하나 선뜻 나서지 않았다. 모두가 긴장이 풀릴 대로 풀려 지휘 계통이 제대로 작동하지 않았다. 영천으로 이송되어 오는 민간인 억류자가 수용소 시설에 꽉 찰 무렵 가족들이 면회를 오기 시작하였다. 하지만 수용소 당국에서는 면회를 허용하지 않았다. 억류자들은 철조망을 사이에 두고 상봉하거나 우편으로 엽서를 보내 소식을 전하기도 하였다(오세희 2000: 285).

1952년 6월 23일 유엔군 총사령부는 남한 출신 '민간인 억류자'를 한미간의 합의로 석방하겠다는 방침을 공식적으로 발표하였다.[5] 유엔군 총사령부에서 석방했던 민간인 억류자들은 1951년 12월 18일 판문점에서 교환했던 포로 명부에 기재되어 있지 않았다. 6월 29일 민간인 억류자 중에서 송환 희망자 9,600명을 제외하고 약 27,000명의 민간인 억류자 석방을 지시하였다. 이들은 부산의 제10수용소와 영천의 제14수용소에 수용되어 있었다.

> "7월 1일 아침, 정문 앞에 찝차 한 대가 서더니 민간인 두 사람이 수용소 안으로 들어왔다. 적십자사 직원이라고 신분을 밝히고 기쁜 소식을 전했다. '유엔군과 대한민국 정부는 드디어 여러분을 석방하기로 결정하였습니다'. 이 말을 듣자 억류자들은 한꺼번에 '와아!' 함성을 지

---

5 『조선일보』 1952. 06. 24

르며 기쁨에 못이겨 어쩔 줄을 몰랐다. 모자를 벗어 하늘 높이 내던지는가 하면 서로 부둥켜안고 펄쩍펄쩍 뛰자 수용소는 삽시간에 환희의 도가니로 변하였다."(오세희 2000: 286).

1차 민간인 억류자 석방은 1952년 7월부터 8월 사이에 단행되었다. 총석방 인원은 26,563명이었다. 2차 민간인 억류자 석방은 1952년 10월에 있었다. 이와 더불어 남한 출신 포로 가운데 선별된 인원 11,000명을 석방하였다. 이들은 마산 제12수용소에 수용되어 있었다(김보영 2013: 199-200). 마산 수용소에 억류되어 있었던 민간인 억류자는 1952년 10월 초에 석방되었다. 한편 시인 김수영이 수용되어 있었던 충남 온양의 국립구호병원 포로수용소의 민간인 억류자 200여 명은 1952년 11월 28일에 석방되었다(이영준 2021: 111).

민간인 억류자는 출신 도별로 석방되었다. 서울과 경기도를 시작으로 강원도와 충청도, 그리고 경상북도 순으로 석방되었다. 억류자 석방 명단은 적십자사 직원이 발표하였다. 민간인 억류자는 각자 원하는 곳으로 갈 수 있도록 기차표와 귀향증이 배부되었다. 4개월에 걸친 민간인 억류자 석방은 언론을 통해 석방자 명부와 석방자들이 제출한 혈서, 그리고 석방자들에게 교부된 '도민증' 등이 공개되었다.[6] 또한 이승만이 민간인 억류자 석방 기념식에 참석한 모습이 언론에 대대적으로 보도되었다. 민간인 억류자 석방은 일종의 정치적 이벤트였다. 미8군 제2병참사령부가 민간인 억류자들 각도별 분산지까지 이송하고 그 이후는 한국 측이 담당하였다. 석방된 민간인 억류자들은 '선량한 국민'이 되었다고 인정될 때까지 경찰의 감시를 받아야 했다.[7]

---

6 『동아일보』 1952. 06. 28. ~07. 05.

7 『조선일보』 1952. 06. 27.

4. 반공포로 석방

포로 정치가 적나라하게 드러난 사건은 '반공포로 석방'이었다. 민간인 억류자 석방이 마무리되자 미군과 이승만 정부는 1952년 11월부터 반공포로 석방을 논의하기 시작하였다(김학재 2009: 87). 스탈린 사후(1953년 3월) 6개월간 중단되었던 휴전회담이 재개되면서 반공포로석방 문제는 새로운 국면으로 전환되었다. 5월 25일 유엔 측과 공산 측은 공식적인 절차를 통해 전쟁포로를 중립국으로 송환하자는 원칙을 합의하였다.

송환거부 포로를 즉시 석방할 것을 주장했던 이승만은 1953년 6월 18일 미국과의 협의 없이 약 2만 7천 명의 반공포로를 석방하였다. 포로수용소 인근의 경찰과 행정 관서에서는 석방된 포로들을 조직적으로 숨겨주고 도피시켜 주었다. 이승만 대통령이 헌병총사령관 원용덕 소장에게 반공포로 석방 계획을 지시한 것은 6월 6일이었다(Shin 2022: 19).[8] 포로수용소는 미군 병참관구 사령부가 관할하고 있었지만, 수용소 경비는 한국군이 맡고 있었다. 한국군은 경비부대와 헌병을 파견하여 미군의 지휘를 받아 포로수용소를 경비하였다. 이승만은 3월 24일 대통령령 제153호로 국방부 아래에 헌병총사령부를 설치하였다. 헌병총사령부를 대통령 직속부대로 두어 다른 기관으로부터 통제를 차단하였다. 원용덕은 6월 18일 오전 6시 정각에 '반공포로 석방에 대한 담화문'을 방송하였다. 다음 날인 6월 19일에는 이승만이 성명을 발표하면서 반공포로 석방을 단행하였다고 자인하였다. 반공포로 석방은 포로수용소의 경비를 맡았던 한국군과 헌병대가 협조하여 미군을 속이고 야간에 철조망을 절단하여 일거에 포로들을 탈출시켰다. 이승만의 지시를 따라 거사를 도모하고 지휘했던 인물은 헌병대장 원용덕이었다(송효순 1973).

6월 17일 자정 이전 부산 가야 수용소의 별동대원들 비상 소집되어 은밀하게 지시 사

---

8 헌병총사령부에서는 6월 18일 대석방에 앞서 6월 초순에 '대통령 특별명령 제1호'로 표기된 문건으로 반공포로를 경비하고 있는 한국군 경비대로 하여금 미군이 관리하는 부산 가야 포로수용소를 점령 관리하라'는 극비 명령을 포로 경비대에 하달하였다. 하지만 관계부서 간 협의가 없어 무위로 끝났다(성영창 1985).

항을 전달받았다. 6월 18일 포로 석방을 앞두고 국군 헌병 6명이 영창을 지키던 미군 2명을 무장 해제시키고 영창에 가두었다. 물탱크를 감시하던 미군 보초도 물탱크 안에 감금시켰다. 포로들은 포로 대대장의 지시에 따라 모든 소지품을 버리고 거동하기 편리한 옷을 입고 담요를 덮어쓴 채 취침 자세로 신호가 떨어지기만을 기다렸다. 철조망 밖에서 들려오는 휘파람 소리가 신호였다. 철조망 밖에서 헌병이 철조망 절단용 펜치를 철조망 안으로 던져 주었다. 펜치를 찾아 든 별동대원이 내부 철조망 두 줄을 절단하고 외부 철조망 두 줄은 헌병이 절단하였다. 신호가 떨어지자 4,000여 명의 포로들이 일제히 탈출하였다. 탈출한 포로들은 가야산을 넘어 범일동으로 내려갔다. 범일동을 향해 산비탈을 내려가자, 여기저기에서 민간인들이 나타나 탈출한 포로들을 민가로 이끌었다. 민가에서 허름한 셔츠와 바지를 갈아입고 미군의 체포를 피해 집 안에서만 머물렀다(김교갑 1998: 93-95).

석방된 반공포로

"1953년 6월 17일 밤 10시경, 수용소 밖의 한국군 헌병대에서 긴급 연락이 왔다. 「오늘 밤 새벽 1시에 수용소 동쪽 철조망을 활짝 뚫어놓을 테니 한 사람도 빠짐없이 전원 철망 밖으로 나가서 가야산을 넘어 부산시내로 들어가 아무 집이나 들어가라! 그러면 민간 옷으로 바꿔줄 것이다. 민간복으로 바꿔 입은 후 배치되어 있는 경찰관들의 안내에 따르라. 이것은 이승만 대통령의 지시이니 안심하고 탈출하기 바란다. 성공을 빈다!」 뜻밖의 연락을 받은 우리 간부들은 처음엔 약간의 의심과 불안한 마음으로 반신반의했으나 곧, 한국정부와 한국 헌병대를 믿고 따르기로 했다."(김태일 2011: 166).

부산 가야산을 넘어 처음 도착한 곳이 부산 동대신동 산 중턱의 민가였다. 대문이 활짝 열려 있던 민가로 들어가서는 미제 사지 군복을 벗어주고 집주인 남자의 줄무늬 와이

셔츠와 헌 바지로 갈아입었다. 옷을 갈아입고 나오자, 대기하고 있던 부산 경찰서 소속 경찰관이 영도다리를 건너 영도 봉래동 1가 동장 집으로 인계해 주고는 사라졌다. 그곳에서 아침밥을 먹고 하루 종일 두문불출하였다.

한편, 부산 가야 포로수용소의 포로병원에 수용되어 있던 포로들은 석방한다는 정보에서 소외되어 있었다. 6월 18일 아침까지 아무런 조짐이 없었다. 미군에 비상이 걸리고 포로의 출입이 통제되었을 뿐이었다. 미군들에게 포로와의 담화 금지령이 발령되었다. 뭔가 조짐이 이상하다고 느낀 반공청년단에서는 단원들의 움직임을 경계하기 위해 반공청년단의 강령과 규약 및 우리의 맹서를 암기하도록 종용하고 반공교육을 강화하도록 지시하였다.

> "반공청년회원 중에서 팔뚝에 '반공'이라는 문신을 하지 않은 사람들을 파악하여 오늘 중으로 전원이 왼팔을 걷으면 '반공'이라는 글자가 보이도록 하라는 엄명을 내렸다."(백응태 1987: 279).

포로 병원 수용소가 석방 대상에서 제외되었다는 사실을 인지한 포로 간부들은 탈출을 모색하기 시작하였다. 하지만 한국군 경비가 미군으로 교체되었을 뿐 아니라 미군의 경계가 강화되어 탈출할 기회가 원천적으로 봉쇄되었다. 강제송환을 우려한 포로 간부들은 탈출을 결정하였다. 6월 19일 자정을 기점으로 포로들이 탈출하기 시작했지만, 곧바로 미군 경비병에 발각되었다. 미군 경비병의 사격 속에서 겨우 46명이 탈출에 성공하였다. 반공청년단 중당단장의 지시를 받고 탈출을 시도했지만, 전원 탈출에는 실패하였다. 탈출 실패 이후 포로 경비병이 탈출을 거부하고 숨어 있던 친공포로 2명을 붙잡았다. 포로 경비대는 반공청년단과 관련된 정보가 새어 나갈 것을 우려하여 이들을 살해하여 시신을 막사 사이에 매장하고는 탈출자로 보고하였다(백응태 1987: 292).

광주 사월산 포로수용소에서도 유사한 상황이 발생하였다. 수용소에서 신호를 기다렸다가 한꺼번에 탈출하였다.

"우리는 조바심하면서 신호가 떨어지기를 기다렸다. 드디어 신호가 났다. 동시에 총소리도 빗발치듯 났다. 우리는 철조망 사이로 기어 나가 논과 들판으로 마구 뛰었다. 몇백 명씩 한꺼번에 밀고 나가니 이중 삼중 철조망도 쭉쭉 넘어갔다. 총소리에 겁이 나 기어가는 사람도 있었다."(송관호 2015: 193).

총소리와 함께 미군들의 추격이 시작되었다. 철조망을 빠져나온 포로들을 필사적으로 달렸다. 마을을 지나 남쪽으로 달렸다. 마을 사람들은 공포에 질려 밖을 나오지도 않았다. 밤새 비가 부슬부슬 내렸다. 먼동이 틀 무렵 남평에 도착하였다. 경찰이 포로들에게 어느 집이든 들어가 군복을 벗고 사복을 갈아입으라고 알려주었다. 탈출한 포로들은 민가로 들어가 입고 있었던 군복을 벗어주고 무명 고의적삼 한 벌과 바꾸어입었다. 군화도 다 헤진 고무신과 바꿔 신었다. 길을 걷다 한 마을에서 밥을 얻어먹고 다시 걷기 시작하였다. 나주 남평면 교원리에 도착하자 비가 내려 그곳에서 이틀 밤을 지냈다. 최종 목적지는 전라남도 영광이었다. 영광군청 소재지에 1,000여 명의 포로들이 집결하였다. 이곳에서 포로들을 여러 군으로 분산시켰다. 송관호 일행은 해남군으로 배치되었다. 해남군청에서 다시 계곡면 성진리를 거쳐 만년리에 배정되었다. 만년리에서 2개월가량 머물다가 8월 20일경 국군으로 징집되었다.

6월 18일 육지부의 포로수용소에서 동시다발적으로 포로들이 석방되었지만, 부평 포로수용소에 수용되었던 반공포로들은 석방되지 못했다. 부평지구 제10포로수용소는 미군 기지 내에 있었다. 미군의 감시가 심했던 부평 포로수용소에서는 6.18 포로 석방과 관련된 정보가 제대로 전달되지 못했다. 뒤늦게 석방 소식을 전해 들은 포로들이 오후 9시 무렵 탈출을 감행하면서 47명이 사망하고 60여 명이 부상을 당했다. 부평 포로수용소에 수용된 포로 대부분은 기독교인이었다(전갑생 2020: 238). 미군 포로수용소장은 한국군 경비 병력 대신 미 해병대의 지원을 받아 경계 병력을 배치하였다. 한국 헌병대가 수용소 내부의 전선을 끊어 포로들의 탈출을 유도하였다(Shin 2022: 21). 하지만 탈출에 실패했던 포로들은 부평 포로수용소 헌병 대장이 상부의 명령을 묵살했었다고 회고하였다. 뒤늦게 전국에서 반공포로들이 석방되었음을 알게 된 부평 포로수용소의 포로들은 18일 밤 10시 무렵 일제히 탈출을 감행하였다. 탈출하는 과정에서 다수의 사상자와 부상자가 발생하였다. 사상자와 부상자의 숫자는 기억과 기록에 따라 들쭉날쭉하다. 당시 부평 포로수용소에 수용되어 있었던 박종은에 따르면, 300여 명이 탈출에 성공하였고 사상자와 부상자가 500여 명이었다(박종은 1985: 218)고 한다. 주영복에 따르면, 부평 포로수용소에 긴급 투입된 미 해병대가 무차별 발포하여 포로 60여 명이 사망하고 100여 명이 부상당했다고 한다(주영복 1991b: 379). 한 신문 기사에 따르면, 6월 18일 1,486명의 포로가 탈출을 감행하여 532명이 탈출하고, 40여 명이 현장에서 숨졌으며 93명이 중상 20명이 경상을 입었다고 한다.[9] 부평 포로수용소에서 탈출하지 못한 포로들은 이후 논산 포로수용소로 이송되었다. 논산 포로수용소에 수용되었던 포로 중에서 8.024명이 탈출에 성공하였다. 탈출 후 체포 336명, 미탈출 2,674명이었고, 탈출 과정에서 부상 2명, 사망 2명이 발생하였다.[10] 논산 포로수용소에서 포로들은 땅굴을 파고 탈출을 기도했지만, 누군가의 밀고로 사전에 발각되어 무위로 돌아갔다(박종은 1985: 234).

당시 북한군 장교 출신 포로들은 영천 포로수용소에 수용되어 있었다. 7월 27일 휴전회담 타결 이후 장교 출신 포로들은 영천으로 이동하였다. 이곳에서 장교 출신 포로들은 영어 공부에 매진하였다. 영어 강사는 김일성 대학에서 미학을 가르쳤던 교수 출신 포로였다. 그는 영어 작문이 아주 뛰어나 유엔군 사령관에게 처우 개선을 바란다는 호소문을 영어로 번역하기도 하였다. 장교 포로수용소의 대표는 지기철이었다(현동화 2003: 100). CIE에서 파견된 직원들이 양돈, 양계, 양봉, 감자 재배, 채소 재배, 벼농사 등 농업과 관련된 교육을 했지만, 장교 출신 포로들이 관심을 보이지 않으면 국내 및 국제 뉴스 해설과 시국 강연을 하기도 하였다(주영복 1991b: 341). 장교 출신 포로들은 국군과 연락이 닿지 못하여 석방의 기회를 놓쳤다. 이후 장교 포로들도 탈출을 시도하여 22명이 탈출에 성공하였다. 탈출하지 못한 80여 명의 장교 포로들은 수용소 아래 땅굴을 파기 시작하였다. 하지만 도중에 땅굴이 발각되면서 탈출 시도는 중단되었다. 당국의 감시가 심해

---

9 『인천일보』 2016.06.16.

10 『늘뫼신문』 2017.06.21.

지면서 탈출할 수 있는 기회가 차단되었다.

한편, 남한 출신 국군 낙오병 포로들은 대부분 거제도 포로수용소의 제63포로수용소에 수용되어 있었다. 국군 낙오병 포로들은 영천으로 이송되었다. 남한 출신 포로들은 석방을 예견하고 쌀자루 광목천에 태극기를 그리거나 '이승만 대통령 만세', '국방군 만세' 등의 구호가 적힌 플래카드를 준비하였다. 포로들은 LST 승선을 앞두고 구호를 외치거나 태극기를 흔들면서 쉴 새 없이 군가를 부르고 만세를 외치기도 하였다. 거제도에서 미군 LST를 타고 울산항으로 이동하였다. 울산 부두에서 미군용 GMC에 승차하여 영천 철도역 남쪽 근방의 벌판에 마련된 제14포로수용소에 수용되었다. 영천 수용소에 배치되고 며칠 뒤부터 면회가 허용되었다. 면회를 마치고 돌아오는 포로들은 가족들이 가져온 떡과 달걀, 엿 등을 동료들에게 나눠주었다. 수용소 근처에는 김밥과 호박엿을 파는 장사꾼들이 넘쳐났다. 포로들은 LST 승선을 앞두고 구호를 외치거나 태극기를 흔들면서 쉴새 없이 군가를 부르고 만세를 외치기도 하였다. 국군 낙오병 포로들이 수용되었던 영천 수용소는 철조망도 단조로운 수준이었다. 쉬는 날에는 포로들 사이에서 마작이 유행처럼 번졌다(유경재 2005: 178). 1953년 6월 18일 1차 포로 석방이 있었다. 시도별도 석방되었다. 경북 출신 포로들은 대구 경찰서에 집결한 다음 시군별로 경찰 호송차를 타고 면지서로 이송되어 고향으로 돌아갔다.

한반도의 육지부에 수용되었던 송환거부 포로들이 대거 석방/탈출하면서 유엔군이 관리하는 포로들의 숫자가 대폭 줄어 들었다. 송환거부 포로들을 육지의 수용소에 분산 수용한 것이 미군의 의도에서 비롯되었는지는 명확하지 않지만, 결과적으로 대규모 탈출을 용이하게 만든 주요 배경으로 작동하였다(김보영 2013: 204). 한국 정부에서 1953년 7월 2일 기준으로 작성한 '6.18반공포로석방' 현황은 <표 7>과 같다(송효순 1973: 259).

〈표 7〉 반공포로 석방현황(1953년 7월 2일 현재)

포로수용소명	반공포로 수용총인원	석방된 포로수	사망	잔류 수용 인원			
				부상	체포	미탈출	계
부산 거제리 제2수용소	3,065	392	1		116	2,556	2,672
부산 가야리 제9수용소	4,027	3,930				97	97
광주 제5수용소	10,610	10,432	5	8		165	173
논산 제6수용소	11,038	8,024	2	2	336	2,674	3,012
마산 제7수용소	3,825	2,936	3	11	144	731	886
영천 제3수용소	1,171	904	1		116	150	266
부평 제10수용소	1,486	538	47	60	39	802	901
대구 제4수용소	476	233	2		180	61	241
계	35,698	27,389	61	81	931	7,236	8,248

반공포로들은 석방 이전부터 철저하게 재사회화 과정을 거쳤다. 반공 노래를 부르고 반공영화를 시청하였다. 이들에게는 끊임없이 남한 사회의 우월성을 주입시켰다. 기독교식 사고와 자본주의 체제에 대한 강독도 이루어졌다. 석방 이후에도 이들의 전향에 대한 남한 사회의 의구심이 가시지 않았다. 반공포로들은 전향의 진정성을 드러내기 위한 수단으로 국군 입대를 강요받았다. 이들은 입대를 통해 국가에 대한 충성심을 증명해야 했다. 포로를 석방하고 1주일 후 경찰에서 2만 6천여 명 전원을 소집하여 한국군으로 편입시켰다. 북한에서 대학교에 다녔던 사람들은 간부후보생 훈련을 받은 후 한국군 장교가 되었다(김태일 2011: 168). 석방된 반공포로 가운데 적지 않은 사람들이 다시 입대했다. 육군본부 인사참모부의 기록에 따르면, 6월 18일 석방/탈출했던 포로 27,388명 중에서 13,000명이 입대한 것으로 추산된다. 즉 전체 석방 포로의 47.7%가 소정의 훈련을 마친 다음 각 부대에 배치되었다(정찬대 2019b: 545).

석방된 반공포로들에게는 6월 21일부터 일제히 도민증이 발급되었다. 전국 각지에서 석방 포로들을 환영하는 대회가 열렸다. 석방된 자들은 혈서를 작성하여 한국군 입대를 지원하였다. 이들의 위상은 포로에서 '반공전사' 혹은 '애국청년'으로 바뀌었다. 언론에서도 이승만의 반공포로 석방을 환영하는 기사를 연일 보도하였다.[11] 이와 같은 일련의 이벤트성 행사를 통해 '반공포로'들은 반공 이데올로기의 체현자이자 상징으로 자리하였다(임세화 2016: 70). 반공포로 석방의 배후에는 한국 정부와 미군 양측의 이해관계가 어우러져 있었다. 포로를 석방했던 이승만의 입장에서는 포로들에게 보급하는 식량을 줄임으로써 경제적 부담을 해소하고, 이들을 징병하여 군대를 충원하는 군사적 이익을 도모하려는 정치적 의도가 내재되어 있었다. 미국은 대외적으로 자원송환 원칙을 고수하면서 수많은 포로를 관리하는 부담을 덜었다. 휴전 협상에서 포로와 관련된 문제 중 하나를 제거하여 공산 측으로 하여금 포로석방을 기정사실로 받아들이도록 하려 하였다(김학재 2009: 93).

반공포로 석방과 별도로 1953년 4월 20일부터 5월 3일까지 상병포로 교환이 이루어졌다. 유엔군이 공산군 측으로 인계한 상병포로는 총 6,670명이었고, 유엔군이 공산군 측으로부터 인수한 상병포로는 총 684명이었다. 상병포로 교환이 마무리되었던 1953년 4월 말 기준으로 유엔군 포로수용소에는 송환 희망 포로 75,594명과 송환거부 포로 49,920명이 수용되어 있었다. '6.18반공포로석방'으로 송환거부 포로 중 약 27,000명이 탈출하면서, 1953년 7월 31일 기준으로 98,714명이 남았다. 반공포로 석방 당시 탈출하지 못한 포로들은 비무장지대의 중립국감시위원단으로 이송되었다. 포로 교환 당시 거제도 포로수용소에 남아있었던 송환 희망 포로들은 부산으로 이송되어 북으로 올라갔다. 포로를 교환하면서 묘지에 매장되어 있었던 시신을 파내어 알코올로 썩지 않게끔 처리한 다음 LST에 싣고갔다고 하였다.[12] 사망한 포로들의 시신은 연초면 송정리 근처 공동묘지에 매장되어 있었다. 무덤에는 소속과 이름이 명기되어 있었다. 거제도 포로수용소는 1953년 3월 폐쇄되었다.

---

11 『동아일보』 1953.06.19.~29.

12 이승철(2018: 87-88).

5. 또 다른 대결의 장, 판문점

유엔군 측의 자원송환 원칙과 공산군 측의 강제송환 원칙을 두고 대립각을 세우고 있던 휴전회담은 1953년에 접어들면서 상황이 급변하였다. 1953년 1월 미국에서는 아이젠하워 행정부가 출범하고, 1953년 3월 5일 소련에서 스탈린이 사망하면서 휴전회담은 급전하였다. 포로 문제로 휴전협상이 무기한 휴회로 들어간 지 반년이 지난 4월 하순 양측 대표단이 판문점 협상장으로 복귀하였다. 격론 끝에 송환을 거부하는 포로를 중립국에 맡겨 최종적으로 의사를 확인하자는 데까지 의견 접근이 이루어졌다. 스위스, 스웨덴, 폴란드와 체코슬로바키아가 '중립국송환위원회' 회원국으로 참여하고 인도가 회장국으로 선출되었다(타마야 1993).

한국 정부에서는 중립국에 반공포로를 넘겨주지 않아야 한다고 주장하였다. 한국 측의 입장을 묵살하려는 유엔 측에 반발하여 한국 정부는 휴전회담장에서 철수하였다. 아울러 인도군의 한국 영토 진입을 거부하고 나섰다. 한국 측의 불참에도 불구하고 유엔군 측과 공산군 측은 '포로송환협정'에 조인하였다. 양측이 서명했던 '중립국송환위원회 관련 협정'(1953.6.8.) 내용은 다음과 같다(이선우 2013: 326-327).

1. 송환을 원하는 모든 포로는 60일 내에 송환한다.
2. 송환에 영향을 미치거나 또는 송환을 막기 위하여 힘에 의한 위협을 사용하지 않는다.
3. 60일 후에도 송환을 선택하지 못한 이들은 중립국송환위원회에 인도한다.
4. 그 후 90일 동안 포로의 소속 국가가 대표를 파견하여 포로들이 고국으로 복귀할 권리에 대한 '설명'을 하게 된다. 설명은 중립국송환위원회 회원국 대표와 억류 측 대표 앞에서 실시한다.
5. 90일 간의 기한이 마감되면 나머지 송환거부 포로는 정치회담으로 넘기며, 그 회담에서는 30일간의 기한 내에 포로 처리 결정을 한다. 그 기간 후에도 남는 포로는 민간인 신분으로 석방하고, 그들이 원할 경우, 중립국으로 가도록 중립국송환위원회가 지원한다.

1953년 8월 5일부터 9월 6일까지 송환 희망 포로를 상호 교환하였다. 상병포로와 여자 포로들은 8월 5일부터 15일 사이에 1회 20명씩, 매일 3회에 걸쳐 공산군 측으로 인도하였다. 공산군 측에서는 매일 약 400명씩, 유엔군 측에서는 약 2,400명의 포로를 판문점으로 수송하여 인도 인수 작업을 진행하였다. 유엔군 측에서 공산군 측으로 인도한 포로는 75,823명(북한인 70,183명, 중국군 5,640명)이었다. 공산군 측에서 유엔군 측으로 인도한 포로는 12,773명(한국인 7,862명, 미국인 3,597명, 기타 1,314명)이었다. 이로써 송환 희망 포로들의 송환이 마무리되었다.

가장 큰 문제는 22,604명에 달하는 송환거부 포로들이었다. 송환을 거부하는 포로들은 모두 중립국송환위원회로 이송되었다. 중립국송환위원회로 이송된 포로들은 포로 관리 책임을 맡게 된 인도가 인수하였다. 포로들은 인도군이 경비하는 중립지대에서 쌍방의 설득을 받기 위해 일정 기간 대기하게 되었다. 이들은 중립국송환위원회의 설득회를 거쳐 다시 자신들이 송환 여부를 결정해야 했다. 송환을 희망하면 유엔군 측에서 곧바로 공산군 측으로 송환하였다. 여전히 송환을 거부하는 포로들은 90일 간의 설득 기간을 거친 다음 중립국송환위원회에서 최종적으로 결정하였다. 휴전 협정에 따라 90일은 포로들이 본래 소속 국가로부터 송환의 이점과 타당성에 대해 설명을 들어야 하는 '해설' 기간이었다. 하지만 실제 내용은 해설이 아닌 강력한 '설득'이었다. 설득을 받고 송환거부 의사를 번복한 포로들은 즉시 본국으로 돌아가게 된다. 끝까지 송환거부 의사를 고수하면 송환 제외 확정판결을 받게 된다. 90일간의 해설 기간이 지나면 나머지 30일은 정치적으로 문제를 해결하기 위한 정치회담 기간이었다(김행복 2014: 136-137).

휴전 협정에 따라 송환거부 포로들이 중립지대로 이송되었다. 1953년 9월 10일부터 9월 23일까지 약 2주일이 소요되었다. 중립지대로 이송된 포로의 수는 북한군 7,825명, 중국군 14,594명이었다. 10월 15일부터 남쪽 수용소에서 설득이 시작되었다. 설득은 간헐적으로 실시되다가 반공포로들의 거부로 중단되기도 하였다. 설득을 받은 포로는 북한군 포로 2,003명과 중국군 포로 1,211명 등 총 3,214명이었다. 이들 중 628명이 마음을 바꾸어 송환을 선택하였다. 90일 간의 설득 기간이 종료되자 중립국송환위원회 의장국이었던 인도군은 송환거부 포로들을 원래 수용되었던 쪽으로 보냈다. 21,820명은 유엔군 측으로, 629명은 공산군 측으로 인계되었다. 중립국을 선택한 포로는 104명으로, 북한군 85명과 중국군 19명이었다(김보영 2013: 210).

6.18 석방 당시 미처 탈출하지 못했던 포로 8,000여 명은 3개월 동안 중립지대 포로수용소에 수용되었다. 중립지대로 이동하기 1개월 전부터 미군은 친절하고 호의적으로 포로를 대우하였다. 포로들에게 새 군복과 군화를 지급하고 칫솔과 치약도 보급하였다. 미군은 포로들에게 달력을 배부하고, 대대마다 라디오 수신기를 지급하였다. 비무장지대의 이송은 9월 초부터 시작되었다. 수송 도중 탈주를 방지하기 위해 열차마다 차창은 쇠 그물 혹은 철제 격자를 달고 용접하였다. 열차의 입구마다 자동소총을 든 미군이 경비를 섰다(주영복 1991b: 386-387). 장교 포로들은 영천에서 부산으로 가서 중립지대에 수용소가 마련될 때까지 대기하다가 10월 하순 무렵 기차를 타고 문산으로 이송되었다(현동화 2003: 102). 문산 중립지대에 가설된 포로수용소는 인도군이 관리하였다. 문산 중립지대 포로수용소에서는 장교와 사병을 구별하지 않고 30~40명씩 조를 편성하여 한 조가 하나의 텐트 안에서 생활하게 하였다. 수용소 바깥에는 이중으로 철조망을 설치하였다. 수용소 규모는 거제도나 부산에 비해 훨씬 작았다.

> "중립지대에서 보냈던 3개월 동안에 테러와 같은 사고는 별로 없었다. 한국행을 희망하는 반공측이 거의 대부분이었기 때문에 갈등의 소지가 없었던 데다 우리 캠프의 지기철이 거구에다 완력이 좋아 누구도 질서를 깨트리는 행위는 엄두도 내지 못했던 것 같다."(현동화 2003: 105).

각지의 포로수용소에 남아있던 포로들은 중립국 관리위원단인 인도군에 인계되었다. 문산 중립지대에 도착한 포로들은 재편성되었다. 개별 포로수용소마다 대대부 천막, 포로 경비 천막, 취사부 천막이 별도로 있었다. 그리고 40여 명을 수용할 수 있는 천막 12~14개가 3열로 설치되어 있었다. 수용소 전체는 하나의 대대가 되었다. 하나의 대대 아래 12~14개의 소대가 있었다(주영복 1991b: 390). 하나의 천막이 하나의 소대로 편성되었다. 1개 대대의 인원은 500명이었다. 장교 출신 포로들은 대대 구성에 필요한 인원이 부족하여 사병 출신 330명을 충원하여 하나의 대대를 구성하였다.

판문점 수용소

판문점에서 반공청년단은 논산지부(49, 50, 51, 52, 53대대), 부산지부(34, 35, 36, 37, 38, 40대대), 병원지부(45, 46, 47, 48대대)로 편제되었다. 반공포로들은 자신들의 의지를 관철하기 위해 인도군 장교를 납치하기도 하였다. 9월 25일 D-29 반공수용소에서 북송을 원하는 중국군 포로가 담을 넘어 인도군에 보호를 요청하는 사건이 발생하였다. 이에 반공포로들이 폭발하자 이를 진정시키고자 포로수용소 정문 안으로 들어갔던 인도군 장교 2명이 납치되었다 풀려났다. 9월 25일에는 인도군 파견 사령관을 비롯한 장성과 7~8명의 부관이 격노한 포로들을 달래기 위해 제31수용소에 들어갔다가 잠시 억류되는 사건이 발생하였다. 10월 1일에는 병원수용소에서 유혈 사태가 발생했다. 중립국 포로 송환위원단이 병원수용소를 방문했을 때 반공포로 환자와 폴란드, 체코 대표 사이에 사소한 충돌이 일어났다. 이를 계기로 G 수용소에서 대규모 포로들이 철조망을 넘어오자, 경비병들이 발포하여 1명이 사망하고 5명이 부상하였다. 다음 날에도 사건이 일어났다. D-25 수용소에 면도칼로 동맥을 끊어 자실을 시도한 중국군 포로를 병원으로 이송하려던 인도군 군의관과 이를 저지하던 포로들 사이에 충돌이 일어났다. 경비병의 발포로 2명이 사망하고 5명이 부상당했다(주영복 1991b: 395).

10월 15일부터 공산 측에 의한 설득이 시작되었다. 90일 동안 중립지대인 판문점에서 인도군의 통제 아래 공산 측의 설득을 거부하거나 설득에 넘어가지 않는 일이 반공포로의 당면 과제가 되었다. 중립지대에 설치된 포로수용소는 대개 반공포로들이 장악하고 있었다. 반공포로들은 공공연하게 설득 자체를 반대하거나 절대 설득당하지 않겠다는 의지를 피력하고 있었다. 반공포로들은 군대 조직과 같은 형태로 결속되어 있었다. 조직에서 이탈하는 포로는 경멸의 대상이 되었을 뿐 아니라 심지어 폭력으로 사망하기도 하였다(백응태 1987: 397-424). 반공포로들은 단결을 과시하기 위해 반공 강의와 토론을 전개하고 매일 오전 오후에 국군 군가를 부르며 공산주의를 배격하는 구호를 외치며 데모를 하였다. 설득 작업은 평균적으로 하루에 1개 수용소에서 실시하였다. 그러나 설득으로 월북을 결심한 포로는 5~10명에 지나지 않았다. 12월 23일 중국군 반공포로를 대상으로 한 설득 이후 공산 측의 설득은 일시 중단되었다. 반공포로들 가운데 중립국행을 희망하는 포로가 철조망을 넘어 인도군에 보호를 요청하거나 병원을 이용하여 빠져나가기 시작하였다. 반공포로 간부들은 중립국 행을 희망하는 용의자들을 색출하여 가두거나 고문하였다. 반공청년단으로 구성된 포로 특공대와 포로 경찰이 중립국 행을 희망하는 포로들을 체포하여 감금하고 구타하였다.

> "반공 리더들은 제네바 협정에도 없는 권리를 남용하여 중립국 희망 용의자를 체포하여 가두거나 고문으로 불구를 만들었다… 소련의 게빠우보다 더 무서운 포로 특공대나 포로 경찰은 공산당 경찰처럼 새벽 1시, 2시에 양순한 포로를 체포해 갔다."(주영복 1991b: 403).

판문점 수용소에서도 반공청년단이 주도권을 장악하였다. 제40수용소의 대대장은 박기천(지기철)이었다. 지기철이 대대장이었을 시기 주영복은 그의 참모로 소대장(부대대장)을 맡았다. 설득이 시작되고 얼마 후 대대장이었던 지기철이 중립국 행을 선택하면서 반공청년단의 '서기장'이었던 한은송이 후임 대대장이 되어 경비대를 장악하였다(주영복 1991b: 403-404). 중립국 희망자였던 주영복은 한은송이 지휘하는 경비대에 붙잡혀 몽둥이로 구타를 당한 뒤 지하실 유치장에 감금당하였다. '포로들의 포로'가 되었던 주영복은 이후 제40수용소를 탈출하여 중립국 행 포로수용소로 이송되었다. 당시 40대대는 규율이 강해 대원들 사이에서 불만이 많았으며, 거제도 포로수용소 이상으로 자유가 억압되었다고 한다(조성훈 2014: 145). 대대장 한은송은 10월 7일 한승태韓昇泰, 박동혁朴東赫을 이승만 대통령과 신익희 국회의장에게 보내는 혈서로 쓴 탄원서를 전달하는 밀사로 파견하였다.[13] 11월 5일에는 이오수李奧洙, 조영만曺永萬을 2차 밀사로 선발하여 헌병사령부로 파견하였다. 이오수는 헌병사령부의 암호 지령문을 가지고 판문점 수용소로 들어오다 인도군에게 체포되었다가 석방되었다(한은송 1974: 164-167). 하지만 중국 측 자료에 따르면, 박동혁은 단순한 포로가 아니라 한국군의 특무대원으로 반공청년단의 고위 간부였다고 한다(柴成文 · 趙勇田 1991: 315).[14]

제3국으로 떠나는 포로들

---

13 인민군 장교 출신이 많았던 40대대는 반공청년단과의 연락망에서 소외되어 있었기에 당시 반공청년단과 헌병사령부가 수시로 연락을 주고받는다는 사실을 인지하지 못했다고 한다(백응태 1987: 444).

14 박동혁은 반공청년단의 '두목'이었으며, 반공청년단은 4명의 부단장 체제로 구성되어 있었다. 제1부단장(한은송)은 거제도 포로수용소 출신을, 제2부단장(한은송 지명)은 논산 수용소 출신을, 제3부단장(김성록)은 제64야전병원을, 제4부단장은 지원군 출신을 관리하도록 편제되어 있었다(柴成文 · 趙勇田 1991: 315).

1954년 1월 20일 예정된 날짜보다 하루 먼저 포로들이 석방되었다. 본국 송환을 거부하고 비무장 중립지대까지 왔던 포로들 가운데 일부는 심경의 변화를 일으켜 북으로 돌아간 사람들도 있었다. 대부분은 남한에 남았고, 88명은 제3국행을 선택하였다.[15] 1954년 2월 8일 제3국행 희망자들은 문산을 출발하여 인천항에 도착하여 수송선 아스토리아호에 실려 인도로 떠났다(주영복 1991b: 420).

> "수송선 아스토리아호에 몸을 실었다. 살아서는 돌아오지 못하리라는 비감한 심정이었다. 둘러보니 모두 눈에 이슬이 맺혀 있었다. 공부 좀 더 해보겠다는 욕심 때문에 잿더미로 변해버린 조국을 떠나는구나 하는 죄의식이 마음을 한층 더 무겁게 했다. 선착장에서 태극기를 흔들며 노래를 부르던 150명 남짓한 반공청년단이 '한국의 품으로 돌아오라'고 외칠 때는 가슴이 몹시 쓰리고 아팠다. 인도가 강제로 우리들을 데려간다는 잘못된 신문보도로 인해 오해마저 겹쳐 있던 터라 쓰린 가슴은 마치 송곳으로 후벼파는 것 같았다."(현동화 2003: 111).

유엔군 측으로 인도된 송환거부 포로 즉 반공포로들은 1954년 1월 23일 '민간인'으로 석방되었다. 인민군 출신 포로 7,591명이 송환을 거부하면서 '전향 포로'가 되었다. 1954년 6월 30일 육군본부 인사참모부의 기록에 따르면, 이들 가운데 3,374명(44.45%)이 국군으로 재입대하였다(정찬대 2019b: 545). 1954년 1월 20일 송환거부 포로들은 판문점에서 남한 후방 지역으로 인계되어 공식적으로 1월 23일 석방되었다. 이들은 화려한 환영을 받으며 석방의 기쁨을 만끽하였다. 한국 정부는 반공포로를 실은 기차가 정차하는 역마다 군관민이 대대적으로 환영 행사를 거행하였다(이선우 2024b: 43-44). 반공포로를 실은 열차가 마지막으로 도착한 곳은 포항과 군산의 육군 신병보충대였다. 이곳에서 반공포로들의 '자원' 입대가 이루어졌다.

---

15 반공포로들이 중립국 행을 선택한 이면에는 반공주의적 입장, 기독교의 영향, 외국에 대한 동경과 기대, 남한에서의 생활에 대한 현실적 두려움 혹은 공포 등이 작용하였다(정병준 2018: 11).

6. 침묵과 기억

전후 반공포로는 대한민국과 이승만 정부의 정치적 정당성을 표상하는 상징이었지만, 현재 이들의 존재는 공식적 역사에서도 공공 기념물에서도 배제되어 있다. '반공포로'는 '친공포로'와 대응하는 용어로 사용되었다. 휴전 협정 이후 반공포로는 대한민국 사회에서 '반공용사', '반공애국청년' '반공청년' 등의 이름으로 호명되고 기억되었다. 1954년 6월 18일 제1회 반공애국청년 석방 1주년 기념식이 개최되었다. 이를 통해 이승만 정부는 반공 노선의 상징으로 '반공포로'를 전면에 내세웠다.

이승만 정부는 반공포로들에게 대통령 표창장과 훈장을 수여하면서 이들을 살아 있는 '신화'로 각색하였다. 반공포로 석방 2주년을 기념하여, 1955년 6월 18일 헌병총사령관이었던 원용덕 중장에게는 금성태극무공훈장을 수여하고 반공청년단 24명에게는 대통령 표창장을 수여하였다.[16] 반공을 국시로 내세웠던 박정희 정부에서도 반공청년단 간부들에게 훈장을 수여하였다. 1975년 7월 11일 반공청년단의 단장이었던 이관순은 3등 보국훈장 천수장을, 부단장 서의섭, 사무국장 한광호, 총무부장 신윤섭, 조직부장 이동창, 훈육부장 이찬영은 4등 보국훈장 삼일장을 수여받았다. 이들과 함께 당시 경비 담당으로 육군헌병 중사였던 이주하도 삼일장을 받았다.[17]

반공포로 출신 인사들은 1956년 4월 '대한반공청년회'라는 이름으로 단체를 구성하였다.[18] 간부와 단원 모두 반공포로 출신으로 단체 결성 당시 3만 명에 이르는 회원이 가입하고 있었다. 이후 대한반공청년회는 1959년 1월 대한반공청년단에 합류하면서 자유당의 전위대로 나서게 되었다. 전후 반공포로는 대한민국의 과도한 선전과 의도적인 망각 사이에서 표류하는 존재였다. 반공포로의 지나친 정치적 동원과 극단적인 투쟁 방식은 '북한군' 출신이라는 흔적을 일깨우면서 그들의 '국민' 됨을 불안정하게 만들었다

16 『조선일보』 1955. 06. 19.

17 『동아일보』 1975. 07. 11.

18 단체의 대표자는 최동성(崔棟星)으로, 거제도 포로수용소 제96수용소에서 대한반공청년단을 조직한 자였다.

(이선우 2024b: 34).

전후 반공포로는 이승만 정권과 대한민국의 정치적 정당성을 상징하는 대상이었지만, 국가보훈의 대상으로 완전히 포함되지 못하였다. 반공포로 중에서 '6.18 자유상이자'만이 국가 유공자로 포함되었다. '6.18자유상이자'는 1962년 '국가유공자 및 월남귀순자 특별원호법'이 제정되면서 '반공포로상이자'로 명명되었다가 이후 '반공귀순상이자'로 개칭되었다. 2005년 12월 '6.18자유상이자'로 다시 명칭이 변경되었다(이동헌 2006: 197). 즉 반공포로 전체가 아닌 1953년 6월 18일 석방 과정에서 부상당했던 일부 포로만이 국가보훈의 대상으로 인정되었다.

반공포로 석방일은 주요 기념의 대상이 되었다. 이승만 정부는 반공포로가 석방되었던 1953년 6월 18일을 기념하여 '반공의 날'로, 반공포로가 송환되었던 1954년 1월 23일은 '자유의 날'로 지정하였다. 정부에서 반공포로 석방일과 송환일을 기념일로 제정하여 공식적으로 기념하였지만, 대중적인 기념일은 아니었다. 반공포로는 국가적 차원의 전쟁 기념행사에서 소외되어 있었다. 그럼에도 각종 정치적 행사에는 동원되었다. '반공'이 국시國是였던 시대가 지나가면서 반공포로 역시 과거의 위상을 잃었다. 전후 반공포로를 위한 공식적인 기념비나 기념물은 설치되지 않았다는 점에서 이들은 '전쟁' 참여자 중에서도 이질적인 존재였다. 한편, 석방된 반공포로들은 1965년 반공청년회 논산군지부 명의로 이승만을 기리는 추모비를 논산 관촉사 입구에 세웠다.

현재까지 전쟁포로와 관련된 공식적 기념 공간은 '거제도 포로수용소 유적공원'이 유일하다. 거제도 포로수용소의 유적은 '공원'이라는 명칭 아래 거제도 포로수용소 잔해와 유적을 이용하여 전쟁포로들의 일상을 재현하여 전시하고 있다. 거제도 포로수용소 유적은 1983년 12월 경상남도 문화재 자료 제99호로 지정되었다. 거제도 포로수용소 유적공원의 전시물은 공식 담론을 반영하고 있다. 즉 거제도 포로수용소 유적공원은 '반공'이라는 국가적 통치 이념에 어울리는 흔적과 기억을 선별 조율하여 만들어졌다(전갑생 2011: 233). 유적공원에 전시된 흔적은 특정한 이념에 따라 선별되면서 전쟁 기억의 일부분만 드러냄으로써, 전시되지 않은 다른 흔적과 기억은 망각의 영역으로 몰아내었다고 할 수 있다. 한마디로 포로수용소 유적공원은 공식적 역사만을 확대 재생산하는 공간

이라고 할 수 있다.[19]

전쟁과 포로수용소를 기억하는 또 하나의 방식은 자서전 쓰기이다. 여기에서 인용했던 자서전의 저자 10명은 포로 교환 당시 모두 송환을 거부했던 포로들이었다. 저자들은 포로 석방 이후 반공청년단 혹은 국군 입대를 통해 '반공' 시민임을 증명하려 했거나 중립국(인도)을 선택하였다. 이들이 자서전을 쓴 동기는 크게 두 가지이다. 하나는 포로수용소를 경험했던 사람으로서 당시의 실상을 기록으로 남겨 후대에 전해야 한다는 의무감의 발로이다. 다른 하나는 '반공포로'의 입장에서 포로수용소 내부에서 치열했던 이념전쟁의 단면을 드러내고 하는 동기에서 비롯되었다. 즉 포로 경험자들의 이야기는 일종의 집합기억이라고 할 수 있다. 포로 경험자들의 자서전은 거제도 포로수용소라는 장소와 공간에서 생활했던 경험을 서술하고 있다는 점에서 집단적 기억의 표출이라고 할 수 있다.[20]

1950년대 거제도에 설치되었던 포로수용소에 대한 기억은 포로수용소를 경험했던 세대들이 생명을 다함으로써 그들의 경험기억이 후세로 이어지지 않고 난설되었나. 교과서와 박물관을 통해 전승되는 문화기억은 경험기억과 차이가 있다. 전쟁 기억은 정치적 담론이나 대중매체를 통해 왜곡, 확장, 과장, 축소, 배제된다. 따라서 개인들의 경험기억이 국가 주도의 문화기억으로 전이되는 과정에서 기억은 정치적 도구로 이용될 개연성을 내포하고 있다. 1950년대의 포로수용소를 제대로 이해하기 위해서는 '유적'으로 지정된 흔적만으로는 부족하다. 공식적 담론으로 고정된 역사 역시 과거를 온전하게 드러내지는 못한다. 유물과 역사는 기억과 연결될 때 비로소 과거에 이를 수 있다. 당시 거제도에 살았던 주민들, 소개민들, 피난민들, 양공주들, 미군들, 한국 군인들, 포로들의 경험기억들은 서로 연결되어 있다. 이들의 기억이 역사 그리고 유물과 연결되어야만 '과거' '이곳'에 있었던 포로수용소의 일상을 제대로 이해할 수 있을 것이다.

---

19 흔적은 기억과 망각을 불가분하게 연결하는 이중의 기호이다(아스만 2003: 287).

20 과거를 재현하기 위해서는 유물, 역사, 기억이 필요하다(로렌덜 2006: 558).

참고문헌

1. 문헌자료

거제기독교선교백주년역사편찬위원회, 『거제 기독교 100년사』, 거제: 한섬, 1999.

거제문화원향토사연구소, 『거제도 어촌마을 조사 7』, 거제문화원, 2013.

____________________, 『한국전쟁 65주년 거제도 피난민 유입과 소개: 문헌 수집 및 구술사업』, 2015.

____________________, 『거제근현대문헌총서Ⅴ: 미군정기와 1960년 이전 거제도 중요문서』, 전갑생 번역 및 해제, 2016a.

____________________, 『거제근현대문헌총서Ⅵ: 거제도포로수용소 중요문서』, 번역 김일환 · 공준환 · 곽귀병 · 하지은, 감수 및 해제 전갑생, 2016b.

거제시지편찬위원회, 『거제시지』, 2002.

경남문화재연구소, 『통영 추봉 · 용초 포로수용소 기록화사업 부지내 지표조사보고서』, 2016.

경상남도사편찬위원회, 『경상남도사』 제5권, 경상남도, 2020.

국방부, 『2010 국방백서』, 2010.

국사편찬위원회, 『남북한관계사료집 12』, 1995.

대한민국역사박물관, 『전쟁 포로, 평화를 말하다』, 2018.

부산광역시, 『피란, 그때 그 사람들』, 부산광역시 문화유산과, 2021.

부산일보사, 『임시수도천일』, 1985.

서울대 아시아연구소, 『한산도(추봉, 용초) 포로수용소 기록화사업 용역』 최종보고서, 2015.

성공회대학교 동아시아연구소 냉전평화센터, 『통영 추봉도와 용호도 포로수용소 종합정비계획 수립 최종보고서』, 2022.

신동흔 외, 『한국전쟁 이야기 집성 2』, 서울: 박이정, 2017a.

________, 『한국전쟁 이야기 집성 3』, 서울: 박이정, 2017b.

________, 『한국전쟁 이야기 집성 7』, 서울: 박이정, 2017c.

________, 『한국전쟁 이야기 집성 8』, 서울: 박이정, 2017d.

신현읍지편찬위원회, 『신현읍지』, 2006.

육군본부, 『포로 수용소』, 육군본부, 1990.

이승철, 『6.25전쟁과 그때 그 시절』, 거제향토사연구소, 2018.

______, 『거제도 포로수용소』, 거제향토사연구소, 2019.

전갑생 편저, 『장승포 역사』, 장승포 · 마전동지편찬위원회, 2016.
중앙일보사 편, 『민족의 증언』 3. 서울: 을유문화사, 1973a
__________, 『민족의 증언』 6, 서울: 을유문화사, 1973b.
최중훈, 『거제도 피난기: 함경북도 청진에서 거제도까지』, 2016.
한산면지편찬위원회, 『한산면지』, 1992.
______________, 『한산면지(증보판)』, 2012.
한은송, 「반공애국청년 투쟁사」, 『자유공론』, 한국반공연맹자유공론사, 1974.
홍남철수작전기념사회회, 『홍남철수작전 역사서 아! 홍남철수』, 2016.

2. 저서

강금석, 『내가 걸어온 길, 가족』, 부산: 도서출판 동천, 2000.
강기재, 『도다리 쑥국』, 서울: 도서출판 교음사, 2009.
고프먼, 어빙, 『상호작용 의례: 대면 행동에 관한 에세이』, 진수미 옮김, 파주: 아카넷, 2013.
__________, 『수용소: 정신병 환자와 그 외 재소자들의 사회적 상황에 대한 에세이』, 심보선 옮김, 서울: 문학과 지성사, 2018.
굴든, 조지프, 『한국전쟁』, 김쾌상 옮김, 서울: 일월서각, 1982.
김광기, 『이방인의 사회학』, 파주: 글항아리, 2014.
김교갑, 『아버지의 일기: 6.25를 뚫고 온 인민군 귀순병의 수기』, 서울: 집문당, 1998.
김귀옥, 『월남민의 생활 경험과 정체성』, 서울: 서울대학교출판부, 1999.
김상현, 『통영 섬 어무이들의 밥벌이 채록기』, 진주: 경상국립대학교출판부, 2021.
_____, 『나의 삶, 나의 통영: 천명주, 김세윤, 박형균 3인의 삶과 통영』, 서울: 문자향, 2025.
김상훈, 『한국전쟁기 학교와 학생』, 서울: 경인문화사, 2023.
김성칠, 『역사 앞에서』, 파주: 창비, 2018.
김영범, 『민중의 귀환, 기억의 호출』, 파주시: 한국학술정보, 2010.
김용환, 『관용과 열린사회』, 서울: 철학과 현실사, 1997.
김종호, 『하나님을 그린 노 화가의 이야기: 한 거제도 반공포로의 삶』, 서울: 차영지 Books, 2011.
김준선, 『나는 소개민이었습니다』, 서울: 복나비, 2024.
김찬수, 『내가 겪은 6 · 25』, 서울: 명문당, 2013(2007).
김태일, 『거제도 포로수용소 비사』, 파주시: 북산책, 2011.
김학재, 『판문점 체제의 기원』, 서울: 후마니타스, 2015.
김행복, 『한국전쟁의 포로』, 서울: 국방군사연구소, 1996.
_____, 『반공포로 석방과 휴전협상』, 파주: 백년동안, 2014.
김현경, 『사람, 장소, 환대』, 서울: 문학과지성사, 2015.
김환균, 『비극은 행진으로부터 시작된다』, 고양시: 들린아침, 2004.
노라, 피에르 외, 『기억의 장소① 공화국』, 김인중 외 옮김, 파주: 나남, 2010.
누스바움, 마사, 『혐오와 수치심』, 조계원 올김, 서울: 민음사, 2015.

__________, 『타인에 대한 연민』, 임현경 옮김, 서울: 알에이치코리아, 2020.
더글라스, 메리, 『순수와 위험』, 유제분 · 이훈상 옮김, 서울: 현대미학사, 1997.
데리다, 자크, 『환대에 대하여』, 남수인 옮김, 서울: 동문선, 2004.
디폰조, 니콜라스. 『루머사회』. 곽윤정 옮김, 서울: 흐름출판, 2012.
라종일 편, 『증언으로 본 한국전쟁』, 서울: 예진출판사, 1991.
랠프, 에드워드, 『장소와 장소상실』, 김덕현 · 김현주 · 심승희 옮김, 서울: 논형, 2005.
로웬덜, 데이비드, 『과거는 낯선 나라다』, 김종원 · 한명숙 옮김, 서울: 개마고원, 2006.
맥긴, 콜린, 『혐오의 의미』, 강미영 옮김, 파주: 한울, 2022.
맥도웰, 린다, 『젠더, 정체성, 장소』, 파주: 도서출판 한울, 2011.
문명철, 『슬픔도 고통도 짜우 짜우』, 서울: 두란노, 1997.
민츠, 시드니, 『음식의 맛 자유의 맛』, 조병준 역, 서울: 지호, 1998.
박정석, 『섬마을, 공동체와 공유재산: 비진도 내항 마을 민족지』, 서울: 민속원, 2022.
박종은, 『그날 영시-포로생활 1200일』, 서울: 명성출판사, 1985.
박진근, 『한국 역대정권의 주요 경제정책』, 한국경제연구원, 2009.
박진홍, 『돌아온 패자』, 서울: 역사비평사, 2001.
백낙준, 『한국 교육과 민족정신』, 용제 백낙준박사선집, 문교사, 1953.
백응태, 『거제도에서 판문점까지』, 서울: 대원출판사, 1987.
버틀러, 주디스 & 아테나 아타나시오우, 『박탈』, 김응산 옮김, 서울: 자음과 모음, 2016.
뵈메, 하르트무트 · 페터 마투섹 · 로타 뮐러, 『문화학이란 무엇인가』, 손동현 · 이상엽 옮김, 서울: 성균관대학교 출판부, 2004.
석보, 『피 묻은 철조망: 반공애국포로석방비사』, 서울: 연합신문사, 1954.
성강현, 『6 · 25전쟁 시기 천도교 포로 연구』, 서울: 도서출판 선인, 2017.
______, 『6 · 25전쟁 시기 포로수용소와 포로들의 일상생활』, 서울: 도서출판 선인, 2021.
손영목, 『거제도(1)』, 서울: 동서문화사, 2006a.
______, 『거제도(2)』, 서울: 동서문화사, 2006b.
송관호, 『전쟁포로, 송관호 6.25 전쟁수기』, 김종운 정리, 서울: 눈빛출판사, 2015.
송효순, 『대석방』, 서울: 신현실사, 1973.
스토킷, 캐스린, 『헬프 1』, 정연희 옮김, 파주: 문학동네, 2011.
柴成文 · 趙勇田, 『중국인이 본 한국전쟁: 판문점 담판』, 윤영무 옮김, 서울: 한백사, 1991.
아감벤, 조르조, 『예외상태』, 김항 옮김, 서울: 새물결, 2009.
아스만, 알라이다, 『기억의 공간』, 변학수 · 백설자 · 채연숙 옮김, 경북대학교출판부, 2003.
앤더슨, 존, 『문화 · 장소 · 흔적: 문화지리로 세상 읽기』, 이영민 · 이종희 옮김, 서울: 한울, 2013.
오세희, 『65 포로수용소』, 대구: 만인사, 2000.
오용일, 『천마포로수용소』 상, 하, 서울: 박이정, 2001.
올릭, 제프리 K., 『기억의 지도』, 강경이 옮김, 서울: 옥당, 2011.
왈쩌, 마이클, 『관용에 관하여』, 송재우 옮김, 서울: 미토, 2004.
유경재, 『삼수갑산에서 거제도까지: 입대 두 번, 포로 두 번에 청춘을 묻고』, 서울: 푸른사상사, 2005.
유영복, 『운명의 두 날』, 부천: 도서출판 원북스, 2011.

이무호, 『어느 졸병이 겪은 한국전쟁』, 서울: 지식산업사, 2003.
이한 편, 『거제도 일기: 석방된 포로의 혈의 기록』, 부산: 국제신문사, 1952.
전갑생, 『거제 이야기 100선』, 거제문화원, 2000.
______, 『한국전쟁과 분단의 트라우마』, 서울: 도서출판 선인, 2011.
전재경, 『별은 살아 있다: 거제도 수기』, 조선작가동맹출판사, 1957.
전진성, 『역사가 기억을 말하다』, 서울: 휴머니스트, 2005.
정근식 · 강인화 · 전갑생 · 김가람 · 이정훈, 『주한미군 기지촌의 유산과 정책 방향』, 수원: 경기연구원, 2020.
조성훈, 『한국전쟁의 유격전사』, 국방부 군사편찬위원회, 2003.
______, 『한국전쟁과 포로』, 서울: 선인, 2010a.
주영복, 『내가 겪은 조선전쟁 1』, 서울: 고려원, 1991a.
______, 『내가 겪은 조선전쟁 2』, 서울: 고려원, 1991b.
주영하, 『음식 인문학』, 서울: 휴머니스트, 2011.
짐멜, 게오르그, 『짐멜의 모더니티 읽기』, 김덕영 · 윤미애 옮김, 서울: 새물결, 2005.
최길성, 『미군과 매춘부』, 이신범 옮김, 고양시: 타임라인, 2021.
최철우, 『990일(일명 꽃피는 철조망): 반공애국청년의 수기』, 서울: 공론사, 1953.
캐서린, H. S. 문, 『동맹 속의 섹스』, 이정주 역, 삼인, 2002.
코니한, 캐롤 M., 『음식과 몸의 인류학』, 김정희 옮김, 서울: 갈무리, 2005.
크라크, 마크, 『다뉴브강에서 압록강까지』, 김형섭 옮김, 서울: 국제문화출판공사, 1981.
크레스웰, 팀, 『장소』, 심승희 옮김, 서울: 시그마프레스, 2012.
__________, 『온 더 무브』, 최연석 옮김, 서울: 도서출판 앨피, 2021.
투안, 이-푸, 『공간과 장소』, 구동회 · 심승희 옮김, 서울: 대윤, 1999.
_________, 『토포필리아』, 이옥진 옮김, 서울: 에코리브르, 2011.
펜더그라스트, 마크, 『매혹과 잔혹의 커피사』, 정미나 옮김, 서울: 을유문화사, 2013.
한복진, 『우리 생활 100년, 음식』, 서울: 현암사, 2001.
현동화, 『격랑의 세월 인도에 닻을 내리고』, 정동현 씀, 서울: 나무와 숲, 2003.
황세준, 『신생의 날: 6.18반공애국청년석방기록』, 서울: 공우사, 1954.
K.S. 타마야, 『판문점 일기』, 라윤도 옮김, 서울: 소나무, 1993.
T. R. 페렌바크, 『이런 전쟁』, 최필영 · 윤상용 옮김, 서울: 플래닛미디어, 2019.
White, William Lindsay, 『한국전쟁 포로』, 조영철 역, 국방부전사편찬위원회, 1986.

3. 논문

강경화, 「양공주의 자기인식 양상과 삶의 방식에 대한 고찰: 해방기와 1950년대 소설을 중심으로」, 현대문학이론학회, 『현대문학이론연구』 71, 2017.
강신정, 「포로선교」, 『기독교대백과사전』 제15권, 기독교문화사, 1982.
______, 「포로 전도하던 때의 기억을 더듬어」, 『기독교사상』 373, 대한기독교서회, 1990.
강정구, 「아메리카니즘과 성매매 여성: 주요 전후소설을 중심으로」, 『우리어문연구』 49, 우리어문학회, 2014.

강정구 · 김종희, 「1940-50년대 문학에 나타난 미군의 재현 양상」, 『어문학』 109, 한국어문학회, 2010.
고바야시 소메이, 「한국전쟁기 유엔군의 포로교육 프로그램」, 『문화냉전과 아시아: 냉전 연구를 탈중심화하기』, 기시 도시히코 · 쓰치야 유카 엮음, 김려실 옮김, 서울: 소명출판, 2012.
______________, 「M. L. 오즈본의 포로 교육 경험과 '관전사(Trans-War History)'로서의 심리전」, 이화사학연구소, 『이화사학연구』 56, 2018.
고현범, 「누스바움의 혐오 회의론」, 『철학탐구』 43, 중앙철학연구소, 2016.
김광기, 「관용과 환대, 그리고 이방인: 하버마스와 데리다를 중심으로」, 『현상과 인식』 36(4), 한국인문사회과학회, 2012.
김명혜, 「거제 포로수용소의 다크 투어리즘 활성화 방안」, 한국전통문화대학교 석사학위논문, 2020.
김명호, 「거제도 포로수용소의 포로에 대한 실증적 분석」, 『통일연구』 18(2), 연세대통일연구원, 2014.
김명희, 「포로수용소에서 탈출, 빨치산 활동을 하다 다시 체포돼 장기수로 복역」, 『민족21』 6(10), 2006.
김문수, 「한국전쟁기 소설에 나타난 피난민의 삶과 의식」, 『우리말 글』 16, 우리말글학회, 1998.
김미덕, 「한국문학에서 기지촌 성매매 여성과 아메리시안에 대한 연구」, 『아시아여성연구』 46(2), 숙명여대 아시아여성연구소,2007.
김미영, 「소년 화자 서사에 나타난 음식의 문학적 재현과 의미: 『마당 깊은 집』, 『장난감 도시』, 『고기잡이는 갈대를 꺾지 않는다』를 중심으로」, 『동아시아문화연구』 79, 한양대 동아시아문화연구소, 2019.
김민환, 「전투사 중심 재현을 넘어선 한국전쟁의 대안적 전시: <전쟁 포로, 평화를 말하다>와 <허락되지 않은 기억>을 중심으로」, 『사회와 역사』 132, 한국사회사학회, 2021.
김병로, 「도륙(屠戮)의 장: 제72 포로수용소 전말기」, 『북한』 31, 북한연구소, 1974.
김보영, 「한국전쟁 휴전회담 연구」, 한양대 박사학위논문, 2008.
______, 「유엔군의 포로 정책: '석방'과 '송환'을 중심으로」, 『이화사학연구』 46, 이화사학연구소, 2013.
______, 「한국전쟁 포로협상과 중국군 포로의 선택」, 『사학연구』 123, 한국사학회, 2016.
김수자, 「한국전쟁과 월남여성들의 전쟁경험과 인식: 지역 차별인식과 결혼관을 중심으로」, 『여성과 역사』 10, 한국여성사학회, 2009.
김승태, 「6 · 25전란기 유엔군측의 포로정책과 기독교계의 포로선교」, 『한국기독교와 역사』 21, 한국기독교역사연구소, 2004.
김시규, 「'전쟁포로' 맹의순이 기록한 《일기》에 나타난 그의 '목회': 한국전쟁 기간 부산 포로수용소에서」, 장로회신학대학교 석사학위논문, 2018.
김애령, 「이방인과 환대의 윤리」, 『철학과 현상학 연구』 39, 한국현상학회, 2008.
김연숙, 「'양공주'가 재현하는 여성의 몸과 섹슈얼리티」, 『페미니즘연구』 3, 한국여성연구소, 2003.
김영돈 · 김범국 · 서경림, 「해녀조사연구」, 『탐라문화』 5, 제주대 탐라문화연구소, 1986.
김영수, 「한국 전쟁기의 의료구호기관: 거제 세브란스병원의 개원과 운영」, 『연세의사학』 24(1), 연세대 의학사연구소, 2021.
김용환, 「관용의 윤리: 철학적 기초와 적용영역들」, 『철학』 87, 한국철학회, 2006.
김윤지, 「도구화된 타자, 기지촌 여성과 한국영화: 한국전쟁 이후 기지촌 여성을 다룬 영화를 중심으로」, 『영화교육연구』 14, 한국영화교육학회, 2013.
김은하, 「탈식민화의 신성한 사명과 '양공주' 섹슈얼리티」, 『여성문학연구』 10, 한국여성문학학회, 2003.
김준현, 「한국전쟁의 발발과 미군 관련 풍속에 대한 대중 인식 변화: '유엔마담'과 '양공주'에 얽힌 대중 인식 변화를 중심으로」, 『한국민족문화』 59, 부산대 한국민족문화연구소, 2016.
김지수, 「북한 의무교육제도의 전개와 12년제 의무교육제도 추진에 대한 연구」, 『교육사회학연구』 23(3), 한국교육사회학회, 2013.
김진아, 「거제도 포로수용소 문서를 둘러싼 공방전」, 월간 『길』 8월호, 1993.
김진혁, 「농촌에서 쌀밥의 문화적 의미 변화: 대전 무수동 사례를 중심으로」, 안동대학교 석사학위논문, 2008.
김태우, 「한국전쟁 연구 동향의 변화와 과제, 1950~2015」, 『한국사학사학보』 32, 한국사학사학회, 2015
김택수, 「거제포로수용소의 미군만행」, 월간 『말』 6월호, 1992.
김학재, 「진압과 석방의 정치: 한국전쟁기 포로수용소와 국민형성」, 『제노사이드연구』 5, 한국제노사이드연구회, 2009.
______, 「한국전쟁과 '인도주의적 구원'의 신화」, 『전장과 사람들』, 서중석 외, 서울: 선인, 2010a.
______, 「주한유엔민간원조사령부(UNCAC) 자료 해제」, 『전장과 사람들』, 서중석 외, 서울: 선인, 2010b.
______, 「전쟁포로들의 저항과 반공오리엔탈리즘: 한국전쟁기 유엔군 포로수용소 내 사건들을 중심으로」, 『사림』 36, 수선사학회, 2010c.
김행복, 「한국전쟁시 포로 발생과 처리 과정」, 『군사』 35, 국방부 군사편찬연구소, 1997.
______, 「거제도포로수용소장 돗드 장군 피랍사건관련 미 하원청문회 논의 내용과 그 분석」, 『군사』 40, 국방부 군사편찬연구소, 2000
김희식, 「성매매집결지(집창촌)의 기원: 박정희 정권기를 중심으로」, 『역사문제연구』 20, 역사문제연구소, 2008.
나상철, 「한국전쟁기 공산군의 유엔군 포로 관리와 성격: 미군 포로를 중심으로」, 『군사연구』 148, 육군군사연구소, 2019.
도현신, 「한국전쟁이 만든 부대찌개」, 『월간 샘터』 615, 2021.
류정아, 「한국 음식문화의 변화양상과 여성」, 『한국여성학』 12(2), 한국여성학회, 1996.
마이어, 사무엘 M. & 윌리엄 C. 브래드베리, 「한국전쟁기 한국인 및 중국인 전쟁포로들의 정치 행동: 역사적 분석」, 『거제근현대문헌총서VI』, 거제문화원향토사연구소, 2016b.
문성훈, 「타자에 대한 책임, 관용, 환대 그리고 인정: 레비나스, 왈쩌, 데리다, 호네트를 중심으로」, 『사회와 철학』 21, 사회와 철학연구회, 2011.
박선애, 「기지촌 소설에 나타난 매춘 여성의 문제」, 『현대소설연구』 24, 한국현대소설학회, 2004.
박성은, 「전쟁의 피해자, 가족의 희생자 미군 위안부」, 『여성과 평화』 6, 한국여성평화연구원,2020.
박승억, 「혐오의 이중성에 대한 현상학적 분석」, 『철학 · 사상 · 문화』 36, 동국대 동서사상연구소, 2021.
박영선, 「한산도 지역의 향토음식과 금기식품에 대한 인식」, 『한국조리과학회지』 15(1), 한국식품조리과학회, 1999.
박영실, 「반공포로 63인의 타이완행과 교육 및 선전 활동」, 『정신문화연구』 37(135), 한국학중앙연구원, 2014.
박은하, 「국어사전의 예문과 인터넷 기사를 통한 '환향녀', '위안부', '양공주'에 대한 인식 연구」, 『사회언어학』 31(2), 한국사회언어학회, 2023.
박인찬, 「혐오시대 대응을 위한 첫걸음」, 박인찬 · 박준성 · 염운옥 · 윤조원 · 이재준 · 임소연 · 조계원 · 하홍규 · 한의정 · 홍성수 지음, 『혐오 이론 I』, 파주: 한울, 2022.
박인철, 「타자성과 혐오감: 혐오감 극복을 위한 현상학적 대안을 중심으로」, 『철학연구』 135, 철학연구회, 2021.
박정미, 「한국 기지촌 성매매정책의 역사사회학, 1953~1995년: 냉전기 생명정치, 예외상태, 그리고 주권의 역설」, 『한국사회학』 49, 한국사회학회, 2015.

______, 「건강한 병사(와 '위안부') 만들기: 주한미군 성병 통제의 역사, 1950~1977년」, 『사회와 역사』 124, 한국사회사학회, 2019.
박정석, 「한국전쟁기 포로수용소 주변의 이방인 양공주: 거제도와 한산도 지역주민들의 기억을 중심으로」, 『한국민족문화』 88, 부산대 한국민족문화연구소, 2014.
박종현 · 민병욱, 「분단 한국의 속죄양: 양공주를 바라보는 한국 사진의 시선」, 『기초조형학연구』 12(4), 한국기초조형학회, 2011.
박태순, 「거제도의 6 · 25 그 전쟁범죄」, 『사회와 사상』 1989년 6월호, 1989.
박태일, 「김수영과 부산 거제리 포로수용소」, 『근대서지』 2, 근대서지학회, 2010.
박현채, 「미잉여농산물원조의 경제적 귀결」, 진덕규 외, 『1950년대의 인식』, 서울: 한길사, 1981.
반시나, 얀, 「기억과 구전」, 『구술사, 기억으로 쓰는 역사』, 윤택림 편역, 서울: 아르케, 2010.
배윤기, 「병속에 묻혀 40년만에 발견된 거제도포로수용소의 비밀문서」, 『월간말』 93(7), 1993.
백일순, 「왜 미군 위안부는 잊혀져야 했는가?: 기지촌의 로컬리티와 기억의 정치」, 『로컬리티 인문학』 25, 부산대 한국민족문화연구소, 2021.
변화영, 「한국전쟁의 문신, 흑인혼혈인과 양공주」, 『현대소설연구』 57, 한국현대소설학회, 2014.
______, 「'거제도'의 전쟁포로에 대한 기억과 흔적: 손영목의 「거제도」를 중심으로」, 『한국문학논총』 77, 한국문학회, 2017.
서용순, 「탈경계의 주체성과 이방인의 문제」, 『인문연구』 57, 영남대 인문과학연구소, 2009.
서은주, 「한국전쟁의 기억과 글쓰기: 거제도 포로수용소 체험을 중심으로」, 『작문연구』 12, 한국작문학회, 2011.
성강현, 「거제도포로수용소의 9 · 17폭동 연구」, 『한국민족운동사연구』 86, 한국민족운동사학회, 2016.
______, 「6 · 25전쟁 시기 부산의 포로수용소」, 『부산연구』 17(2), 신라대 부산학연구센터, 2019.
성영창, 「반공포로를 전원 석방하라」, 『북한』 8월호, 1985.
손영창, 「거제 포로수용소의 문화적 - 역사적 - 철학적 접근」, 『가라문화』 26, 경남대 가라문화연구소, 2014.
신두라, 빰마라주, 「허수경 시에 나타난 먹는 행위 연구: '타자되기' 개념을 중심으로」, 서울대학교 대학원 석사학위 논문, 2020.
신은화, 「혐오와 지배」, 『철학연구』 143, 대한철학회, 2017.
신창섭, 「수평선 위에 던져진 섬은 옛말」, 『통일한국』 51, 1988.
안경식, 「한국전쟁기 임시수도 부산지역의 피난학교 연구」, 『교육사상연구』 23(3), 한국교육사상연구회, 2009.
양정심, 「한국전쟁기 미군의 전쟁범죄 조사와 처리: 전쟁범죄조사단(KWC)를 중심으로」, 『한국민족운동사연구』 64, 한국민족운동사학회, 2010.
여계연, 「6 · 25전쟁 시기 중국군 포로 연구: 대만의 개입 메커니즘을 중심으로」, 『21세기정치학회보』 24(1), 21세기정치학회, 2014.
오연호, 「특별포로수용소 용초도」, 『월간 말』 90(9), 1990.
오은엽, 「강신재 초기 소설에 나타난 '양공주'의 형상화 연구」, 『현대소설연구』 50, 한국현대소설학회, 2012.
유병문, 「거제포로수용소 현장서 만난 우리들의 자화상」, 『민족21』 29, 2003.
유숙현, 「거제도 포로수용소에서 포로의 체험과 송환선택」, 연세대학교 석사학위논문, 2008.
윤정란, 「서북청년회 출신들의 정치적 배제와 부활」, 『숭실사학』 33, 숭실사학회, 2014.
이 경, 「5 · 60년대 한국소설과 음식의 기호학: 중, 단편 소설을 중심으로」, 『사회이론』 26, 한국사회이론학회, 2005.

이경분, 「포로를 향한 음악: 거제도 포로수용소의 초기 라디오 방송음악과 프로파간다」, 『동북아역사논총』 76, 동북아역사재단, 2022.
______, 「한국전쟁기 포로노래의 역할: 포로 통제수단으로서의 금지곡」, 『민족문화연구』 98, 고려대 민족문화연구원, 2023.
이나영, 「금지주의와 국가규제 성매매 제도의 착종에 관한 연구: 남한의 미군정기 성매매정책을 중심으로」, 『사회와 역사』 75, 한국사회사학회, 2007a.
______, 「기지촌의 공고화 과정에 관한 연구(1950-60): 국가, 성별화된 민족주의, 여성의 저항」, 『한국여성학』 23(4), 한국여성학회, 2007b.
______, 「탈식민주의 페미니스트 읽기: 기지촌 성매매 여성과 성별화된 민족주의, 재현의 정치학」, 『한국여성학』 24(3), 한국여성학회, 2008.
______, 「기지촌 형성 과정과 여성들의 저항」, 『여성과 평화』 5, 한국여성평화연구원, 2010.
______, 「기지촌 여성의 경험과 윤리적 재현의 불/가능성: 탈식민주의 페미니스트 역사 쓰기」, 『여성학논집』 28(1), 이화여대 한국여성연구원, 2011.
______, 「글/로컬 젠더질서와 한반도 여성의 몸: 일본군 '위안부'와 미군 기지촌 '양공주'」, 『동방학지』 161, 연세대 국학연구원, 2013.
이도담, 「문화적 기억과 장소에 관한 성찰」, 『철학과 문화』 36, 한국외대 철학문화연구소, 2016.
이동헌, 「한국전쟁 후 '반공포로'에 대한 기억과 기념」, 『한국학논집』 40, 한양대 한국학연구소, 2006.
이민영, 「한국소설에 나타난 애국포로의 서사와 반공국가의 불안」, 『현대문학연구』 55, 한국현대문학회, 2018.
이사사 · 손군식, 「헌신의 대가: 한국전쟁 중국군 포로의 귀국 이후 삶」, 『역사학연구』 72, 호남사학회, 2018.
이상호, 「한국전쟁기 미군의 공산포로 '미국화 교육'」, 『역사와 현실』 78, 한국역사연구회, 2010.
이선우, 「한국전쟁기 중립국 선택 포로의 발생과 성격」, 『역사와 현실』 90, 한국역사연구회, 2013.
______, 「한국전쟁기 거제도수용소 내 '친공포로'의 딜레마와 폭동」, 『역사문제연구』 38, 역사문제연구소, 2017.
______, 「만주에서 거제도, 그리고 인도까지: 어느 '반공포로'의 생존 기록」, 『이화사학』 56, 이화사학연구소, 2018.
______, 「포로에서 민간인으로: 한국전쟁기 유엔군 포로수용소의 민간인 억류자 심사 · 분류 · 석방 과정」, 『한국근현대사연구』 110, 한국근현대사학회, 2024a.
______, 「전후 '반공포로'의 탄생과 남한 정착의 실상」, 수선사학회, 『사림』 88, 2024b.
이영준, 「김수영과 한국전쟁: '민간억류인'이 달나라에서 살아남기」, 『한국시학연구』 67, 한국사학회, 2021.
이은자, 「한국전쟁시 포로수용소 소설 연구」, 『군사』 31, 국방부군사편찬연구소, 1995.
이익선, 「징발부동산소유권의 원상회복에 관한 법적 연구」, 국민대학교 박사학위 논문, 2007.
이재경, 「여성의 시각에서 본 분단과 근대」, 이재경 · 윤택림 · 조영주 외, 『여성(들)이 기억하는 전쟁과 분단』, 홍천군: 도서출판 아르케, 2013.
이진섭, 「남해의 붉은 마수: 거제도 포로일기에서」, 『판문점 13년』, 대한공론사, 1966.
이철호 · 주용재 · 안기욱 · 류시생, 「지난 일세기 동안의 한국인 식습관의 변화와 보건영양상태의 추이 분석」, 『한국식문화학회지』 3(4), 한국식생활문화학회, 1988.
이혜연, 「학림도의 장례 운영과 상계의 기능」, 『한국도서연구』 27(1), 한국도서학회, 2015.
이혜정, 「혐오 감정: 타자와 환대의 윤리로」, 『한국여성철학』 41, 한국여성철학회, 2024.
임세화, 「'포로'라는 이념: 한국전쟁 '포로서사'와 '자기구성'의 가능성」, 『상허학보』 46, 상허학회, 2016.
임순희, 「귀환국군포로 생애사 연구: 끝나지 않는 이산」, 북한대학원대학교 석사학위논문, 2014.

임은진, 「6.25전쟁에 대한 문화적 기억과 장소」, 『문화역사지리』 24(2), 한국문화역사지리학회, 2012.
임은희, 「현대소설에 나타난 '양공주' 모티브의 다문화적 사유와 타자성」, 『한국문예비평연구』 54, 한국현대문예비평학회, 2017.
장세진, 「은유로서의 포로: 수용소의 삶과 '적/동지'의 구별 정치」, 『상허학보』 46, 상허학회, 2016.
전갑생, 「거제도 포로수용소 설치와 포로의 저항」, 『제노사이드연구』 2, 한국제노사이드연구회, 2007.
______, 「거제도포로수용소의 숨겨진 진실: 수용소 내에 민족사상이 철저한 자를 프락치로 침입시켜라」, 『민족21』 3, 2010a.
______, 「사진으로 보는 거제도 포로수용소: 삶과 죽음 교차한 학살의 현장」, 『민족21』 109, 2010b.
______, 「한국전쟁기 인천의 미군기지와 전쟁포로수용소」, 『황해문화』 93, 새얼문화재단, 2016a.
______, 「해제: 한국전쟁기 전쟁포로수용소와 문서의 역사적 의미」, 『거제근현대문헌총서VI: 거제도포로수용소 중요문서』, 번역 김일환 · 공준환 · 곽귀병 · 하지은, 감수 및 해제 전갑생, 2016b.
______, 「수용소에 갇힌 귀환용사: '지옥도' 용초도의 귀환군 집결소와 사상심리전」, 『역사비평』 118, 역사문제연구소, 2017.
______, 「한국전쟁 포로와 사진: '동양공산주의자' 인종 프레임과 폭력적 재현」, 『이화사학연구』 56, 이화사학연구소, 2018.
______, 「한국전쟁기 인천지역 포로들, 강요된 자유: 희귀 사진으로 살펴본 인천포로수용소」, 『작가들』 74, 인천작가회의, 2020.
전갑생 · 김민환, 「포로수용소의 설치 및 해제와 주민들의 고통: 제주 · 통영을 중심으로」, 『탐라문화』 58, 제주대 탐라문화연구원, 2018.
정근식 · 김란, 「두 갈래 길, 중국지원군 포로의 생애사: 장저쓰와 류췬지엔의 구술사에 기초하여」, 『구술사연구』 7(1), 한국구술사학회, 2016.
정기욱, 「6 · 25전쟁 관련 유산의 세계유산 등재를 위한 잠재 가능성 분석: 남한지역을 중심으로」, 경성대학교 석사학위논문, 2018.
정병준, 「중립을 향한 '반공포로'의 투쟁: 한국전쟁기 중립국행 포로 76인의 선택과 정체성」, 『이화사학연구』 56, 이화사학연구소, 2018.
정상박, 「민속학자가 경험한 한국전쟁 후 거제도 지역의 실상」, 『비교민속학』 72, 비교민속학회, 2020.
정재림, 「1950-60년대 소설의 '양공주-누이' 표상과 오염의 상상력」, 『비평문학』 46, 한국비평문학회, 2012.
정찬대, 「국민 만들기의 폭력적 동화: 한국전쟁기 광주포로수용소를 중심으로」, 성공회대 석사학위논문, 2019a.
______, 「광주상무대포로수용소 실태 현황과 포로석방 사건: '반공포로수용소' 사례 연구」, 『역사연구』 37, 역사학연구소, 2019b.
정헌목, 「학사적 맥락에서 본 호혜성 개념의 계보: 서구 이론의 검토를 중심으로」, 정헌목 외, 『호혜와 협동에 대한 인류학적 접근』, 성남: 한국학중앙연구원 출판부, 2022.
조보라미, 「이재현의 포로 3부작 연구: 반공극의 일의성을 넘어선 가능성과 한계」, 『한국현대문학연구』 35, 한국현대문학회, 2011.
조성훈, 「한국전쟁시 포로교육의 실상」, 『군사』 30, 국방부 군사편찬연구소, 1995.
______, 「한국전쟁 중 민간인억류자의 처리에 관한 연구」, 『군사』 32, 국방부 군사편찬연구소, 1996.
______, 「미국 자료를 통해 본 휴전 협상의 지연 요인 연구: 포로 문제를 중심으로」, 『정신문화연구』 23(2), 한국학중앙연구원, 2000.

______, 「6.25전쟁 휴전협상 중 남한 출신 의용군 문제 누락 배경과 해결 방안」, 『통일문제연구』 23(1), 평화문제연구소, 2010b.
______, 「송환거부 반공포로의 판문점 중립지대 180일간 일기」, 『전쟁과 유물』 6, 전쟁기념관, 2014.
주현희, 「6 · 25전쟁 시기 거제도 피난민의 교육 고찰: 구술자료를 중심으로」, 『도서문화』 57, 목포대 도서문화연구소, 2021.
차민기, 「거제도 포로수용소의 문학적 형상화」, 『지역문학연구』 6, 경남부산지역문학회, 2000.
______, 「포로수용소 소설에 나타나는 '포로체험'의 기억 양상」, 『현대문학이론연구』 48, 현대문학이론학회, 2012.
차철욱, 「한국전쟁 피난민과 국제시장의 로컬리티」, 『한국민족문화』 38, 부산대 한국민족문화연구소, 2010.
차철욱 · 공윤경, 「한국전쟁 피난민들의 정착과 장소성: 부산 당감동 월남 피난민마을을 중심으로」, 『석당논총』 47, 동아대 석당학술원, 2010.
창칭, 「미국의 포로 자원송환과 재교화 정책, 전쟁의 최종결과를 결정하다: 워싱턴 정책 입안부터 거제도 정책 시행까지」, 『열전 속 냉전, 냉전 속 열전』, 백원담 · 강성현(편), 과천: 진인진, 2017.
최병두, 「이방인의 권리와 환대의 윤리: 칸트와 데리다 사상의 지리학적 함의」, 『문화역사지리』 24(3), 한국문화역사지리학회, 2012.
최병학 · 오정대, 「환대와 포용의 윤리, 그리고 포용」, 『윤리교육연구』 49, 한국윤리교육학회, 2018.
최현철, 「혐오, 그 분석과 철학적 소고」, 『철학탐구』 46, 중앙대 중앙철학연구소, 2017.
최혜린, 「6 · 25전쟁기 미군의 포로 정책 전개 양상: 전범조사부와 민간정보교육국의 활동을 중심으로」, 서울대 석사학위 논문, 2017a.
______, 「6 · 25전쟁기 미군의 포로 정책 전개 양상: 전범조사부와 민간정보교육국의 활동을 중심으로」, 『한국사론』 63, 서울대 국사학과, 2017b.
콜나이, 아우렐, 「회피감정의 기본 양식: 두려움, 혐오 그리고 증오」, 베리 스미스 · 캐롤린 코스마이어 엮음, 아우렐 콜나이 지음, 『혐오의 현상학』, 하홍규 옮김, 파주: 한울, 2022.
포니, 네드, 「흥남철수작전 '한국전쟁 크리스마스의 기적'」, 『전략논단』 31, 해병대 전략연구소, 2020.
하홍규, 「취향, 계급, 구별짓기, 그리고 혐오: 혐오 사회학을 위하여」, 『사회와이론』 41, 한국이론사회학회, 2022.
______, 「혐오의 현상학: 감정과 가치에 대한 아우렐 콜나이의 접근」, 『사회이론』 63, 한국사회이론학회, 2023.
한경구, 「쌀과 민족주의: 국경을 넘어서」, 『쌀삶문명연구』 1, 쌀.삶.문명연구원, 2008.
한경희, 「'전쟁 모성'이 생산한 여성 의식: 박완서의 장편소설 『나목』(1970), 『그 산이 정말 거기 있었을까』(1995), 『그 남자네 집』(2004)을 중심으로」, 『현대소설연구』 67, 한국현대소설학회, 2017.
허윤, 「1950년대 양공주 표상의 변전과 국민되기: 최정희의 『끝없는 낭만』을 중심으로」, 『어문연구』 41(1), 한국어문교육연구회, 2013.
홍윤표, 「한일 전후 소설에서의 '팡팡'과 '양공주' 표상: 전쟁 기억의 재현과 은폐」, 『아시아문화연구』 40, 가천대 아시아문화연구소, 2015.
홍탁범, 「미군의 거제도 포로수용소 포로관리정책 연구」, 연세대학교 석사학위논문, 2020.
홍태영, 「타자의 윤리와 환대 그리고 권리의 정치」, 『국제 · 지역연구』 27(1), 서울대 국제학연구소, 2018.
황영주, 「파편화된 기억과 완충지대로서의 식민화된 여성의 몸: 미군기지의 양공주 다시보기」, 『비교한국학』 5, 국제비교한국학회, 1999.
황옥자, 「마사 누스바움의 혐오감정 재구성과 시민교육적 함의: 혐오감정은 어떻게 정치가 되는가」, 『시민사회와 NGO』 21(2), 한양대 제3섹터연구소, 2023.
Towsend, Peter, 「박탈」, 김영모 편, 『빈곤이론 빈곤정책』, 서울: 한국복지정책연구소, 1992.

4. 신문 및 기타 자료

『경남일보』 2020.10.06. "6.25전쟁 '흥남철수' 피난민 정착 기록물 찾았다".
『경향신문』 1952.02.27. "거제포로수용소장파면"
『경향신문』 1952.02.28. "거제도 포로수용소 사건의 진상".
『경향신문』 1952.05.08. "여적".
『경향신문』 1953.09.24. "그리웠던 내 집으로".
『경향신문』 1952.02.14. "방출미는 어디로?".
『동아일보』 1951.03.31. "학년 초 변경 뒤에 오는 것, 무방학 수업 계속".
『동아일보』 1951.04.19. "세부란서고등간호학교 거제도서 개교".
『동아일보』 1952.02.23. "동백꽃피는 거제도(기답수사) 본사특파원 일영권기 우리에게 생업을 달라 세파는 난민의 보금자리에도".
『동아일보』 1952.02.29. "국제시장을 해부함. 동란 한국의 심장".
『동아일보』 1952.12.17. "위기일발에 진압 수용소사령관 담".
『동아일보』 1954.08.16. "남단의 섬 거제도를 찾아서".
『동아일보』 1954.08.17. "거제도를 찾아서".
『동아일보』 1975.07.11. "반공청년단간부등 7명 보국훈장수여"
『마산일보』 1951.09.05. "호마는 북풍에 운다. 상재(桑梓)를 그리는 피난민 거제에만 7만천명".
『마산일보』 1951.09.08. "악덕 가주 발호 거제도 인심야박".
『마산일보』 1951.09.13. "유녀등살에 못백여라, 거제도서 퇴치운동".
『마산일보』 1952.02.29. "적의 거제도사건성명 내정간섭이라고 강경일축 국련측종래태도불포기".
『마산일보』 1952.03.05. "기적 매장영아가 소생 외화 획득녀의 비극".
『마산일보』 1952.05.25. "수용소 근방 민간인 철거 거제도 포로통제를 강화".
『매일경제』 1983.09.08.~09.16. "나의 류학시절-경희대학교 교육대학원장 김선호 ①~완".
『민주신보』 1951.01.11. "각의, 포로수용소 · 전재민 문제 등에 대한 대책 수립".
『민주신보』 1952.02.28. "거제도 포로수용소 사건 진상 취재".
『민주신보』 1952.11.02. "유엔군 포로사령부, 포로들의 집단시위 사태 발생 발표".
『부산일보』 1950.12.22. "거제도에 피난민 수용소 건축".
『서울신문』 1952.03.17. "거제도 포로수용소에서 새로운 폭동 발생".
『서울신문』 1952.03.28. "거제도 포로수용소에서 다시 발생한 소요사태는 미군 대위에 대한 투석이 발단".
『서울신문』 1952.04.18. "미 제8군, 거제도 수용소의 공산군 포로 분산 수용계획 발표".
『서울신문』 1952.06.02., "클라크 유엔군총사령관, 거제도 포로수용소를 방문하고 반란 포로를 무력으로 진압할 것을 천명".
『조선일보』 1952.12.16. "유엔군사령부, 거제도 포로수용소에서 소요사건 발생을 발표".

『조선일보』 1953.03.11. "용초도에서 포로들이 폭동 60여 명이 사상".
『조선일보』 1953.08.08. "거러온 고난의 길".
『조선일보』 1955.05.11. "대부분 복귀, 거제도의 소개민".
『조선일보』 1955.06.19. "원중장에 최고훈장 반공청년 25명엔 표창장"
『조선일보』 1964.07.23. "냉전십일년 판문점 노트 ② 포로송환".
『평화신문』 1952.06.29. "제8군사령부, 거제노 포로 심사 완료 발표".

KBS 1988.06.27. "11시에 만납시다."

이경필, "천만 관광도시를 지향하는 거제시, 역사가 뒷받침되어야 한다", 『거제타임라인』, 2019.07.20.
이금숙, "세월은 흘렀어도 포로수용소 잔해는 있었다"(제1편), 2003. www.geojephoto.com/bbs04/119828(검색일 2022.12.09.)

5. 영문 저서 및 논문

Anderson, E. N., *Everyone Eat: Understanding Food and Culture*, New York and London: New York University Press, 2005.
Benard, Chreryl, Edward O'Connell, Cathryn Quantic Thurston, Andres Villamizar, Elvira N. Loredo, Thomas Sullivan & Jeremiah Goulka, *The Battle Behind the Wire: U.S. Prisoner and Detainee Operations from World War II to Iraq*, Santa Monica: RAND, 2011.
Burchett, Wilfred & Alan Winnington, *Koje Unscreened*, Monograph, 1953.
Carlson, Lewis H., *Remembered Prisoners of a Forgotten War*, New York: St. Martin's Press, 2002.
Chinnery, Philip D., *Korean Atrocity! Forgotten War Crimes 1950-1953*, Annapolis: Naval Institute Press, 2000.
Douglas, Mary, "Deciphering a Meal", in Carole Counihan & Penny van Esterik(eds.), *Food and Culture* (2nd edition), New York & London: Routledge, 2008.
Haga, Kai Yin Allison, "An Overlooked Dimension of the Korean War: The Role of Christianity and American Missionaries in the Rise of Korean Nationalism, Anti-Colonialism, and Eventual Civil War, 1884-1953", Ph. D. Dissertation, The College of William and Mary in Virginia, 2007.
Hansen, Kenneth K., *Heroes: Behind Barbed Wire*, Princeton: D. Van Nostrand Co, 1957.
Hermes, Walter G., *Truce Tent and Fighting Front*, Washington: Center of Military History, United States Army.Meyers, Samuel M. & William C. Bradbury, 1968, "The Political Behavior of Korean and Chinese Prisoners of War in the Korean Conflict: A Historical Analysis", in Samuel M. Meyers & Albert Biderman(eds.), *Mass Behavior in Battle and Captivity*, London: The University of Chicago Press, 1992(1966).
Meyers, Samuel M. & William C. Bradbury, "The Political Behavior of Korean and Chinese Prisoners of War in the Korean Conflict: A Historical Analysis", in Samuel M. Meyers & Albert D. Biderman

(eds.), *Mass Behavior in Battle and Captivity: The Communist Soldier in the Korean War*, Chicago: The University of Chicago Press, 1968.

Nisa, Richard, "Capturing the Forgotten War: Carceral Spaces and Colonial Legacies in Cold War Korea", *Journal of Historical Geography* 64, 2018.

Poles, Joseph H., "From Koje-do to Panmunjom: The Problem of Repatriation of Prisoners of War during the Korean Armistice Negotiations", M.A. Thesis, Florida Atlantic University, 1997.

Robin, Ron Theodore, *The Making of the Cold War Enemy: Culture and Politics in the Military-Intellectual Complex*, Princeton: Princeton University Press, 2001.

Roskey, William, "Koje Island: The 1952 Korean Hostage Crisis", *The Land Warfare Papers* 19, 1994.

Sun, Lu, "Tattooing, Terror, and the American Search for 'Moral Victory': Voluntary Repatriation and the Korean War Armistice", M.A. Dissertation, Vanderbilt University, 2014.

Tovy, Tal, "Manifest Destiny in POW Camps: The U.S. Army Reeducation Program during the Korean War", *The Historian* 73(3), 2011.

United States Army Chaplains Center and School, "Religious Support Requirements for Enemy Prisoners of War, Civilian Internees and Detained Persons", 1992.

Vetter, Hal, *Mutiny on the Koje Island*, Tokyo: Charles E. Tuttle Company, 1965.

Watson, James L. & Melilla L. Caldwell, "Introduction", in James L. Watson & Melilla L. Caldwell(eds.), *The Cultural Politics of Food and Eating*, Oxford: Blackwell Publishing, 2005.

Weintraub, Stanley, *War in the Wards*, San Rafael: Presidio Press, 1976.

White, William Lindsay, *The Captives of Korea*, New York: Charles Scribner's Sons, 1957.

ㄱ·ㅏ

ㄴㅏ·ㄷㅏ

ㅁㅏ·ㅂㅏ

사

아

자

차

카·타

파

하

A~Z

한국전쟁과 포로수용소

소개민 · 이방인 · 포로들의 기억과 기록

초판1쇄 발행 2025년 8월 30일

지은이 박정석

주간 조승연
편집 · 디자인 오경희 · 조정화 · 오성현 · 신나래 · 박선주 · 정성희
관리 박정대

펴낸이 홍종화
펴낸곳 민속원
창업 홍기원
출판등록 제1990-000045호
주소 서울 마포구 토정로 25길 41(대흥동 337-25)
전화 02) 804-3320, 805-3320, 806-3320(代)
팩스 02) 802-3346
이메일 minsokwon@naver.com
홈페이지 www.minsokwon.com

ISBN 978-89-285-2150-0
S E T 978-89-285-0359-9 94380